HARDPRESS.NET
HOME OF HARD-TO-FIND BOOKS

Recueil Des Lois Et Actes Géneraux Du
Gouvernement, En Vigueur Dans Le Royaume
Des Pays-Bas
by Unknown

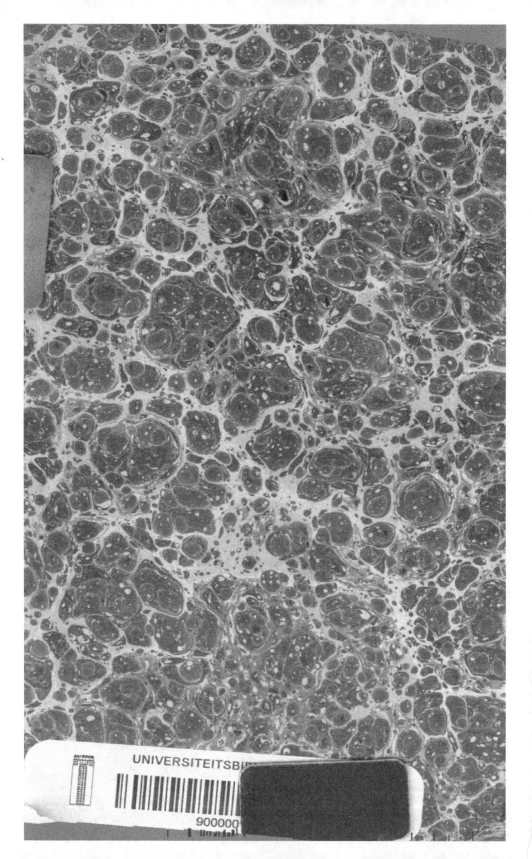

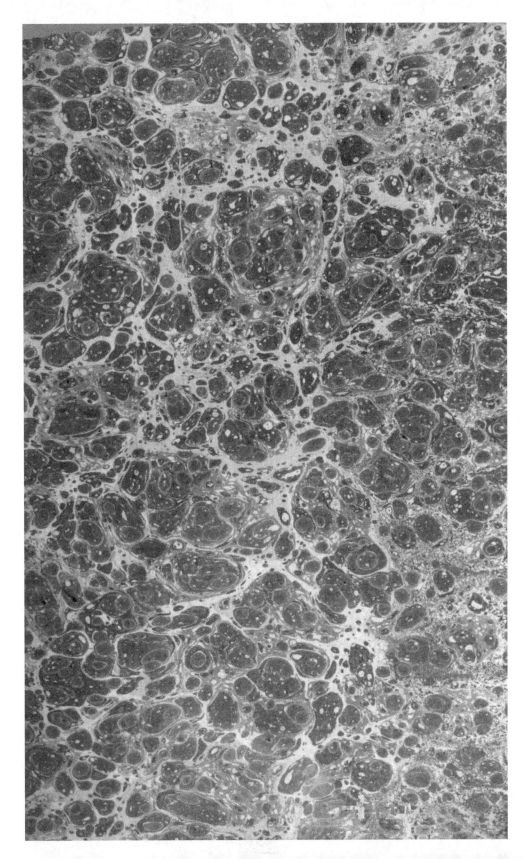

RECUEIL

DES

LOIS ET ACTES GÉNÉRAUX

DU GOUVERNEMENT,

EN VIGUEUR

DANS LE ROYAUME DES PAYS-BAS.

TROISIÈME SÉRIE.

AVIS.

L'Éditeur prévient le Public qu'il a déposé trois exemplaires de cet ouvrage à la Bibliothèque Royale, et, qu'en conséquence, il poursuivra les contrefacteurs suivant toute la rigueur des lois.

RECUEIL

DES

LOIS ET ACTES GÉNÉRAUX

DU GOUVERNEMENT,

EN VIGUEUR

DANS LE ROYAUME DES PAYS-BAS,

PUBLIÉS DEPUIS LA FIN DE LA SESSION DES ÉTATS-GÉNÉRAUX, EN 1819, AVEC UN SUPPLÉMENT DE TOUS LES ARRÊTÉS ET DISPOSITIONS ADMINISTRATIVES D'UN INTÉRÊT GÉNÉRAL, QUI N'AURAIENT PAS ÉTÉ PROMULGUÉS, SOIT PAR LA VOIE DU *JOURNAL OFFICIEL*, OU PAR CELLE DE LA *GAZETTE GÉNÉRALE*.

TOME CINQUIÈME.

BRUXELLES,

IMPRIMERIE DE PINCHON - DE BROUX,

—

1823.

EXPOSÉ ANALYTIQUE

Des Lois et Arrêtés compris dans la troisième série.

N. B. Les numéro placés en tête de chaque acte contenu dans ce Recueil indiquent celui du *Journal officiel*, dont il fait partie.

FIN DE L'EXPOSÉ ANALYTIQUE DU TOME CINQUIÈME.

VERZAMELING

DER

WETTEN EN ALGEMEIJNE BESLUITEN,

IN WERKING

IN HET KONINGRIJK DER NEDERLANDEN,

Eu gepubliceerd sedert de einde der sessie der Staten generaal, in 1819.

(*Vervolg der wet* n^r 40.)

Eene hoeve en eendenkooi, groot 11 morgen 300 roeden, oude maat, in de gemeente Apeldoorn, n^r 109 van den domeinlegger A, pachter *Hulseboom*.

De bouwhof, het Watermanshuisje, groot 181 roeden, oude maat, in de gemeente Apeldoorn, n^r 110 van den domeinlegger A, pachter *Roelofs*.

Een stuk bouwland, groot 1 morgen 400 roeden, oude maat, in de gemeente Apeldoorn, n^r 172 van den domeinlegger A, pachter *Hannessen*.

Een stuk bouwland, groot 1 1/3 morgen, oude maat, in de gemeente Apeldoorn, n^r 173 van den domeinlegger A, pachter *Lamark*.

Een stuk bouwland, groot 1 1/2 morgen, oude maat, in de gemeente Apeldoorn, n^r 174 van den domeinlegger A, pachter *Van Laar*.

RECUEIL

LOIS ET ACTES GÉNÉRAUX

DU GOUVERNEMENT,

EN VIGUEUR

DANS LE ROYAUME DES PAYS-BAS,

Publiés depuis la fin de la session des États-Généraux, en 1819.

(*Suite de la loi n° 40.*)

Une ferme et canardière, contenant 11 arpens 300 verges, ancienne mesure, dans la commune d'Apeldoorn, n° 109 du sommier des domaines A, fermier *Hulseboom.*

Une ferme, dite *het Watermanshuisje*, contenant 181 verges, ancienne mesure, dans la commune d'Apeldoorn, n° 110 du sommier des domaines A, fermier *Roelofs.*

Une partie de terre labourable, contenant 1 arpent 400 verges, ancienne mesure, dans la commune d'Apeldoorn, n° 172 du sommier des domaines A, fermier *Hannessen.*

Une partie de terre labourable, contenant 1 1/3 arpent, ancienne mesure, dans la commune d'Apeldoorn, n° 173 du sommier des domaines A, fermier *Lamark.*

Une partie de terre labourable, contenant 1 1/2 arpent, ancienne mesure, dans la commune d'Apeldoorn, n° 174 du sommier des domaines A, fermier *Van Laar.*

Een stuk bouwland, groot 2 morgen, oude maat, in de gemeente Apeldoorn, n° 194 van den domeinlegger A, pachter *Tijhens*.

Een stuk weiland, groot 3 morgen, oude maat, in de gemeente Apeldoorn, n° 195 van den domeinlegger A, pachter *Hofkamp*.

Een stuk bouwland, groot 400 roeden, oude maat, in de gemeente Apeldoorn, n° 196 van den domeinlegger A, pachter *Hulleman*.

Een stuk bouwland, groot 1 1/3 morgen, oude maat, in de gemeente Hoogzoern, n° 175 176 en 177 van den domeinlegger A, pachter *Van Beek*.

Een stuk bouwland, groot 1 1/3 morgen, oude maat, in de gemeente Hoogzoern, n° 178 van den domeinlegger A, pachter *Hulleman*.

Een stuk bouwland, groot 3 morgen 150 roeden, oude maat, in de gemeente Hoogzoern, n°° 179 a 184 van den domeinlegger A, pachter *Van Laar*.

Een stuk bouwland, groot 3 1/6 morgen, oude maat, in de gemeente Hoogzoern, n°° 185—188 van den domeinlegger A, pachter *Eikendaal*.

Onder het ressort van het kantoor der domeinen te Kuilenburg.

Een huis en tuin in Vianen, n° 10 van den domeinlegger D, huurder *Rombout*.

Een koren-windmolen, rosmolen en molenhuis, te Leerdam, n° 13 van den domeinlegger D, pachter *Huijzers*.

Eene weide, de Voilekamp, n° 1, groot 3 morgen 225 roeden, in de gemeente Kuilenburg, n° 257 van den domeinlegger A, pachter *Blitterswijk*.

Une partie de terre labourable, contenant 2 arpens, ancienne mesure, dans la commune d'Apeldoorn, n° 194 du sommier des domaines A, fermier *Tijhens*.

Une partie de prairie, contenant 3 arpens, ancienne mesure, dans la commune d'Apeldoorn, n° 195 du sommier des domaines A, fermier *Hofkamp*.

Une partie de terre labourable, contenant 400 verges, ancienne mesure, dans la commune d'Apeldoorn, n° 196 du sommier des domaines A, fermier *Hulleman*.

Une partie de terre labourable, contenant 1 1/3 arpent, ancienne mesure, dans la commune de Hoogzoern, n° 175, 176 et 177 du sommier des domaines A, fermier *Van Beek*.

Une partie de terre labourable, contenant 1 arpent 200 verges, ancienne mesure, dans la commune de Hoogzoern, n° 178 du sommier des domaines A, fermier *Hulleman*.

Une partie de terre labourable, contenant 3 arpens 150 verges, ancienne mesure, dans la commune de Hoogzoern, n° 177 à 184 du sommier des domaines A, fermier *Van Laar*.

Une partie de terre labourable, contenant 3 arpens, ancienne mesure, dans la commune de Hoogzoern, n° 185 à 188 du sommier des domaines A, fermier *Eikendaal*.

Dans le ressort du bureau des domaines, à Kuilenburg.

Une maison et jardin à Vianen, n° 10 du sommier des domaines D, fermier *Rombout*.

Un moulin à vent, un moulin à cheval et bâtiment à Leerdam, n° 13 du sommier des domaines D, fermier *Huijzers*.

Une prairie, dite *de Voilekamp*, n° 1, contenant 3 arpens 225 verges, ancienne mesure, dans la commune de Kuilenburg, n° 257 du sommier des domaines A, fermier *Blitterswijk*.

Eene weide, de Voilekamp, n.r 2, groot 3 morgen 200 roeden, oude maat, in de gemeente Kuilenburg, n.r 258 van den domeinlegger A, pachter *Struik*.

Eene weide, de Voilekamp, n.r 3, groot 5 morgen 210 roeden, oude maat, in de gemeente Kuilenburg, n.r 259 van den domeinlegger A, pachter *Haasbergen*.

Eene weide, de Voilekamp, n.r 4, groot 3 morgen 110 roeden, oude maat, in de gemeente Kuilenburg, n.r 260 van den domeinlegger A, pachter *Van Vuuren*.

Een stuk bouwland, op de Landwaard, groot 4 morgen, in de gemeente Kuilenburg, n.r 268 van den domeinlegger A, pachter *Stappert*, c. s.

Een stuk weiland, het Oosterperk, groot 4 morgen 419 roeden, oude maat, in de gemeente Kuilenburg, n.r 270 van den domeinlegger A, pachter *Stappershoef*.

Een stuk weiland en boomgaard, het Westerperk, groot 4 morgen 450 roeden, oude maat, in de gemeente Kuilenburg, n.r 271 van den domeinlegger A, pachter *Malzen*, c. s.

Een stuk weiland en boomgaard, het Noorderperk, groot 4 morgen 480 roeden, oude maat, in de gemeente Kuilenburg, n.r 272 van den domeinlegger A, pachter *Sterk*.

Een stuk weiland en boomgaard, Zuiderperk, groot 4 morgen 579 roeden, in de gemeente Kuilenburg, n.r 273 van den domeinlegger A, pachter *Vermeulen*.

Une prairie, dite *de Voilekamp*, n° 2, contenant 3 arpens 200 verges, ancienne mesure, dans la commune de Kuilenburg, n° 258 du sommier des domaines A, fermier *Struik*.

Une prairie, dite *de Voilekamp*, n° 3, contenant 5 arpens 210 verges, ancienne mesure, dans la commune de Kuilenburg, n° 259 du sommier des domaines A, fermier *Haasbergen*.

Une prairie, dite *de Voilekamp*, n° 4, contenant 3 arpens 110 verges, ancienne mesure, dans la commune de Kuilenburg, n° 260 du sommier des domaines A, fermier *Van Vuuren*.

Une partie de terre labourable, dite *op de Landewaard*, contenant 4 arpens, ancienne mesure, dans la commune de Kuilenburg, n° 268 du sommier des domaines A, fermier *Stappert* et consors.

Une partie de prairie, dite *het Oosterperk*, contenant 4 arpens 419 verges, ancienne mesure, dans la commune de Kuilenburg, n° 270 du sommier des domaines A, fermier *Stappershoef*.

Une partie de prairie et un verger dits *het Westerperk*, contenant 4 arpens 450 verges, ancienne mesure, dans la commune de Kuilenburg, n° 271 du sommier des domaines A, fermier *Malzen* et consors.

Une partie de prairie et un verger, dits *het Noorderperk*, contenant 4 arpens 480 verges, ancienne mesure, dans la commune de Kuilenburg, n° 272 du sommier des domaines A, fermier *Sterk*.

Une partie de prairie et un verger, dits *het Zuiderperk*, contenant 4 arpens 570 verges, ancienne mesure, dans la commune de Kuilenburg, n° 273 du sommier des domaines A, fermier *Vermeulen*.

Een stuk bouwland, de Geer, groot 11 morgen, oude maat, in de gemeente Kuilenburg, n° 374 van den domeinlegger A, pachter *Struik*.

Een stuk bouwland, groot 18 morgen 535 roeden, oude maat (de groote en kleine Lazarusweerd), in de gemeente Kuilenburg, n° 275 van den domeinlegger A, pachter *Dijkert*.

Een stuk bouwland, de Havenwaard, groot 6 morgen 81 roeden, oude maat, in de gemeente Kuilenburg, n° 276 van den domeinlegger A, pachter *Halterman*.

Een stuk bouwland, de groote Redichemsche Waard, groot 12 morgen 316 roeden, oude maat, in de gemeente Kuilenburg, n° 277 van den domeinlegger A, pachter *Van de Mandeele*.

Een stuk bouwland, de bovenste Waard, groot 4 morgen 576 roeden, oude maat, in de gemeente Kuilenburg, n° 278 van den domeinlegger A, pachter *Sterk*.

Een stuk wei- en hooiland, de benedenste Waard, groot 4 morgen 570 roeden, oude maat, in de gemeente Kuilenburg, n° 279 van den domeinlegger A, pachter *Kootkar*.

Een stuk wei- en hooiland, achter het zand, groot 1 morgen 400 roeden, oude maat, in de gemeente Kuilenburg, n° 295 van den domeinlegger A, pachter *V. Weerdenburg*.

Een stuk hooi- en weiland als voren, groot 2 morgen 25 roeden, oude maat, in de gemeente Kuilenburg, n° 296 van den domeinlegger A, pachter *Struijk*.

Een stuk wei- of hooiland als voren, groot 1 morgen 400 roeden, oude maat, in de gemeente Kuilenburg, n° 297 van den domeinlegger A, pachter *Van Panwijk*.

Een stuk wei- of hooiland als voren, groot 1 morgen 70 roe-

Une partie de terre labourable, dite *de Geer*, contenant 12 arpens, ancienne mesure, dans la commune de Kuilenburg, n° 274 du sommier des domaines A, fermier *Struik*.

Une partie de terre labourable, dite *de groote en kleine Lazarusweerd*, contenant 18 arpens 535 verges, ancienne mesure, dans la commune de Kuilenburg, n° 275 du sommier des domaines A, fermier *Dijkert*.

Une partie de terre labourable, dite *de Havenwaard*, contenant 6 arpens 81 verges, ancienne mesure, dans la commune de Kuilenburg, n° 276 du sommier des domaines A, fermier *Halterman*.

Une partie de terre labourable, dite *de groote Redichemsche Waard*, contenant 12 arpens 317 verges, ancienne mesure, dans la commune de Kuilenburg, n° 277 du sommier des domaines A, fermier *Van de Mandeele*.

Une partie de terre labourable, dite *Bovenste-Waard*, contenant 4 arpens 576 verges, ancienne mesure, dans la commune de Kuilenburg, n° 278 du sommier des domaines A, fermier *Sterk*.

Une partie de prairie, dite *de Benedenste Waard*, contenant 4 arpens 570 verges, ancienne mesure, dans la commune de Kuilenburg, n° 279 du sommier des domaines A, fermier *Kootkar*.

Une partie de prairie, derrière het Zand, contenant 1 arpent 400 verges, ancienne mesure, dans la commune de Kuilenburg, n° 295 du sommier des domaines A, fermier *Van Weerdenburg*.

Une partie de prairie, derrière het Zand, contenant 2 arpens 25 verges, ancienne mesure, dans la commune de Kuilenburg, n° 296 du sommier des domaines A, fermier *Struyk*.

Une partie de prairie, derrière het Zand, contenant 1 arpent 400 verges, ancienne mesure, dans la commune de Kuilenburg, n° 297 du sommier des domaines A, fermier *Van Panwyk*.

Une partie de prairie, derrière het Zand, contenant 1 ar-

5.

2.

den, oude maat, in de gemeente Kuilenburg, n 298 van den domeinlegger A, pachter *Helmond.*

Een stuk wei- of hooiland, achter het zand, groot 1 morgen 400 roeden, oude maat, in de gemeente Kuilenburg, n 299 van den domeinlegger A, pachter *De Jong.*

Een stuk wei- of hooiland op de Landswaard, groot 3 morgen, oude maat, in de gemeente Kuilenburg, n 300 van den domeinlegger A, pachter *J.-A. Koedam.*

Een stuk wei- of hooiland, als voren, groot 2 morgen, oude maat, in de gemeente Kuilenburg, n 301 van den domeinlegger A, pachter *Van Panwijk.*

Een stuk wei- of hooiland, als voren, groot 1 morgen, 300 roeden, oude maat, in de gemeente Kuilenburg, n 302 van den domeinlegger A, pachter *Van Panwijk.*

Een stuk wei- of hooiland, als voren, groot 2 morgen, oude maat, in de gemeente Kuilenburg, n 303 van den domeinlegger A, pachter *A. Koedam.*

Een stuk hooi- en weiland, op Goilberdingen, groot 2 morgen 300 roeden, oude maat, in de gemeente Everdingen, n 306 a 310 van den domeinlegger A, pachter *Borgstein.*

Een stuk wei- of hooiland, als voren, groot 4 morgen 300 roeden, oude maat, in de gemeente Everdingen, n 311 a 316 van den domeinlegger A, pachter *Sterk*, c. s.

Een stuk hooi- en weiland, als voren, groot 4 morgen 300 roeden oude maat, in de gemeente Everdingen, n 317 a 321 van den domeinlegger A, pachter *Sterk.*

pent 70 verges, ancienne mesure, dans la commune de Kuilenburg, n° 298 du sommier des domaines A, fermier *Helmond.*

Une partie de prairie, derrière het Zand, contenant 1 arpent 400 verges, ancienne mesure, dans la commune de Kuilenburg, n° 299 du sommier des domaines A, fermier *De
Jong.*

Une partie de prairie, au Landswaard, contenant 3 arpens, ancienne mesure, dans la commune de Kuilenburg,
n° 300 du sommier des domaines A, fermier *J.-A. Koedam.*

Une partie de prairie, sur le Landswaard, contenant 2 arpens, ancienne mesure, dans la commune de Kuilenburg,
n° 301 du sommier des domaines A, fermier *Van Panwyk.*

Une partie de prairie, sur le Landswaerd, contenant 1 arpent 300 verges, ancienne mesure, dans la commune de Kuilenburg, n° 302 du sommier des domaines A, fermier *Van Panwijk.*

Une partie de prairie, au Landswaard, contenant 2 arpens,
ancienne mesure, dans la commune de Kuilenburg, n° 303
du sommier des domaines A, fermier *A. Koedam.*

Une partie de prairie, dite *op Goilberdingen*, contenant 2
arpens 300 verges, ancienne mesure, dans la commune
d'Everdingen, n° 306 à 310 du sommier des domaines A,
fermier *Borgstein.*

Une partie de prairie, dite *op Goilberdingen*, contenant 4
arpens 300 verges, ancienne mesure, dans la commune
d'Everdingen, n° 311 à 316 du sommier des domaines A,
fermier *Sterk* et consors.

Une partie de prairie, dite *op Goilberdingen*, contenant 4
arpens 300 verges, ancienne mesure, dans la commune d'E-
verdingen, n° 317 à 321 du sommier des domaines A, fermier
Sterk.

Een stuk wei- of hooiland, als voren, groot 4 morgen, oude maat, in de gemeente Everdingen, n° 302 a 324 van den domeinlegger A, onderscheiden pachters.

Een uiterwaard, in de Kortenoordsche rijswaard, groot 9 morgen 500 roeden, oude maat, in de gemeente Kuilenburg, n° 555 a 565 van den domeinlegger A.

De rijswaard van de Lazaruswaard, groot 1 morgen 200 roeden, oude maat, in de gemeente Kuilenburg, n° 567 van den domeinlegger A.

Grienden, groot 1 morgen 360 roeden oude maat, in de gemeente Everdingen, n° 606 van den domeinlegger A.

Grienden, groot 3 morgen, oude maat, in de gemeente Everdingen, n° 607 van den domeinlegger A.

Een stuk hooi- of weiland, groot 4 morgen 100 roeden, oude maat, in de gemeente Everdingen, n° 222 van den domeinlegger A, pachter *Van Vuren*.

Een boomgaard en 't land, groot 1 morgen 90 roeden, oude maat, in de gemeente Kuilenburg, n° 261 van den domeinlegger A, pachters *Renaud* en *Bleijenberg*.

Een boomgaard en 't land, groot 1 morgen 277 roeden, oude maat, in de gemeente Kuilenburg, n° 267 van den domeinlegger, pachters *Stappershoef* en *Grootveld*.

Een boomgaard en 't land, groot 3 morgen oude maat, in de gemeente Kuilenburg, n° 269 van den domeinlegger A, pachter *Verkerk* en *Grootveld*.

Een rijswaard, groot 585 roeden, oude maat, in de gemeente Kuilenburg, n° 566 van den domeinlegger A, onverpacht.

Een stuk bouwland, groot 1 morgen, oude maat, in de ge-

Une partie de prairie , dite *op Goilberdingen*, contenant 4 arpens, ancienne mesure , dans la commune d'Everdingen , n° 322 à 324 du sommier des domaines A , divers fermiers.

Un alluvion dans le Kortenoordsche Rijswaard , contenant 9 arpens 500 verges , ancienne mesure , dans la commune de Kuilenburg , n° 555 à 565 du sommier des domaines A.

La plantation de roseaux du Lazaruswaard , contenant 1 arpent 200 verges, ancienne mesure , dans la commune de Kuilenburg , n° 567 du sommier des domaines A.

Oserayes , contenant 1 arpent 300 verges , dans la commune d'Everdingen , n° 606 du sommier des domaines A.

Oserayes, contenant 3 arpens, ancienne mesure, dans la commune d'Everdingen , n° 607 du sommier des domaines A.

Une partie de terre à pré ou à foin , contenant 4 arpens 100 verges, ancienne mesure , dans la commune d'Everdingen , n° 222 du sommier des domaines A , fermier *Van Vuren*.

Un verger et terre, contenant 1 arpent 90 verges , ancienne mesure , dans la commune de Kuilenburg , n° 261 du sommier des domaines A , fermiers *Renaud* et *Bleyenberg*.

Un verger et terre , contenant 1 arpent 277 verges , ancienne mesure , dans la commune de Kuilenburg , n° 267 du sommier des domaines A , fermiers *Stappershoef* et *Grootveld*.

Un verger et terre , contenant 3 arpens , ancienne mesure , dans la commune de Kuilenburg, n° 269 du sommier des domaines A , fermiers *Verkerk* et *Grootveld*.

Une plantation de roseaux , contenant 585 verges , ancienne mesure , dans la commune de Kuilenburg , n° 566 du sommier des domaines A, non affermé.

Une partie de terre labourable, contenant 1 arpent , an-

meente Everdingen, n^{rr} 707 en 710 van den domeinlegger A, pachters *Sterk* en *De Jong*.

Een stuk bouwland, groot 130 roeden, onde maat, in de gemeente Kuilenburg, n^r 711 van den domeinlegger A, pachter *Van de Meer*.

Een stuk hooi- of weiland, groot 1 bunder 18 roeden 90 ellen, in de gemeente Kuilenburg, n^r 7 van den domeinlegger A, pachter *Vorst*.

Een stuk hooi- of weiland, groot 2 bunders 12 roeden 88 ellen, in de gemeente Kuilenburg, n^r 8 van den domeinlegger A, pachter *Van Malsem*.

Een stuk hooi- of weiland, groot 1 bunder 70 roeden 31 ellen, in de gemeente Kuilenburg, n^r 9 van den domeinlegger A, pachter *Van Soelen*.

Een stuk wei-of hooiland, groot 3 bunders 40 roeden 62 ellen, in de gemeente Kuilenburg, n^r 10 van den domeinlegger A, pachter *Struijk*.

Een stuk wei- of hooiland, groot 3 bunders 40 roeden, 62 ellen, in de gemeente Kuilenburg, n^r 11 van den domeinlegger A, pachter *Van de Mandele*.

Een stuk hooi- of weiland, groot 3 bunders 40 roeden 62 ellen, in de gemeente Kuilenburg, n^r 12 van den domeinlegger A, pachter *Panwijk*.

Een stuk hooi- of weiland, groot 3 bunders 40 roeden 62 ellen, in de gemeente Kuilenburg, n^r 13 van den domeinlegger A, pachter *Helmond*.

Een stuk hooi- of weiland, groot 3 bunders 40 roeden 62 ellen, in de gemeente Kuilenburg, n° 14 van den domeinlegger A, pachter *Van Offeren*.

cienne mesure, dans la commune d'Everdingen, n° 709 et 710 du sommier des domaines A, fermiers *Sterk* et *De Jong*.

Une partie de terre labourable, contenant 130 verges, ancienne mesure, dans la commune de Kuilenburg, n° 711 du sommier des domaines A, fermier *Van de Meer*.

Une partie de terre à pré ou à foin, contenant 1 bonnier 18 verges 90 aunes, dans la commune de Kuilenburg, n° 7 du sommier des domaines A, fermier *Vorst*.

Une partie de terre à pré ou à foin, contenant 2 bonniers 12 verges 88 aunes, dans la commune de Kuilenburg, n° 8 du sommier des domaines A, fermier *Van Malsem*.

Une partie de terre à pré ou à foin, contenant 1 bonnier 70 verges 31 aunes, dans la commune de Kuilenburg, n° 9 du sommier des domaines A, fermier *Van Soelen*.

Une partie de terre à pré ou à foin, contenant 3 bonniers 40 verges 62 aunes, dans la commune de Kuilenburg, n° 10 du sommier des domaines A, fermier *Struyk*.

Une partie de terre à pré ou à foin, contenant 3 bonniers 40 verges 62 aunes, dans la commune de Kuilenburg, n° 11 du sommier des domaines A, fermier *Van de Mandele*.

Une partie de terre à pré ou à foin, contenant 3 bonniers 40 verges 62 aunes, dans la commune de Kuilenburg, n° 12 du sommier des domaines A, fermier *Panwijk*.

Une partie de terre à pré ou à foin, contenant 3 bonniers 40 verges 62 aunes, dans la commune de Kuilenburg, n° 13 du sommier des domaines A, fermier *Helmond*.

Une partie de terre à pré ou à foin, contenant 3 bonniers 40 verges 62 aunes, dans la commune de Kuilenburg, n° 14 du sommier des domaines A, fermier *Van Offeren*.

Een stuk hooi- of weiland , groot 4 bunders 68 roeden 36 ellen, in de gemeente Kuilenburg., n^r 15 van den domeinlegger A, pachter *Van den Ham.*

Een stuk hooi- of weiland , groot 4 bunders 25 roeden 78 ellen, in de gemeente Kuilenburg, n^r 16 van den domeinlegger A, pachter *Kootkar.*

Een stuk hooi- of weiland , groot 4 bunders 25 roeden 78 ellen, in de gemeente Kuilenburg., n^r 17 van den domeinlegger A, pachter *Rabeling.*

Een stuk hooi- of weiland , groot 4 bunders 25 roeden 78 ellen, in de gemeente Kuilenburg, n^r 18 van den domeinlegger A, pachter *Holterman.*

Een stuk hooi- of weiland , groot 4 bunders 25 roeden 78 ellen, in de gemeente Kuilenburg , n^r 19 van den domeinlegger A, pachter *De Vaan.*

Een stuk als voren , groot 1 bunder 70 roeden 31 ellen , in de gemeente Kuilenburg, n^r 20 van den domeinlegger A , pachter *Sterk.*

Een stuk als voren , groot 1 bunder 70 roeden 31 ellen , in de gemeente Kuilenburg , n^r 21 van den domeinlegger A, pachter *Verkerk.*

Een stuk als voren , groot 4 bunders 30 roeden 62 ellen , in de gemeente Kuilenburg , n^r 22 van den domeinlegger A , pachter *De Jong.*

Een stuk als voren , groot 1 bunder 70 roeden 31 ellen , in de gemeente Kuilenburg, n^r 23 van den domeinlegger A, pachter *Uiterwaas.*

Een stuk als voren , groot 1 bunder 70 roeden 31 ellen , in de gemeente Kuilenburg, n^r 24 van den domeinlegger A, pachter *Van Beuzichem.*

Une partie de terre à pré ou à foin, contenant 4 bonniers 68 verges 36 aunes, dans la commune de Kuilenburg, n° 15 du sommier des domaines A., fermier *Van den Ham.*

Une partie de terre à pré ou à foin, contenant 4 bonniers 25 verges 78 aunes, dans la commune de Kuilenburg, n° 16 du sommier des domaines A, fermier *Koolkar.*

Une partie de terre à pré ou à foin, contenant 4 bonniers 25 verges 78 aunes, dans la commune de Kuilenburg, n° 17 du sommier des domaines A, fermier *Rabeling.*

Une partie de terre à pré ou à foin, contenant 4 bonniers 25 verges 78 aunes, dans la commune de Kuilenburg, n° 18 du sommier des domaines A, fermier *Holterman.*

Une partie de terre à pré ou à foin, contenant 4 bonniers 25 verges 78 aunes, dans la commune de Kuilenburg, n° 19 du sommier des domaines A, fermier *De Vaan.*

Une partie de terre à pré ou à foin, contenant 1 bonnier 70 verges 31 aunes, dans la commune de Kuilenburg, n° 20 du sommier des domaines A, fermier *Sterk.*

Une partie de terre à pré ou à foin, contenant 1 bonnier 70 verges 31 aunes, dans la commune de Kuilenburg, n° 21 du sommier des domaines A, fermier *Verkerk.*

Une partie de terre à pré ou à foin, contenant 4 bonniers 30 verges, 62 aunes, dans la commune de Kuilenburg, n° 22 du sommier des domaines A, fermier *De Jong.*

Une partie de terre à pré ou à foin, contenant 1 bonnier 70 verges 31 aunes, dans la commune de Kuilenburg, n° 23 du sommier des domaines A, fermier *Uiterwaas.*

Une partie de terre à pré ou à foin, contenant 1 bonnier 70 verges 31 aunes, dans la commune de Kuilenburg, n° 24 du sommier des domaines A, fermier *Van Beuzichem.*

5.   3.

Een stuk als voren, groot 1 bunder 70 roeden 31 ellen, in de gemeente Kuilenburg, nr 25 van den domeinlegger A, pachter *Jagers.*

Een stuk als voren, groot 1 bunder 70 roeden 31 ellen, in de gemeente Kuilenburg, nr 26 van den domeinlegger A, pachter *Van Hooft.*

Een stuk als voren, groot 1 bunder 70 roeden 31 ellen, in de gemeente Kuilenburg, nr 27 van den domeinlegger A, pachter *De Ridder.*

Een stuk als voren, groot 3 bunders 40 roeden 62 ellen, in de gemeente Kuilenburg, nr 28 van den domeinlegger A, pachter *Van Weerdenburg.*

Een stuk als voren, groot 3 bunders 40 roeden 62 ellen, in de gemeente Kuilenburg, nr 29 van den domeinlegger A, pachter *Struik.*

Een stuk als voren, groot 3 bunders 40 roeden 62 ellen, in de gemeente Kuilenburg, nr 30 van den domeinlegger A, pachter *De Vaan.*

Een stuk als voren, groot 2 bunders 55 roeden 46 ellen, in de gemeente Kuilenburg, nr 31 van den domeinlegger A, pachter *Kuninghame.*

Een stuk als voren, groot 3 bunders 40 roeden 62 ellen, in de gemeente Kuilenburg, nr 32 van den domeinlegger A, pachter *Markus.*

Een stuk als voren, groot 3 bunders 40 roeden 62 ellen, in de gemeente Kuilenberg, nr 33 van den domeinlegger A, pachter *Wekers.*

Een stuk als voren, groot 3 bunders 40 roeden 62 ellen,

Une partie de terre à pré ou à foin, contenant 1 bonnier 70 verges 31 aunes, dans la commune de Kuilenburg, n° 25 du sommier des domaines A, fermier *Jagers*.

Une partie de terre à pré ou à foin, contenant 1 bonnier 70 verges 31 aunes, dans la commune de Kuilenburg, n° 26 du sommier des domaines A, fermier *Van Hooft*.

Une partie de terre à pré ou à foin, contenant 1 bonnier 70 verges 31 aunes, dans la commune de Kuilenburg, n° 27 du sommier des domaines A, fermier *De Ridder*.

Une partie de terre à pré ou à foin, contenant 3 bonniers 40 verges 62 aunes, dans la commune de Kuilenburg, n° 28 du sommier des domaines A, fermier *Van Weerdenburg*.

Une partie de terre à pré ou à foin, contenant 3 bonniers 40 verges 62 aunes, dans la commune de Kuilenburg, n° 29 du sommier des domaines A, fermier *Struik*.

Une partie de terre à pré ou à foin, contenant 3 bonniers 40 verges 62 aunes, dans la commune de Kuilenburg, n° 30 du sommier des domaines A, fermier *De Vaan*.

Une partie de terre à pré ou à foin, contenant 2 bonniers 55 verges 46 aunes, dans la commune de Kuilenburg, n° 31 du sommier des domaines A, fermier *Kuninghame*.

Une partie de terre à pré ou à foin, contenant 3 bonniers 40 verges 62 aunes, dans la commune de Kuilenburg, n° 32 du sommier des domaines A, fermier *Markus*.

Une partie de terre à pré ou à foin, contenant 3 bonniers 40 verges 62 aunes, dans la commune de Kuilenburg, n° 33 du sommier des domaines A, fermier *Wekers*.

Une partie de terre à pré ou à foin, contenant 3 bonniers

in de gemeente Kuilenburg, n^r 34 van den domeinlegger A, pachter *Goes*.

Een stuk als voren, groot 3 bunders 40 roeden 62 ellen, in de gemeente Kuilenburg, n^r 35 van den domeinlegger A, pachter *Vermeulen*.

Een stuk als voren, groot 3 bunders 40 roeden 62 ellen, in de gemeente Kuilenburg, n^r 36 van den domeinlegger A, pachter *Stappershoff*.

Een stuk als voren, groot 3 bunders 40 roeden 62 ellen, in de gemeente Kuilenburg, n^r 37 van den domeinlegger A, pachter *Helmont*.

Een stuk als voren, groot 3 bunders 40 roeden 62 ellen, in de gemeente Kuilenburg, n^r 38 van den domeinlegger A, pachter *Koedam*.

Een stuk als voren, groot 3 bunders 40 roeden 62 ellen, in de gemeente Kuilenburg, n^r 39 van den domeinlegger A, pachter *De Leeuw*.

Een stuk als voren, groot 3 bunders 40 roeden 62 ellen, in de gemeente Kuilenburg, n^r 40 van den domeinlegger A, pachter *Struik*.

Een stuk als voren, groot 3 bunders 40 roeden 62 ellen, in de gemeente Kuilenburg, n^r 41 van den domeinlegger A, pachter *Wammes*.

Een stuk als voren, groot 3 bunders 40 roeden 62 ellen, in de gemeente Kuilenburg, n^r 42 van den domeinlegger A, pachter *Heikop*.

Een stuk als voren, groot 3 bunders 40 roeden 62 ellen, in de gemeente Kuilenburg, n^r 43 van den domeinlegger A, pachter *Panwijk*.

4o verges 62 aunes, dans la commune de Kuilenburg, n° 34 du sommier des domaines A, fermier *Goes*.

Une partie de terre à pré ou à foin, contenant 3 bonniers 4o verges 62 aunes, dans la commune de Kuilenburg, n° 35 du sommier des domaines A, fermier *Vermeulen*.

Une partie de terre à pré ou à foin, contenant 3 bonniers 4o verges 62 aunes, dans la commune de Kuilenburg, n° 36 du sommier des domaines A, fermier *Stappershof*.

Une partie de terre à pré ou à foin, contenant 3 bonniers 4o verges 62 aunes, dans la commune de Kuilenburg, n° 37 du sommier des domaines A, fermier *Helmont*.

Une partie de terre à pré ou à foin, contenant 3 bonniers 4o verges 62 aunes, dans la commune de Kuilenburg, n° 38 du sommier des domaines A, fermier *Koedam*.

Une partie de terre à pré ou à foin, contenant 3 bonniers 4o verges 62 aunes, dans la commune de Kuilenburg, n° 39 du sommier des domaines A, fermier *De Leeuw*.

Une partie de terre à pré ou à foin, contenant 3 bonniers 4o verges 62 aunes, dans la commune de Kuilenburg, n° 4o du sommier des domaines A, fermier *Struik*.

Une partie de terre à pré ou à foin, contenant 3 bonniers 4o verges 62 aunes, dans la commune de Kuilenburg, n° 41 du sommier des domaines A, fermier *Wammes*.

Une partie de terre à pré ou à foin, contenant 3 bonniers 4o verges 62 aunes, dans la commune de Kuilenburg, n° 42 du sommier des domaines A, fermier *Heikop*.

Une partie de terre à pré et à foin, contenant 3 bonniers 4o verges 62 aunes, dans la commune de Kuilenburg, n° 43 du sommier des domaines A, fermier *Panwijk*.

Een stuk als voren, groot 3 bunders 40 roeden 62 ellen, in de gemeente Kuilenburg, nr 44 van den domeinlegger A, pachter *Bron*.

Een stuk als voren, groot 3 bunders 40 roeden 62 ellen, in de gemeente Kuilenburg, nr 45 van den domeinlegger A, pachter *Van Vuren*.

Een stuk als voren, groot 3 bunders 40 roeden 62 ellen, in de gemeente Kuilenburg, nr 46 van den domeinlegger A, pachter *Uiterwaal*.

Een stuk als voren, groot 5 bunders 67 roeden 71 ellen, in de gemeente Kuilenburg, nr 47 van den domeinlegger A, pachter *Vermeulen*.

Een stuk als voren, groot 3 bunders 40 roeden 62 ellen, in de gemeente Kuilenburg, nr 48 van den domeinlegger A, pachter *Sterk*.

Een stuk als voren, groot 1 bunder 13 roeden 54 ellen, in de gemeente Kuilenburg, nr 49 van den domeinlegger A, pachter *Uiterwaal*.

Een stuk als voren, groot 5 bunders 53 roeden 57 ellen, in de gemeente Kuilenburg, nr 50 van den domeinlegger A, pachter *Struik*.

Een stuk als voren, groot 3 bunders 40 roeden 62 ellen, in de gemeente Kuilenburg, nr 51 van den domeinlegger A, pachter *Wennekes*.

Een stuk als voren, groot 3 bunders 40 roeden 62 ellen, in de gemeente Kuilenburg, nr 52 van den domeinlegger A, pachter *Heijkop*.

Een stuk als voren, groot 1 bunder 70 roeden 31 ellen, in

Une partie de terre à pré ou à foin, contenant 3 bonniers 40 verges 62 aunes, dans la commune de Kuilenborg, n° 44 du sommier des domaines A, fermier *Bron.*

Une partie de terre à pré ou à foin, contenant 3 bonniers 40 verges 62 aunes, dans la commune de Kuilenburg, n° 45 du sommier des domaines A, fermier *Van Vuren.*

Une partie de terre à pré ou à foin, contenant 3 bonniers 40 verges 62 aunes, dans la commune de Kuilenburg, n° 46 du sommier des domaines A, fermier *Uiterwaal.*

Une partie de terre à pré ou à foin, contenant 5 bonniers 67 verges 71 aunes, dans la commune de Kuilenburg, n° 47 du sommier des domaines A, fermier *Vermeulen.*

Une partie de terre à pré ou à foin, contenant 3 bonniers 40 verges 62 aunes, dans la commune de Kuilenburg, n° 48 du sommier des domaines A, fermier *Sterk.*

Une partie de terre à pré ou à foin, contenant 1 bonnier 13 verges 54 aunes, dans la commune de Kuilenburg, n° 49 du sommier des domaines A, fermier *Uiterwaal.*

Une partie de terre à pré ou à foin, contenant 5 bonniers 53 verges 57 aunes, dans la commune de Kuilenburg, n° 50 du sommier des domaines A, fermier *Struik.*

Une partie de terre à pré ou à foin, contenant 3 bonniers 40 verges 62 aunes, dans la commune de Kuilenburg, n° 51 du sommier des domaines A, fermier *Wennekes.*

Une partie de terre à pré ou à foin, contenant 3 bonniers 40 verges 62 aunes, dans la commune de Kuilenburg, n° 52 du sommier des domaines A, fermier *Heykop.*

Une partie de terre à pré ou à foin, contenant 1 bonnier 70

de gemeente Kuilenburg, n^r 53 van den domeinlegger A, pachter *Van Karsen*.

Een stuk als voren, groot 1 bunder 70 roeden 31 ellen, in de gemeente Kuilenburg, n^r 54 van den domeinlegger A, pachter *Kuik*.

Een stuk als voren, groot 2 bunders 55 roeden 46 ellen, in de gemeente Kuilenburg, n^r 55 van den domeinlegger A, pachter *Bron*.

Een stuk als voren, groot 3 bunders 40 roeden 62 ellen, in de gemeente Kuilenburg, n^r 56 van den domeinlegger A, pachter *Van den Berg, C. z.*

Een stuk als voren, groot 2 bunders 83 roeden 85 ellen, in de gemeente Kuilenburg, n^r 57 van den domeinlegger A, pachter *Kool*.

Een stuk als voren, groot 3 bunders 40 roeden 62 ellen, in de gemeente Kuilenburg, n^r 58 van den domeinlegger A, pachter *Westerhout*.

Een stuk als voren, groot 3 bunders 40 roeden 62 ellen, in de gemeente Kuilenburg, n^r 59 van den domeinlegger A, pachter *Kool*.

Een stuk als voren, groot 3 bunders 40 roeden 62 ellen, in de gemeente Kuilenburg, n^r 60 van den domeinlegger A, pachter *Den Hartog*.

Een stuk als voren, groot 3 bunders 40 roeden 62 ellen, in de gemeente Kuilenburg, n^r 61 van den domeinlegger A, pachter *De Jong*.

Een stuk als voren, groot 5 bunders 53 roeden 51 ellen, in de gemeente Kuilenburg, n^r 62 van den domeinlegger A, pachter *Sterk*.

verges 31 aunes, dans la commune de Kuilenburg, n° 53 du sommier des domaines A, fermier *Van Karsen*.

Une partie de terre à pré ou à foin, contenant 1 bonnier 70 verges 31 aunes, dans la commune de Kuilenburg, n° 54 du sommier des domaines A, fermier *Kuik*.

Une partie de terre à pré ou à foin, contenant 2 bonniers 55 verges 46 aunes, dans la commune de Kuilenburg, n° 55 du sommier des domaines A, fermier *Bron*.

Une partie de terre à pré ou à foin, contenant 3 bonniers 40 verges 62 aunes, dans la commune de Kuilenburg, n° 56 du sommier des domaines A, fermier *Van den Berg, Cz.*

Une partie de terre à pré ou à foin, contenant 2 bonniers 83 verges 85 aunes, dans la commune de Kuilenburg, n° 57 du sommier des domaines A, fermier *Kool*.

Une partie de terre à pré ou à foin, contenant 3 bonniers 40 verges 62 aunes, dans la commune de Kuilenburg, n° 58 du sommier des domaines A, fermier *Westerhout*.

Une partie de terre à pré ou à foin, contenant 3 bonniers 40 verges 62 aunes, dans la commune de Kuilenburg, n° 59 du sommier des domaines A, fermier *Kool*.

Une partie de terre à pré ou à foin, contenant 3 bonniers 40 verges 62 aunes, dans la commune de Kuilenburg, n° 60 du sommier des domaines A, fermier *Den Hartog*.

Une partie de terre à pré ou à foin, contenant 3 bonniers 40 verges 62 aunes, dans la commune de Kuilenburg, n° 61 du sommier des domaines A, fermier *De Jong*.

Une partie de terre à pré ou à foin, contenant 5 bonniers 53 verges 51 aunes, dans la commune de Kuilenburg, n° 62 du sommier des domaines A, fermier *De Sterk*.

5.   4.

Een stuk als voren, groot 2 bunders 12 roeden 38 ellen, in de gemeente Kuilenburg, n^r 63 van den domeinlegger A, pachter *De Leeuw*.

Een stuk als voren, groot 4 bunders 25 roeden 78 ellen, in de gemeente Kuilenburg, n^r 64 van den domeinlegger A, pachter *Van den Bogaard*.

Een stuk als voren, groot 2 bunders 79 roeden 45 ellen, in de gemeente Kuilenburg, n^r 65 van den domeinlegger A, pachter *Van den Bogaard*.

Een stuk als voren, groot 1 bunder 70 roeden 31 ellen, in de gemeente Kuilenburg, n^r 66 van den domeinlegger A, pachter *Van den Berg*.

Een stuk als voren, groot 5 bunders 10 roeden 93 ellen, in de gemeente Kuilenburg, n^r 67 van den domeinlegger A, pachter *Van Malsem*.

Een stuk als voren, groot 5 bunders 40 roeden 62 ellen, in de gemeente Kuilenburg, n^r 68 van den domeinlegger A, pachter *Van den Berg*.

Een stuk als voren, groot 3 bunders 40 roeden 62 ellen, in de gemeente Kuilenburg, n^r 69 van den domeinlegger A, pachter *G. Den Hartog*.

Een stuk als voren, groot 3 bunders 40 roeden 62 ellen, in de gemeente Kuilenburg, n^r 70 van den domeinlegger A, pachter *Van Maaswinkel*.

Een stuk als voren, groot 3 bunders 40 roeden 62 ellen, in de gemeente Kuilenburg, n^r 71 van den domeinlegger A, pachter *Burggraaf*.

Een stuk als voren, groot 1 bunder 70 roeden 31 ellen, in de gemeente Kuilenburg, n^r 72 van den domeinlegger A, pachter *Van Karsen*.

Une partie de terre à pré ou à foin , contenant 2 bonniers 12 verges 38 aunes , dans la commune de Kuilenburg, n° 63 du sommier des domaines A , fermier *De Leeuw.*

Une partie de terre à pré ou à foin , contenant 4 bonniers 25 verges 78 aunes, dans la commune de Kuilenburg , n° 64 du sommier des domaines A , fermier *Van den Bogaard.*

Une partie de terre à pré ou à foin , contenant 2 bonniers 79 verges 45 aunes, dans la commune de Kuilenburg , n° 65 du sommier des domaines A , fermier *Van den Bogaard.*

Une partie de terre à pré ou à foin , contenant 1 bonnier 70 verges 31 aunes , dans la commune de Kuilenburg , n° 66 du sommier des domaines A , fermier *Van den Berg.*

Une partie de terre à pré ou à foin, contenant 5 bonniers 10 verges 93 aunes, dans la commune de Kuilenburg , n° 67 du sommier des domaines A , fermier *Van Malsem.*

Une partie de terre à pré ou à foin , contenant 5 bonniers 40 verges 62 aunes , dans la commune de Kuilenburg, n° 68 du sommier des domaines A , fermier *Van den Berg.*

Une partie de terre à pré ou à foin , contenant 3 bonniers 40 verges 62 aunes , dans la commune de Kuilenburg , n° 69 du sommier des domaines A , fermier *G. Den Hartog.*

Une partie de terre à pré ou à foin , contenant 3 bonniers 40 verges 62 aunes , dans la commune de Kuilenburg , n° 70 du sommier des domaines A , fermier *Van Maaswinkel.*

Une partie de terre à pré ou à foin , contenant 3 bonniers 40 verges 62 aunes, dans la commune de Kuilenburg , n° 71 du sommier des domaines A , fermier *Burggraaf.*

Une partie de terre à pré ou à foin , contenant 1 bonnier 70 verges 31 aunes, dans la commune de Kuilenburg , n° 72 du sommier des domaines A , fermier *Van Karsen.*

Een stuk als voren, groot 3 bunders 40 roeden 62 ellen, in in de gemeente Kuilenburg, n^r 73 van den domeinlegger A, pachter *De Raad.*

Een stuk als voren, groot 3 bunders 40 roeden 62 ellen, in de gemeente Kuilenburg, n^r 74 van den domeinlegger A, pachter *Den Hartog.*

Een stuk als voren, groot 3 bunders 40 roeden 62 ellen, in de gemeente Kuilenburg, n^r 75 van den domeinlegger A, pachter *Westerhout.*

Een stuk als voren, groot 3 bunders 40 roeden 62 ellen, in de gemeente Kuilenburg, n^r 76 van den domeinlegger A, pachter *De Raad.*

Een stuk als voren, groot 3 bunders 40 roeden 62 ellen, in de gemeente Kuilenburg, n^r 77 van den domeinlegger A, pachter *Van de Zande.*

Een stuk als vóren, groot 2 bunders 55 roeden 47 ellen, in de gemeente Kuilenburg, n^r 78 van den domeinlegger A, pachter *De Raad.*

Een stuk als voren, groot 2 bunders 55 roeden 46 ellen, in de gemeente Kuilenburg, n^r 79 van den domeinlegger A, pachter *Van Schaik.*

Een stuk als voren, groot 2 bunders 55 roeden 46 ellen, in de gemeente Kuilenburg, n^r 80 van den domeinlegger A, pachter *Van Haaften.*

Een stuk als voren, groot 2 bunders 55 roeden 46 ellen, in de gemeente Kuilenburg, n^r 81 van den domeinlegger A, pachter *De Leeuw.*

Een stuk als voren, groot 2 bunders 55 roeden 46 ellen, in de gemeente Kuilenburg, n^r 82 van den domeinlegger A, pachter *De Raad.*

Une partie de terre à pré ou à foin, contenant 3 bonniers 40 verges 62 aunes, dans la commune de Kuilenburg, n° 73 du sommier des domaines A, fermier *De Raad.*

Une partie de terre à pré ou à foin, contenant 3 bonniers 40 verges 62 aunes, dans la commune de Kuilenburg, n° 74 du sommier des domaines A, fermier *Den Hartog.*

Une partie de terre à pré ou à foin, contenant 3 bonniers 40 verges 62 aunes, dans la commune de Kuilenburg, n° 75 du sommier des domaines A, fermier *Westerhout.*

Une partie de terre à pré ou à foin, contenant 3 bonniers 40 verges 62 aunes, dans la commune de Kuilenburg, n° 76 du sommier des domaines A, fermier *De Raad.*

Une partie de terre à pré ou à foin, contenant 3 bonniers 40 verges 62 aunes, dans la commune de Kuilenburg, n° 77 du sommier des domaines A, fermier *Van de Zande.*

Une partie de terre à pré ou à foin, contenant 2 bonniers 55 verges 47 aunes, dans la commune de Kuilenburg, n° 78 du sommier des domaines A, fermier *De Raad.*

Une partie de terre à pré ou à foin, contenant 2 bonniers 55 verges 46 aunes, dans la commune de Kuilenburg, n° 79 du sommier des domaines A, fermier *Van Schaik.*

Une partie de terre à pré ou à foin, contenant 2 bonniers 55 verges 46 aunes, dans la commune de Kuilenburg, n° 80 du sommier des domaines A, fermier *Van Haaften,*

Une partie de terre à pré ou à foin, contenant 2 bonniers 55 verges 46 aunes, dans la commune de Kuilenburg, n° 81 du sommier des domaines A, fermier *De Leeuw.*

Une partie de terre à pré ou à foin, contenant 2 bonniers 55 verges 46 aunes, dans la commune de Kuilenburg, n° 82 du sommier des domaines A, fermier *De Raad.*

Een stuk als voren, groot 2 bunders 55 roeden 46 ellen, in de gemeente Kuilenburg, n^r 83 van den domeinlegger A, pachter *Zijderveld.*

Een stuk als voren, groot 3 bunders 40 roeden 62 ellen, in de gemeente Kuilenburg, n^r 84 van den domeinlegger A, pachter *Kool.*

Een stuk als voren, groot 3 bunders 40 roeden 62 ellen, in de gemeente Kuilenburg, n^r 85 van den domeinlegger A, pachter *Van de Koppere.*

Een stuk als voren, groot 3 bunders 40 roeden 62 ellen, in de gemeente Kuilenburg, n^r 86 van den domeinlegger A, pachter *De Leeuw.*

Een stuk als voren, groot 3 bunders 40 roeden 62 ellen, in de gemeente Kuilenburg, n^r 87 van den domeinlegger A, pachter *De Leeuw.*

Een stuk als voren, groot 1 bunder 70 roeden 31 ellen, in de gemeente Kuilenburg, n^r 89 van den domeinlegger A, pachter *Brakband.*

Een stuk als voren, groot 3 bunders 40 roeden 62 ellen, in de gemeente Kuilenburg, n^r 90 van den domeinlegger A, pachter *Zijderveld.*

Een stuk land als voren, groot 3 bunders 40 roeden 62 ellen, in de gemeente Kuilenburg, n^r 91 van den domeinlegger A, pachter *Kool.*

Een stuk als voren, groot 1 bunder 70 roeden 31 ellen, in de gemeente Kuilenburg, n^r 92 van den domeinlegger A, pachter *Van Schaik.*

Een stuk als voren, groot 1 bunder 70 roeden 30 ellen, in de gemeente Kuilenburg, n^r 93 van den domeinlegger A, pachter *Van Schaik.*

Une partie de terre à pré ou à foin, contenant 2 bonniers 55 verges 46 aunes, dans la commune de Kuilenburg, n° 83 du sommier des domaines A, fermier *Zijderveld*.

Une partie de terre à pré ou à foin, contenant 3 bonniers 40 verges 62 aunes, dans la commune de Kuilenburg, n° 84 du sommier des domaines A, fermier *Kool*.

Une partie de terre à pré ou à foin, contenant 3 bonniers 40 verges 62 aunes, dans la commune de Kuilenburg, n° 85 du sommier des domaines A, fermier *Van de Koppere.*

Une partie de terre à pré ou à foin, contenant 3 bonniers 40 verges 62 aunes, dans la commune de Kuilenburg, n° 86 du sommier des domaines A, fermier *De Leeuw.*

Une partie de terre à pré ou à foin, contenant 3 bonniers 40 verges 62 aunes, dans la commune de Kuilenburg, n° 87 du sommier des domaines A, fermier *De Leeuw.*

Une partie de terre à pré ou à foin, contenant 1 bonnier 70 verges 31 aunes, dans la commune de Kuilenburg, n° 89 du sommier des domaines A, fermier *Brakband.*

Une partie de terre à pré ou à foin, contenant 3 bonniers 40 verges 62 aunes, dans la commune de Kuilenburg, n° 90 du sommier des domaines A, fermier *Zijderveld.*

Une partie de terre à pré ou à foin, contenant 3 bonniers 40 verges 62 aunes, dans la commune de Kuilenburg, n° 91 du sommier des domaines A, fermier *Kool.*

Une partie de terre à pré ou à foin, contenant 1 bonnier 70 verges 31 aunes, dans la commune de Kuilenburg, n° 92 du sommier des domaines A, fermier *Van Schaik.*

Une partie de terre à pré ou à foin, contenant 1 bonnier 70 verges 30 aunes, dans la commune de Kuilenburg, n° 93 du sommier des domaines A, fermier *Van Schaik.*

Een stuk als voren, groot 3 bunders 40 roeden 62 ellen, in de gemeente Kuilenburg, n^r 94 van den domeinlegger A, pachter *Van Schaik*.

Een stuk als voren, groot 2 bunders 55 roeden 46 ellen, in de gemeente Kuilenburg, n^r 95 van den domeinlegger A, pachter *Van Wijk*.

Een stuk als voren, groot 2 bunders 55 roeden 46 ellen, in de gemeente Kuilenburg, n^r 96 van den domeinlegger A, pachter *Van Tienhoven*.

Een stuk als voren, groot 2 bunders 55 roeden 46 ellen, in de gemeente Kuilenburg, n^r 97 van den domeinlegger A, pachter *Ten Weijde*.

Een stuk als voren, groot 2 bunders 55 roeden 46 ellen, in de gemeente Kuilenburg, n^r 98 van den domeinlegger A; pachter *Van Oostrum*.

Een stuk als voren, groot 2 bunders 55 roeden 46 ellen, in de gemeente Kuilenburg, n^r 99 van den domeinlegger A, pachter *Van Rijn*.

Een stuk als voren, groot 2 bunders 55 roeden 46 ellen, in de gemeente Kuilenburg, n^r 100 van den domeinlegger A, pachter *Van Oostrum*.

Een stuk als voren, groot 1 bunder 70 roeden 31 ellen, in de gemeente Kuilenburg, n^r 101 van den domeinlegger A, pachter *Verhoef*.

Een stuk als voren, groot 1 bunder 70 roeden 31 ellen, in de gemeente Kuilenburg, n^r 102 van den domeinlegger A, pachter *Goes*.

Een stuk als voren, groot 2 bunders 87 roeden 54 ellen, in de gemeente Kuilenburg, n^r 103 van den domeinlegger A, pachter *Sterk*.

Une partie de terre à pré ou à foin, contenant 3 bonniers 40 verges 62 aunes, dans la commune de Kuilenburg, n° 94 du sommier des domaines A, fermier *Van Schaik.*

Une partie de terre à pré ou à foin, contenant 2 bonniers 55 verges 46 aunes, dans la commune de Kuilenburg, n° 95 du sommier des domaines A, fermier *Van Wijk.*

Une partie de terre à pré ou à foin, contenant 2 bonniers 55 verges 46 aunes, dans la commune de Kuilenburg, n° 96 du sommier des domaines A, fermier *Van Tienhoven.*

Une partie de terre à pré ou à foin, contenant 2 bonniers 55 verges 46 aunes, dans la commune de Kuilenburg, n° 97 du sommier des domaines A, fermier *Ten Weijde.*

Une partie de terre à pré ou à foin, contenant 2 bonniers 55 verges 46 aunes, dans la commune de Kuilenburg, n° 98 du sommier des domaines A, fermier *Van Oostrum.*

Une partie de terre à pré ou à foin, contenant 2 bonniers 55 verges 46 aunes, dans la commune de Kuilenburg, n° 99 du sommier des domaines A, fermier *Van Rijn.*

Une partie de terre à pré ou à foin, contenant 2 bonniers 55 verges 46 aunes, dans la commune de Kuilenburg, n° 100 du sommier des domaines A, fermier *Van Oostrum.*

Une partie de terre à pré ou à foin, contenant 1 bonnier 70 verges 31 aunes, dans la commune de Kuilenburg, n° 101 du sommier des domaines A, fermier *Verhoef.*

Une partie de terre à pré ou à foin, contenant 1 bonnier 70 verges 31 aunes, dans la commune de Kuilenburg, n° 102 du sommier des domaines A, fermier *Goes.*

Une partie de terre à pré ou à foin, contenant 2 bonniers 87 verges 54 aunes, dans la commune de Kuilenburg, n° 103 du sommier des domaines A, fermier *Sterk.*

5.   5.

Een stuk als voren, groot 3 bunders 40 roeden 62 ellen, in de gemeente Kuilenburg, n^r 105 van den domeinlegger A, pachter *Van der Meer.*

Een stuk als voren, groot 2 bunders 55 roeden 46 ellen, in de gemeente Kuilenburg, n^r 106 van den domeinlegger A, pachter *A. den Hertog.*

Een stuk als voren, groot 2 bunders 55 roeden 6 ellen, in de gemeente Kuilenburg, n^r 107 van den domeinlegger A, pachter *A.-J. Hartog.*

Een stuk als voren, groot 2 bunders 55 roeden 46 ellen, in de gemeente Kuilenburg, n^r 108 van den domeinlegger A, pachter *Verkerk.*

Een stuk als voren, groot 2 bunders 55 roeden 46 ellen, in de gemeente Kuilenburg, n^r 109 van den domeinlegger A, pachter *Het Lam.*

Een stuk als voren, groot 2 bunders 55 roeden 46 ellen, in de gemeente Kuilenburg, n^r 110 van den domeinlegger A, pachter *Balverts.*

Een stuk als voren, groot 2 bunders 55 roeden 46 ellen, in de gemeente Kuilenburg, n^r 111 van den domeinlegger A, pachter *Blitterswijk.*

Een stuk als voren, groot 2 bunders 55 roeden 46 ellen, in de gemeente Kuilenburg, n^r 112 van den domeinlegger A, pachter *Van Hoogwaarde.*

Een stuk als voren, groot 2 bunders 12 roeden 88 ellen, in de gemeente Kuilenburg, n^r 113 van den domeinlegger A, pachter *Van Vuren.*

Een stuk als voren, groot 2 bunders 55 roeden 46 ellen, in de gemeente Kuilenburg, n° 114 van den domeinlegger A, pachter *P. Het Lam.*

Une partie de terre à pré ou à foin, contenant 3 bonniers 40 verges 62 aunes, dans la commune de Kuilenburg, n° 105 du sommier des domaines A, fermier *Van der Meer.*

Une partie de terre à pré ou à foin, contenant 2 bonniers 55 verges 46 aunes, dans la commune de Kuilenburg, n° 106 du sommier des domaines A, fermier *A. den Hertog.*

Une partie de terre à pré ou à foin, contenant 2 bonniers 55 verges 46 aunes, dans la commune de Kuilenburg, n° 107 du sommier des domaines A, fermier *A.-J. Hartog.*

Une partie de terre à pré ou à foin, contenant 2 bonniers 55 verges 46 aunes, dans la commune de Kuilenburg, n° 108 du sommier des domaines A, fermier *Verkerk.*

Une partie de terre à pré ou à foin, contenant 2 bonniers 55 verges 46 aunes, dans la commune de Kuilenburg, n° 109 du sommier des domaines A, fermier *Het Lam.*

Une partie de terre à pré ou à foin, contenant 2 bonniers 55 verges 46 aunes, dans la commune de Kuilenburg, n° 110 du sommier des domaines A, fermier *Balverts.*

Une partie de terre à pré ou à foin, contenant 2 bonniers 55 verges 46 aunes, dans la commune de Kuilenburg, n° 111 du sommier des domaines A, fermier *Blitterswijk.*

Une partie de terre à pré ou à foin, contenant 2 bonniers 55 verges 46 aunes, dans la commune de Kuilenburg, n° 112 du sommier des domaines A, fermier *Van Hoogwaarde.*

Une partie de terre à pré ou à foin, contenant 2 bonniers 12 verges 88 aunes, dans la commune de Kuilenburg, n° 113 du sommier des domaines A, fermier *Van Vuren.*

Une partie de terre à pré ou à foin, contenant 2 bonniers 55 verges 46 aunes, dans la commune de Kuilenburg, n° 114 du sommier des domaines A, fermier *P. Het Lam.*

Een stuk als voren, groot 4 bunders 25 roeden 78 ellen, in de gemeente Kuilenburg, n' 115 van den domeinlegger A, pachter *J. Den Burger.*

Een stuk als voren, groot 4 bunders 25 roeden 78 ellen, in de gemeente Kuilenburg, n' 116 van den domeinlegger A, pachter *De Leeuw.*

Een stuk als voren, groot 2 bunders 55 roeden 46 ellen, in de gemeente Kuilenburg, n' 117 van den domeinlegger A, pachter *Kool.*

Een stuk als voren, groot 2 bunders 55 roeden 46 ellen, in de gemeente Kuilenburg, n' 118 van den domeinlegger A, pachter *Van Gent.*

Een stuk als voren, groot 2 bunders 55 roeden 46 ellen, in de gemeente Kuilenburg, n' 119 van den domeinlegger A, pachter *Klijn.*

Een stuk als voren, groot 2 bunders 55 roeden 46 ellen, in de gemeente Kuilenburg, n' 120 van den domeinlegger A, pachter *De Leeuw.*

Een stuk als voren, groot 2 bunders 55 roeden 46 ellen, in de gemeente Kuilenburg, n' 121 van den domeinlegger A, pachter *Averijns.*

Een stuk als voren, groot 2 bunders 55 roeden 46 ellen, in de gemeente Kuilenburg, n' 122 van den domeinlegger A, pachter *Sterk.*

Een stuk als voren, groot 2 bunders 55 roeden 46 ellen, in de gemeente Kuilenburg, n' 123 van den domeinlegger A, *Koedam.*

Een stuk als voren, groot 2 bunders 55 roeden 46 ellen, in de gemeente Kuilenburg, n' 124 van den domeinlegger A, pachter *Peek.*

Une partie de terre à pré ou à foin, contenant 4 bonniers 25 verges 78 aunes, dans la commune de Kuilenburg, n° 115 du sommier des domaines A, fermier *J. Den Burger*.

Une partie de terre à pré ou à foin, contenant 4 bonniers 25 verges 78 aunes, dans la commune de Kuilenburg, n° 116 du sommier des domaines A, fermier *De Leeuw*.

Une partie de terre à pré ou à foin, contenant 2 bonniers 55 verges 46 aunes, dans la commune de Kuilenburg, n° 117 du sommier des domaines A, fermier *Kool*.

Une partie de terre à pré ou à foin, contenant 2 bonniers 55 verges 46 aunes, dans la commune de Kuilenburg, n° 118 du sommier des domaines A, fermier *Van Gent*.

Une partie de terre à pré ou à foin, contenant 2 bonniers 55 verges 46 aunes, dans la commune de Kuilenburg, n° 119 du sommier des domaines A, fermier *Klijn*.

Une partie de terre à pré ou à foin, contenant 2 bonniers 55 verges 46 aunes, dans la commune de Kuilenburg, n° 120 du sommier des domaines A, fermier *De Leeuw*.

Une partie de terre à pré ou à foin, contenant 2 bonniers 55 verges 46 aunes, dans la commune de Kuilenburg, n° 121 du sommier des domaines A, fermier *Averijns*.

Une partie de terre à pré ou à foin, contenant 2 bonniers 55 verges 46 aunes, dans la commune de Kuilenburg, n° 122 du sommier des domaines A, fermier *Sterk*.

Une partie de terre à pré ou à foin, contenant 2 bonniers 55 verges 46 aunes, dans la commune de Kuilenburg, n° 123 du sommier des domaines A, fermier *Koedam*.

Une partie de terre à pré ou à foin, contenant 2 bonniers 55 verges 46 aunes, dans la commune de Kuilenburg, n° 124 du sommier des domaines A, fermier *Peek*.

Een stuk als voren, groot 3 bunders 19 roeden 35 ellen, in de gemeente Kuilenburg, n^r 125 van den domeinlegger A, pachter *Heikoop*.

Een stuk als voren, groot 2 bunders 98 roeden 4 ellen, in de gemeente Kuilenburg, n^r 126 van den domeinlegger A, pachter *Den Hartog*.

Een stuk als voren, groot 1 bunder 27 roeden 73 ellen, in de gemeente Kuilenburg, n^r 127 van den domeinlegger A, pachter *Peek*.

Een stuk als voren, groot 3 bunders 40 roeden 62 ellen, in de gemeente Kuilenburg, n^r 128 van den domeinlegger A, pachter *Middelkoop*.

Een stuk als voren, groot 53 roeden 22 ellen, in de gemeente Kuilenburg, n^r 129 van den domeinlegger A, pachter *Wildbergen*.

Een stuk als voren, groot 67 roeden 41 ellen, in de gemeente Kuilenburg, n^r 130 van den domeinlegger A, pachter *Van den Storen*.

Een stuk als voren, groot 85 roeden 15 ellen, in de gemeente Kuilenburg, n^r 131 van den domeinlegger A, pachter *Verweij*.

Een stuk als voren, groot 1 bunder 31 roeden 99 ellen, in de gemeente Kuilenburg, n^r 132 van den domeinlegger A, pachter *Koedam*.

Een stuk als voren, groot 84 roeden 58 ellen, in de gemeente Kuilenburg, n^r 133 van den domeinlegger A, pachter *Blitterswijk*.

Een stuk als voren, groot 1 bunder 70 roeden 31 ellen, in de

Une partie de terre à pré ou à foin, contenant 3 bonniers 19 verges 35 aunes, dans la commune de Kuilenburg, n° 125 du sommier des domaines A, fermier *Heikoop*.

Une partie de terre à pré ou à foin, contenant 2 bonniers 98 verges 4 aunes, dans la commune de Kuilenburg, n° 126 du sommier des domaines A, fermier *Den Hartog*.

Une partie de terre à pré ou à foin, contenant 1 bonnier 27 verges 73 aunes, dans la commune de Kuilenburg, n° 127 du sommier des domaines A, fermier *Peek*.

Une partie de terre à pré ou à foin, contenant 3 bonniers 40 verges 62 aunes, dans la commune de Kuilenburg, n° 128 du sommier des domaines A, fermier *Middelkoop*.

Une partie de terre à pré ou à foin, contenant 53 verges 22 aunes, dans la commune de Kuilenburg, n° 129 du sommier des domaines A, fermier *Wildbergen*.

Une partie de terre à pré ou à foin, contenant 67 verges 41 aunes, dans la commune de Kuilenburg, n° 130 du sommier des domaines A, fermier *Van der Storn*.

Une partie de terre à pré ou à foin, contenant 85 verges 15 aunes, dans la commune de Kuilenburg, n° 131 du sommier des domaines A, fermier *Verwey*.

Une partie de terre à pré ou à foin, contenant 1 bonnier 31 verges 99 aunes, dans la commune de Kuilenburg, n° 132 du sommier des domaines A, fermier *Koedam*.

Une partie de terre à pré ou à foin, contenant 84 verges 58 aunes, dans la commune de Kuilenburg, n° 133 du sommier des domaines A, fermier *Blitterswijk*.

Une partie de terre à pré ou à foin, contenant 1 bonnier

gemeente Kuilenburg, n^r 134 van den domeinlegger A , pachter *Van Tienhoven.*

Een stuk als voren , groot 1 bunder 70 roeden 31 ellen, in
de gemeente Kuilenburg, n^r 135 van den domeinlegger A ,
pachter *Van Tienhoven.*

Een stuk als voren, groot 4 bunders 25 roeden 78 ellen, in de
gemeente Kuilenburg , n^r 136 van den domeinlegger A, pachter *P. Sterk.*

Een stuk als voren, groot 2 bunders 12 roeden 88 ellen, in de
gemeente Kuilenburg, n^r 137 van den domeinlegger A, pachter
C. Sterk.

Een stuk als voren, groot 4 bunders 25 roeden 78 ellen, in de
gemeente Kuilenburg, n^r 138 van den domeinlegger A, pachter
Weker.

Een stuk als voren, groot 4 bunders 25 roeden 78 ellen, in de
gemeente Kuilenburg, n^r 139 van den domeinlegger A, pachter
Van Vuren.

Een stuk als voren, groot 4 bunders 25 roeden 78 ellen, in de
gemeente Kuilenburg, n^r 140 van den domeinlegger A, pachter
Van Zoelen.

Een stuk als voren groot 5 bunders 10 roeden 93 ellen, in de
gemeente Kuilenburg, n^r 141 van den domeinlegger A, pachter
Slappershof.

Een stuk als voren, groot 2 bunders 12 roeden 88 ellen, in de
gemeente Kuilenburg, n^r 142 van den domeinlegger A, pachter
Sterk.

Een stuk als voren , groot 2 bunders 83 roeden 21 ellen,
in de gemeente Kuilenburg, n^r 143 van den domeinlegger
A, pachter *Vorst.*

70 verges 31 aunes , dans la commune de Kuilenburg , n° 134 du sommier des domaines A , fermier *Tienhoven*.

Une partie de terre à pré ou à foin , contenant 1 bonnier 70 verges 31 aunes , dans la commune de Kuilenburg , n° 135 du sommier des domaines A , fermier *Tienhoven*.

Une partie de terre à pré ou à foin , contenant 4 bonniers 25 verges 78 aunes , dans la commune de Kuilenburg , n° 136 du sommier des domaines A , fermier *P. Sterk*.

Une partie de terre à pré ou à foin , contenant 2 bonniers 12 verges 88 aunes , dans la commune de Kuilenburg , n° 137 du sommier des domaines A , fermier *C. Sterk*.

Une partie de terre à pré ou à foin , contenant 4 bonniers 25 verges 78 aunes , dans la commune de Kuilenburg , n° 138 du sommier des domaines A , fermier *Weker*.

Une partie de terre à pré ou à foin , contenant 4 bonniers 25 verges 78 aunes , dans la commune de Kuilenburg , n° 139 du sommier des domaines A , fermier *Van Vuren*.

Une partie de terre à pré ou à foin , contenant 4 bonniers 25 verges 78 aunes , dans la commune de Kuilenburg , n° 140 du sommier des domaines A , fermier *Van Zoelen*.

Une partie de terre à pré ou à foin , contenant 5 bonniers 10 verges 93 aunes , dans la commune de Kuilenburg , n° 141 du sommier des domaines A , fermier *Stappershof*.

Une partie de terre à pré ou à foin , contenant 2 bonniers 12 verges 88 aunes , dans la commune de Kuilenburg , n° 142 du sommier des domaines A , fermier *Sterk*.

Une partie de terre à pré ou à foin , contenant 2 bonniers 83 verges 21 aunes , dans la commune de Kuilenburg , n° 143 du sommier des domaines A , fermier *Vorst*.

5.   6.

Een stuk als voren, groot 2 bunders 12 roeden 88 ellen, in de gemeente Kuilenburg, n^r 144 van den domeinlegger A, pachter *Verkerk.*

Een stuk als voren, groot 1 bunder 27 roeden 73 ellen, in de gemeente Kuilenburg, n^r 145 van den domeinlegger A, pachter *Sterk.*

Een stuk als voren, groot 4 bunders 25 roeden 78 ellen, in de gemeente Kuilenburg, n^r 146 van den domeinlegger A, pachter *Van Buuren.*

Een stuk als voren, groot 1 bunder 70 roeden 31 ellen, in de gemeente Kuilenburg, n^r 147 van den domeinlegger A, pachter *Sterk.*

Een stuk als voren, groot 1 bunder 37 roeden 73 ellen, in de gemeente Kuilenburg, n^r 148 van den domeinlegger A, pachter *Balverts.*

Een stuk als voren, groot 3 bunders 19 roeden 33 ellen, in de gemeente Kuilenburg, n^r 149 van den domeinlegger A, pachter *Versteeg.*

Een stuk als voren, groot 2 bunders 55 roeden 46 ellen, in de gemeente Kuilenburg, n^r 150 van den domeinlegger A, pachter *Den Hartog.*

Een stuk als voren, groot 3 bunders 40 roeden 62 ellen, in de gemeente Kuilenburg, n^r 151 van den domeinlegger A, pachter *Van Eck.*

Een stuk als voren, groot 3 bunders 40 roeden 62 ellen, in de gemeente Kuilenburg, n^r 152 van den domeinlegger A, pachter *Den Hartog.*

Een stuk als voren, groot 2 bunders 12 roeden 88 ellen,

Une partie de terre à pré ou à foin, contenant 2 bonniers 12 verges 88 aunes, dans la commune de Kuilenburg, n° 144 du sommier des domaines A, fermier *Verkerk*.

Une partie de terre à pré ou à foin, contenant 1 bonnier 27 verges 73 aunes, dans la commune de Kuilenburg, n° 145 du sommier des domaines A, fermier *Sterk*.

Une partie de terre à pré ou à foin, contenant 4 bonniers 25 verges 78 aunes, dans la commune de Kuilenburg, n° 146 du sommier des domaines A, fermier *Van Buuren*.

Une partie de terre à pré ou à foin, contenant 1 bonnier 70 verges 31 aunes, dans la commune de Kuilenburg, n° 147 du sommier des domaines A, fermier *Sterk*.

Une partie de terre à pré ou à foin, contenant 1 bonnier 37 verges 73 aunes, dans la commune de Kuilenburg, n° 148 du sommier des domaines A, fermier *Balverts*.

Une partie de terre à pré ou à foin, contenant 3 bonniers 19 verges 33 aunes, dans la commune de Kuilenburg, n° 149 du sommier des domaines A, fermier *Versteeg*.

Une partie de terre à pré ou à foin, contenant 2 bonniers 55 verges 46 aunes, dans la commune de Kuilenburg, n° 150 du sommier des domaines A, fermier *Den Hartog*.

Une partie de terre à pré ou à foin, contenant 3 bonniers 40 verges 62 aunes, dans la commune de Kuilenburg, n° 151 du sommier des domaines A, fermier *Van Eck*.

Une partie de terre à pré ou à foin, contenant 3 bonniers 40 verges 62 aunes, dans la commune de Kuilenburg, n° 152 du sommier des domaines A, fermier *Den Hartog*.

Une partie de terre à pré ou à foin, contenant 2 bonniers

in de gemeente Kuilenburg, n^r 153 van den domeinlegger A, pachter *Verhoef*.

Een stuk als voren, groot 4 bunders 54 roeden 16 ellen, in de gemeente Kuilenburg, n^r 154 van den domeinlegger A, pachter *Van Eck*.

Een stuk als voren, groot 3 bunders 40 roeden 62 ellen, in de gemeente Kuilenburg, n^r 155 van den domeinlegger A, pachter *Den Hartog*.

Een stuk als voren, groot 3 bunders 40 roeden 62 ellen, in de gemeente Kuilenburg, n^r 156 van den domeinlegger A, pachter *Van Buuren*.

Een stuk als voren, groot 3 bunders 97 roeden 40 ellen, in de gemeente Kuilenburg, n^r 157 van den domeinlegger A, pachter *De Ridder*.

Een stuk als voren, groot 3 bunders 40 roeden 62 ellen, in de gemeente Kuilenburg, n^r 158 van den domeinlegger A, pachter *De Ridder*.

Een stuk als voren, groot 3 bunders 40 roeden 62 ellen, in de gemeente Kuilenburg, n^r 159 van den domeinlegger A, pachter *Peek*.

Een stuk als voren, groot 3 bunders 40 roeden 62 ellen, in de gemeente Kuilenburg, n^r 160 van den domeinlegger A, pachter *Den Hartog*.

Een stuk als voren, groot 3 bunders 83 roeden 21 ellen, in de gemeente Kuilenburg, n^r 161 van den domeinlegger A, pachter *Van Zuilen*.

Een stuk als voren, groot 5 bunders 10 roeden 93 ellen, in de gemeente Kuilenburg, n^r 162 van den domeinlegger A, pachter *De Jong*.

12 verges 88 aunes , dans la commune de Kuilenburg , n° 153 du sommier des domaines A , fermier *Verhoef.*

Une partie de terre à pré ou à foin , contenant 4 bonniers 54 verges 16 aunes , dans la commune de Kuilenburg , n° 154 du sommier des domaines A , fermier *Van Eck.*

Une partie de terre à pré ou à foin , contenant 3 bonniers 40 verges 62 aunes , dans la commune de Kuilenburg , n° 155 du sommier des domaines A ; fermier *Den Hartog.*

Une partie de terre à pré ou à foin , contenant 3 bonniers 40 verges 62 aunes , dans la commune de Kuilenburg , n° 156 du sommier de domaines A , fermier *Van Buuren.*

Une partie de terre à pré ou à foin , contenant 3 bonniers 97 verges 40 aunes , dans la commune de Kuilenburg , n° 157 du sommier des domaines A , fermier *De Ridder.*

Une partie de terre à pré ou à foin , contenant 3 bonniers 40 verges 62 aunes , dans la commune de Kuilenburg , n° 158 du sommier des domaines A , fermier *De Ridder.*

Une partie de terre à pré ou à foin , contenant 3 bonniers 40 verges 62 aunes , dans la commune de Kuilenburg , n° 159 du sommier des domaines A , fermier *Peek.*

Une partie de terre à pré ou à foin , contenant 3 bonniers 40 verges 62 aunes , dans la commune de Kuilenburg , n° 160 du sommier des domaines A , fermier *Den Hartog.*

Une partie de terre à pré ou à foin , contenant 3 bonniers 83 verges 21 aunes , dans la commune de Kuilenburg , n° 161 du sommier des domaines A , fermier *Van Zuilen.*

Une partie de terre à pré ou à foin , contenant 5 bonniers 10 verges 93 aunes , dans la commune de Kuilenburg , n° 162 du sommier des domaines A , fermier *De Jong.*

Een stuk als voren, groot 2 bunders 55 roeden 46 ellen, in de gemeente Kuilenburg, n° 163 van den domeinlegger A, pachter *Van Zanten.*

Een stuk als voren, groot 4 bunders 25 roeden 78 ellen, in de gemeente Kuilenburg, n° 164 van den domeinlegger A, pachters *De Jong* en *Verrijns.*

Een stuk als voren, groot 2 bunders 55 roeden 46 ellen, in de gemeente n° 165 van den domeinlegger A, pachter *Den Hartog.*

Een stuk als voren, groot 2 bunders 55 roeden 46 ellen, in de gemeente Kuilenburg, n° 166 van den domeinlegger A, pachter *Den Hartog.*

Een stuk als voren, groot 1 bunder 70 roeden 31 ellen, in de gemeente Kuilenburg, n° 167 van den domeinlegger A, pachter *Den Hartog.*

Een stuk als voren, groot 5 bunders 10 roeden, 93 ellen, in de gemeente Kuilenburg, n° 168 van den domeinlegger A, pachter *Versteeg.*

Een stuk als voren, groot 1 bunder 70 roeden, 31 ellen, in de gemeente Kuilenburg, n° 169 van den domeinlegger A, pachter *Den Hartog.*

Een stuk als voren, groot 2 bunders 55 roeden 46 ellen, in de gemeente Kuilenburg, n° 170 van den domeinlegger A, pachter *Peek.*

Een stuk als voren, groot 2 bunders 55 roeden 46 ellen, in de gemeente Kuilenburg, n° 171 van den domeinlegger A, pachter *Den Hartog.*

Een stuk als voren, groot 1 bunder 27 roeden 73 ellen, in de gemeente Kuilenburg, n° 172 van den domeinlegger A, pachter *Den Hartog.*

(47)

Une partie de terre à pré ou à foin, contenant 2 bonniers 55 verges 46 aunes, dans la commune de Kuilenburg, n° 163 du sommier des domaines A, fermier *Van Zanten*.

Une partie de terre à pré ou à foin, contenant 4 bonniers 25 verges 78 aunes, dans la commune de Kuilenburg, n° 164 du sommier des domaines A, fermier *De Jong* et *Verrijns*.

Une partie de terre à pré ou à foin, contenant 2 bonniers 55 verges 46 aunes, dans la commune de Kuilenburg, n° 165 du sommier des domaines A, fermier *Den Hartog*.

Une partie de terre à pré ou à foin, contenant 2 bonniers 55 verges 46 aunes, dans la commune de Kuilenburg, n° 166 du sommier des domaines A, fermier *Den Hartog*.

Une partie de terre à pré ou à foin, contenant 1 bonnier 70 verges 31 aunes, dans la commune de Kuilenburg, n° 167 du sommier des domaines A, fermier *Den Hartog*.

Une partie de terre à pré ou à foin, contenant 5 bonniers 10 verges 93 aunes, dans la commune de Kuilenburg, n° 168 du sommier des domaines A, fermier *Versteeg*.

Une partie de terre à pré ou à foin, contenant 1 bonnier 70 verges 31 aunes, dans la commune de Kuilenburg, n° 169 du sommier des domaines A, fermier *Den Hartog*.

Une partie de terre à pré ou à foin, contenant 2 bonniers 55 verges 46 aunes, dans la commune de Kuilenburg, n° 170 du sommier des domaines A, fermier *Peek*.

Une partie de terre à pré ou à foin, contenant 2 bonniers 55 verges 46 aunes, dans la commune de Kuilenburg, n° 171 du sommier des domaines A, fermier *Den Hartog*.

Une partie de terre à pré ou à foin, contenant 1 bonnier 27 verges 73 aunes, dans la commune de Kuilenburg, n° 172 du sommier des domaines A, fermier *Den Hartog*.

Een stuk als voren, groot 1 bunder 27 roeden 73 ellen, in de gemeente Kuilenburg, nͬ 173 van den domeinlegger A, pachter *Den Brayen.*

Een stuk als voren, groot 1 bunder 27 roeden 73 ellen, in de gemeente Kuilenburg, nͬ 174 van den domeinlegger A, pachter *Den Hartog.*

Een stuk als voren, groot 2 bunders 12 roeden 88 ellen, in de gemeente Kuilenburg, nͬ 175 van den domeinlegger A, pachter *Copier.*

Een stuk als voren, groot 2 bunders 12 roeden 88 ellen, in de gemeente Kuilenburg, nͬ 176 van den domeinlegger A, pachter *H. het Lam.*

Een stuk als voren, groot 2 bunders 55 roeden 46 ellen, in de gemeente Kuilenburg, nͬ 177 van den domeinlegger A, pachter *Kootkar.*

Een stuk als voren, groot 1 bunder 70 roeden 31 ellen, in de gemeente Kuilenburg, nͬ 178 van den domeinlegger A, pachter *Van Soelen.*

Een stuk als voren, groot 4 bunders 25 roeden 78 ellen, in de gemeente Kuilenburg, nͬ 179 van den domeinlegger A, pachter *Den Hartog.*

Een stuk als voren, groot 2 bunders 12 roeden 88 ellen, in de gemeente Kuilenburg, nͬ 180 van den domeinlegger A, pachter *Den Hartog.*

Een stuk als voren, groot 2 bunders 12 roeden 88 ellen, in de gemeente Kuilenburg, nͬ 181 van den domeinlegger A, pachter *Den Hartog.*

Een stuk als voren, groot 2 bunders 12 roeden 88 ellen, in de gemeente Kuilenburg, nͬ 182 van den domeinlegger A, pachter *Stappershoef.*

Une partie de terre à pré ou à foin, contenant 1 bonnier 27 verges 73 aunes, dans la commune de Kuilenburg, n° 173 du sommier des domaines A, fermier *Den Brayen*.

Une partie de terre à pré ou à foin, contenant 1 bonnier 27 verges 73 aunes, dans la commune de Kuilenburg, n° 174 du sommier des domaines A, fermier *Den Hartog*.

Une partie de terre à pré ou à foin, contenant 2 bonniers 12 verges 88 aunes, dans la commune de Kuilenburg, n° 175 du sommier des domaines A, fermier *Copier*.

Une partie de terre à pré ou à foin, contenant 2 bonniers 12 verges 88 aunes, dans la commune de Kuilenburg, n° 176 du sommier des domaines A, fermier *H. Het Lam*.

Une partie de terre à pré ou à foin, contenant 2 bonniers 55 verges 46 aunes, dans la commune de Kuilenburg, n° 177 du sommier des domaines A, fermier *Kootkar*.

Une partie de terre à pré ou à foin, contenant 1 bonnier 70 verges 31 aunes, dans la commune de Kuilenburg, n° 178 du sommier des domaines A, fermier *Van Soelen*.

Une partie de terre à pré ou à foin, contenant 4 bonniers 25 verges 78 aunes, dans la commune de Kuilenburg, n° 179 du sommier des domaines A, fermier *Den Hartog*.

Une partie de terre à pré ou à foin, contenant 2 bonniers 12 verges 88 aunes, dans la commune de Kuilenburg, n° 180 du sommier des domaines A, fermier *Den Hartog*.

Une partie de terre à pré ou à foin, contenant 2 bonniers 12 verges 88 aunes, dans la commune de Kuilenburg, n° 181 du sommier des domaines A, fermier *Den Hartog*.

Une partie de terre à pré ou à foin, contenant 2 bonniers 12 verges 88 aunes, dans la commune de Kuilenburg, n° 182 du sommier des domaines A, fermier *Stappershoef*.

Een stuk als voren, groot 2 bunders 55 roeden 46 ellen, in de gemeente Kuilenburg, n⟨r⟩ 183 van den domeinlegger A, pachter *Holteman*.

Een stuk als voren, groot 2 bunders 55 roeden 46 ellen, in de gemeente Kuilenburg, n⟨r⟩ 184 van den domeinlegger A, pachter *De Ridder*.

Een stuk als voren, groot 2 bunders 12 roeden 88 ellen, in de gemeente Kuilenburg, n⟨r⟩ 186 van den domeinlegger A, pachter *De Ridder*.

Een stuk als voren, groot 2 bunders 55 roeden 46 ellen, in de gemeente Kuilenburg, n⟨r⟩ 185 van den domeinlegger A, pachter *Den Hartog*.

Een stuk als voren, groot 2 bunders 12 roeden 88 ellen, in de gemeente Kuilenburg, n⟨r⟩ 187 van den domeinlegger A, pachter *Middelkoop*.

Een stuk als voren, groot 3 bunders 40 roeden 62 ellen, in de gemeente Kuilenburg, n⟨r⟩ 188 van den domeinlegger A, pachter *Kool*.

Een stuk als voren, groot 3 bunders 40 roeden 62 ellen, in de gemeente Kuilenburg, n⟨o⟩ 189 van den domeinlegger A, pachter *Het Lam*.

Een stuk als voren, groot 3 bunders 40 roeden 62 ellen, in de gemeente Kuilenburg, n⟨r⟩ 190 van den domeinlegger A, pachter *Weekers*.

Een stuk als voren, groot 3 bunders 40 roeden 62 ellen, in de gemeente Kuilenburg, n⟨r⟩ 191 van den domeinlegger A, pachter *Den Hartog*.

Een stuk als voren, groot 1 bunder 63 roeden 22 ellen, in de gemeente Kuilenburg, n⟨r⟩ 192 van den domeinlegger A, pachter *Westerhout*.

Une partie de terre à pré ou à foin , contenant 2 bonniers 55 verges 46 aunes, dans la commune de Kuilenborg, n° 183 du sommier des domaines A, fermier *Holleman*.

Une partie de terre à pré ou à foin, contenant 2 bonniers 55 verges 46 aunes , dans la commune de Kuilenburg, n° 184 du sommier des domaines A, fermier *De Ridder*.

Une partie de terre à pré ou à foin, contenant 2 bonniers 12 verges 88 aunes, dans la commune de Kuilenburg, n° 186 du sommier des domaines A, fermier *De Ridder*.

Une partie de terre à pré ou à foin , contenant 2 bonniers 55 verges 46 aunes, dans la commune de Kuilenburg, n° 185 du sommier des domaines A, fermier *Den Hartog*. .

Une partie de terre à pré ou à foin, contenant 2 bonniers 12 verges 88 aunes , dans la commune de Kuilenburg, n° 187 du sommier des domaines A, fermier *Middelkoop*.

Une partie de terre à pré ou à foin, contenant 3 bonniers 40 verges 62 aunes , dans la commune de Kuilenburg , n° 188 du sommier des domaines A, fermier *Kool*.

Une partie de terre à pré ou à foin , contenant 3 bonniers 40 verges 62 aunes , dans la commune de Kuilenburg, n° 189 du sommier des domaines A, fermier *Het Lam*.

Une partie de terre à pré ou à foin , contenant 3 bonniers 40 verges 62 aunes, dans la commune de Kuilenburg, n° 190 du sommier des domaines A, fermier *Weekers*.

Une partie de terre à pré ou à foin , contenant 3 bonniers 40 verges 62 aunes , dans la commune de Kuilenburg, n° 191 du sommier des domaines A, fermier *Den Hartog*.

Une partie de terre à pré ou à foin , contenant 1 bonnier 63 verges 22 aunes, dans la commune de Kuilenburg, n° 192 du sommier des domaines A, fermier *Westerhout*.

Een stuk als voren, groot 3 bunders 77 roeden 53 ellen, in de gemeente Kuilenburg, n^r 193 van den domeinlegger A, pachter *Buyzert*.

Een stuk als voren, groot 4 bunders 40 roeden 62 ellen, in de gemeente Kuilenburg, n^r 194 van den domeinlegger A, pachter *Van Eck, Jr.*

Een stuk als voren, groot 4 bunders 40 roeden 62 ellen, in de gemeente Kuilenburg, n^r 195 van den domeinlegger A, pachter *Van Eck, Jr.*

Een stuk als voren, groot 5 bunders 53 roeden 62 ellen, in de gemeente Kuilenburg, n^r 196 van den domeinlegger A, pachter *Westerhout*.

Eene stuk als voren, groot 5 bunders 53 roeden 51 ellen, in de gemeente Kuilenburg, n^r 197 van den domeinlegger A, pachter *Van Karsen*.

Een stuk als voren, groot 1 bunder 27 roeden 73 ellen, in de gemeente Kuilenburg, n^r 198 van den domeinlegger A, pachter *Vet*.

Een stuk als voren, groot 3 bunders 40 roeden 62 ellen, in de gemeente Kuilenburg, n° 199 van den domeinlegger A, pachter *Kool*.

Een stuk als voren, groot 4 bunders 25 roeden 78 ellen, in de gemeente Kuilenburg, n^r 200 van den domeinlegger A, pachter *Blitterswijk*.

Een stuk als voren, groot 2 bunders 55 roeden 46 ellen, in de gemeente Kuilenburg, n^r 201 van den domeinlegger A, pachter *Van Eck*.

Een stuk als voren, groot 85 roeden 15 ellen, in de gemeente Kuilenburg, n^r 202 van den domeinlegger A, pachter *Van Eck*.

Une partie de terre à pré ou à foin, contenant 3 bonniers 77 verges 53 aunes, dans la commune de Kuilenburg, n° 193 du sommier des domaines A, fermier *Buyzert.*

Une partie de terre à pré ou à foin, contenant 4 bonniers 40 verges 62 aunes, dans la commune de Kuilenburg, n° 194 du sommier des domaines A, fermier *Van Eck Jr.*

Une partie de terre à pré ou à foin, contenant 4 bonniers 40 verges 62 aunes, dans la commune de Kuilenburg, n° 195 du sommier des domaines A, fermier *Van Eck Jr.*

Une partie de terre à pré ou à foin, contenant 2 bonniers 40 verges 62 aunes, dans la commune de Kuilenburg, n° 196 du sommier des domaines A, fermier *Westerhout.*

Une partie de terre à pré ou à foin, contenant 5 bonniers 53 verges 51 aunes, dans la commune de Kuilenburg, n° 197 du sommier des domaines A, fermier *Van Karsen.*

Une partie de terre à pré ou à foin, contenant 1 bonnier 27 verges 73 aunes, dans la commune de Kuilenburg, n° 198 du sommier des domaines A, fermier *Vet.*

Une partie de terre à pré ou à foin, contenant 3 bonniers 40 verges 62 aunes, dans la commune de Kuilenburg, n° 199 du sommier des domaines A, fermier *Kool.*

Une partie de terre à pré ou à foin, contenant 4 bonniers 25 verges 78 aunes, dans la commune de Kuilenburg, n° 200 du sommier des domaines A, fermier *Blitterswijk.*

Une partie de terre à pré ou à foin, contenant 2 bonniers 55 verges 46 aunes, dans la commune de Kuilenburg, n° 201 du sommier des domaines A, fermier *Van Eck.*

Une partie de prairie, contenant 85 verges 15 aunes, dans la commune de Kuilenburg, n° 202 du sommier des domaines A, fermier *Van Eck.*

Een stuk als voren, groot 4 bunders 25 roeden 78 ellen, in de gemeente Kuilenburg, n.r 203 van den domeinlegger A, pachter *Van Dijk*.

Een stuk als voren, groot 2 bunders 55 roeden 46 ellen, in de gemeente Kuilenburg, n.r 204 van den domeinlegger A, pachter *Frankhors*.

Een stuk als voren, groot 1 bunder 70 roeden 31 ellen, in de gemeente Kuilenburg, n.r 205 van den domeinlegger A, pachter *Verrips*.

Een stuk als voren, groot 3 bunders 40 roeden 62 ellen, in de gemeente Kuilenburg, n.r 206 van den domeinlegger A, pachter *De Jong*.

Een stuk als voren, groot 3 bunders 40 roeden 62 ellen, in de gemeente Kuilenburg, n.r 207 van den domeinlegger A, pachter *Van Rooijen*.

Een stuk als voren, groot 2 bunders 55 roeden 46 ellen, in de gemeente Kuilenburg, n.r 208 van den domeinlegger A, pachter *Kool*.

Een stuk als voren, groot 2 bunders 55 roeden 46 ellen, in de gemeente Kuilenburg, n.r 209 van den domeinlegger A, pachter *Peek*.

Een stuk als voren, groot 1 bunder 27 roeden 73 ellen, in de gemeente Kuilenburg, n.r 210 van den domeinlegger A, pachter *Verweij*.

Een stuk als voren, groot 2 bunders 55 roeden 46 ellen, in de gemeente Kuilenburg, n.r 211 van den domeinlegger A, pachter *Van Vuuren*.

Een stuk als voren, groot 1 bunder 70 roeden 31 ellen, in de gemeente Kuilenburg, n.r 212 van den domeinlegger A, pachter *Den Hartog*.

Une partie de prairie , contenant 4 bonniers 25 verges 78 aunes, dans la commune de Kuilenburg, n° 203 du sommier des domaines A, fermier *Van Dijk*.

Une partie de prairie, contenant 2 bonniers 55 verges 46 aunes, dans la commune de Kuilenburg, n° 204 du sommier des domaines A, fermier *Frankhors*.

Une partie de prairie, contenant 1 bonnier 70 verges 31 aunes, dans la commune de Kuilenburg, n° 205 du sommier des domaines A, fermier *Verrips*.

Une partie de prairie, contenant 3 bonniers 40 verges 62 aunes, dans la commune de Kuilenburg, n° 206 du sommier des domaines A, fermier *De Jong*.

Une partie de prairie, contenant 3 bonniers 40 verges 62 aunes, dans la commune de Kuilenburg, n° 207 du sommier des domaines A, fermier *Van Rooijen*.

Une partie de prairie, contenant 2 bonniers 55 verges 46 aunes, dans la commune de Kuilenburg, n° 208 du sommier des domaines A, fermier *Kool*.

Une partie de prairie, contenant 2 bonniers 55 verges 46 aunes, dans la commune de Kuilenburg, n° 209 du sommier des domaines A, fermier *Peek*.

Une partie de prairie, contenant 1 bonnier 27 verges 73 aunes, dans la commune de Kuilenburg, n° 210 du sommier des domaines A, fermier *Verweij*.

Une partie de prairie, contenant 2 bonniers 55 verges 46 aunes, dans la commune de Kuilenburg, n° 211 du sommier des domaines A, fermier *Van Vuuren*.

Une partie de prairie, contenant 1 bonnier 70 verges 31 aunes, dans la commune de Kuilenburg, n° 212 du sommier des domaines A, fermier *Den Hartog*.

Een stuk als voren, groot 1 bunder 70 roeden 31 ellen, in de gemeente Kuilenburg, n^r 213 van den domeinlegger A, pachter *Spithoven.*

Een stuk als voren, groot 4 bunders 25 roeden 78 ellen, in de gemeente Kuilenburg, n^r 214 van den domeinlegger A, pachter *Van Baaijen.*

Een stuk als voren, groot 1 bunder 70 roeden 31 ellen, in de gemeente Kuilenburg, n^r 215 van den domeinlegger A, pachter *Stappershoef.*

Een stuk als voren, groot 1 bunder 70 roeden 31 ellen, in de gemeente Kuilenburg, n^r 216 van den domeinlegger A, pachter *Sterk.*

Een stuk als voren, groot 1 bunder 98 roeden 69 ellen, in de gemeente Kuilenburg, n^r 217 van den domeinlegger A, pachter *Den Hartog.*

Een stuk als voren, groot 1 bunder 70 roeden 31 ellen, in de gemeente Kuilenburg, n^r 218 van den domeinlegger A, pachter *Van Buuren.*

Een stuk als voren, groot 3 bunders 40 roeden 62 ellen, in de gemeente Kuilenburg, n^r 219 van den domeinlegger A, pachter *Hoogwaarden.*

Een stuk als voren, groot 1 bunder 84 roeden 50 ellen, in de gemeente Kuilenburg, n^r 220 van den domeinlegger A, pachter *Van Eck.*

Een stuk als voren, groot 1 bunder 70 roeden 31 ellen, in de gemeente Kuilenburg, n^r 221 van den domeinlegger A, pachter *Van Eck.*

Een stuk bouwland, groot 4 bunders 68 roeden 36 ellen, in de gemeente Kuilenburg, n^r 282 van den domeinlegger A, pachter *Vermeulen.*

Une partie de prairie, contenant 1 bonnier 70 verges 31 aunes, dans la commune de Kuilenburg, n° 213 du sommier des domaines A, fermier *Spithoven*.

Une partie de prairie, contenant 4 bonniers 5 verges 78 aunes, dans la commune de Kuilenburg, n° 214 du sommier des domaines A, fermier *Van Baaijen*.

Une partie de prairie, contenant 1 bonnier 70 verges 31 aunes, dans la commune de Kuilenburg, n° 215 du sommier des domaines A, fermier *Stappershoef*.

Une partie de prairie, contenant 1 bonnier 70 verges 31 aunes, dans la commune de Kuilenburg, n° 216 du sommier des domaines A, fermier *Sterk*.

Une partie de prairie, contenant 1 bonnier 98 verges 69 aunes, dans la commune de Kuilenburg, n° 217 du sommier des domaines A, fermier *Den Hartog*.

Une partie de prairie, contenant 1 bonnier 70 verges 31 aunes, dans la commune de Kuilenburg, n° 218 du sommier des domaines A, fermier *Van Buuren*.

Une partie de prairie, contenant 3 bonniers 40 verges 62 aunes, dans la commune de Kuilenburg, n° 219 du sommier des domaines A, fermier *Hoogwaarden*.

Une partie de prairie, contenant 7 bonniers 84 verges 50 aunes, dans la commune de Kuilenburg, n° 220 du sommier des domaines A, fermier *Van Eck*.

Une partie de prairie, contenant 1 bonnier 70 verges 31 aunes, dans la commune de Kuilenburg, n° 221 du sommier des domaines A, fermier *Van Eck*.

Une partie de terre labourable, contenant 4 bonniers 68 verges 36 aunes, dans la commune de Kuilenburg, n° 282 du sommier des domaines A, fermier *Vermeulen*.

5.   8.

Een stuk bouwland, groot 3 bunders 3 roeden 72 ellen, in de gemeente Kuilenburg, n^r 284 van den domeinlegger A, pachter *Den Hartog*.

Een stuk bouwland, groot 1 bunder 27 roeden 73 ellen, in de gemeente Kuilenburg, n^r 285 van den domeinlegger A, pachteres wed. *J. Lambo*.

Een stuk bouwland, groot 2 bunders 12 roeden 88 ellen, in de gemeente Kuilenburg, n^r 286 van den domeinlegger A, pachteres wed. *J. Lambo*.

Een stuk bouwland, groot 2 bunders 55 roeden 46 ellen, in de gemeente Kuilenburg, n^r 287 van den domeinlegger A, pachter *F.-J. den Hartog*.

Een stuk bouwland, groot 2 bunders 98 roeden 4 ellen, in de gemeente Kuilenburg, n^r 288 van den domeinlegger A, pachter *W. den Hartog*.

Een stuk bouwland, groot 3 bunders 5 roeden 14 ellen, in de gemeente Kuilenburg, n^r 289 van den domeinlegger A, pachter *C. J den Hartog*.

Een stuk bouwland, groot 1 bunder 93 roeden 2 ellen, in de gemeente Kuilenburg, n^r 290 van den domeinlegger A, pachter *Kool*.

Een stuk bouwland, groot 4 bunders 25 roeden 78 ellen, in de gemeente Kuilenburg, n^r 291 van den domeinlegger A, pachter *K.-J. den Hartog*.

Een stuk bouwland, groot 4 bunders 25 roeden 78 ellen, in de gemeente Kuilenburg, n^r 292 van den domeinlegger A, pachteres wed. *J. Lambo*.

Een stuk bouwland, groot 1 bunder 27 roeden 73 ellen, in de gemeente Kuilenburg, n^r 293 van den domeinlegger A, pachter *Van Malsen*.

Une partie de terre labourable, contenant 3 bonniers 3 verges 72 aunes, dans la commune de Kuilenburg, n° 284 du sommier des domaines A, fermier *Den Hartog.*

Une partie de terre labourable, contenant 1 bonnier 27 verges 73 aunes, dans la commune de Kuilenburg, n° 285 du sommier des domaines A, fermière la veuve *J. Lambo.*

Une partie de terre labourable, contenant 2 bonniers 12 verges 88 aunes, dans la commune de Kuilenburg, n° 286 du sommier des domaines A, fermière la veuve *J. Lambo.*

Une partie de terre labourable, contenant 2 bonniers 55 verges 46 aunes, dans la commune de Kuilenburg, n° 287 du sommier des domaines A, fermier *F.-J. den Hartog.*

Une partie de terre labourable, contenant 2 bonniers 98 verges 4 aunes, dans la commune de Kuilenburg, n° 288 du sommier des domaines A, fermier *W. den Hartog.*

Une partie de terre labourable, contenant 3 bonniers 5 verges 14 aunes, dans la commune de Kuilenburg, n° 289 du sommier des domaines A, fermier *C.-J. den Hartog.*

Une partie de terre labourable, contenant 1 bonnier 93 verges 2 aunes, dans la commune de Kuilenburg, n° 290 du sommier des domaines A, fermier *Kool.*

Une partie de terre labourable, contenant 4 bonniers 25 verges 78 aunes, dans la commune de Kuilenburg, n° 291 du sommier des domaines A, fermier *K.-J. den Hartog.*

Une partie de terre labourable, contenant 4 bonniers 25 verges, 78 aunes, dans la commune de Kuilenburg, n° 292 du sommier des domaines A, fermière la veuve *J. Lambo.*

Une partie de terre labourable, contenant 1 bonnier 27 verges 73 aunes, dans la commune de Kuilenburg, n° 293 du sommier des domaines A, fermier *Van Malsen.*

Een stuk bouwland, groot 3 bunders 51 roeden 27 ellen, in de gemeente Kuilenburg, n.º 294 van den domeinlegger A, pachter *De Raad*.

Een vogelkooi, groot 1 bunder 70 roeden 31 ellen, in de gemeente Kuilenburg, n.º 304 van den domeinlegger A, pachter *De Kiep*.

Een vogelkooi, groot 3 bunders 40 roeden 63 ellen, in de gemeente Kuilenburg, n.º 305 van den domeinlegger A, pachter *Bron sr.*

Een stuk wei- of hooiland, groot 5 bunders 10 roeden 93 ellen, in de gemeente Hagestein, n.º 328 van den domeinlegger A, pachter *Versteeg*.

Een stuk bouwland, groot 1 bunder 70 roeden 31 ellen, in de gemeente Hagestein, n.º 329 van den domeinlegger A, pachter *Van der Hoeven*.

Een stuk weiland, groot 2 bunders 55 roeden 46 ellen, in de gemeente Hagestein, n.º 330 van den domeinlegger A, pachter *P. de Vos*.

Een stuk weiland, groot 3 bunders 40 roeden 62 ellen, in de gemeente Leerdam, n.º 451 van den domeinlegger A, pachter *Bijmholt*.

Een stuk weiland, groot 2 bunders 12 roeden 88 ellen, in de gemeente Leerdam, n.º 452 van den domeinlegger A, pachter *Morgan*.

Een stuk weiland, groot 1 bunder 91 roeden 60 ellen, in de gemeente Leerdam, n.º 453 van den domeinlegger A, pachter *Van Leuven*.

Een stuk weiland, groot 1 bunder 91 roeden 60 ellen, in de gemeente Leerdam, n.º 454 van den domeinlegger A, pachter *Bikker*.

Une partie de terre labourable, contenant 3 bonniers 51 verges 27 aunes, dans la commune de Kuilenburg, n° 294 du sommier des domaines A, fermier *De Raad*.

Une canardière, contenant 1 bonnier 70 verges 31 aunes, dans la commune de Kuilenburg, n° 304 du sommier des domaines A, fermier *De Kiep*.

Une canardière, contenant 3 bonniers 40 verges 63 aunes, dans la commune de Kuilenburg, n° 305 du sommier des domaines A, fermier *Bron* sr.

Une partie de prairie, contenant 5 bonniers 10 verges 93 aunes, dans la commune de Hagestein, n° 328 du sommier des domaines A, fermier *Versteeg*.

Une partie de terre labourable, contenant 1 bonnier 70 verges 31 aunes, dans la commune de Hagestein, n° 329 du sommier des domaines A, fermier *Van der Hoeven*.

Une partie de prairie, contenant 2 bonniers 55 verges 46 aunes, dans la commune de Hagestein, n° 330 du sommier des domaines A, fermier *P. de Vos*.

Une partie de prairie, contenant 3 bonniers 40 verges 62 aunes, dans la commune de Leerdam, n° 451 du sommier des domaines A, fermier *Bijmholt*.

Une partie de prairie, contenant 2 bonniers 12 verges 88 aunes, dans la commune de Leerdam, n° 452 du sommier des domaines A, fermier *Morgan*.

Une partie de prairie, contenant 1 bonnier 91 verges 60 aunes, dans la commune de Leerdam, n° 453 du sommier des domaines A, fermier *Van Leuven*.

Une partie de prairie, contenant 1 bonnier 91 verges 60 aunes, dans la commune de Leerdam, n° 454 du sommier des domaines A, fermier *Bikker*.

Een stuk weiland, groot 1 bunder 91 roeden 60 ellen, in de gemeente Leerdam, n^r 455 van den domeinlegger A, pachter *Van den Heuvel.*

Een stuk weiland, groot 1 bunder 98 roeden 69 ellen, in de gemeente Leerdam, n° 456 van den domeinlegger A, pachter *Van Leuven.*

Een stuk weiland, groot 2 bunders 69 roeden 66 ellen, in de gemeente Leerdam, n^r 457 van den domeinlegger A, pachter *Zondag.*

Een stuk weiland, groot 5 bunders 10 roeden 93 ellen, in de gemeente Leerdam, n^r 458 van den domeinlegger A, pachter *Wiggelinkhuizen.*

Een stuk weiland, groot 2 bunders 48 roeden 37 ellen, in de gemeente Leerdam, n^r 460 van den domeinlegger A, pachter *Wiggelinkhuizen.*

Een stuk weiland, groot 1 bunder 41 roeden 92 ellen, in de gemeente Leerdam, n^r 461 van den domeinlegger A, pachter *Wiggelinkhuizen.*

Een stuk weiland, groot 3 bunders 40 roeden 62 ellen, in de gemeente Leerdam, n^r 462 van den domeinlegger A, pachter *Klijn.*

Een stuk weiland, groot 3 bunders 40 roeden 62 ellen, in de gemeente Leerdam, n^r 463 van den domeinlegger A, pachter *Van Harsveld.*

Een stuk weiland, groot 2 bunders 55 roeden 46 ellen, in de gemeente Leerdam, n^r 464 van den domeinlegger A, pachter *Van Gent.*

Een stuk weiland, groot 85 roeden 15 ellen, in de gemeente Leerdam, n^r 465 van den domeinlegger A, pachter *Den Hartog.*

Une partie de prairie, contenant 1 bonnier 91 verges 60 aunes, dans la commune de Leerdam, n° 455 du sommier des domaines A, fermier *Van den Heuvel.*

Une partie de prairie, contenant 1 bonnier 98 verges 69 aunes, dans la commune de Leerdam, n° 456 du sommier des domaines A, fermier *Van Leuwen.*

Une partie de prairie, contenant 2 bonniers 69 verges 66 aunes, dans la commune de Leerdam, n° 457 du sommier des domaines A, fermier *Zondag.*

Une partie de prairie, contenant 5 bonniers 10 verges 93 aunes, dans la commune de Leerdam, n° 458 du sommier des domaines A, fermier *Wiggelinkhuizen.*

Une partie de prairie, contenant 2 bonniers 48 verges 37 aunes, dans la commune de Leerdam, n° 460 du sommier des domaines A, fermier *Wiggelinkhuizen.*

Une partie de prairie, contenant 1 bonnier 41 verges 92 aunes, dans la commune de Leerdam, n° 461 du sommier des domaines A, fermier *Wiggelinkhuizen.*

Une partie de prairie, contenant 3 bonniers 40 verges 62 aunes, dans la commune de Leerdam, n° 462 du sommier des domaines A, fermier *Klijn.*

Une partie de prairie, contenant 3 bonniers 40 verges 62 aunes, dans la commune de Leerdam, n° 463 du sommier des domaines A, fermier *Van Harsveld.*

Une partie de prairie, contenant 2 bonniers 55 verges 46 aunes, dans la commune de Leerdam, n° 464 du sommier des domaines A, fermier *Van Gent.*

Une partie de prairie, contenant 85 verges 15 aunes, dans la commune de Leerdam, n° 465 du sommier des domaines A, fermier *Den Hartog.*

Een stuk weiland, groot 85 roeden 15 ellen, in de gemeente Leerdam, n.r 466 van den domeinlegger A, pachter *De Jong*.

Een stuk wei- en bouwland, groot 7 bunders 18 roeden 8 ellen, in de gemeente Leerdam, n.r 468 van den domeinlegger A, pachter *Van der Leeden*.

Een stuk hooi- of weiland, groot 85 roeden 15 ellen, in de gemeente Leerdam, n.r 470 van den domeinlegger A, pachter *De Jong*.

Een stuk hooi- of weiland, groot 5 bunders 34 roeden 81 ellen, in de gemeente Leerdam, n.r 476 van den domeinlegger A, pachter *Hymenkars*.

Een stuk hooi- of griendland, groot 2 bunders 98 roeden 14 ellen, in de gemeente Leerdam, n.r 482 van den domeinlegger A, pachter *G. Van den Berg*.

Een stuk weiland, groot 2 bunders 83 roeden 85 ellen, in de gemeente Leerdam, n.r 484 van den domeinlegger A, pachter *Verrips*.

Een stuk weiland, groot 2 bunders 12 roeden 88 ellen, in de gemeente Leerdam, n.r 486 van den domeinlegger A, pachters *Morgan en Verdugt*.

Een stuk bouwland, groot 3 bunders 40 roeden 62 ellen, in de gemeente Acquoy, n.r 493 van den domeinlegger A, pachter *Hardenberg*.

Een stuk weiland, groot 1 bunder 41 roeden 92 ellen, in de gemeente Acquoy, n.r 494 van den domeinlegger A, pachter *W.-J. de Bruin*.

Een stuk bouwland, groot 28 roeden 38 ellen, in de gemeente Acquoy, n.r 499 van den domeinlegger A, pachter *J.-J. de Bruin*.

Une partie de prairie, contenant 85 verges 15 aunes, dans la commune de Leerdam, n° 466 du sommier des domaines A, fermier *De Jong*.

Une partie de prairie et de terre labourable, contenant 7 bonniers 38 verges 8 aunes, dans la commune de Leerdam, n° 468 du sommier des domaines A, fermier *Van de Leeden*.

Une partie de prairie, contenant 85 verges 15 aunes, dans la commune de Leerdam, n° 470 du sommier des domaines A, fermier *De Jong*.

Une partie de prairie, contenant 5 bonniers 34 verges 81 aunes, dans la commune de Leerdam, n° 476 du sommier des domaines A, fermier *Hijmenkars*.

Une partie de prairie ou d'oseraye, contenant 2 bonniers 98 verges 14 aunes, dans la commune de Leerdam, n° 482 du sommier des domaines A, fermier *G. Van den Berg*.

Une partie de prairie, contenant 2 bonniers 83 verges 85 aunes, dans la commune de Leerdam, n° 484 du sommier des domaines A, fermier *Verrips*.

Une partie de prairie, contenant 2 bonniers 12 verges 88 aunes, dans la commune de Leerdam, n° 486 du sommier des domaines A, fermiers *Morgan* et *Verdugt*.

Une partie de terre labourable, contenant 3 bonniers 40 verges 62 aunes, dans la commune d'Acquoy, n° 493 du sommier des domaines A, fermier *Hardenberg*.

Une partie de prairie, contenant 1 bonnier 41 verges 92 aunes, dans la commune d'Acquoy, n° 494 du sommier des domaines A, fermier *W.-J. de Bruin*.

Une partie de terre labourable, contenant 28 verges 38 aunes, dans la commune d'Acquoy, n° 499 du sommier des domaines A, fermier *J.-J. de Bruin*.

5.   9.

Een stuk weiland, groot 2 bunders 98 roeden 4 ellen, in de gemeente Acquoy, n^r 500 van den domeinlegger A, pachter *W.-J. de Bruin.*

Een stuk weiland, groot 2 bunders 27 roeden 8 ellen, in de gemeente Acquoy, n^r 502 van den domeinlegger A, pachter *Van Leeuwen.*

Een stuk weiland, groot 2 bunders 98 roeden 4 ellen, in de gemeente Acquoy, n^r 503 van den domeinlegger A, pachter *Varseveld.*

Een stuk weiland, groot 3 bunders 40 roeden 62 ellen, in de gemeente Acquoy, n' 505 van den domeinlegger A, pachter *Van der Koppel.*

Een stuk weiland, groot 3 bunders 40 roeden 62 ellen, in de gemeente Acquoy, n^r 506 van den domeinlegger A, pachter *Verhaar.*

Een stuk wei- of hooiland, groot 3 bunders 40 roeden 62 ellen, in de gemeente Acquoy, n^r 507 van den domeinlegger A, pachter *Van Zanten.*

Een stuk wei- of hooiland, groot 5 bunders 96 roeden 9 ellen, in de gemeente Acquoy, n^r 511 van den domeinlegger A, pachter *Zijderveld.*

Een stuk wei- of hooiland, groot 1 bunder 70 roeden 31 ellen, in de gemeente Acquoy, n^r 514 van den domeinlegger A, pachter *Streef.*

Een stuk bouwland, groot 1 bunder 13 roeden 14 ellen, in de gemeente Acquoy, n' 522 van den domeinlegger A, pachter *Verhaar.*

Een stuk bouwland, groot 56 roeden 77 ellen, in de gemeente Acquoy, n^r 523 van den domeinlegger A, pachter *Van Doorn.*

Une partie de prairie, contenant 2 bonniers 98 verges 4 aunes, dans la commune d'Acquoy, n° 500 du sommier des domaines A, fermier *W.-J. de Bruin.*

Une partie de prairie, contenant 2 bonniers 27 verges 8 aunes, dans la commune d'Acqoy, n° 502 du sommier des domaines A, fermier *Van Leeuwen.*

Une partie de prairie, contenant 2 bonniers 98 verges 4 aunes, dans la commune. d'Acquoy, n° 503 du sommier des domaines A, fermier *Varseveld.*

Une partie de prairie, contenant 3 bonniers 40 verges 62 aunes, dans la commune d'Acquoy, n° 505 du sommier des domaines A, fermier *Van der Koppel.*

Une partie de prairie, contenant 3 bonniers 40 verges 62 aunes, dans la commune d'Acquoy, n° 506 du sommier des domaines A, fermier *Verhaar.*

Une partie de prairie, contenant 3 bonniers 40 verges 62 aunes, dans la commune d'Acquoy, n° 507 du sommier des domaines A, fermier *Van Zanten.*

Une partie de prairie, contenant 5 bonniers 96 verges 9 aunes, dans la commune d'Acquoy, n° 511 du sommier des domaines A, fermier *Zijderveld.*

Une partie de prairie, contenant 1 bonnier 70 verges 31 aunes, dans la commune d'Acquoy, n° 154 du sommier des domaines A, fermier *Streef.*

Une partie de terre labourable, contenant 1 bonnier 13 verges 14 aunes, dans la commune d'Acquoy, n° 522 du sommier des domaines A, fermier *Verhaar.*

Une partie de terre labourable, contenant 56 verges 77 aunes, dans la commune d'Acquoy n° 523 du sommier des domaines A, fermier *Van Doorn.*

Een stuk weiland, groot 85 roeden 15 ellen, in de gemeente Acquoy, nr 524 van den domeinlegger A, pachter *Verhaar.*

Een stuk weiland, groot 2 bunders 12 roeden 88 ellen, in de gemeente Acquoy, nr 525 van den domeinlegger A, pachter *Van Leuven.*

Een stuk bouwland, groot 70 roeden 96 ellen, in de gemeente Acquoy, nr 527 van den domeinlegger A, pachter *Zondag.*

Een stuk hooi- of weiland, groot 6 bunders 81 roeden 25 ellen, in de gemeente Acquoy, nr 529 van den domeinlegger A, pachter *De Lange.*

Een stuk bouwland, groot 3 bunders 40 roeden 62 ellen, in de gemeente Acquoy, nr 534 van den domeinlegger A, pachter *Streef.*

Een stuk bouwland, groot 6 bunders 24 roeden 48 ellen, in de gemeente Acquoy, nr 536 van den domeinlegger A, pachter *Van Leuven.*

Een stuk bouwland, groot 3 bunders 40 roeden 62 ellen, in de gemeente Acquoy, nr 537 van den domeinlegger A, pachter *Herwerden.*

Een stuk bouwland, groot 3 bunders 40 roeden 62 ellen, in de gemeente Acquoy, nr 538 van den domeinlegger A, pachter *Herwerden.*

Een stuk bouwland, groot 85 roeden 15 ellen, in de gemeente Acquoy, nr 539 van den domeinlegger A, pachter *Van Rooden.*

Een stuk bouwland, groot 1 bunder 56 roeden 12 ellen, in de gemeente Acquoy, nr 540 van den domeinlegger A, pachter *Van Leeuwen.*

Une partie de prairie, contenant 85 verges 15 aunes, dans la commune d'Acquoy, n° 524 du sommier des domaines A, fermier *Verhaar*.

Une partie de prairie, contenant 2 bonniers 12 verges 88 aunes, dans la commune d'Acquoy, n° 525 du sommier des domaines A, fermier *Van Leuven*.

Une partie de terre labourable, contenant 70 verges 96 aunes, dans la commune d'Acquoy, n° 527 du sommier des domaines A, fermier *Zondag*.

Une partie de prairie, contenant 6 bonniers 81 verges 25 aunes, dans la commune d'Acquoy, n° 529 du sommier des domaines A, fermier *De Lange*.

Une partie de terre labourable, contenant 3 bonniers 40 verges 62 aunes, dans la commune d'Acquoy, n° 534 du sommier des domaines A, fermier *Streef*.

Une partie de terre labourable, contenant 6 bonniers 24 verges 48 aunes, dans la commune d'Acquoy, n° 536 du sommier des domaines A, fermier *Van Leuven*.

Une partie de terre labourable, contenant 3 bonniers 40 verges 62 aunes, dans la commune d'Acquoy, n° 537 du sommier des domaines A, fermier *Herwerden*.

Une partie de terre labourable, contenant 3 bonniers 40 verges 62 aunes, dans la commune d'Acquoy, n° 538 du sommier des domaines A, fermier *Herwerden*.

Une partie de terre labourable, contenant 85 verges 15 aunes, dans la commune d'Acquoy, n° 539 du sommier des domaines A, fermier *Van Rooden*.

Une partie de terre labourable, contenant 1 bonnier 56 verges 12 aunes, dans la commune d'Acquoy, n° 540 du sommier des domaines A, fermier *Van Leeuwen*.

Een stuk weiland, groot 2 bunders 34 roeden 18 ellen, in de gemeente Acquoy, n° 542 van den domeinlegger A, pachter *Verrips.*

Een stuk weiland, groot 1 bunder 70 roeden 31 ellen, in de gemeente Acquoy, n° 543 van den domeinlegger A, pachter *De Jong, Jz.*

Een stuk weiland, groot 2 bunders 55 roeden 46 ellen, in de gemeente Acquoy, n° 544 van den domeinlegger A, pachter *Van Rooden.*

Een stuk weiland, groot 2 bunders 55 roeden 46 ellen, in de gemeente Acquoy, n° 545 van den domeinlegger A, pachter *Van Leerdam.*

Een stuk weiland, groot 2 bunders 55 roeden 46 ellen, in de gemeente Acquoy, n° 546 van den domeinlegger A, pachter *Van Roode.*

Een stuk weiland, groot 1 bunder 70 roeden 31 ellen, in de gemeente Acquoy, n° 547 van den domeinlegger A, pachter *Van Willige.*

Een stuk bouwland, groot 1 bunder 41 roeden 92 ellen, in de gemeente Acquoy, n° 548 van den domeinlegger A, pachter *De Jong.*

Een stuk bouwland, groot 70 roeden 96 ellen, in de gemeente Acquoy, n° 549 van den domeinlegger A, pachter *W. van Son.*

Eene stuk bouwland, groot 2 bunders 12 roeden 38 ellen, in de gemeente Acquoy, n° 550 van den domeinlegger A, pachter *Van Leeuwen.*

En voorts alle de dominiale tienden in de provintie Gelderland.

Une partie de prairie, contenant 2 bonniers 34 verges 81 aunes, dans la commune d'Acquoy, n° 542 du sommier des domaines A, fermier *Verrips.*

Une partie de prairie, contenant 1 bonnier 70 verges 31 aunes, dans la commune d'Acquoy, n° 543 du sommier des domaines A, fermier *De Jong, Jz.*

Une partie de prairie, contenant 2 bonniers 55 verges 46 aunes, dans la commune d'Acquoy, n° 544 du sommier des domaines A, fermier *Van Rooden.*

Une partie de prairie, contenant 2 bonniers 55 verges 46 aunes, dans la commune d'Acquoy, n° 545 du sommier des domaines A, fermier *Van Leerdam.*

Une partie de prairie, contenant 2 bonniers 55 verges 46 aunes, dans la commune d'Acqnoy, n° 546 du sommier des domaines A, fermier *Van Roode.*

Une partie de prairie, contenant 1 bonnier 70 verges 31 aunes, dans la commune d'Acquoy, n° 547 du sommier des domaines A, fermier *Van Willige.*

Une partie de terre labourable, contenant 1 bonnier 41 verges 92 aunes, dans la commune d'Acquoy, n° 548 du sommier des domaines A, fermier *De Jong.*

Une partie de terre labourable, contenant 70 verges 96 aunes, dans la commune d'Acquoy, n° 549 du sommier des domaines A, fermier *W. van Son.*

Une partie de terre labourable, contenant 2 bonniers 12 verges 38 aunes, dans la commune d'Acquoy, n° 550 du sommier des domaines A, fermier *Van Leeuwen.*

Plus toutes les dîmes domaniales dans la province de la Gueldre.

IN DE PROVINTIE LIMBURG.

Onder het ressort van het kantoor der registratie en domeinen te St.-Truijen.

Een stuk land, groot 1 bunder 56 roeden 94 ellen, gelegen in de gemeente Aalst, n.r 1 van den domeinlegger A, pachter *Eggen.*

Een stuk land, groot 32 roeden 69 ellen, gelegen in de gemeente Aalst, n.r 2 van den domeinlegger, pachter *Gossen.*

Een stuk land, groot 65 roeden 39 ellen, gelegen in de gemeente Engelmanshoven, n.r 3 van den domeinlegger, pachter *Smits.*

Een stuk weiland, groot 91 roeden 55 ellen, gelegen in de gemeente Engelmanshoven, n.r 4 van den domeinlegger, pachter *Bollaers.*

Een stuk land, groot 1 bunder 22 roeden 63 ellen, gelegen in de gemeente Engelmanshoven, n.r 5 van den domeinlegger, pachter *Bollaers.*

Een stuk land, groot 52 roeden 31 ellen, gelegen in de gemeente Engelmanshoven, n.r 6 van den domeinlegger, pachter *Bollaers.*

Een stuk land, groot 1 bunder 30 roeden 78 ellen, gelegen in de gemeente Gorssum, n.r 7 van den domeinlegger, pachter *Putzeijs.*

Een stuk land, groot 95 roeden 81 ellen, gelegen in de gemeente Muizen, n.r 8 van den domeinlegger, pachter *Morcau.*

Een stuk land, groot 65 roeden 39 ellen, gelegen in de gemeente St.-Truijen, n.r 10 van den domeinlegger, pachter *Jacques.*

Dans le ressort du bureau de l'enregistrement et des domaines de St.-Trond.

Une partie de terre, contenant 1 bonnier 56 verges 94 aunes, dans la commune d'Alost, n° 1 du sommier des domaines, fermier *Eggen.*

Une partie de terre, contenant 32 verges 69 aunes, dans la commune d'Alost, n° 2 du sommier des domaines, fermier *Gossen.*

Une partie de terre, contenant 65 verges 39 aunes, dans la commune d'Engelmanshoven, n° 3 du sommier des domaines, fermier *Smits.*

Une partie de terre, contenant 91 verges 55 aunes, dans la commune d'Engelmanshoven, n° 4 du sommier des domaines, fermier *Bollaers.*

Une partie de terre, contenant 1 bonnier 22 verges 63 aunes, dans la commune d'Engelmanshoven, n° 5 du sommier des domaines, fermier *Bollaers.*

Une partie de terre, contenant 52 verges 31 aunes, dans la commune d'Engelmanshoven, n° 6 du sommier des domaines, fermier *Bollaers.*

Une partie de terre, contenant 1 bonnier 30 verges 78 aunes, dans la commune de Gorssum, n° 7 du sommier des domaines, fermier *Putzeijs.*

Une partie de terre, contenant 95 verges 81 aunes, dans la commune de Muisen, n° 8 du sommier des domaines, fermier *Moreau.*

Une partie de terre, contenant 65 verges 39 aunes, dans la commune de St.-Trond, n° 10 du sommier des domaines, fermier *Jacques.*

Een stuk land, groot 1 bunder 56 roeden 94 ellen, gelegen in de gemeente Vilen, nr 12 van den domeinlegger, pachter *Ouwerx.*

Een stuk land, groot 6 bunders 26 roeden 97 ellen, gelegen in de gemeente Vilen, nr 13 van den domeinlegger, pachter *Kempeniers.*

Een stuk land, groot 61 roeden 32 ellen, gelegen in de gemeente Vilen, nr 14 van den domeinlegger, pachter *Kempeniers.*

Een stuk land, groot 69 roeden 75 ellen, gelegen in de gemeente Zeppen, nr 15 van den domeinlegger, pachter *De Pitteurs.*

Een stuk land, groot 5 bunders 66 roeden 72 ellen, gelegen in de gemeente Brusthem, nr 16 van den domeinlegger, pachter *Otten.*

Een stuk land, groot 87 roeden 19 ellen, gelegen in de gemeente St.-Truyen, nr 9 van den domeinlegger, pachter *Merle.*

Een stuk land, groot 4 bunders 1 roede 79 ellen, gelegen in de gemeente Aalst, nr 17 van den domeinlegger, pachter *Hesbeins.*

Een stuk land, groot 1 bunder 4 roeden 63 ellen, gelegen in de gemeente Aalst, nr 18 van den domeinlegger, pachter *Vranken.*

Een stuk land, groot 52 roeden 13 ellen, gelegen in de gemeente Aalst, nr 19 van den domeinlegger, pachter *Goessens.*

Een stuk land, groot 4 bunders 55 roeden 99 ellen, gelegen in de gemeente Borlo, nr 20 van den domeinlegger, pachter *Vranken.*

Une partie de terre, contenant 1 bonnier 56 verges 94 aunes, dans la commune de Velem, n° 12 du sommier des domaines, fermier *Ouwerx*.

Une partie de terre, contenant 6 bonniers 26 verges 97 aunes, dans la commune de Velm, n° 13 du sommier des domaines, fermier *Kempeniers*.

Une partie de terre, contenant 61 verges 32 aunes, dans la commune de Velm, n° 14 du sommier des domaines, fermier *Kempeniers*.

Une partie de terre, contenant 69 verges 75 aunes, dans la commune de Zeppen, n° 15 du sommier des domaines, fermier *De Pitteurs*.

Une partie de terre, contenant 5 bonniers 66 verges 72 aunes, dans la commune de Brusthem, n° 16 du sommier des domaines, fermier *Otten*.

Une partie de terre, contenant 87 verges 19 aunes, dans la commune de St.-Trond, n° 9 du sommier des domaines, fermier *Merle*.

Une partie de terre, contenant 4 bonniers 1 verge 79 aunes, dans la commune d'Alost, n° 17 du sommier des domaines, fermier *Hesbeins*.

Une partie de terre, contenant 1 bonnier 4 verges 63 aunes, dans la commune d'Alost, n° 18 du sommier des domaines, fermier *Vranken*.

Une partie de terre, contenant 52 verges 13 aunes, dans la commune d'Alost, n° 19 du sommier des domaines, fermier *Goessens*.

Une partie de terre, contenant 4 bonniers 55 verges 99 aunes, dans la commune de Borlo, n° 20 du sommier des domaines, fermier *Vranken*.

Een stuk land, groot 3 bunders 92 roeden 35 ellen, gelegen in de gemeente Borlo, nr 21 van den domeinlegger, pachter *Renatte.*

Een stuk land, groot 1 bunder 22 roeden 6 ellen, gelegen in de gemeente Borlo, nr 22 van den domeinlegger, pachter *Guillaume.*

Een stuk land, groot 52 roeden 33 ellen, gelegen in de gemeente Brusthem, nr 23 van den domeinlegger, pachter *Monx.*

Een stuk land, groot 1 bunder 13 roeden 24 ellen, gelegen in de gemeente Brusthem, nr 24 van den domeinlegger pachter *Schoofs.*

Een stuk land, groot 34 roeden 88 ellen, gelegen in de gemeente Brusthem, nr 25 van den domeinlegger, pachter *Schoofs.*

Een stuk land, groot 87 roeden 19 ellen, gelegen in de gemeente Brusthem, nr 26 van den domeinlegger, pachter *Balis.*

Een stuk land, groot 5 bunders 23 roeden 13 ellen, gelegen in de gemeente Brusthem, nr 27 van den domeinlegger, pachter *Schoofs.*

Een stuk land, groot 87 roeden 19 ellen, gelegen in de gemeente Brusthem, nr 28 van den domeinlegger, pachter *Sweldens.*

Een stuk land, groot 87 roeden 19 ellen, gelegen in de gemeente Brusthem, nr 29 van den domeinlegger, pachter *Strauvens.*

Een stuk land, groot 5 bunders 66 roeden 72 ellen, gelegen in de gemeente Brusthem, nr 30 van den domeinlegger, pachter *Otten.*

Une partie de terre, contenant 3 bonniers 92 verges 35 aunes, dans la commune de Borlo, n° 21 du sommier des domaines, fermier *Renotte*.

Une partie de terre, contenant 1 bonnier 22 verges 6 aunes, dans la commune de Borlo, n° 22 du sommier des domaines, fermier *Guillaume*.

Une partie de terre, contenant 52 verges 33 aunes, dans la commune de Brusthem, n° 23 du sommier des domaines, fermier *Monx*.

Une partie de terre, contenant 1 bonnier 13 verges 24 aunes, dans la commune de Brusthem, n° 24 du sommier des domaines, fermier *Schoofs*.

Une partie de terre, contenant 34 verges 88 aunes, dans la commune de Brusthem, n° 25 du sommier des domaines, fermier *Schoofs*.

Une partie de terre, contenant 87 verges 19 aunes, dans la commune de Brusthem, n° 26 du sommier des domaines, fermier *Balis*.

Une partie de terre, contenant 5 bonniers 23 verges 13 aunes, dans la commune de Brusthem, n° 27 du sommier des domaines, fermier *Schoofs*.

Une partie de terre, contenant 87 verges 19 aunes, dans la commune de Brusthem, n° 28 du sommier des domaines, fermier *Sweldens*.

Une pièce de terre, contenant 87 verges 19 aunes, dans la commune de Brusthem, n° 29 du sommier des domaines, fermier *Strauvens*.

Une partie de terre, contenant 5 bonniers 66 verges 72 aunes, dans la commune de Brusthem, n° 30 du sommier des domaines, fermier *Otten*.

Een stuk land, groot 9 bonders 15 roeden 47 ellen, gelegen in de gemeente Buvingen, n^r 31 van den domeinlegger, pachter *Van Oort.*

Een stuk land, groot 1 bonder 8 roeden 98 ellen, gelegen in de gemeente Duras, n^r 33 van den domeinlegger, pachter *Helaers.*

Een stuk land, groot 59 roeden 94 ellen, gelegen in de gemeente Duras, n^r 34 van den domeinlegger, pachter *Schepers.*

Een stuk land, groot 1 bonder 56 roeden 94 ellen, gelegen in de gemeente Grand-Jamine, n^r 35 van den domeinlegger, pachter *Bartholeijns.*

Een stuk land, groot 1 bonder 54 roeden 54 ellen, gelegen in de gemeente Gorssum, n^r 37 van den domeinlegger, pachter *Merlé.*

Een stuk land, groot 34 roeden 88 ellen, gelegen in de gemeente Gorssum, n^r 38 van den domeinlegger, pachter *Cloes.*

Een stuk land, groot 7 bonders 46 roeden 55 ellen, gelegen in de gemeente Milen, n^r 42 van den domeinlegger, pachter *Gheijsens.*

Een stuk land, groot 1 bonder 74 roeden 38 ellen, gelegen in de gemeente Milen, n^r 43 van den domeinlegger, pachter *Onklinkx.*

Een stuk land, groot 3 bonders 5 roeden 16 ellen, gelegen in de gemeente Montenaken, n^r 44 van den domeinlegger, pachter *Van der Voorst.*

Een stuk land, groot 1 bonder 56 roeden 94 ellen, gelegen in de gemeente Montenaken, n^r 45 van den domeinlegger pachter *Dehasque.*

Une partie de terre, contenant 9 bonniers 15 verges 47 aunes, dans la commune de Buvingen, n° 31 du sommier des domaines, fermier *Van Oort.*

Une partie de terre, contenant 1 bonnier 8 verges 98 aunes, dans la commune de Duras, n° 33 du sommier des domaines, fermier *Helaers.*

Une partie de terre, contenant 59 verges 94 aunes, dans la commune de Duras, n° 34 du sommier des domaines, fermier *Schepers.*

Une partie de terre, contenant 1 bonnier 56 verges 94 aunes, dans la commune de Grand-Jamine, n° 35 du sommier des domaines, fermier *Bartholeijns.*

Une partie de terre, contenant 1 bonnier 54 verges 54 aunes, dans la commune de Gorssum, n° 37 du sommier des domaines, fermier *Merlé.*

Une partie de terre, contenant 34 verges 88 aunes, dans la commune de Gorssum, n° 38 du sommier des domaines, fermier *Cloes.*

Une partie de terre, contenant 7 bonniers 46 verges 55 aunes, dans la commune de Milen, n° 42 du sommier des domaines, fermier *Gheijsens.*

Une partie de terre, contenant 1 bonnier 74 verges 38 aunes, dans la commune de Milen, n° 43 du sommier des domaines, fermier *Onklinkx.*

Une partie de terre, contenant 3 bonniers 5 verges 16 aunes, dans la commune de Montenaken, n° 44 du sommier des domaines, fermier *Van der Voorst.*

Une partie de terre, contenant 1 bonnier 56 verges 94 aunes, dans la commune de Montenaken, n° 45 du sommier des domaines, fermier *Dehasque.*

Een stuk land, groot 3 bunders 61 roeden 83 ellen, gelegen in de gemeente Runkelen, n^r 48 van den domeinlegger, pachter *Moers.*

Een stuk weide, groot 87 roeden 19 ellen, gelegen in de gemeente Runkelen, n^r 49 van den domeinlegger, pachter *Bussy.*

Een stuk land, groot 1 bunder 30 roeden 78 ellen, gelegen in de gemeente Runkelen, n^r 50 van den domeinlegger, pachter *Maes.*

Een stuk land, groot 27 roeden 25 ellen, gelegen in de gemeente Runkelen, n^r 51 van den domeinlegger, pachter *Peutaers.*

Een stuk land, groot 87 roeden 19 ellen, gelegen in de gemeente St.-Truijen, n^r 52 van den domeinlegger, pachter *Craninx.*

Een stuk weiland, groot 1 bunder 27 ellen, gelegen in de gemeente St.-Truijen, n^r 53 van den domeinlegger, pachter *Weijgers.*

Een stuk land, groot 43 roeden 59 ellen, gelegen in de gemeente St.-Truijen, n^r 54 van den domeinlegger, pachter *Bessemans.*

Een stuk land, groot 1 bunder 70 roeden 2 ellen, gelegen in de gemeente Velm, n^r 55 van den domeinlegger, pachter *Bertrand.*

Een stuk land, groot 2 bunders 4 roeden 89 ellen, gelegen in de gemeente Velm, n^r 56 van den domeinlegger, pachter *Hoebaurs.*

Een stuk land, groot 1 bunder 30 roeden 78 ellen, gelegen in de gemeente Velm, n^r 57 van den domeinlegger, pachter *Wilhofs.*

Une partie de terre, contenant 3 bonniers 61 verges 83 aunes, dans la commune de Runkelen, n° 48 du sommier des domaines, fermier *Moers*.

Une partie de prairie, contenant 87 verges 19 aunes, dans la commune de Runkelen, n° 49 du sommier des domaines, fermier *Bussy*.

Une partie de terre, contenant 1 bonnier 30 verges 78 aunes, dans la commune de Runkelen, n° 50 du sommier des domaines, fermier *Maes*.

Une partie de terre, contenant 27 verges 25 aunes, dans la commune de Runkelen, n° 51 du sommier des domaines, fermier *Peutaers*.

Une partie de terre, contenant 87 verges 19 aunes, dans la commune de St. Trond, n° 52 du sommier des domaines, fermier *Craninx*.

Une partie de prairie, contenant 1 bonnier 27 aunes, dans la commune de St.-Trond, n° 53 du sommier des domaines, fermier *Weijgers*.

Une partie de terre, contenant 43 verges 59 aunes, dans la commune de St.-Trond, n° 54 du sommier des domaines, fermier *Bessemans*.

Une partie de terre, contenant 1 bonnier 70 verges 2 aunes, dans la commune de Velm, n° 55 du sommier des domaines, fermier *Bertrand*.

Une partie de terre, contenant 2 bonniers 4 verges 89 aunes, dans la commune de Velm, n° 56 du sommier des domaines, fermier *Hoebaurs*.

Une partie de terre, contenant 1 bonnier 30 verges 78 aunes, dans la commune de Velm, n° 57 du sommier des domaines, fermier *Wilhofs*.

5.   11.

Een stuk land, groot 4 bunders 49 roeden 2 ellen, gelegen in de gemeente Velm, n' 58 van den domeinlegger, pachter *Goessens.*

Een stuk land, groot 87 roeden 19 ellen, gelegen in de gemeente Velm, n' 59 van den domeinlegger, pachter *Berwaerts.*

Een stuk land, groot 26 roeden 16 ellen, gelegen in de gemeente Velm, n' 60 van den domeinlegger, pachter *Voyé.*

Een stuk land, groot 1 bunder 25 roeden 77 ellen, gelegen in de gemeente Velm, n' 61 van den domeinlegger, pachter *Ouwerx.*

Een stuk land, groot 5 bunders 49 roeden 27 ellen, gelegen in de gemeente Velm, n' 62 van den domeinlegger, pachter *Boonen.*

Een stuk land, groot 1 bunder 63 roeden 48 ellen, gelegen in de gemeente Wilré, n' 53 van den domeinlegger, pachter *Vigria.*

Een stuk land, groot 65 roeden 39 ellen, gelegen in de gemeente Wilré, n' 43 van den domeinlegger, pachter *Nicolaï.*

Een stuk land, groot 21 roeden 80 ellen, gelegen in de gemeente Wilré, n' 65 van den domeinlegger, pachter *Nicolai.*

Een stuk land, groot 27 roeden 25 ellen, gelegen in de gemeente Wilré, n' 66 van den domeinlegger, pachter *Schuurmans.*

Een stuk land, groot 16 roeden 35 ellen, gelegen in de gemeente Wilré, n' 67 van den domeinlegger, pachter *Van Elderen.*

Une partie de terre, contenant 4 bonniers 49 verges 2 aunes, dans la commune de Velm, n° 58 du sommier des domaines, fermier *Goessens*.

Une partie de terre, contenant 87 verges 19 aunes, dans la commune de Velm, n° 59 du sommier des domaines, fermier *Berwaerts*.

Une partie de terre, contenant 26 verges 16 aunes, dans la commune de Velm, n° 60 du sommier des domaines, fermier *Voyé*.

Une partie de terre, contenant 1 bonnier 25 verges 77 aunes, dans la commune de Velm, n° 61 du sommier des domaines, fermier *Ouwerx*.

Une partie de terre, contenant 5 bonniers 49 verges 27 aunes, dans la commune de Velm, n° 62 du sommier des domaines, fermier *Boonen*.

Une partie de terre, contenant 1 bonnier 63 verges 48 aunes, dans la commune de Wilré, n° 63 du sommier des domaines, fermier *Vigria*.

Une partie de terre, contenant 65 verges 39 aunes, dans la commune de Wilré, n° 64 du sommier des domaines, fermier *Nicolai*.

Une partie de terre, contenant 21 verges 80 aunes, dans la commune de Wilré, n° 65 du sommier des domaines, fermier *Nicolai*.

Une partie de terre, contenant 27 verges 25 aunes, dans la commune de Wilré, n° 66 du sommier des domaines, fermier *Schuurmans*.

Une partie de terre, contenant 16 verges 35 aunes, dans la commune de Wilré, n° 67 du sommier des domaines, fermier *Van Elderen*.

Een stuk land, groot 81 roeden 74 ellen, gelegen in de gemeente Wilré, n^r 68 van den domeinlegger, pachter *Claes.*

Een stuk land, groot 43 roeden 59 ellen, gelegen in de gemeente Wilré, n^r 69 van den domeinlegger, pachter *Nicolai.*

Een stuk land, groot 70 roeden 49 ellen, gelegen in de gemeente Wilré, n^r 58 van den domeinlegger, pachter *Herbots.*

Een stuk land, groot 1 bunder 14 roeden 43 ellen, gelegen in de gemeente Wilré, n^r 71 van den domeinlegger, pachter *Langenaken.*

Een stuk land, groot 3 bunders 59 roeden 69 ellen, gelegen in de gemeente Wilré, n^r 42 van den domeinlegger, pachter *Coenen.*

Een stuk land, groot 2 bunders 39 roeden 77 ellen, gelegen in de gemeente Wilré, n^r 44 van den domeinlegger, pachter *Melotte.*

Een stuk land, groot 61 roeden 3 ellen, gelegen in de gemeente Wilré, n^r 45 van den domeinlegger, pachter *Menten.*

Een stuk land, groot 56 roeden 67 ellen, gelegen in de gemeente Gingelom, n^r 46 van den domeinlegger, pachter *Van den Hove.*

Een stuk land, groot 2 bunders 57 roeden 21 ellen, gelegen in de gemeente Gingelom, n^r 47 van den domeinlegger, pachter *Marsoul.*

Een stuk land, groot 21 roeden 8 ellen, gelegen in de gemeente Gingelom, n^r 48 van den domeinlegger, pachter *Tammair.*

Une partie de terre, contenant 81 verges 74 aunes, dans la commune de Wilré, n° 68 du sommier des domaines, fermier *Claes*.

Une partie de terre, contenant 43 verges 59 aunes, dans la commune de Wilré, n° 69 du sommier des domaines, fermier *Nicolai*.

Une partie de terre, contenant 54 verges 49 aunes, dans la commune de Wilré, n° 70 du sommier des domaines, fermier *Herbots*.

Une partie de terre, contenant 1 bonnier 14 verges 43 aunes, dans la commune de Wilré, n° 71 du sommier des domaines, fermier *Langenaken*.

Une partie de terre, contenant 3 bonniers 59 verges 69 aunes, dans la commune de Wilré, n° 42 du sommier des domaines, fermier *Coenen*.

Une partie de terre, contenant 2 bonniers 39 verges 77 aunes, dans la commune de Wilré, n° 44 du sommier des domaines, fermier *Melotte*.

Une partie de terre, contenant 61 verges 3 aunes, dans la commune de Wilré, n° 45 du sommier des domaines, fermier *Menten*.

Une partie de terre, contenant 56 verges 67 aunes, dans la commune de Gingelom, n° 46 du sommier des domaines, *Van den Hove*.

Une partie de terre, contenant 2 bonniers 57 verges 21 aunes, dans la commune de Gingelom, n° 47 du sommier des domaines, fermier *Marsoul*.

Une partie de terre, contenant 21 verges 8 aunes, dans la commune de Gingelom, n° 48 du sommier des domaines, fermier *Tammair*.

Een stuk land, groot 1 bunder 56 roeden 94 ellen, gelegen in de gemeente Gingelom, n' 49 van den domeinlegger, pachter *Kuren.*

Een stuk land, groot 59 roeden 24 ellen, gelegen in de gemeente Gingelom, n' 50 van den domeinlegger, pachter *Hannosch.*

Een stuk land, groot 61 roeden 3 ellen, gelegen in de gemeente Gingelom, n' 51 van den domeinlegger, pachter *Kinou.*

Een stuk land, groot 87 roeden 19 ellen, gelegen in de gemeente Gingelom, n' 52 van den domeinlegger, pachter *Delvaux.*

Een stuk land, groot 43 roeden 59 ellen, gelegen in de gemeente Gingelom, n' 53 van den domeinlegger, pachter *Vigria.*

Een stuk land, groot 2 bunders 85 roeden 76 ellen, gelegen in de gemeente Gingelom, n' 54 van den domeinlegger, pachter *Lindeken.*

Een stuk land, groot 95 roeden 92 ellen, gelegen in de gemeente Gingelom, n' 55 van den domeinlegger, pachter *Pierard.*

Een stuk land, groot 1 bunder 35 roeden 14 ellen, gelegen in de gemeente Gingelom, n' 56 van den domeinlegger, pachter *Gijsen.*

Een stuk land, groot 43 roeden 59 ellen, gelegen in de gemeente Gingelom, n' 57 van den domeinlegger, pachter *Swennen.*

Een stuk land, groot 43 roeden 59 ellen, gelegen in de gemeente Gingelom, n' 66 van den domeinlegger, pachter *Bartholijns.*

Une partie de terre, contenant 1 bonnier 56 verges 94 aunes, dans la commune de Gingelom, n° 49 du sommier des domaines, fermier *Kuren*.

Une partie de terre, contenant 59 verges 24 aunes, dans la commune de Gingelom, n° 50 du sommier des domaines, fermier *Hannosch*.

Une partie de terre, contenant 61 verges 3 aunes, dans la commune de Gingelom, n° 51 du sommier des domaines, fermier *Kinon*.

Une partie de terre, contenant 87 verges 19 aunes, dans la commune de Gingelom, n° 52 du sommier des domaines, fermier *Delvaux*.

Une partie de terre, contenant 43 verges 59 aunes, dans la commune de Gingelom, n° 53 du sommier des domaines, fermier *Vigria*.

Une partie de terre, contenant 2 bonniers 85 verges 76 aunes, dans la commune de Gingelom, n° 54 du sommier des domaines, fermier *Lindeken*.

Une partie de terre, contenant 95 verges 92 aunes, dans la commune de Gingelom, n° 55 du sommier des domaines, fermier *Pierard*.

Une partie de terre, contenant 1 bonnier 35 verges 44 aunes, dans la commune de Gingelom, n° 56 du sommier des domaines, fermier *Gysen*.

Une partie de terre, contenant 43 verges 59 aunes, dans la commune de Gingelom, n° 57 du sommier des domaines, fermier *Swenner*.

Une partie de terre, contenant 43 verges, 59 aunes, dans la commune de Gingelom, n° 66 du sommier des domaines, fermier *Bartholyns*.

Een stuk land, groot 52 roeden 31 ellen, gelegen in de gemeente Gingelom, n' 67 van den domeinlegger, pachter *Van Sichem*.

Een stuk land, groot 4 bunders 44 roeden 66 ellen, gelegen in de gemeente Muijsen, n' 73 van den domeinlegger, pachter *Robijn*.

Een stuk land, groot 8 bunders 71 roeden 88 ellen, gelegen in de gemeente Velm, n' 86 van den domeinlegger, pachter *Boonen*.

Eèn stuk weiland, groot 43 roeden 59 ellen, gelegen in de gemeente Gorsum, n' 87 van den domeinlegger, pachter *Ouwers*.

Een stuk weiland, groot 39 roeden 24 ellen, gelegen in de gemeente St.-Truijen, n' 88 van den domeinlegger, pachter *Fieltjen*.

Een stuk land, groot 87 roeden 19 ellen, gelegen in de gemeente Aalst, n' 92 van den domeinlegger, pachter *Clereux*.

Een stuk land, groot 1 bunder 22 roeden 63 ellen, gelegen in de gemeente Kerkom, n' 93 van den domeinlegger, pachter *Purnal*.

Een stuk land, groot 1 bunder 56 roeden 94 ellen, gelegen in de gemeente Kerkom, n' 94 van den domeinlegger, pachter *Ghijsens*.

Een stuk land, groot 1 bunder 96 roeden 17 ellen, gelegen in de gemeente Meelen, n' 98 van den domeinlegger, pachter *Carthuizer*.

Een stuk land, groot 52 roeden 31 ellen, gelegen in de gemeente St.-Truijen, n' 99 van den domeinlegger, pachter *Radoel*.

Une pièce de terre, contenant 52 verges 31 aunes, dans la commune de Gingelom, n° 67 du sommier des domaines, fermier *Van Sichen*.

Une partie de terre, contenant 4 bonniers 44 verges 66 aunes, dans la commune de Muysen, n° 73 du sommier des domaines, fermier *Robyn*.

Une partie de terre, contenant 8 bonniers 71 verges 88 aunes, dans la commune de Velm, n° 86 du sommier des domaines A, fermier *Boonen*.

Une partie de prairie, contenant 43 verges 59 aunes, dans la commune de Gorsum, n° 87 du sommier des domaines, fermier *Ouwers*.

Une partie de prairie, contenant 39 verges 24 aunes, dans la commune de St.-Trond, n° 88 du sommier des domaines, fermier *Fieltjen*.

Une partie de terre, contenant 87 verges 19 aunes, dans la commune d'Alost, n° 92 du sommier des domaines, fermier *Clereux*.

Une partie de terre, contenant 1 bonnier 22 verges 63 aunes, dans la commune de Kerkom, n° 93 du sommier des domaines, fermier *Parnal*.

Une partie de terre, contenant 1 bonnier 56 verges 94 aunes, dans la commune de Kerkom, n° 94 du sommier des domaines, fermier *Ghijsens*.

Une partie de terre, contenant 1 bonnier 96 verges 17 aunes, dans la commune de Mulon, n° 98 du sommier des domaines, fermier *Carthuizen*.

Une partie de terre, contenant 52 verges 31 aunes, dans la commune de St.-Trond, n° 99 du sommier des domaines, fermier *Radou*.

5.   12.

Een stuk land, groot 34 roeden 88 ellen, gelegen in de gemeente Muijsen, n₀ 100 van den domeinlegger, pachter *Van der Rijn.*

Een stuk land, groot 74 roeden 11 ellen, gelegen in de gemeente Voort, n₀ 102 van den domeinlegger, pachter *Van Schoonbak.*

Een stuk land, groot 1 bunder 30 roeden 78 ellen, gelegen in de gemeente St.-Truijen, n₀ 103 van den domeinlegger, pachter *Plivoets.*

Een stuk land, groot 87 roeden 19 ellen, gelegen in de gemeente Muijsen, n₀ 104 van den domeinlegger, pachter *Robijns.*

Een stuk land, groot 1 bunder 61 roeden 3 ellen, gelegen in de gemeente Muijsen, n₀ 105 van den domeinlegger, pachter *Robijns.*

Een stuk land, groot 1 bunder 8 roeden 99 ellen, gelegen in de gemeente Bunderveld, n₀ 106 van den domeinlegger, pachter *Luvisoon.*

Een stuk land, groot 39 roeden 24 ellen, gelegen in de gemeente Meelen, n₀ 107 van den domeinlegger, pachter *Bormans.*

Een stuk land, groot 1 bunder 70 roeden 58 ellen, gelegen in de gemeente Buvingen, n₀ 109 van den domeinlegger, pachter *Van Ormelingen.*

Een stuk land, groot 87 roeden 19 ellen, gelegen in de gemeente St.-Truijen, n₀ 112 van den domeinlegger, pachter *Gitz.*

Een stuk land, groot 13 roeden 7 ellen, gelegen in de gemeente Runkelen, n₀ 119 van den domeinlegger, pachter *Hijbons.*

Une partie de terre, contenant 34 verges 88 aunes, dans la commune de Muijsen, n° 100 du sommier des domaines, fermier *Van der Rijn*.

Une partie de terre, contenant 74 verges 11 aunes, dans la commune de Voort, n° 102 du sommier des domaines, fermier *Van Schoonbok*.

Une partie de terre, contenant 1 bonnier 30 verges 78 aunes, dans la commune de St.-Trond, n° 103 du sommier des domaines, fermier *Plevoets*.

Une partie de terre, contenant 87 verges 19 aunes, dans la commune de Muijsen, n° 104 du sommier des domaines, fermier *Robijns*.

Une partie de terre, contenant 1 bonnier 61 verges 3 aunes, dans la commune de Muijsen, n° 105 du sommier des domaines, fermier *Robijns*.

Une partie de terre, contenant 1 bonnier 8 verges 99 aunes, dans la commune de Bundervelt, n° 106 du sommier des domaines, fermier *Luvisoon*.

Une partie de terre, contenant 39 verges 24 aunes, dans la commune de Meelen, n° 107 du sommier des domaines, fermier *Bormans*.

Une partie de terre, contenant 1 bonnier 70 verges 58 aunes, dans la commune de Buvingen, n° 109 du sommier des domaines, fermier *Van Ormelingen*.

Une partie de terre, contenant 87 verges 19 aunes, dans la commune de St.-Trond, n° 112 du sommier des domaines, fermier *Gitz*.

Une partie de terre, contenant 13 verges 7 aunes, dans la commune de Runkelen, n° 119 du sommier des domaines, fermier *Hijbons*.

Een stuk land, groot 1 bunder 39 roeden 50 ellen, gelegen in de gemeente Gelinden, n.r 129 van den domeinlegger, pachter *Thewis*.

Een stuk land, groot 39 roeden 24 ellen, gelegen in de gemeente Gelinden, n.r 130 van den domeinlegger, pachter *Van Herk*.

Een stuk land, groot 52 roeden 31 ellen, gelegen in de gemeente Gelinden, n.r 131 van den domeinlegger, pachter *Huibrechts*.

Een stuk land, groot 17 roeden 97 ellen, gelegen in de gemeente Gelinden, n.r 132 van den domeinlegger, pachter *Renaerts*.

Een stuk land, groot 56 roeden 67 ellen, gelegen in de gemeente Gelinden, n.r 133 van den domeinlegger, pachter *Houbers*.

Een stuk land, groot 74 roeden 11 ellen, gelegen in de gemeente Gelinden, n.r 134 van den domeinlegger, pachter *Liebens*.

Een stuk land, groot 1 bunder 8 roeden 96 ellen, gelegen in de gemeente Gelinden, n.r 135 van den domeinlegger, pachter *Van Val*.

Een stuk land, groot 78 roeden 47 ellen, gelegen in de gemeente Gelinden, n.r 136 van den domeinlegger, pachter *Smits*.

Een stuk land, groot 2 bunders 81 roeden 72 ellen, gelegen in de gemeenten Engelmanshove, Aalst en Jamine, n.r 137 van den domeinlegger, pachter *Medairs*.

Een stuk land, groot 56 roeden 67 ellen, gelegen in de gemeente Engelmanshove, n.r 138 van den domeinlegger, pachter *Medairs*.

Une partie de terre, contenant 1 bonnier 39 verges 50 aunes, dans la commune de Gelinden, n° 129 du sommier des domaines, fermier *Thewis*.

Une partie de terre, contenant 39 verges 24 aunes, dans la commune de Gelinden, n° 130 du sommier des domaines, fermier *Van Herk*.

Une partie de terre, contenant 52 verges 31 aunes, dans la commune de Gelinden, n° 131 du sommier des domaines, fermier *Huibrechts*.

Une partie de terre, contenant 17 verges 97 aunes, dans la commune de Gelinden, n° 132 du sommier des domaines, fermier *Renaerts*.

Une partie de terre, contenant 56 verges 67 aunes, dans la commune de Gelinden, n° 133 du sommier des domaines, fermier *Houbers*.

Une partie de terre, contenant 74 verges 11 aunes, dans la commune de Gelinden, n° 134 du sommier des domaines, fermier *Liebens*.

Une partie de terre, contenant 1 bonnier 8 verges 96 aunes, dans la commune de Gelinden, n° 135 du sommier des domaines, fermier *Van Val*.

. Une partie de terre, contenant 78 verges 47 aunes, dans la commune de Gelinden, n° 136 du sommier des domaines, fermier *Snits*.

Une partie de terre, contenant 2 bonniers 81 aunes 72 verges, dans les communes d'Engelmanshove, Alost et Jamine, n° 137 du sommier des domaines, fermier *Medairs*.

Une partie de terre, contenant 56 verges 67 aunes, dans la commune d'Engelmanshove, n° 138 du sommier des domaines, fermier *Medairs*.

Een stuk land, groot 81 roeden 55 ellen, gelegen in de gemeente Gelinden, n^r 139 van den domeinlegger, pachter *Bartholijns*.

Een stuk land, groot 65 roeden 39 ellen, gelegen in de gemeente Grand-Jamines, n^r 140 van den domeinlegger, pachter *Van Val*.

Een stuk land, groot 43 roeden 59 ellen, gelegen in de gemeente Niel, n^r 141 van den domeinlegger, pachter *Dehasque*.

Een stuk land, groot 2 bunders 35 roeden 61 ellen, gelegen in de gemeente Niel, n^r 142 van den domeinlegger, pachter *Pollenus*.

Een stuk land, groot 43 roeden 59 ellen, gelegen in de gemeente Wilré, n^r 144 van den domeinlegger, pachter *Massa*.

Een stuk land en weide, groot 61 bunders 72 roeden 72 ellen, gelegen in de gemeenten Bunderveld en Rummen, n^r 11 van den domeinlegger, pachter *Wouters*.

Een stuk land en weide, groot 19 bunders 79 roeden 83 ellen, gelegen in de gemeente Corthijs, n^r 32 van den domeinlegger, pachter *Sneijers*.

Een stuk land en weide, groot 95 roeden 91 ellen, gelegen in de gemeente Gorssum, n^r 39 van den domeinlegger, pachter *Mathijs*.

Een stuk land en weide, groot 1 bunder 74 roeden 81 ellen, gelegen in de gemeente Gorssum, n^r 40 van den domeinlegger, pachter *Lamberts*.

Een stuk land en weide, groot 1 bunder 29 roeden 91 ellen, gelegen in de gemeente Kerkom, n^r 41 van den domeinlegger, pachter *Lamberts*.

Une partie de terre, contenant 81 verges 55 aunes, dans la commune de Gelinden, n° 139 du sommier des domaines, fermier *Bartholijns*.

Une partie de terre, contenant 65 verges 39 aunes, dans la commune de Grand-Jamine, n° 140 du sommier des domaines, fermier *Van Val*.

Une partie de terre, contenant 43 verges 59 aunes, dans la commune de Niel, n° 141 du sommier des domaines, fermier *Dehasque*.

Une partie de terre, contenant 2 bonniers 35 verges 61 aunes, dans la commune de Niel, n° 142 du sommier des domaines, fermier *Pollenus*.

Une partie de terre, contenant 43 verges 59 aunes, dans la commune de Wilré, n° 144 du sommier des domaines, fermier *Massa*.

Une partie de terre et prairie, contenant 61 bonniers 72 verges 72 aunes, dans les communes de Bunderveld et de Rummen, n° 11 du sommier des domaines, fermier *Wouters*.

Une partie de terre et prairie, contenant 19 bonniers 97 verges 83 aunes, dans la commune de Corthijs, n° 32 du sommier des domaines, fermier *Sneijers*.

Une partie de terre et prairie, contenant 95 verges 91 aunes, dans la commune de Gorssum, n° 39 du sommier des domaines, fermier *Mathijs*.

Une partie de terre et prairie, contenant 1 bonnier 74 verges 81 aunes, dans la commune de Gorssum, n° 40 du sommier des domaines, fermier *Lamberts*.

Une partie de terre et prairie, contenant 1 bonnier 29 verges 91 aunes, dans la commune de Kerkom, n° 41 du sommier des domaines, fermier *Lamberts*.

Een stuk land en weide, groot 9 bunders 72 roeden 15 ellen, gelegen in de gemeente Montenaken, n[r] 47 van den domeinlegger, pachter *Van Bewaart*.

Een stuk land en weide, groot 2 bunders 17 roeden 97 ellen, gelegen in de gemeente Wilré, n[r] 72 van den domeinlegger, pachter *Moreau*.

Een stuk land en weide, groot 1 bunder 87 roeden 48 ellen, gelegen in de gemeente Heers, n[r] 186 van den domeinlegger, pachter *Corswarem*.

Een stuk land en weide, groot 6 bunders 5 roeden 98 ellen, gelegen in de gemeente Velm, n[r] 188 van den domeinlegger, pachter *Hoebaars*.

Een stuk land, groot 2 bunders 63 roeden 46 ellen, gelegen in de gemeente Velm, n[r] 189 van den domeinlegger, pachter *Voyé*.

Een stuk land, groot 2 bunders 13 roeden 64 ellen, gelegen in de gemeenten Gelinden en Petit-Jamine, n[r] 190 van den domeinlegger, pachter *Stevens*.

Een stuk land, groot 1 bunder 17 roeden 70 ellen, gelegen in de gemeente Gelinden, n[r] 191 van den domeinlegger, pachter *Stevens*.

Een stuk land, groot 5 bunders 27 roeden 49 ellen, gelegen in de gemeenten Berlingen en Gothen, n[r] 169 van den domeinlegger, pachter *Wagemans*.

Een stuk land, groot 1 bunder 74 roeden 38 ellen, gelegen in de gemeente St.-Truijen, n[r] 197 van den domeinlegger, pachter *Depitteurs*.

Een stuk land, groot 1 bunder 27 ellen, gelegen in de gemeente St.-Truijen, n[r] 198 van den domeinlegger, pachter *Depitteurs*.

Une partie de terre et de prairie, contenant 9 bonniers 72 verges 15 aunes, dans la commune de Montenaken, n° 47 du sommier des domaines, fermier *Van Bewaart.*

Une partie de terre et de prairie, contenant 2 bonniers 17 verges 97 aunes, dans la commune de Wilré, n° 72 du sommier des domaines, fermier *Marcau.*

Une partie de terre et de prairie, contenant 1 bonnier 87 verges 48 aunes, dans la commune de Heers, n° 186 du sommier des domaines, fermier *Corswarem.*

Une partie de terre et de prairie, contenant 6 bonniers 5 verges 98 aunes, dans la commune de Velm, n° 188 du sommier des domaines, fermier *Hoebaars.*

Une partie de terre, contenant 2 bonniers 63 verges 46 aunes, dans la commune de Velm, n° 189 du sommier des domaines, fermier *Voyé.*

Une partie de terre, contenant 2 bonniers 13 verges 64 aunes, dans les communes de Gelinden et Petite-Jamine, n° 190 du sommier des domaines, fermier *Stevens.*

Une partie de terre, contenant 1 bonnier 17 verges 70 aunes, dans la commune de Gelinden, n° 191 du sommier des domaines, fermier *Stevens.*

Une partie de terre, contenant 5 bonniers 27 verges 49 aunes, dans les communes de Berlingen et Gothen, n° 196 du sommier des domaines, fermier *Wagemans.*

Une partie de terre, contenant 1 bonnier 74 verges 38 aunes, dans la commune de St.-Trond, n° 197 du sommier des domaines, fermier *Depitteurs.*

Une partie de terre, contenant 1 bonnier 27 aunes, dans la commune de St.-Trond, n° 198 du sommier des domaines, fermier *Depitteurs.*

5.   13.

Een stuk land, groot 52 roeden 31 ellen, gelegen in de gemeente St.-Truijen, nᵣ 199 van den domeinlegger, pachter *Van der Borre*.

Een stuk land en weide, groot 5 bunders 11 roeden 80 ellen, gelegen in de gemeenten Gorssum en Duras, nᵣ 200 van den domeinlegger, pachter *Deminten*.

Een stuk land, groot 2 bunders 22 roeden 33 ellen, gelegen in de gemeente St.-Truijen, nᵣ 201 van den domeinlegger, pachter *Van den Hove*.

Een stuk land, groot 91 roeden 55 ellen, gelegen in de gemeenten Goijer en Borlo, nᵣ 202 van den domeinlegger, pachter *Janssens*.

Een stuk land, groot 3 bunders 8 roeden 20 ellen, gelegen in de gemeente Meelen, nᵣ 203 van den domeinlegger, pachter *Walter*.

Een stuk land, groot 5 bunders 53 roeden 64 ellen, gelegen in de gemeente Corthijs, nᵣ 204 van den domeinlegger, pachter *Sneijers*.

Een stuk land, groot 2 bunders 74 roeden 64 ellen, gelegen in de gemeente Montenaken, nᵣ 205 van den domeinlegger, pachter *Beijens*.

Een stuk land, groot 26 roeden 16 ellen, gelegen in de gemeente Kerkom, nᵣ 206 van den domeinlegger, pachter *Broukman*.

IN DE PROVINTIE UTRECHT.

Al de dominiale tienden in deze provintie.

En wijders de navolgende bosschen, als :

Une partie de terre, contenant 52 verges 31 aunes, dans la commune de St.-Trond, n° 199 du sommier des domaines, fermier *Van der Borre*.

Une partie de terre, contenant 5 bonniers 11 verges 80 aunes, dans les communes de Gorssum et Duras, n° 200 du sommier des domaines, fermier *Deminten*.

Une partie de terre, contenant 2 bonniers 22 verges 33 aunes, dans la commune de St.-Trond, n° 201 du sommier des domaines, fermier *Van den Hove*.

Une partie de terre, contenant 91 verges 55 aunes, dans les communes de Goyer et de Borlo, n° 202 du sommier des domaines, fermier *Janssens*.

Une partie de terre, contenant 3 bonniers 8 verges 20 aunes, dans la commune de Meelen, n° 203 du sommier des domaines, fermier *Walter*.

Une partie de terre, contenant 5 bonniers 53 verges 64 aunes, dans la commune de Corthys, n° 204 du sommier des domaines, fermier *Sneijers*.

Une partie de terre, contenant 2 bonniers 74 verges 64 aunes, dans la commune de Montenaken, n° 205 du sommier des domaines, fermier *Beijns*.

Une partie de terre, contenant 26 verges 16 aunes, dans la commune de Kerkom, n° 206 du sommier des domaines, fermier *Broukman*.

DANS LA PROVINCE D'UTRECHT.

Toutes les dîmes domaniales dans cette province.

Ensuite, les forêts suivantes, savoir :

IN DE PROVINTIE ZUID BRABAND.

Onder het ressort der inspectie van Brussel.

Het bosch Soignes, groot 11,718 bunders, gelegen in de gemeenten van Woluwe-St.-Pierre, Uccle, Watermael, Hoylaert, La Hulpe, Isque, Notre-Dame, Lenkebeke, Rhode, Braine-Lalleud, Waterloo, Ohain, Woluwe-St.-Lambert, Crainhem, Tervueren, Halle, Etterbeke, Schaerebeek, Ixelles, Forêt, Ste.-Catherine, Lombise, Pamele.

IN DE PROVINTIE NAMEN.

Onder het ressort der inspectie van Namen.

Het bosch Marlagne (basse), groot 1985 bunders, gelegen in de gemeente van Bois-de-Villers, Floreffe, Wepion, Namen.

Het bosch Entre-deux-Vooz, groot 432 bunders, gelegen in de gemeente van Profonde-Ville, Wepion.

Het bosch Marlagne (haute), groot 1622 bunders, gelegen in de gemeenten van Floreffe-Lesves.

Onder het ressort der inspectie van Dinant.

De bosschen Biert-le-Roi en Fayat, beiden groot 857 bunders, gelegen in de gemeente van Falaen.

Het bosch Biert-l'Abbée, groot 451 bunders, gelegen in de gemeente van Falaen.

Het bosch Hauway, groot 300 bunders, gelegen in de gemeente van Godinnes.

Het bosch Lerbois-Fays, groot 138 bunders, gelegen in de gemeente van Yvoir.

DANS LA PROVINCE DU BRABANT MÉRIDIONAL.

Dans le ressort de l'inspection de Bruxelles.

La forêt de Soignes, conténant 11,718 bonniers, dans les communes de Woluwe-St.-Pierre, Uccle, Watermael, Hoylaert, la Hulpe, Isque, Notre-Dame, Lenkebeke, Rhode, Braine-Lalleud, Waterloo, Ohain, Woluwe-St.-Lambert, Crainhem, Tervueren, Halle, Etterbeke, Schaerebeek, Ixelles, Forêt, Ste.-Catherine, Lombise, Pamele.

DANS LA PROVINCE DE NAMUR.

Dans le ressort de l'inspection de Namur.

La forêt de Marlagne (basse), contenant 1985 bonniers, dans les communes de Bois-de-Villers, Floreffe, Wepion, Namur.

La forêt Entre-deux-Vooz, contenant 432 bonniers, dans les communes de Profonde-Ville, Wepion.

La forêt de Marlagne (haute), contenant 1622 bonniers, dans les communes de Floreffe, Lesves.

Dans le ressort de l'inspection de Dinant.

Les forêts de Biert-le-Roy et Fayat, contenant ensemble 857 bonniers, dans la commune de Falaen.

La forêt de Biert-l'Abbée, contenant 451 bonniers, dans la commune de Falaen.

La forêt de Hauway, contenant 300 bonniers, dans la commune de Godinnes.

La forêt de Lerbois-Fays, contenant 138 bonniers, dans la commune d'Yvoir.

Onder het ressort der inspectie van Philipstad:

Het bosch Couvin, groot 3908 bunders, gelegen in de gemeente van Couvin.

IN DE PROVINTIE HENEGOUWEN.

Onder het ressort der inspectie van Binch.

Het bosch de Pincemaille, groot 391 bunders, gelegen in de gemeente van Villereille-lez-Brayeux.

Het bosch le Comte en Fagne, groot 2133 bunders, gelegen in de gemeente van Froide-Chapelle.

IN DE PROVINTIE LUIK.

Onder het ressort der inspectie van Luik.

Het bosch St.-Jan, groot 473 bunders, gelegen in de gemeente van Ongrée.

Het bosch Cornillon, groot 103 bunders, gelegen in gemeente van Seraing.

De bosschen Val-St.-Lambert en 40 bunders, beiden groot 435 bunders, gelegen in de gemeenten Seraing, Ramet, Lanenville.

Het bosch Ramet-pied-Vache, groot 199 bunders, gelegen in de gemeente van Ramet.

Het bosch Chant-d'Oiseau, groot 303 bunders, gelegen in de gemeente van Landinnes.

Het bosch Harre, groot 657 bunders, gelegen in de gemeente van Harre.

Dans le ressort de l'inspection de Philippeville.

La forêt de Couvin, contenant 3908 bonniers, dans la commune de Couvin.

DANS LA PROVINCE DU HAINAUT.

Dans le ressort de l'inspection de Binch.

La forêt de Pincemaille, contenant 391 bonniers, dans la commune de Villereille-lez-Brayeux.

La forêt le Comte-en-Fagne, contenant 2133 bonniers, dans la commune de Froide-Chapelle.

DANS LA PROVINCE DE LIÉGE.

Dans le ressort de l'inspection de Liége.

La forêt de St.-Jean, contenant 473 bonniers, dans la commune d'Ongrée.

La forêt de Cornillon, contenant 103 bonniers, dans la commune de Seraing.

Les forêts de Val-St.-Lambert et de 40 bonniers, contenant ensemble 435 bonniers, dans les communes de Seraing, Ramet, Lanenville.

La forêt de Ramet-pied-Vache, contenant 199 bonniers, dans la commune de Ramet.

La forêt de Chant-d'Oiseau, contenant 303 bonniers, dans la commune de Landinnes.

La forêt de Harre, contenant 657 bonniers, dans la commune de Harre.

Onder het ressort der inspectie van Maastricht.

Het bosch Herkenrade, groot 250 bunders, gelegen in de gemeente van Kermpt, Slevort en Curange.

Het bosch Everboden, groot 1078 bunders, gelegen in de gemeente van Veerle, Testel, Sichem en Tessenderloo.

Het bosch St.-Truijen, groot 575 bunders, gelegen in de gemeenten van Brusthem, Coosen, Sepperen, St.-Truijen, Gorsum, Weijes, Binderveld en Nieuwkerke.

En zulks onder verpligting aan de zijde van den Staat, tot alle zoodanige vrijwaring, als waartoe ieder afstanddoende van onroerende goederen, onder onereusen titel, ten behoeve van den verkrijger, naar de wetten gehouden is.

2. De in genot treding wordt bepaald op den 1 julij 1822.

Alle loopende pachten zullen tusschen 's lands schatkist en de onze worden verdeeld, naar eene berekening van dezelve, over een jaar van 360 dagen, zoodanig, dat aan 's rijks schatkist zal toebehooren het bedrag overeenkomende met het getal dagen, die er zullen zijn verloopen sedert den eersten dag van den, voor den 1 julij 1822 aangevangen betalingstermijn, tot dien datum toe, terwijl aan onze schatkist zal toekomen het bedrag, overeenkomende met de daarop volgende dagen. De inkomsten der gedane houtverkoopingen voor den dienst van 1822 (*ordinaire* 1822), zullen tusschen 's lands schatkist en de onze verdeeld, en door ieder voor de helft genoten worden.

Dit zal mede plaats hebben voor de inkomsten der landen, die voor het loopende jaar of een gedeelte van hetzelve, anterieur aan 1 julij, zijn verpacht.

DANS LA PROVINCE DE LIMBOURG.

Dans le ressort de l'inspection de **Maestricht.**

La forêt de Herkenrade, contenant 250 bonniers, dans les communes de Kermpt, Slevort, Curange.

La forêt d'Everboden, contenant 1078 bonniers, dans les communes de Veerle, Testel, Sichem et Tessenderloo.

La forêt de St.-Trond, contenant 575 bonniers, dans les communes de Brusthem, Coosen, Sepperen, St.-Trond, Gorsum, Weijes, Binderveld, Nieuwkerke.

Et ce, sous la clause que l'État sera obligé à toutes et telles garanties auxquelles tout cédant de biens immeubles, à titre onéreux, est tenu, d'après les lois, en faveur de l'acquéreur.

2. L'entrée en jouissance est fixée au 1er juillet 1822.

Les loyers non échus seront partagés entre le trésor public et le nôtre, et ce partage sera établi sur une année de 360 jours, de manière qu'il reviendra au trésor public, le montant correspondant au nombre de jours écoulés jusqu'au 1er juillet 1822, depuis le premier jour du terme de payement qui aura commencé à courir avant le 1er dudit mois, et à notre trésor le montant correspondant au nombre des jours suivans.

Les produits de coupes de bois pour l'ordinaire 1822, seront partagés entre le trésor public et le nôtre, chacun pour moitié. Il en sera de même des prix de baux des biens qui, avant le 1er juillet, auront été affermés pour le terme d'un an ou pour une partie de l'année courante. Les dîmes provenues de la

5. 14.

De tienden van den oogst van 1821, zullen geheel toebehooren aan 's rijks schatkist; die van den oogst van 1822, geheel
aan de onze.

De renten, uitgangen, erfpachten, lands, provintiale, plaatselijke, ambts-, dijk- en polderlasten, van het loopend jaar,
zullen door 's lands schatkist en de onze, ieder voor de helft
worden gedragen; 's rijks beambten blijven belast met de invordering der pachten en inkomsten, welke tusschen 's lands
schatkist en de onze moeten worden verdeeld, gelijk mede
met de aanzuivering der lasten van het loopende jaar. Wanneer echter de betalings-termijn voor eenige pacht of ander
object van inkomsten is verschenen, zal het aandeel van onze
schatkist daarin, na aftrek van dat der lasten, hetwelk zij
daarvoor dragen moet, aan hare door 's lands kas, worden
uitbetaald.

3. Deze wet, zal, voor zooveel het artikel 1 betreft, extracts-
gewijze, en voor de verdere artikelen, in derzelver geheel,
kosteloos worden overgeschreven op de kantoren van de bewaring der hijpotheken, in welker ressorten de goederen
gelegen zijn.

Lasten en bevelen dat deze in het *Staats-blad* zal worden
geplaatst, en dat alle ministeriele departementen, autoriteiten, kollegien en ambtenaren, aan de naauwkeurige uitvoering de hand zullen houden.

Gegeven op het Loo, den 26 augustus des jaars 1822, en van onze regering het negende.

Geteekend, WILLEM.
Van wege den koning,
Geteekend, J. G. DE MEIJ VAN STREEFKERK.
Uitgegeven den vierden october 1822.
De Staatsraad, belast met de directie der Staats sekretarij.
Geteekend, J. G. DE MEIJ VAN STREEFKERK.

récolte de 1821, appartiendront en totalité au trésor public, celles de la récolte de 1822 appartiendront en totalité au nôtre.

Les rentes, prestations, rentes emphytéotiques, et charges publiques, provinciales, communales et locales, ainsi que les contributions à l'entretien de digues et polders, pour l'année courante, seront supportées par le trésor public et le nôtre chacun pour moitié.

Les employés de l'État seront chargés du recouvrement des prix de baux et des produits qui devront être partagés entre le trésor public et le nôtre, ainsi que de l'apurement des charges à payer pour l'année courante. Cependant lorsque le terme de payement d'un prix de bail ou autre objet de produit, sera échu, la part que notre trésor y aura à prétendre, lui sera payée par le trésor public, déduction faite de la part dans les charges auxquelles l'objet est assujetti.

3. La présente loi sera, pour ce qui concerne l'article premier, par extrait, et pour ce qui concerne les autres articles, en entier, transcrite, sans frais, aux bureaux des conservateurs des hypothèques, dans les ressorts desquels les biens sont situés.

Mandons et ordonnons que la présente loi soit insérée au *Journal officiel*, et que nos ministres et autorités qu'elle concerne tiennent strictement la main à son exécution.

Donnée au Loo, le 26 août de l'an 1822, et de notre règne le neuvième.

Signé, GUILLAUME.

Par le roi,

Signé, J. G. DE MEIJ DE STREEFKERK.

Publié le 4 octobre 1822.

Le conseiller d'État chargé de la direction de la secrétairerie d'État.

Signé, J. G. DE MEIJ DE STREEFKERK.

(N^r 41.) *Besluit*.

Wij, *Willem*, bij de gratie Gods, koning der Nederlanden, prins van Oranje – Nassau, groot – hertog
van Luxemburg, enz., enz., enz.

Op het rapport van onzen minister van buitenlandsche zaken,
van den 23 dezer, n^r 319, ten geleide van de door hem, met
den zaakgelastigden van zijne majesteit den koning van Prui-
sen geteekende en uitgewisselde verklaring, en kontra-verklaring, betrekkelijk het *pro Deo* bedienen van de wederzijdsche behoeftige onderdanen bij de regtbanken in de beide
rijken;

Hebben goedgevonden en verstaan te bepalen, dat de hiervoren omschreven op den 21 dezer geteekende uitgewisselde
verklaring en kontra-verklaring, in het *Staats-blad* zullen
worden geplaatst.

En zal deze resolutie mede in het *Staats-blad* worden geplaatst en afschrift derzelve worden gezonden aan onzen genoemden minister, tot informatie.

Gegeven op het Loo, den 28 augustus des jaars 1822, en van onze regering het negende.

Geteekend, WILLEM.

Van wege den koning,

Geteekend, J. G. DE MEIJ VAN STREEFKERK.

Uitgegeven den 4 september 1822.

De Staatsraad, belast met de directie der Staats sekretarij.

Geteekend, J. G. DE MEIJ VAN STREEFKERK.

(N° 41.) *Arrêté.*

Nous, *Guillaume*, par la grâce de Dieu, roi des Pays-Bas, prince d'Orange–Nassau, grand–duc de Luxembourg, etc., etc., etc.

Sur le rapport de notre ministre des affaires étrangères, du 23 de ce mois, n° 319, accompagnant la déclaration et la contre-déclaration signées et échangées par lui avec le chargé d'affaires de sa majesté le roi de Prusse, relativement à l'admission des sujets indigens des deux royaumes, à y procéder *pro Deo* devant les tribunaux ;

Avons statué et statuons que la déclaration et la contre-déclaration susmentionnées, signées et échangées le 21 de ce mois, seront insérées au *Journal officiel.*

Et sera également insérée au *Journal officiel* la présente résolution, dont copie sera transmise à notre ministre susdit, pour information.

Donné au château du Loo, le 28 août de l'an 1822, de notre règne le neuvième.

Signé, GUILLAUME.

Par le roi,

Signé, J. G. DE MEIJ DE STREEFKERK.

Publié le 4 septembre 1822.

Le conseiller d'État chargé de la direction de la sécretairerie d'État.

Signé, J. G. DE MEIJ DE STREEFKERK.

Het nederlandsch gouvernement, van wege dat van Pruissen het voorstel ontvangen hebbende, om de behoeftige pruissische onderdanen, even als de nederlandsche onderdanen toe te laten tot het gratis voeren van geregtszaken voor de nederlandsche regtbanken; en zijne majesteit de koning der Nederlanden zich bereid getoond hebbende, om daarin toe te stemmen, onder voorwaarde, van eene volkomen wederkeerige behandeling ten aanzien van de behoeftige nederlandsche onderdanen voor de pruissische regtbanken; met dien verstaande nogtans, dat de zoodanige vreemdelingen, welke zouden mogen verzoeken, om *pro Deo* in regten te worden bediend, aan dezelfde formaliteiten als de inboorlingen of ingezetenen zullen onderworpen zijn, en onder de uitdrukkelijke bepaling, dat door de te sluiten overeenkomst in geenen deele eenig of hinder zoude worden toegebragt aan het regt, dat de wet in de beide rijken aan de ingezetenen toekent, om in zekere gevallen van de vreemdelingen eenen borgtogt te kunnen vorderen.

Zoo is het, dat de heer ridder *De Salviati*, zaakgelastigde van zijne majesteit den koning van Pruissen, ingevolge de voorschriften, waarmede hij voorzien is, verklaart, dat zijn gouvernement de voorschreven wijzigingen aanneemt en toestaat dezelve als een werkelijk deel van het gedaan voorstel te beschouwen.

En dat de minister van buitenlandsche zaken van zijne majesteit den koning der Nederlanden, als daartoe insgelijks gemagtigd, verklaart, dat zijn gouvernement de gezegde verklaring aanneemt, en dat, door de uitwisseling van de vorenstaande verklaring en kontra-verklaring, alsmede door de bekendmaking van dezelve in de beide rijken, de voorgenomen schikking gehouden wordt zijne volle bekrachtiging te hebben verkregen.

In *duplo* opgemaakt en geteekend, aan het hotel van het departement van buitenlandsche zaken.

In 's Gravenhage, den 1 augustus 1822.

Geteekend, A. W. C. VAN NAGELL.

N. SALVIATI.

Le gouvernement des Pays-Bas ayant reçu de la part du gouvernement prussien, la proposition d'admettre les sujets indigens prussiens, à jouir à l'égal des sujets des Pays-Bas, du droit de procéder *pro Deo* devant les tribunaux ; et sa majesté le roi des Pays-Bas s'étant montrée disposée à y consentir, moyennant la promesse d'une parfaite réciprocité pour les sujets indigens des Pays-Bas, devant les tribunaux prussiens ; bien entendu que les étrangers qui solliciteraient la faveur du *pro Deo*, devraient être astreints aux mêmes formalités que les indigens, et sous la stipulation expresse, que par l'arrangement à convenir il ne serait point porté atteinte, ni préjudicié en rien, au droit que la loi reconnaît en certains cas, dans les deux royaumes aux habitans, de pouvoir exiger caution des étrangers.

Monsieur le chevalier *De Salviati*, chargé d'affaires de sa majesté le roi de Prusse, déclare d'après les instructions dont il se trouve muni, que son gouvernement admet ces modifications, et consent à les envisager comme faisant une partie intégrante de sa proposition.

Et le ministre des affaires étrangères de sa majesté le roi des Pays-Bas, à ce pareillement autorisé, déclare que son gouvernement accepte ladite déclaration, et que moyennant l'échange de la déclaration et contre-déclaration ci-dessus, et leur publication dans les deux royaumes, il est entendu que l'arrangement projeté a reçu sa pleine sanction.

Fait et signé en double, à l'hôtel du département des affaires étrangères.

A La Haye, ce 21 août 1822.

Signé, A. W. C. DE NAGELL.
N. SALVIATI.

(Nᴿ 42.) *Besluit.*

Wij , *Willem* , bij de gratie Gods , koning der Nederlanden , prins van Oranje–Nassau , groot-hertog
van Luxemburg , enz. , enz. , enz.

In aanmerking nemende dat , bij sommige besturen beden-
kingen zijn ontstaan omtrent het regt verstand van het eerste
artikel van ons besluit van den 29 maart 1822 (*Staats-blad*,
nᵒ 7), betrekkelijk de wijze van benoeming tot vakante posten
in dijkskollegien en polderbesturen , in zoo verre dat door
dezelve wordt vermeend , dat de leden der heemraadschappen,
dijks- of polderbesturen , bedoeld bij het gemelde eerste artikel , alleen door ons zouden worden benoemd , voor zoo veel
dezelve door den souverein of eenige andere publieke autoriteit plagten benoemd te worden;

Overwegende voorts dat de bedoeling der bepalingen van
ons voorschreven besluit medebrengt , dat al de leden van
bovengemelde besturen door ons benoemd worden , voor zoo
veel aan dezelve eenig beheer over rivier- of zeewaterkeerende
dijken (buiten- of ringdijken), is toebetrouwd;

Gezien het rapport van onzen minister van binnenlandsche
zaken en waterstaat;

Den raad van State gehoord;

Gezien het nader rapport van onzen minister voornoemd;

Hebben goedgevonden en verstaan , te verklaren , dat de in
het voorschreven eerste artikel voorkomende bijvoeging ,
houdende : « *voor zoo ver dezelve door den souverein , de*
» *stadhouders in der tijd , de voormalige provintiale hoven of*
» *eenige andere publieke autoriteit plagten benoemd te wor-*

(No 42.) *Arrêté.*

Nous, *Guillaume*, par la grâce de Dieu, roi des Pays-Bas, prince d'Orange - Nassau, grand - duc de Luxembourg, etc., etc., etc.

Considérant que quelques directions de digues ont élevé des doutes sur le véritable sens de l'article premier de notre arrêté du 29 mars 1822 (*Journal officiel*, n° 7), relatif au mode de nomination aux places vacantes dans les directions de digues et de polders, ces colléges paraissant être d'opinion que les membres des *heemraadschappen*, directions de digues et polders, mentionnés au susdit article premier, ne seraient nommés par nous, que pour autant que leur nomination ait appartenu autrefois au souverain, ou à toute autre autorité constituée;

Considérant de plus que l'intention de notre susdit arrêté est, que tous les membres des colléges susmentionnés soient nommés par nous, pour autant que leur est confiée la direction des digues et ouvrages servant de défense contre les eaux des rivières et de la mer (digues extérieures ou d'enceinte);

Vu le rapport de notre ministre de l'intérieur et du waterstaat, du 3 août dernier, R. 72, n° 5.

Le conseil d'État entendu, (avis du 22 août 1822, n° 11);

Vu le rapport ultérieur de notre ministre susdit du 4 de ce mois, R. 72, n° 1 W.

Avons trouvé bon et entendu de déclarer, que la restriction de notre susdit arrêté, article 1er, ainsi conçue : « en » tant que la nomination de tous ces fonctionnaires avait ap- » partenu autrefois au souverain, aux stadhouders, aux ci-

5.   15.

(114)

» *den*, » alleenlijk ziet op de bij dat artikel genoemde sekretarissen, dijkschrijvers, griffiers, rentmeesters of penningmeesters, en dat mitsdien het meergemelde artikel zal
moeten worden verstaan, te zijn gesteld, zoo als hierna
volgt :

ART. 1. Zullen voortaan door ons worden benoemd en
aangesteld :

a. De dijkgraven, presidenten en verdere leden van alle
hooge en andere beemraadschappen, wateringen, waterschappen, dijk- en polderbesturen en andere dergelijke kollegien, hoe ook genaamd, aan welke eenige beheering over
rivier- of zeewaterkeerende dijken of werken is toevertrouwd;

b. De sekretarissen, dijkschrijvers, griffiers, rentmeesters
of penningmeesters, welke bij deze kollegien fungeren, voor
zoo ver deze ambtenaren door den souverein, de stadhouders
in der tijd, de voormalige provintiale hoven of eenige andere
publieke autoriteit, plagten benoemd te worden.

2. Onze minister van binnenlandsche zaken en waterstaat, is
belast met de uitvoering van het tegenwoordig besluit, waarvan een afschrift zal worden gezonden aan den raad van State,
en hetwelk in het *Staats-blad* zal worden geplaatst.

Gegeven op het Loo, den 7 september des jaars 1822, en van onze regering
het negende.

Geteekend, WILLEM.
Van wege den koning,
Geteekend, J. G. DE MEIJ VAN STREEFKERK.
Uitgegeven den 15 september 1822.
De Staatsraad, belast met de directie der Staats sekretarij.
Geteekend, J. G. DE MEIJ VAN STREEFKERK.

» *devant cours provinciales ou à toute autre autorité consti-*
» *tuée* , » est seulement applicable aux secrétaires, greffiers ,
caissiers ou receveurs, dont il est question dans cet article ,
et qu'ainsi il doit être entendu comme s'il avait été rédigé
ainsi qu'il suit :

Art. 1er. Seront à l'avenir nommés par nous :

a. Les dykgraafs, présidens et autres membres des colléges,
dits *hoogheemraadschappen* , *heemraadschappen* , *wateringen*
et *waterschappen* , des directions des digues, polders et autres semblables colléges quelconques, auxquels est confiée
quelque direction de digues et ouvrages, servant de défense
contre les eaux des rivières et de la mer ;

b. Les secrétaires , greffiers , caissiers ou receveurs desdits
colléges , en tant que la nomination de ces fonctionnaires
avait appartenu autrefois au souverain , aux stadhouders, aux
ci-devant cours provinciales ou à toute autre autorité constituée.

2. Notre ministre de l'intérieur et du waterstaat, est chargé
de l'exécution du présent arrêté , qui sera communiqué au
conseil d'État , et inséré au *Journal officiel.*

Au château du Loo , le 7 septembre 1822 , de notre règne le neuvième.

Signé, GUILLAUME.

Par le roi ,

Signé, J. G. DE MEIJ DE STREEFKERK.

Publié le 15 septembre 1822.

*Le conseiller d'État chargé de la direction de la secrétairerie
d'État.*

Signé, J. G. DE MEIJ DE STREEFKERK.

(N.r 43.) *Besluit.*

Wij, *Willem*, bij de gratie Gods, koning der Nederlanden, prins van Oranje-Nassau, groot – hertog
van Luxemburg, enz., enz., enz.

In ervaring gekomen zijnde, dat vele notarissen zich niet
ontzien om af te wijken van de stellige voorschriften der wet
van den 12 junij 1816 (*Staats-blad*, n.r 26), rakende de formaliteiten, welke moeten worden in acht genomen zoo bij den
verkoop van vaste goederen, waarbij minderjarigen, geïnterdiceerden of beneficiaire erfgenamen zijn geïnteresseerd, of
welke behooren tot vakante of gefailleerde boedels, als bij de
scheiding en verdeeling van boedels, waarbij minderjarigen
of geinterdiceerden als deelgenoten belang hebben, mitsgaders dat eenige notarissen van zich hebben kunnen verkrijgen,
om de hand te leenen, tot het bezigen van middelen en prak-
tijken welke geene andere strekking hadden, dan om de heil-
zame bepalingen dier wet te ontduiken;

Gelet op de berigten, welke ons zijn toegekomen omtrent
de willekenrigheid, waarmede vele notarissen in de berekening van hun salaris te werk gaan;

Gezien het dekreet van den 16 februarij 1807, houdende,
onder anderen, het tarief, waarnaar de notarissen zich in het
berekenen van hun salaris moeten gedragen;

Gezien art. 174 van het wetboek van het strafregt;

Gezien art. 53 der wet van den 25 ventose 11 jaar; en in
aanmerking genomen hebbende, de omtrent het verstand van
dat artikel bij onderscheiden gewijsden, zoo wel als bij
opzettelijke instructien gevestigde jurisprudentie volgens
welke de regtbanken bekleed zijn met de diskretionnaire magt,

(Nº 43.) *Arrêté.*

Nous , *Guillaume* , par la grâce de Dieu , roi des Pays-Bas , prince d'Orange-Nassau , grand-duc de Luxembourg, etc. , etc. , etc.

ATTENDU qu'il est parvenu à notre connaissance que plusieurs notaires se permettent de s'écarter des dispositions expresses de la loi du 12 juin 1816 (*Journal officiel*, nº 31), qui détermine les formalités à observer, tant à l'égard des ventes d'immeubles, auxquelles seraient intéressés des mineurs , des interdits, ou des héritiers bénéficiaires , ou appartenant à des successions vacantes ou à des masses faillites, qu'à l'égard du partage de successions , auxquelles , se trouveraient intéressés , à titre de co-partageans , des mineurs ou des interdits ; et qu'au surplus quelques notaires ont osé même se permettre de prêter la main à des procédés, tendant uniquement à éluder les dispositions salutaires de ladite loi ;

Attendu les rapports qui nous sont parvenus sur le mode arbitraire, que suivent plusieurs notaires dans la perception de leurs honoraires ;

Vu le décret du 16 février 1807, portant entre autres le tarif, sur lequel les notaires doivent se régler pour la taxe de leurs salaires ;

Vu l'art. 174 du Code pénal ;

Vu l'art. 53 de la loi du 25 ventôse an 11 ; et considérant que , d'après la jurisprudence établie au sujet de cet article, soit par diverses décisions, soit par des instructions expresses,

om de notarissen, onder anderen, en ingevalle eener ambts-
halve aangelegde vervolging, zonder voorafgaand advies der
kamer van discipline, tot suspensie of destitutie te verwijzen;

Op de voordragt van onzen minister van justitie;

Den raad van State gehoord;

Gezien het nader rapport van onzen minister van justitie;

Hebben besloten en besluiten :

ART. 1. Wij verbieden ten ernstigste aan alle notarissen,
om, onder eenig voorwendsel, hoe ook genaamd, hun minis-
terie te leenen tot het passeren van akten, welke strijdig zijn
met eenige bestaande wettelijke bepalingen, en inzonderheid
dezulke, waarbij de voorschriften der wet van den 12 junij
1816 (*Staats-blad*, n° 26), zouden worden uit het oog verlo-
ren of verijdeld.

In de berekening van hun salaris zullen de notarissen zich
stiptelijk moeten gedragen naar het voor hen vastgestelde
tarief van den 16 februarij 1807, en zij zullen inzonderheid,
voor de verkooping van roerende en onroerende goederen,
behoorende tot boedels, waarbij minderjarigen, geïnterdiceerden, beneficiaire of afwezende erfgenamen belang hebben, ofte wel tot vakante of gefailleerde boedels, mitsgaders
voor de scheiding en verdeeling van boedels, waarbij minderjarigen, geïnterdiceerden of afwezenden zijn geïnteresseerd, en voor alle hunne overige verrigtingen in dergelijke
boedels, geene andere of hoogere salarissen mogen in rekening brengen, dan bij het gemeld tarief zijn bepaald.

2. Het is den notarissen niet geoorloofd, om bij de konditien of bij de memorie van lasten, wegens den verkoop van
onroerende goederen, behoorende tot zoodanige boedels als
bij het vorig artikel zijn vermeld, eenige tegen het voorsz.
tarief aanloopende bedingen omtrent hun salaris te maken of
om daaromtrent met de voogden, kurators en andere bewind-
voerders in de boedels, ofte met wie het ook zoude mogen

les tribunaux se trouvent entre autres, au cas d'une poursuite intentée d'office, investis du pouvoir discrétionnaire de prononcer, sans l'avis préalable de la chambre de discipline, la suspension ou la destitution des notaires;

Sur le rapport de notre ministre de la justice du 20 juin dernier, n° 359;

Le conseil d'État entendu (avis du 20 août dernier, n° 5);

Vu le rapport ultérieur de notre ministre de la justice du 6 du présent mois, n° 80;

Avons arrêté et arrêtons :

ART. 1er. Nous défendons très-expressément à tous notaires de prêter leur ministère, sous quelque prétexte que ce soit, pour des actes contraires à aucunes dispositions législatives, actuellement en vigueur, et notamment pour ceux, où seraient perdus de vue, ou qui pourraient éluder les dispositions de la loi du 12 juin 1816 (*Journal officiel*, n° 31).

Les notaires se conformeront exactement au tarif du 16 février 1807, dans la perception de leurs honoraires, et notamment pour ce qui concerne les ventes de biens meubles et immeubles, appartenant à des successions, auxquelles seront appelés des héritiers mineurs, interdits, bénéficiaires ou absens, ou à des successions vacantes ou des faillites, de même que pour le partage et la liquidation de successions auxquelles seront intéressés des mineurs ou des interdits, et généralement pour tous autres actes et vacations, concernant lesdites masses et successions; sans pouvoir déclarer aucuns honoraires, autres ou plus forts que ceux fixés audit tarif.

2. Il n'est permis aux notaires ni de porter aux cahiers des charges des ventes d'immeubles, concernant des masses ou successions désignées dans l'article précédent, aucunes clauses, relatives à leurs honoraires, qui seraient contraires au tarif susmentionné, ou de faire à ce sujet aucuns arrangemens

zijn, overeenkomsten te treffen, nochte om eenig salaris of
eenig percents-wijze belooning te berekenen voor den ontvang
van gelden, of voor andere bijzondere werkzaamheden en
verrigtingen, waarvoor bij het gemelde tarief geene belooning is toegelegd.

3. De deklaratien der notarissen, wegens hun salaris voor
de werkzaamheden die zij in de voorz. boedels zullen hebben
verrigt, zullen overeenkomstig het bepaalde bij art. 173 van
het dekreet van den 16 februarij 1807, door den president
der regtbank van eersten aanleg moeten worden getaxeerd,
en zal bij de koopkonditien, of de memorie van lasten worden uitgedrukt, dat de kooper, voor zoo verre de kosten van
den verkoop voor zijne rekening komen, de betaling op eene
alzoo getaxeerde deklaratie zal doen.

4. De regtbanken van eersten aanleg en de regters kom-
missarissen in gefailleerde boedels, zullen kunnen vorderen
dat bij de verzoeken, om autorisatie tot verkoop in de gevallen bij de wet van den 12 junij 1816 (*Staats-blad*, n° 26), vermeld, worden overgelegd de konditien of memorien van
lasten waarop de verkoop zal geschieden, en zullen in dat
geval, en voor zoo verre daarin iets strijdigs met de wet,
met ons tegenwoordig besluit of met de belangen der geinteresseerden, mogt gevonden worden, de verzochte autorisatie
niet anders verleenen, dan onder zoodanige bijgevoegde bepalingen, als dienstig zouden kunnen zijn, tot verzekering
van de stipte naleving der wetten en verordeningen, en tot
wering van alle nadeel voor de belanghebbenden.

5. De notarissen zullen in allen gevalle verpligt zijn om
aan de vrederegters ten minste tien dagen voor het houden
der eerste zitting voor den verkoop bepaald, mededeeling en
opening te geven van de konditien of memorien van lasten
waarop zullen plaats hebben de verkoopingen, mitsgaders
van den voet, waarop zullen worden gedaan de boedelscheidingen die te hunnen overstaan moeten geschieden, en
om den tot het houden van zulke verkoopingen en tot het

avec les tuteurs, curateurs ou autres gérans dans les succes-sions ou faillites ou avec qui que ce soit ; ni de déclarer au-cune rétribution ou retenue, soit du recouvrement des sommes, soit de toutes opérations ou diligences, auxquelles il ne serait alloué aucune rétribution par ce même tarif.

3. Les déclarations formées par les notaires pour le prix des actes de leur ministère, dans les cas ci-dessus énoncés, seront taxées par le président du tribunal de première ins-tance, conformément aux dispositions de l'art. 173 du décret du 16 février 1807; et il sera stipulé au cahier des charges et conditions des ventes que, pour autant que les frais de l'ad-judication sont à la charge de l'acquéreur, ils seront acquit-tés par lui au taux qui sera réglé de la manière susindiquée.

4. Les tribunaux de première instance et les juges com-missaires dans les faillites pourront exiger que le cahier des charges et conditions, auxquelles il sera procédé à la vente, soit joint à la demande en autorisation, dans les cas prévus par la loi du 12 juin 1816 (*Journal officiel*, n° 31), et en cas où il s'y trouverait des clauses contraires à la loi, à notre pré-sent arrêté ou aux intérêts des ayant-cause, ils n'accorderont ladite autorisation que moyennant les dispositions addition-nelles, qu'ils jugeront propres à assurer l'exécution des lois et réglemens et à garantir les intérêts individuels.

5. En tout cas les notaires seront tenus de donner aux ju-ges-de-paix, dix jours au moins avant celui fixé pour la pre-mière séance en adjudication, ouverture et communication du cahier des charges et conditions, auxquelles il y sera pro-cédé, ainsi que du mode d'après lequel il sera procédé au partage des successions, à opérer par leur ministère : ils de-

doen dier boedelscheidingen te bepalen tijd, met de vrede-
regters te overleggen.

De vrederegters zullen de stukken examineren, en nagaan
of dezelve iets bevatten, hetwelk met de wet, met ons tegenwoordig besluit, of met de belangen der geinteresseerden
zouden strijdig zijn, en zullen in zoodanig geval zorgen, dat
de noodige veranderingen of verbeteringen plaats hebben.

Ingevalle van verschil tusschen de notarissen en vrederegt-
ters zal de zaak bij wege van refere, gebragt worden ter beslissing van den president der regtbank van eersten aanleg.

6. Onze prokureurs generaal en verdere officieren van justitie, zullen de hand houden aan de stipte naleving der wet
van den 12 junij 1816 (*Staats-blad*, n° 26), en de voorschriften
van ons tegenwoordig besluit, en zullen toezien, dat de vrederegters zich met de uiterste naauwgezetheid kwijten van
de zorg die hun is opgedragen.

Zij zullen zorgen, dat dadelijk gestuit worde de voortgang
der verkoopingen en der boedelscheidingen, waaromtrent
van de voorschriften der gemelde wet, en van dit ons besluit
mogt worden afgeweken, en dat in zoodanig geval van de
zaak worde verslag gedaan aan de regtbank of aan den regter
kommissaris die het aangaat, ten einde naar bevind van zaken
te worden gedisponeerd.

7. Gemelde onze prokureurs generaal en verdere officieren
van justitie, zullen tegen de notarissen, welke de voorschriften van het tegenwoordig besluit mogten overtreden, de toepassing vorderen der bij de wet bedreigde strafbepalingen,
en, naarmate van de omstandigheden, derzelver suspensie
of destitutie bij den regter provokeren; verlangende wij, dat
onze hoven en regtbanken, de hun, ten opzigte van de notarissen toegekende diskretionnaire magt, waarmede wij willen,
dat zij bij voortduring bekleed blijven, doen strekken ten
waarborg voor de rigtige nakoming der verordeningen, van

vront aussi se concerter avec les juges-de-paix sur l'époque à
fixer pour lesdites adjudications et partages.

Les juges-de-paix prendront connaissance des pièces et exa-
mineront si elles ne renferment point des clauses contraires
à la loi, à notre présent arrêté ou aux intérêts des ayant-
cause ; dans ce cas, ils veilleront à ce que les changemens ou
rectifications nécessaires y soient faits.

En cas de dissentiment entre les notaires et les juges-de-
paix, l'affaire sera soumise, par voie de référé, à la décision du président du tribunal de première instance.

6. Nos procureurs généraux et autres officiers de justice
tiendront la main à la stricte exécution de la loi du 12 juin
1816 (*Journal officiel*, n° 31), et des dispositions de notre présent arrêté, et veilleront à ce que les juges-de-paix s'acquit-
tent avec la plus grande exactitude des soins qui leur sont
confiés.

Ils veilleront en outre à ce qu'il soit de suite sursis aux
ventes ou partages de successions, à l'égard desquels il y aurait déviation des dispositions de ladite loi ou de notre présent arrêté, et qu'il en soit fait rapport au tribunal ou au
juge commissaire compétent, pour y être statué ainsi qu'il
appartiendra.

7. Nos susdits procureurs généraux et officiers de justice
requerront contre les notaires en contravention à notre présent arrêté, l'application des peines comminées par la loi,
et provoqueront selon les circonstances, leur suspension ou
leur destitution par les tribunaux.

Entendons que nos cours et tribunaux usent du pouvoir
discrétionnaire qui leur est déféré à l'égard des notaires,
et dont nous voulons qu'ils demeurent investis, de manière à

welke door de notarissen niet straffeloos kan of behoort te worden afgeweken.

Onze minister van justitie is belast met de uitvoering van het tegenwoordig besluit, hetwelk in het *Staats-blad* zal worden geplaatst.

Gegeven op het Loo, den 12 september des jaars 1822, en van onze regering het negende.

Geteekend, WILLEM.

Van wege den koning,

Geteekend, J. G. DE MEIJ VAN STREEFKERK.

Uitgegeven den 16 september 1822.

De Staatsraad, belast met directie der Staats sekretarij.

Geteekend, J. G. DE MEIJ VAN STREEFKERK.

(Nr 44.) *Besluit.*

Wij, *Willem*, bij de gratie Gods, koning der Nederlanden, prins van Oranje-Nassau, groot-hertog van Luxemburg, enz., enz., enz.

GEZIEN het rapport van onzen opperjagermeester, opperhoutvester voor de noordelijke provintien, van den 14 december 1821;

Gezien de rapporten van onzen minister van justitie van den 8 en 21 december 1821, nrs 128 en 400, alsmede het rapport van onzen minister van binnenlandsche zaken én waterstaat, van den 12 januarij daaraanvolgende;

Herzien ons besluit van den 16 julij 1820 (*Staats-blad*, nr 16);

Den raad van State gehoord;

garantir l'exécution régulière des lois et réglemens, dont il importe que les notaires ne s'écartent point impunément.

Notre ministre de la justice est chargé de l'exécution du présent arrêté, qui sera inséré au *Journal officiel.*

Donné au château du Loo, le 12 septembre de l'an 1822, et de notre règne le neuvième.

Signé, GUILLAUME.

Par le roi,

Signé, J. G. DE MEIJ DE STREEFKERK.

Publié le 16 septembre 1822.

Le conseiller d'État chargé de la direction de la secrétairerie d'Etat,

Signé, J. G. DE MEIJ DE STREEFKERK.

(N° 44.) *Arrêté.*

Nous, *Guillaume*, par la grâce de Dieu, roi des Pays-Bas, prince d'Orange-Nassau, grand-duc de Luxembourg, etc., etc., etc.

Vu le rapport de notre grand veneur, grand forestier pour les provinces septentrionales, en date du 14 décembre 1821, n° 1844/1 ;

Vu les rapports de notre ministre de la justice du 8 décembre 1821, n° 128, et du 21 du même mois, n° 400, et celui de notre ministre de l'intérieur et du waterstaat, du 12 janvier dernier ;

Revu notre arrêté du 16 juillet 1820 (*Journal officiel*, n° 16) ;

Notre conseil d'État entendu :

Gezien het rapport van onzen minister van binnenlandsche zaken en waterstaat, van den 3o september laatstleden ;

Overwegende, dat verscheidene bepalingen van de grondwet, en bijzonderlijk die vervat in art. 146, 149, 150, 152, 155, 158 en 159 van dezelve, duidelijk medebrengen dat de administratieve autoriteiten de aan hen bij de grondwet, bij de algemeene rijkswetten, en bij onze reglementen en besluiten van publieke administratie, toegekende magt uitoefenen onder ons toezigt en souverein gezag ; — dat de grondwet, ons de verpligting opleggende om niet te gedoogen, dat in eenig geval, en onder eenig voorwendsel, van die wetten, reglementen en besluiten worde afgeweken, ons daardoor in het laatste beroep de hoogste regtmagt toekent over de wettigheid en geldigheid der reglementen, verordeningen en besluiten, door de administratieve autoriteiten daargesteld, alsmede over de handelingen der openbare ambtenaren in de uitoefening hunner administratieve functien ; dat, bij eene noodwendige en onmiddelijke gevolgtrekking, daaruit verder voortvloeit, dat het niet tot de wettige en konstitutionele bevoegdheid van het regterlijk gezag kan behooren, om van administratieve handelingen kennis te nemen of zich met dezelve intelaten ;

Overwegende, dat de wetten in zekere materien, bij dezelve aangewezen ; de kennisneming der twistgedingen aan de administratieve autoriteiten opdragende, daardoor tevens verklaren, dat de regtbanken tot die kennisneming onbevoegd zijn.

Willende een gedeelte der beginselen, ontwikkeld bij ons besluit van den 16 julij 1820 (*Staats-blad*, n^r 16), en de in hetzelve vervatte bepalingen van toepassing maken, op alle de gevallen, waarin besturen of bestuurders ter zake van derzelver administratief beheer, of handelingen in de uitoefening hunner functien, voor de hoven en regtbanken mogten worden geroepen, of waarin deze kennis mogten nemen van twistgedingen, welke, uit krachte van de grondwet, van de

Vu le rapport de notre ministre de l'intérieur et du water-staat, du 30 septembre 1822;

Considérant qu'il résulte évidemment de plusieurs dispositions de la loi fondamentale, et nommément de celles contenues dans les articles 146, 149, 150, 152, 155, 158 et 159, que les autorités administratives exercent les pouvoirs qui leur sont attribués par la même loi, par les lois générales du royaume, et par nos réglemens et arrêtés d'administration publique, sous notre surveillance et autorité supérieure et souveraine; que la loi fondamentale, en nous imposant l'obligation de ne pas souffrir qu'on s'en écarte en aucune occasion, ou sous aucun prétexte, quel qu'il puisse être, nous a constitué le juge supérieur, et en dernier ressort de la légalité et validité des réglemens, ordonnances et résolutions émanées des autorités administratives, ainsi que des actes gérés par les administrateurs dans l'exercice de leurs fonctions administratives, que delà il résulte ultérieurement, par une conséquence nécessaire et immédiate, qu'il ne peut entrer dans les attributions légales et constitutionnelles du pouvoir judiciaire de prendre connaissance des actes administratifs ou de s'y immiscer;

Considérant que les lois, qui attribuent, en certaines matières qu'elles déterminent, la connaissance des contestations aux autorités administratives, déclarent, par cette attribution même, que les tribunaux sont incompétens pour en connaître;

Voulant faire l'application d'une partie des principes développés dans notre arrêté du 16 juillet 1820 (*Journal officiel*, n° 16), et en appliquer les dispositions à tous les cas où des administrations ou des administrateurs seraient, à raison de leur gestion administrative ou des actes fait, dans l'exercice de leurs fonctions, cités devant les cours et tribunaux de justice, ou lorsque ceux-ci prendraient connaissance de contestations qui, en vertu de la loi fondamentale, des lois géné.

algemeene rijkswetten, of van onze reglementen van algemeen
bestuur tot de bemoeijingen der administratieve autoriteiten
behooren;

Willende eindelijk de wijze vaststellen, waarop in soortge-
lijke gevallen het administratief gezag tusschen beide zal tre-
den, en naar welke wij, ten aanzien van het daaruit te ontstaan twistgeding, zullen beslissen tusschen de administratieve
en regterlijke autoriteiten, met volkomene kennis van zaken
en na alle de belanghebbende partijen in derzelver middelen
en verdediging te hebben gehoord;

Hebben besloten en besluiten :

Art. 1. Wanneer onze gouverneurs in de provintien kennis
bekomen, dat besturen of bestuurders voor de regtbanken
geroepen worden, ter zake van hunne administratieve daden
of handelingen, of dat de wettigheid en bestaanbaarheid dier
daden of handelingen aan de kennis en uitspraak der regtbanken onderworpen worden, of dat deze kennis nemen van
twistgedingen welke, volgens 's rijkswetten en onze reglementen van bestuur tot de bemoeijingen van het administratief gezag behooren; zullen zij, daartoe termen zijnde, en na
te hebben ingenomen het advies van het kollegie van gedeputeerde Staten hunner provintie, en lettende op art. 165 der
grondwet en op de wet van 16 junij 1816 (*Staats-blad*, nr 27),
eene gemotiveerde resolutie nemen, waarbij zij verklaren dat
het administratief gezag in de zaak tusschen beide treedt, en
beweert, dat de kennisneming daarvan niet aan de hoven en
regtbanken kan toekomen.

Zij zullen onmiddelijk afschriften hunner resolutie overleggen aan onzen minister van justitie, aan den president der
regtbank voor welke de zaak gebragt is, en aan onzen prokureur of officier bij dezelve.

2. Zoodra onze prokureur of officier bij de regtbank de
resolutie, vermeld bij het voorgaande artikel, zal hebben

rales du royaume, ou de nos réglemens d'administration
générale, sont dans les attributions de l'autorité administrative ;

Voulant finalement déterminer le mode d'après lequel, en
pareils cas, l'autorité administrative interviendra, et d'après
lequel nous déciderons la contestation en résultante entre les
autorités administratives et judiciaires, avec pleine connaissance de cause, et après avoir entendu toutes les parties intéressées en leurs moyens et défenses ;

Avons statué et statuons :

ART. 1er. Nos gouverneurs civils provinciaux devront, lorsqu'il sera parvenu à leur connaissance que des administrations
ou des administrateurs sont cités devant les tribunaux, du
chef de leurs faits ou actes administratifs, ou que la légalité
et validité de leurs actes, et faits administratifs sont portées à
la connaissance et décision des tribunaux, ou que ceux-ci
prennent connaissance de contestations qui, d'après les lois
du royaume, ou nos réglemens d'administration publique,
sont dans les attributions de l'autorité administrative, après
avoir pris l'avis du collége des États députés de leur province,
et eu égard à l'article 165 de la loi fondamentale, et à la loi
du 16 juin 1816 (*Journal officiel*, n° 32), prendre, s'il y a lieu,
une résolution motivée dans laquelle ils déclareront que l'autorité administrative intervient dans la cause et soutient que
la connaissance n'en peut appartenir aux cours et tribunaux
de justice.

Ils transmettront sans délai des expéditions de leur résolution à notre ministre de la justice, au président du tribunal, devant lequel la cause est intentée, et à notre procureur
ou officier, exerçant près le même tribunal.

2. Notre procureur ou officier royal devra, à la réception
de la résolution mentionnée dans l'article précédent, requé-

ontvangen, zal hij bij geschrifte, waarvan hij op het audien-
tie-blad akte vragen zal, rekwireren, dat de processale stukken hen onmiddelijk worden ter hand gesteld, ten einde
daarvan aan ons verslag worde gedaan, en door ons ten aanzien der verklaarde tusschenkomst zoodanig worde gesta-
tueerd als wij zullen vermeenen te behooren; zullende hij bij
hetzelfde rekisitoir konkluderen dat, tot aan onze beslissing,
de regters zich zullen hebben te onthouden om van het twistgeding kennis te nemen.

Op zoodanige regters welke mogten weigeren zich naar het
voorschrevene rekisitoir te gedragen, alsmede op zoodanige
van onze prokureurs en officieren bij de regtbanken, welke in
het doen van hetzelve nalatig mogten zijn, zullen toepasselijk zijn de artikelen 127 en 128 van het lijfstraffelijk wetboek.

3. Den zestienden dag, volgende op dien van hun rekisitoir, zullen onze prokureurs en officieren bij de regtbanken,
aan onzen minister van justitie een omstandig berigt van het
twistgeding doen toekomen, waarbij zij, in originali of bij
eensluidende afschriften zullen voegen, alle de aan hen over-
gegevene stukken en akten tot de hoofdzaak betrekking hebbende, alsmede afschrift van hun rekisitoir bij de regtbank,
mitsgaders alle memorien van verwering als anderszins, welke
partijen of de regtbank zelve hun zullen hebben ter hand
gesteld, hetzij om de bevoegdheid der regtbank staande te
houden, hetzij om dezelve te betwisten.

Het zal daarenboven zoo wel aan partijen als aan de regtbank vrijstaan, om binnen de maand, volgende op het bij
het voorgaand artikel vermeld rekisitoir, regtstreeks aan
onzen minister van justitie te doen toekomen alle zoodanige
memorien als zij zullen te rade worden, om te betoogen dat
de ingestelde aktie al of niet behoort tot de kennisneming van
het regterlijk gezag.

4. Binnen de maand, nadat de stukken bij het departement
van justitie zullen zijn ingekomen, zal onzen minister van jus-

rir par écrit dont il demandera acte au plumitif, que les pièces du procès lui soient immédiatement remises, pour en
être référé à nous, et être statué par nous, sur l'intervention
déclarée, ce qu'au cas nous paraîtra appartenir, et il conclura,
par le même réquisitoire, à ce que les juges aient à s'abstenir
jusqu'à notre décision, de prendre connaissance de la contestation.

Les articles 127 et 128 du code pénal sont applicables aux
juges qui refuseraient de se conformer audit réquisitoire, et
à nos procureurs et officiers royaux qui négligeraient de faire
le réquisitoire mentionné ci-dessus.

3. Nos procureurs et officiers royaux transmettront, le
seizième jour qui suivra leurdit réquisitoire, à notre ministre
de la justice, un rapport circonstancié de la contestation ; ils y
joindront, en original ou par copies conformes, toutes les
pièces et tous les actes de la procédure principale, dont la remise leur aura été faite, ainsi que copie de leur réquisitoire
au tribunal, et tous ou tels mémoires et défenses que les parties intéressées ou le tribunal lui-même leur aurait remis,
soit pour soutenir la compétence du tribunal, soit pour la
combattre.

Il restera en outre libre tant aux parties intéressées qu'au
tribunal d'adresser, endéans le mois qui suivra le réquisitoire
mentionné dans l'article précédent, directement à notre ministre de la justice, tous et tels mémoires qu'ils aviseront
pour prouver que l'action intentée appartient ou n'appartient
pas à la connaissance de l'autorité judiciaire.

4. Notre ministre de la justice, conjointement avec le chef
ou les chefs des départemens ministériels dans les attributions

titie gezamenlijk met het hoofd of de hoofden der departementen van algemeen bestuur, in wier attributien het voor-
werp van het twistgeding ter principale zich meer bijzonder
geplaatst vindt, ons een omstandig rapport van de zaak aan-
bieden, vergezeld van alle de daartoe betrekkelijke stukken,
ten einde wij daaromtrent, na verhoor van den raad van
State, bij gemotiveerde besluiten, zoodanig kunnen beslissen
als wij zullen vermeenen te behooren.

5. Onze besluiten ten dezen, zullen als reglementen van algemeen bestuur, in het *Staats-blad* worden geplaatst.

En is onze minister van justitie belast met de uitvoering van
het tegenwoordig besluit, hetwelk in het *Staats-blad* zal worden gedrukt.

Gegeven op het Loo, den 5 october des jaars 1822, het negende onzer
regering.

Geteekend, WILLEM.

Van wege den koning,

Geteekend, J. G. DE MEIJ VAN STREEFKERK.

Uitgegeven den 10 october 1822.

De Staatsraad, belast met de directie der Staats sekretarij,

Geteekend, J. G. DE MEIJ VAN STREEFKERK.

(Nr 45.) *Besluit.*

Wij, *Willem*, bij de gratie Gods, koning der Nederlanden, prins van Oranje–Nassau, groot–hertog
van Luxemburg, enz., enz., enz.

GELET op art. 1 der wet van 12 julij 1821 (*Staats-blad*, nr 9),
waarbij is bepaald dat met den jare 1822, het stelsel van
's rijks belastingen, zoo en in dier voege zal zijn ingerigt, als

desquels l'objet de la contestation principale est particulià-
ment placé, nous feront, endéans le mois qui suivra l'arrivée des pièces au département de la justice, un rapport dé-
taillé de l'affaire, auquel seront jointes toutes les pièces qui
y appartiennent, afin qu'il y soit par nous statué, ainsi qu'il
nous paraîtra convenir par décisions motivées, et après avoir
entendu notre conseil d'État.

5. Nos décisions en cette matière seront insérées dans les
Journaux officiels, comme réglemens d'administration publique.

Notre ministre de la justice est chargé de l'exécution du
présent arrêté, qui sera inséré au *Journal officiel*.

Donné au Loo, le 5 octobre de l'an 1822, le neuvième de notre
règne.

Signé, GUILLAUME.

Par le roi,

Signé, J. G. DE MEIJ DE STREEFKERK.

Publié le 10 octobre 1822.

*Le conseiller d'État chargé de la direction de la secrétairie
d'État,*

Signé, J. G. DE MEIJ DE STREEFKERK.

(Nº 45.) *Arrêté.*

Nous, *Guillaume*, par la grâce de Dieu, roi des
Pays-Bas, prince d'Orange-Nassau, grand-duc de
Luxembourg, etc., etc., etc.

Vu l'article premier de la loi du 12 juillet 1821 (*Journal
officiel*, nº 9), portant, qu'à partir de l'année 1822, le système
des impositions du royaume sera établi de la manière déter-

bij de voornoemde wet is vastgesteld, en dat wijders, voor
zoo verre, door het niet genoegzaam tijdig arresteren der te
vervaardigen speciale wetten aan de voornoemde tijdsbepa-
ling niet mogt kunnen worden voldaan, de termijn tot de
gelijktijdige invoering, nader door ons zal worden vastgesteld;

Overwegende dat de voorschreven speciale wetten in den
loop van dit jaar zijn gearresteerd, en dat wij ons diensvolgens
in het geval bevinden, om gebruik te kunnen maken van de
voorbehoudende bepaling van art. 1 der gemelde wet; ter
vaststelling van den tijd der invoering van het stelsel van
belastingen;

Gezien het rapport van onzen minister van Staat belast
met de generale directie der ontvangsten, van den 9 dezer,
n° 30 '.

Den raad van State gehoord;

Hebben besloten en besluiten :

Art. 1. Met den eersten januarij 1823 zal het stelsel van
's rijks belastingen, gearresteerd bij de wet van 12 julij 1821,
en de daarop gevolgde speciale wetten, worden ingevoerd;
zullende 's rijks middelen en regten, op dat tijdstip en vervolgens, worden geheven overeenkomstig de voorschreven
wetten, welke alomme in het rijk, uitvoerbaar zullen zijn.

2. Op hetzelfde tijdstip van 1 januarij 1823, zullen de
thans nog in werking zijnde wetten en bepalingen op de belasting van het personeel en mobilair, en op het regt van de
deuren en vensters, komen te vervallen; wordende de wetten
van de verder te vervallene regten en belastingen ingetrokken
en buiten werking gesteld, volgens art. 1 der algemeene wet
op de regten van in- uit- en doorvoer, accijsen en tonnegeld,
de dato 26 augustus laatstleden (*Staats-blad*, n' 38).

loppée dans ladite loi, et que pour autant que les lois spéciales
ne pourraient être arrêtées pour l'époque qui vient d'être
indiquée, l'introduction simultanée de ces lois sera ultérieurement fixée par nous;

Considérant que lesdites lois spéciales ont été arrêtées dans
le courant de cette année, et que nous nous trouvons en
conséquence dans le cas de faire usage de la réserve mentionnée à l'article premier de la loi précitée, pour déterminer l'époque à laquelle le système des impositions sera
introduit;

Vu le rapport de notre ministre d'État, chargé de la direction générale des recettes, en date du 9 de ce mois, n° 30°;

Le conseil d'État entendu;

Avons arrêté et arrêtons :

ART. 1er. Le système des impositions du royaume, arrêté
par la loi du 12 juillet 1821, et par les lois spéciales sub-
séquentes, sera introduit au 1er janvier 1823; à partir de cette
époque, et à l'avenir, les impôts et droits du royaume seront
perçus conformément aux lois susmentionnées, qui seront
exécutoires dans tout le royaume.

2. A dater de la même époque du 1er janvier 1823, les lois
et dispositions relatives à l'impôt sur le personnel et le
mobilier et au droit des portes et fenêtres, actuellement
encore en vigueur, seront abrogées; les lois concernant les
autres droits et impositions qui doivent cesser, seront abrogées et mises hors de vigueur, aux termes de l'article 1er de
la loi générale sur les droits d'entrée, de sortie et de transit,
d'accises et de tonnage, en date du 26 août dernier *Journal
officiel*, n° 38.)

3. Wij behouden ons voor zoodanige verdere bepalingen ten opzigte der invoering van het nieuwe stelsel van belastingen uittevaardigen, als noodig zullen worden bevonden.

Onze minister van Staat belast met de generale directie der ontvangsten, zal zorg dragen voor de uitvoering van dit besluit, hetwelk in het *Staats-blad* zal worden geplaatst.

Gegeven te Brussel, den 18 october des jaars 1822, het negende onzer regering.

Geteekend, WILLEM.

Van wege den koning,

Geteekend, J. G. DE MEIJ VAN STREEFKERK.

Uitgegeven den 20 october 1822.

De Staatsraad, belast met directie der Staats sekretarij.

Geteekend, J. G. DE MEIJ VAN STREEFKERK.

(Nr 46.) *Besluit.*

Wij, *Willem*, bij de gratie Gods, koning der Nederlanden, prins van Oranje-Nassau, groot-hertog van Luxemburg, enz., enz., enz.

Op het rapport van onze ministers van justitie en van binnenlandsche zaken en waterstaat van den 5 dezer B, nr 4434/66;

Gelet op ons besluit van den 15 september 1819 (*Staats-blad*, nr 48), en bijzonderlijk op § 1 van art. 6 van dat besluit waarbij wij ons hebben voorbehouden om de bepalingen van hetzelve, omtrent het gebruik der landtaal in publieke akten uittestrekken tot die plaatsen en gemeenten van de provincie Zuid-Braband waar het ons bij nader onderzoek, blijken zoude, dat de vlaamsche taal de landtaal is;

3. Nous nous réservons de prendre telles autres dispositions qui seront jugées nécessaires, pour l'introduction du nouveau système d'impositions.

Notre ministre d'Etat susdit est chargé de l'exécution du présent arrêté, qui sera inséré au *Journal officiel*.

Donné à Bruxelles, le 18 octobre de l'an 1822, de notre règne le neuvième.

Signé, GUILLAUME.

Par le roi,

Signé, J. G. DE MEIJ DE STREEFKERK.

Publié le 20 octobre 1822.

Le conseiller d'État chargé de la direction de la secrétairerie d'État.

Signé, J. G. DE MEIJ DE STREEFKERK.

(N° 46.) *Arrêté.*

Nous, *Guillaume*, par la grâce de Dieu, roi des Pays-Bas, prince d'Orange-Nassau, grand-duc de Luxembourg, etc., etc., etc.

Sur le rapport de nos ministres de la justice et de l'intérieur et du waterstaat, du 5 de ce mois, B, n° 4434/66 ;

Revu notre arrêté du 15 septembre 1819 (*Journal officiel*, n° 48), et ayant spécialement égard au § 1er de l'art. 6 du susdit arrêté, par lequel nous nous sommes réservé, à l'égard de l'usage de la langue nationale dans les actes publics, d'en étendre les dispositions aux villes et communes de la province du Brabant méridional, dans lesquelles un examen ultérieur nous aurait démontré que la langue flamande est la langue du pays ;

5.   18.

Gelet op ons besluit van den 5 julij laatstleden (*Staats-blad*, n° 17);

Willende aan het voorbehoud bij de 1° §, van art. 6, van ons gemeld besluit van 15 september 1819 (*Staats-blad*, n° 48) gevolg geven;

Hebben goedgevonden en verstaan te verklaren dat, te rekenen met den 1 januarij 1823, de bepalingen van ons besluit van den 15 september 1819 (*Staats-blad*, n° 48), van toepassing zullen zijn op alle de steden en plaatsen in de arrondissementen van Brussel en Leuven, provintie Zuid-Braband, welke ten gevolge der beschikkingen vervat in ons besluit van den 5 julij laatstleden (*Staats-blad*, n° 17), voortaan enkel zullen bestaan uit gemeenten waar het vlaamsch de landtaal is.

Wordende de hoofden der onderscheidene departementen aan algemeen bestuur, bij deze gelegenheid in het bijzonder herinnerd aan de bepalingen van art. 7 van ons meergedacht besluit van 15 september 1819 (*Staats-blad*, n° 48), houdende : « dat geene personen tot bedieningen of posten zullen mogen worden voorgedragen dan de zoodanigen welke de noodige kennis van de landtaal bezitten; dat zij zullen moeten toezien dat te rekenen van den 1 januarij 1823, geen der ambtenaren en geemploijeerden bij de bureaux de kennis van de landtaal misse; en dat de fungerende ambtenaren, welke, wegens gebrek aan de gevorderde kennis van de landtaal met den jare 1823, niet op hunne tegenwoordige standplaatsen zouden kunnen blijven naar mate hunner kundigheden en verdiensten, zullen verplaatst worden in die gedeelten van het rijk, alwaar het gebruik der fransche- of hoogduitsche taal zal zijn toegelaten; » onder verdere aanbeveling, om de voorsz. bepalingen ten spoedigste, voor zoo verre zulks nog niet mogt zijn geschied, naar te komen, en te doen naar komen; in het oog houdende, dat ons dikwijls genoemd besluit van 15 septem-

Vu notre arrêté du 5 juillet dernier (*Journal officiel*, n° 17) ;

Voulant donner suite à la réserve mentionnée au § 1ᵉʳ de l'art. 6 de notredit arrêté, du 15 septembre 1819 (*Journal officiel*, n° 48) ;

Avons trouvé bon et entendu de déclarer, qu'à partir du premier janvier 1823, les dispositions de notre arrêté du 15 septembre 1819 (*Journal officiel*, n° 48), seront rendues applicables à toutes les villes et communes, dans les arrondissemens de Bruxelles et de Louvain, province du Brabant méridional, lesquels, par suite des dispositions de notre arrêté du 5 juillet dernier (*Journal officiel*, n° 17), ne se composeront désormais que de communes où la langue flamande est la langue nationale.

Sont rappelées spécialement par le présent aux chefs des départemens ministériels ou d'administration générale, les dispositions de l'art. 7 de notre arrêté précité du 15 septembre 1819 (*Journal officiel*, n° 48), portant : « qu'il ne pourra être présenté pour des places ou emplois que des personnes ayant la connaissance nécessaire de la langue nationale ; qu'ils devront veiller à ce qu'à dater du 1ᵉʳ janvier 1823, aucun des fonctionnaires ou employés de leurs bureaux, ne manque de connaissance de la langue nationale ; et que les fonctionnaires qui, au commencement de l'année 1823, ne pourraient être conservés dans leurs emplois actuels, faute de connaissance suffisante de la langue nationale, seront placés, selon leurs talens et leurs mérites, dans les parties du royaume, où les langues française ou allemande seraient en usage. »

Il leur est recommandé en outre, de se conformer sans délai, pour autant que cela n'aurait eu lieu jusqu'ici, aux dispositions ci-dessus énoncées, et de les faire observer, en ne

bér 1819, met den 1 januarij 1823, in werking moet worden gebragt.

En worden dien ten gevolge, de hoofden der onderscheidene departementen van algemeen bestuur belast met de uitvoering van dit besluit, hetwelk in het *Staats-blad* zal worden gedrukt.

Brussel, den 26 october 1822.

Geteekend, WILLEM.

Van wege den koning,

Geteekend, J. G. DE MEIJ VAN STREEFKERK.

Uitgegeven, den 30 october 1822.

De Staatsraad, belast met de directie der Staats sekretarij,

Geteekend, J. G. DE MEIJ VAN STREEFKERK.

(Nr 47). *Besluit.*

Wij, *Willem*, bij de gratie Gods, koning der Nederlanden, prins van Oranje-Nassau, groot-hertog van Luxemburg, enz., enz., enz.

GEZIEN het rapport van onzen minister van Staat, belast met de generale directie der ontvangsten, van den 25 september laatstleden, n° 10 *;

Den raad van State gehoord;

Gelet op het nader rapport van onzen minister van Staat voornoemd, van den 6 dezer nr 165°, zoo mede op het daarbij overgelegd berigt van den raad van administratie bij deszelfs departement van den 18 october laatstleden, nr 1;

Hebben goedgevonden en verstaan het hiernevens gevoegd reglement op de admodiatie van het gemaal, goedtekeuren en te bekrachtigen, zoo als geschiedt bij deze.

perdant pas de vue, que notre arrêté du 15 septembre 1819, prérappelé ; devra être mis à exécution au 1er janvier 1823.

En conséquence, les chefs des départemens ministériels et d'administration générale, sont chargés de l'exécution du présent arrêté, qui sera inséré au *Journal officiel.*

Bruxelles, le 26 octobre 1822.

Signé, GUILLAUME.

Par le roi,

Signé, J. G. DE MEIJ DE STREEFKERK.

Publié, le 30 octobre 1822.

Le conseiller d'État chargé de la direction de la secrétairerie d'État.

Signé, J. G. DE MEIJ DE STREEFKERK.

(N° 47). *Arrêté.*

Nous, *Guillaume*, par la grâce de Dieu, roi des Pays-Bas, prince d'Orange-Nassau, grand-duc de Luxembourg, etc., etc., etc.

Vu le rapport de notre ministre d'État chargé de la direction générale des recettes, en date du 25 septembre dernier, n° 10 *;

Le conseil d'État entendu ;

Ayant égard au rapport subséquent de notre ministre d'État susdit, du 6 de ce mois, n° 165 *, ainsi qu'à l'avis, joint à ce rapport, du conseil d'administration près ce ministère, en date du 18 octobre dernier, n° 1 ;

Avons trouvé bon et entendu approuver et sanctionner le réglement annexé au présent, sur l'amodiation de la moûture.

En is onze voornoemde minister van Staat belast met de uitvoering dezes, waarvan aan onzen minister van binnenlandsche zaken en waterstaat, en aan den raad van State zal worden kennis gegeven; zullende wijders dit besluit en het voornoemd reglement, in het *Staats-blad* worden geplaatst.

Brussel, den 11 november 1822.

Geteekend , WILLEM.

Van wege den koning,

Geteekend, J. G. DE MEIJ VAN STREEFKERK.

Uitgegeven den 26 november 1822.

De Staatsraad, belast met de directie der Staats sekretarij.

Geteekend, J. G. DE MEIJ VAN STREEFKERK.

Reglement op de admodiatie van het gemaal.

ART. 1. Ten platten lande en in zoodanige steden, welke geacht kunnen worden met het platte land gelijk te staan, zal in geheele districten, arrondissementen of provintien, overeenkomstig art. 39 en 40 der wet op het gemaal van den 2 september 1822 (*Staats-blad*, n° 36), de accijs op het gemaal, bij wege van uitkoop of admodiatie, door de plaatselijke besturen kunnen worden geheven, wanneer zulks ten algemeene nutte of ten gerieve der ingezetenen strekken kan, en door ons wordt noodig bevonden, of, op het verlangen der provintiale Staten, toegestaan.

De admodiatie is aan eene jaarlijksche herziening onderworpen; de veranderingen, welke de provintiale Staten daarin zouden mogen verlangen, zullen ons bij derzelver jaarlijksche vergadering worden voorgedragen.

Wij zullen in den loop der maand october, van ieder jaar, aan de daarbij betrokken gedeputeerde Staten kennis geven van onze bepaling omtrent de admodiatie.

Notre ministre d'État chargé de la direction générale des recettes susdit, est chargé de l'exécution du présent, qui sera communiqué à notre ministre de l'intérieur et du waterstaat et au conseil d'État; en outre le présent arrêté et le réglement susmentionné seront insérés dans le *Journal officiel*.

Bruxelles, le 11 novembre 1822.

Signé, GUILLAUME.

Par le roi,

Signé, J. G. DE MEIJ DE STREEFKERK.

Publié le 26 novembre 1822.

Le conseiller d'État chargé de la direction de la secrétairerie d'État,

Signé, J. G. DE MEIJ DE STREEFKERK.

Réglement pour l'amodiation de l'accise sur la moûture.

ART. 1er. L'accise sur la moûture pourra être perçue par les administrations communales dans les campagnes ainsi que dans les villes qui y peuvent être assimilées, au moyen d'une amodiation, dans toute l'étendue des districts, arrondissemens, ou provinces, lorsque ce mode de perception pourra être d'une utilité générale, ou avantageux aux contribuables, et que nous le jugeons nécessaire, ou lorsque ce mode sera admis sur la demande des États provinciaux, conformément aux art. 39 et 40 de la loi sur la moûture, du 2 septembre 1822, (*Journal officiel*, n° 36).

Chaque année l'amodiation sera soumise à une révision; les changemens que les États provinciaux désireront y voir apportés, nous seront proposés lors de leur assemblée annuelle.

Dans le mois d'octobre de chaque année, nous ferons connaître aux États députés la décision que nous aurons prise relativement à l'amodiation.

De perceptie der admodiatie zal worden opgedragen aan eenen rijks ontvanger.

2. De provintiale Staten welke de admodiatie voor het gemaal in een gedeelte hunner provintie verlangen, en zich daartoe aan ons verklaren, zullen in het vervolg telkens bij hare voordragt tot admodiatie, moeten opgeven :

1°. De gemeenten of arrondissementen voor welke zij de admodiatie verlangen;

2°. De bevolking van iedere gemeente, gelijk zij bij elke laatste telling van gouvernements wege bevonden is, of in het vervolg zal bevonden worden ;

3°. De geheele consumptie, in iedere gemeente, van tarwe, spelt of rogge, ieder afzonderlijk; onder deze opgaaf zal niet begrepen moeten worden het graan of meel hetgeen voor de brouwerijen, branderijen, azijnmakerijen of stijfsel-makerijen wordt gebruikt, noch hetgeen van den accijs volgens de wet is vrijgesteld;

4°. Het middel dat men tot bestrijding van het bedrag der admodiatie, waarschijnlijk zal gebruiken.

3. Na op dit verlangen en deze gedane opgaaf te hebben gehoord den raad van State, zullen wij de admodiatie toestaan, met in het ooghouding der beginselen, bij het artikel 39 en 40 der wet op het gemaal vastgesteld.

4. De accijs op het gemaal zal door ons in admodiatie gegeven worden in die gemeenten, waarop wij vermeenen dat de beginselen van art. 39 en 40 der voorschrevene wet behooren te worden toegepast, ook zelfs zonder dat de provintiale Staten deswege hun verlangen hebben doen kennen.

5. Bij het toestaan der voormelde admodiatie, of het besluiten tot dezelve, zullen wij de totaal hoofdsom vaststellen,

Le recouvrement des prix de l'amodiation sera confié à un receveur du gouvernement.

2. Les États provinciaux qui désireront que la perception par amodiation soit introduite dans une partie de leur province, et qui nous en feront la demande en conséquence, y joindront à l'avenir une désignation :

1°. Des communes ou arrondissemens pour lesquels l'amodiation est demandée ;

2°. De la population de chaque commune, d'après le dernier dénombrement fait ou à faire à l'avenir de la part du gouvernement ;

3°. La consommation entière de froment, d'épeautre et de seigle, chacun distinctement et pour chaque commune. Dans cette indication ne seront pas compris le grain ni la farine employés par les brasseries, distilleries, vinaigreries ou fabriques d'amidon, ni le grain et la farine qui sont exempts de l'accise, en vertu de la loi ;

4°. Le moyen qu'on voudra employer pour parvenir au payement du prix de l'amodiation.

3. Notre conseil d'État entendu sur cette demande et sur ces désignations, nous accorderons la perception par amodiation, sauf les principes établis par les art. 39 et 40 de la loi sur la moûture.

4. L'amodiation de l'accise sur la moûture sera par nous accordée aux communes auxquelles nous jugerons convenable d'appliquer les art. 39 et 40 de la loi susdite, quand même les États provinciaux ne l'auraient pas demandée.

5. En accordant l'amodiation, soit qu'elle soit ou non demandée, nous fixerons la somme totale en principal à la-

5.   19.

welke, door elke admodierende gemeente, in den accijs op
het gemaal zal moeten worden opgebragt.

6. Ons besluit, bepalende de hoofdsom der admodiatie,
zal aan de gedeputeerde Staten worden bekend gemaakt,
welke dadelijk zullen overgaan tot het opmaken van de berekening wegens de opcenten, die daarop voor het rijk, zullen
moeten geheven worden, mitsgaders der 5 % voor het kollectief zegel.

7. Na dat de gedeputeerde Staten de werkzaamheden in
artikel 6 vermeld, zullen afgedaan hebben, zullen zij aan het
bestuur van elke gemeente opgeven, de sommen waarmede
de accijs op het gemaal, bij admodiatie, aldaar zal worden
betaald.

8. De gemeente besturen zullen dadelijk na de mededeel-
ling van den aanslag hunner gemeente, overgaan tot het onderzoek, door welke middelen en op welke wijze de voormelde somme, aldaar zal behooren te [worden ingevorderd
en voldaan.

9. De geadmodieerde accijs met de daarbij behoorende
opcenten en de vijf opcenten voor het kollectief zegel, zal
kunnen worden gevonden geheel of gedeeltelijk:

a. Uit abonnementen met den molenaar, mits zulks voor
de volle te admodierene som plaats hebbe;

b. Uit de gewone gemeente inkomsten;

c. Uit buitegewone gemeente inkomsten;

d. Uit een omslag over de huisgezinnen of konsumateurs,
een en ander onder de goedkeuring der gedeputeerde Staten.

10. Wanneer de geadmodieerde som uit abonnementen met
den molenaar of de molenaars wordt gevonden, zullen deze

quelle chacune des communes amodiées devra contribuer pour l'accise sur la moûture.

6 Il sera donné connaissance aux États députés de l'arrêté par lequel nous aurons déterminé le prix en principal de l'amodiation ; aussitôt après ils s'occuperont de fixer le montant des cents additionnels à percevoir en outre en faveur du trésor public, ainsi que des cinq pour cent du timbre collectif.

7. Lorsque les États députés auront terminé le travail désigné à l'art. 6, ils feront connaître à chaque régence locale la somme qu'elle aura à payer pour l'accise sur la moûture.

8. Aussitôt après avoir reçu connaissance de la somme à payer par la commune, la régence locale procédera à l'examen des moyens par lesquels il pourra être fait face au payement du montant, et du mode à adopter pour opérer le recouvrement.

9. Le prix d'amodiation de l'accise, ainsi que les cents additionnels qui s'y rattachent, et les cinq pour cent pour le timbre collectif, pourront en tout ou en partie être payés :

a. Par un abonnement avec les meuniers, pourvu qu'il soit contracté pour le prix total de l'amodiation ;

b. Par les revenus ordinaires de la commune ;

c. Par les revenus extraordinaires de la commune ;

d. Par une cotisation des ménages ou consommateurs, à faire sous l'approbation des États députés.

10. Si le prix d'amodiation est payé par abonnement avec les meuniers, celui-ci sera contracté de manière que les

abonnementen kunnen geschieden, zoodanig, dat de molenaars, zich onder behoorlijke borgstelling verbinden, om de,
geheele geadmodieerde som in twaalf maandelijksche termijnen te voldoen, en daartegen de bevoegdheid verkrijgen,
om den accijs van de bij hun ter molen gebragt wordende
belaste granen, volgens de kwotiteit der wet te heffen, onder
de navolgende bepalingen :

a. Dat de accijs tot geen hooger noch minder bedrag, dan
bij de wet is bepaald, door hun zal mogen worden ontvangen;

b. Dat zij een door de administratie der accijsen voorte-
schrijven register met strooken zullen houden, geparapheerd
door een daartoe geauthoriseerd ambtenaar der accijsen,
waarop telkens bij de ontvangst der granen, de namen der
eigenaren en de hoeveelheid en soort der belaste graansoorten, welke gemalen worden, zullen worden ingeschreven,
met aanwijzing of daarvan door hun, aldan niet, de accijs
is geheven;

c. Dat geen meel van belast graan door hun van den molen
zal mogen worden afgeleverd of vervoerd, zonder een biljet
ten geleide, uit het voorschreven register gesneden;

d. Dat het voorschreven register aan de visitatie, en hunne
molens en het zich daarin bevindende graan en meel, aan de
visitatie en peiling der beambten, zullen zijn onderworpen;

e. Dat de molenaars voor ieder in den molen gevonden
wordende mud graan of meel of gedeelte van dien, welk niet
op het register is ingeschreven, of zonder gelei-biljet van
den molen vervoerd wordt, verbeuren zullen den tiendubbel-
den accijs, en eene boete van zes guldens voor ieder mud
gemalen of ongemalen tarwe, en van drie guldens voor ieder
mud gemalen of ongemalen rogge of ander graan, gedeelte
van een mud voor een geheel genomen.

Deze overtredingen zullen worden gekonstateerd, vervolgd

meuniers s'engageront, sous caution suffisante, à payer le prix total d'amodiation par mois et par douzième, et qu'ils auront la faculté de percevoir l'accise, d'après les quotités déterminées par la loi pour les grains qui seront envoyés au moulin, à condition

a. Qu'ils n'exigeront jamais pour l'accise une somme supérieure ou inférieure au taux établi par la loi;

b. Qu'ils tiendront un registre à souche, conformément aux instructions à donner par l'administration des accises, lequel registre, paraphé par un préposé des accises à ce autorisé, servira à y inscrire toutes les fois qu'ils recevront des grains, les noms des propriétaires, ainsi que la quantité et l'espèce des grains imposés à moudre, en y ajoutant s'ils en ont perçu l'accise;

c. Qu'aucune farine provenant de grain assujetti à l'accise ne pourra sortir, ou être transportée de leur moulin, sans être accompagnée d'un permis qui consistera dans une des souches à ôter audit registre;

d. Que ledit registre sera assujetti à la vérification, et leur moulin et le grain qui s'y trouve à la visite, et au recensement des préposés de l'administration;

e. Que pour chaque rasière ou partie d'icelle de grain ou de farine se trouvant au moulin, et non ensuite audit registre, ou qui sortira ou sera transportée du moulin sans permis, les meuniers encourront dix fois l'accise, et en outre une amende de six florins pour chaque rasière de froment moulu ou non moulu, et de trois florins pour chaque rasière de seigle, ou autre grain moulu ou non moulu; les parties d'une rasière seront prises pour un entier.

Les contraventions seront constatées et poursuivies, et les

en de boete worden verdeeld , overeenkomstig de wijze voor
de accijsen in het algemeen vastgesteld.

De gedeputeerde Staten zullen ieder kwartaal een tarief
arresteren van den prijs der granen , waarna den molenaar
of molenaars zich zullen moeten gedragen , in het geval dat
aan hen het bedrag van den accijs , in plaats van in geld , in
graan of meel wordt betaald.

11. Onder deze gewone inkomsten der gemeente , waaruit
volgens de wet , de geadmodieerde som van den accijs , al-
mede geheel of gedeeltelijk kan worden gevonden , worden
gerangschikt :

a. De opbrengst van derzelver eigendommen ;

b. De opbrengst der gewone opcenten van de grond en
personele belastingen.

Zullende de opbrengst van andere belastingen of van opcenten op andere rijks belastingen , welke in de gemeente
mogten worden geheven , niet kunnen strekken tot geheele
of gedeeltelijke betaling der admodiatie van het gemaal.

12. Onder de buitengewone inkomsten der gemeente ,
waaruit evenzeer als uit de gewone , de geadmodieerde accijs,
geheel of gedeeltelijk zal kunnen worden gevonden , worden
gerangschikt alle toevallige baten en voordeelen.

13. Ingeval de wijze van abonneren met de molenaars niet
wordt aangenomen , en ook het abonnement uit de gewone
of buitengewone inkomsten der gemeente , of niet, of niet
voor het geheel , wordt genomen , zal de geadmodieerde accijs geheel of gedeeltelijk worden gevonden , uit een omslag
over de huisgezinnen en konsumateurs.

amendes seront partagées conformément à ce qui est statué à cet égard pour les accises en général.

Les États députés arrêteront tous les trimestres un tarif des prix des grains, auquel les meuniers seront tenus de se conformer, dans le cas où l'accise leur est payée en grain ou farine, au lieu de numéraire.

11. Seront considérés comme revenus ordinaires de la commune qui, d'après la loi, pourront aussi être employés pour le payement du prix d'amodiation :

a. Le produit de ses propriétés ;

b. Le produit des cents additionnels à percevoir sur les contribution foncière et personnelle.

Ni des impositions, ni les cents additionnels qui se rattachent à ses impôts, perçus dans la commune au profit du trésor public, et autres que ceux ci-dessus, ne pourront servir pour faire face au payement total ou partiel du prix d'amodiation.

12. Seront considérés comme revenus extraordinaires de la commune, qui pourront également être destinés au payement total ou partiel du prix d'amodiation, tous les bénéfices et profits accidentels.

13. Lorsque le mode d'abonnement avec les meuniers ne pourra être adopté, et que les revenus ordinaires et extraordinaires de la commune ne pourront être assignés au payement du prix d'amodiation, celui-ci sera acquitté au moyen d'une cotisation des ménages et des consommateurs.

14. Tot het doen van den omslag , zullen de gemeente besturen in de eerste vijftien dagen der maand november van
het jaar dat de admodiatie voorafgaat, in bijzijn van den ontvanger belast met de perceptie, en met overleg van een daartoe gemagtigden ambtenaar van de administratie der accijsen, voor zoo veel deze zal noodig oordeelen dezelve der vergadering toetevoegen, opmaken een kohier, onder anderen
inhoudende :

1°. De namen en beroepen der accijsschuldigen , zijnde de
hoofden der huisgezinnen, of de op zichzelve wonende personen in de gemeente ;

2°. Het getal der leden van ieder huisgezin ;

3°. De belastbare konsumptie van hetzelve aan tarwe, rogge
en ongepelde spelt of daaraan gelijkstaande granen, ieder
afzonderlijk uitgedrukt in mudden, schepels en koppen ;

Bij dezen omslag zal men behooren te letten op zoodanige
omstandigheden , welke eene meerdere of mindere konsumptie kunnen veroorzaken, en inzonderheid ook op de konsumptie van zoodanige werklieden, door welke , hoe zeer zij buiten
s'huis wonen, de vrije kost geheel of gedeeltelijk is be-
dongen ;.

4°. Den accijs naar de kwotiteit bij de wet vastgesteld, en
volgens de bovenstaande konsumptie berekend , als belastbare
som , van ieder dier graansoorten afzonderlijk en vervolgens
te zamen ;

5°. De geheele of gedeeltelijke toepassing van de geadmodieerde som met de opcenten , omgeslagen over de belastbare
som, bij het voorschreven vierde lid opgenoemd.

Dit kohier zal moeten ingerigt zijn, volgens het model,
achter dit reglement gevoegd.

14. Pour établir cette cotisation, les régences locales fourniront un rôle dans la première quinzaine du mois de novembre de l'année qui précède l'amodiation ; la formation de ce rôle aura lieu en présence du receveur chargé de la perception, et de concert avec un préposé de l'administration à ce autorisé, pour autant que celle-ci jugera sa présence nécessaire ; le rôle contiendra entre autres :

1°. Les noms et professions des contribuables , c'est-à-dire, des chefs des ménages dans la commune ;

2°. Le nombre des personnes de chaque ménage ;

3°. La consommation imposable de chaque ménage, en froment , seigle et épeautre non mondé, ou autre grain qui y est assimilé ; chaque espèce à désigner séparément par rasière, boisseau et litron. Dans cette cotisation, on aura égard aux circonstances qui peuvent occasionner une consommation plus ou moins forte , et surtout aussi à la consommation des ouvriers qui , quoique non logés chez les personnes dans le service desquelles ils se trouvent, doivent néanmoins recevoir chez elles leur moûture en entier ou en partie ;

4°. Le montant dû de l'accise, pour chaque espèce de grain séparément , et ensuite pour la totalité, à liquider d'après le taux établi par la loi , et la consommation évaluée, ainsi qu'il est dit ci-dessus ;

5°. L'application entière ou partielle au prix d'amodiation et des cents additionnels , répartis sur la somme imposable, désignée au n° 4 ci-dessus.

Le rôle devra être formé suivant le modèle annexé au présent réglement.

5.

20.

15. Alle degenen welke op de vijftiende der maand november van het jaar , voorafgaande het jaar waarover de admodiatie zal plaats hebben , zich in de gemeente met er woon hebben gevestigd , zullen worden gebragt op het principaal kohier voor het geheele jaar.

Er zullen suppletoire kohieren worden aangelegd ten einde daarop te brengen :

1°. Die genen welke een dubbeld domicilium hebben , het een in de gemeente, en het ander buiten de gemeente, en waar zij doorgaans een gedeelte van het jaar in de gemeente doorbrengen ;

Deze zelfde personen zullen nogtans, voor eenen bepaalden tijd , op het principaal kohier worden aangeslagen, wanneer zij gewoonlijk meer dan drie maanden in de gemeente woonachtig zijn ; zij zullen ook op het principaal kohier kunnen worden aangeslagen, als zij mogten goedvinden , voor ieder jaar het gedeelte van hun verblijf in de gemeente te bepalen, en zulks met overleg van het gemeente-bestuur en het genoegen van hetzelve ;

2°. Die genen welke, na het opmaken van het principaal kohier, zich in de gemeente zullen kunnen nederzetten.

16. Bij het aanleggen van het suppletoir kohier, zal men het navolgende moeten in acht nemen :

a. De aanslag zal plaats hebben naar dezelfde grondbeginselen, op welke de aanslag op het principaal kohier berust;

b. Voor die gene welke meer dan eene woonplaats hebben , het een in de gemeente en het andere buiten de gemeente , en welke niet op het principaal kohier zijn gebragt, zal een verblijf van minder dan dertig agtereenvolgende dagen , geen aanleiding tot den aanslag geven ;

15. Seront portés sur le rôle, pour toute l'année, tous ceux qui, au 15 novembre de l'année, précédant celle dans laquelle l'amodiation aura lieu, seront trouvés avoir leur demeure dans la commune.

Il y aura des rôles supplémentaires destinés à y porter :

1°. Ceux qui auront une demeure dans des communes différentes et qui habituellement passeront seulement une partie de l'année dans l'une ou l'autre commune. Cependant ils seront portés sur le rôle principal, lorsqu'ordinairement ils demeurent plus de trois mois dans la commune; il en sera de même s'ils jugent convenable de fixer chaque année le temps de leur demeure dans la commune; mais cette fixation devra se faire de concert et avec l'agrément de la régence communale ;

2°. Ceux qui, après la formation du rôle principal, viendront s'établir dans la commune.

16. Dans la formation du rôle supplémentaire, on aura égard à ce qui suit :

a. La cotisation se fera d'après les mêmes principes que ceux sur lesquels la cotisation pour le rôle principal est basée ;

b. Ceux qui auront une demeure dans des communes différentes, et qui ne seront pas portés sur le rôle principal, ne seront pas cotisés, à moins qu'ils ne restent trente jours con-

Vijf-en-twintig van de dertig achtereenvolgende dagen in de gemeente blijvende, zal de aanslag en de betaling moeten geschieden, naar een twaalfde gedeelte van het bedrag dat men zoude hebben moeten betalen als men een geheel jaar in de gemeente was gebleven ;

Als men langer als vijf-en-twintig van de dertig achtereenvolgende dagen in de gemeente blijft, zal men op nieuw een twaalfde gedeelte moeten betalen, naar elke zoodanige termijn van verblijf vastgesteld, met dien verstaande echter, dat het volle twaalfde gedeelte, altijd zal moeten worden betaald, al ware het ook dat de accijsschuldige in de laatste dertig dagen, minder dan de vijf-en-twintig, in de gemeente had doorgebragt;

c. Die genen welke zich in de gemeente met er woon neerzetten, zullen op het suppletoir kohier worden gebragt voor het overige gedeelte van het jaar, te rekenen na de eerste van de maand, volgende op die in welke zij zich hebben nedergezet.

17. Het principaal kohier opgemaakt zijnde, zal hetzelve worden gezonden aan den directeur der accijsen over de provintie, die, nadat hetzelve door hem zal zijn nagezien, zulks met zijne aanmerkingen zal doen toekomen aan den gouverneur der provintie, welke examitie daarvan, en nadat, des noodig, daarin door het gemeente bestuur veranderingen of verbeteringen zijn gemaakt, hetzelve definitievelijk zal arresteren en invorderbaar verklaren.

Voorts zal den aanslag ten kohiere, op de gewone wijze, ter kennisse van de ingezetenen in de gemeente worden gebragt.

18. Het principaal kohier zal moeten invorderbaar verklaard en aan den rijks ontvanger der gemeente ter hand gesteld zijn, voor den eersten januarij van ieder jaar waarover hetzelve loopen zal.

sécutifs ou plus dans la commune. Dans ce cas, ils seront cotisés par 25 jours, à raison d'un douzième du montant qui serait dû. s'ils restaient dans la commune toute l'année. S'ils prolongent leur séjour, ils seront, aussitôt après l'échéance des 25 jours, cotisés de nouveau pour un douzième, et ainsi de suite, chaque fois pour le même terme, et le montant de la cote devra être payé en tous cas, quand même les contribuables resteraient moins de 25 jours dans la commune;

c. Ceux qui viendront s'établir dans la commune, seront portés sur le rôle supplémentaire pour la partie restante de l'année, à compter du premier jour du mois suivant celui de leur arrivée.

17. Le rôle principal formé, il sera envoyé au directeur des accises de la province, qui, après l'avoir examiné, l'enverra avec ses observations au gouverneur de la province, afin d'être par lui définitivement arrêté et déclaré exécutoire, après y avoir, s'il y a lieu, fait faire par la régence communale les changemens ou amendemens nécessaires. Ensuite les cotes du rôle seront portées à la connaissance des habitans de la commune de la manière accoutumée.

18. Le rôle principal devra être déclaré exécutoire et rémis au receveur du gouvernement dans la commune, avant le 1er janvier de chaque année, à laquelle le rôle est relatif.

19. De rijks ontvanger over de gemeente, zal in het begin van januarij, na de verkrijging van het principaal kohier, uit hetzelve opmaken, voor ieder accijsschuldige, een aanslag biljet, houdende onder anderen, het bedrag van den accijs, waarop dezelve bij admodiatie is aangeslagen, en eene herinnering aan denzelven, om den accijs, ten kantore van hem ontvanger, te komen voldoen.

De biljetten zullen, door of van wege den ontvanger, worden bezorgd aan de woningen der accijsschuldigen, voor den 21 januarij van ieder jaar.

20. De accijsschuldigen zijn verpligt den accijs, volgens het aanslag biljet, ten kantore van den ontvanger, ten hoogsten in twaalf termijnen, te voldoen, telken reize niet minder dan een twaalfde gedeelte van hunnen aanslag betalende.

De eerste termijn zal verschenen zijn op den laatsten dag van januarij, en zoo vervolgens van maand tot maand.

21. De accijsschuldigen, welke de gemeente, waarin zij op het principaal kohier zijn aangeslagen, met er woon zouden willen verlaten, zullen verpligt zijn derzelver aanslag in zijn geheel, voor hun vertrek uit de gemeente, te voldoen, behoudens het regt om binnen de eerste veertien dagen, na de maand van het vertrek, de teruggave te verzoeken over de maand of maanden volgende op die van hun vertrek : deze reklamatie zal echter nimmer worden aangenomen, tenzij de accijsschuldige op de teruggave van een twaalfde gedeelte of meerder aanspraak hebbe.

Ingeval de accijsschuldige, op het kohier geplaatst als hoofd van het huisgezin, in den loop van het jaar sterft, zal nogtans de volle aanslag moeten worden betaald.

22. Voor het opmaken der suppletoire kohieren en het invorderen der sommen, die daarop zullen gebragt zijn, zal men zich overeenkomstig de navolgende bepalingen gedragen:

19. Le receveur du gouvernement dans la commune, ayant reçu le rôle principal, s'occupera, dans le mois de janvier, de la rédaction des avertissemens pour les contribuables, lesquels contiendront entr'autres le montant de la cote pour le prix de l'amodiation de l'année, ainsi que la sommation de la payer au bureau du receveur.

Les avertissemens seront envoyés aux demeures des contribuables de la part du receveur, avant le 21 janvier de chaque année.

20. Les contribuables sont tenus de payer l'accise suivant le contenu de l'avertissement, au bureau du receveur, en douze termes, chacun d'un douzième de la cote ; ils pourront payer en des termes plus rapprochés.

Le premier terme échoira le dernier jour de janvier, et ainsi de suite, de mois en mois.

21. Les contribuables qui voudront quitter la commune dans laquelle ils sont inscrits sur le rôle principal, devront, avant leur départ, acquitter la totalité de la cote, sauf leur droit de demander, dans la première quinzaine après le mois de leur départ, la restitution de ce qu'ils auront payé pour les mois suivant celui dans lequel ils ont quitté la commune. Cette réclamation ne sera pas admise, si le contribuable n'a pas droit à un douzième ou plus.

Il ne sera accordé aucune restitution ou réduction de la cote, en cas de décès d'un contribuable inscrit sur le rôle comme chef d'un ménage ; elle devra être acquittée intégralement.

22. Dans la formation des rôles supplémentaires et le recouvrement des sommes qui en résultent, on se conformera aux dispositions suivantes :

1°. Het gemeente bestuur zal de noodige maatregelen nemen, om het tijdstip te kennen van de komst van die personen in de gemeente, welke beschouwd kunnen worden als op de suppletoire kohieren te moeten worden gebragt, en waar onder niet behooren te worden opgenomen de zoodanige, welke eenige tijd in de gemeente verblijven, doch bij anderen inwonen.

2°. Bij de jaarlijksche bijeenkomst der personen die met het opmaken der principale kohieren belast zijn, zullen zij zich te gelijker tijd met het opmaken van het suppletoire kohier, over den loopenden dienst, bezig houden;

3°. Men zal op dit suppletoir kohier brengen die genen, welke volgens het grondbeginsel bij art. 16 vastgesteld, erkend zijn aan den accijs op het gemaal onderworpen te zijn;

4°. De suppletoire kohieren zullen op dezelfde wijze als de principale, en in de eige verhouding, worden opgemaakt;

5°. De suppletoire kohieren vervaardigd zijnde, zullen aan den directeur der accijsen in de provintie worden gezonden, en zal men ten aanzien dezer kohieren dezelfde bepalingen naarkomen, als bij art. 18 van dit reglement, voor de principale kohieren, zijn voorgeschreven;

6°. Onverwijld na de afkondiging, zullen de kohieren aan den ontvanger worden uitgereikt, welke binnen de vijf dagen de aanslag biljetten zal afgeven, en zich omtrent de invordering gedragen, overeenkomstig de wijze bepaald voor de principale kohieren; met dien verstaande echter, dat de aanslag op het suppletoir kohier in eens zal moeten worden betaald, binnen de maand van de afgifte van het aanslag biljet;

7°. Voor de reklamatien, vermindering of ontheffing zal men de wijze volgen, die voor de principale kohieren is vastgesteld;

1°. La régence locale prendra les mesures nécessaires pour savoir l'époque de l'arrivée des personnes qui rentrent dans la classe de celles à inscrire sur les rôles supplémentaires, et parmi lesquelles ne seront pas comprises celles qui séjourneront pendant quelque temps dans la commune et seront logées chez d'autres ;

2°. Les personnes chargées de la formation des rôles principaux, s'occuperont aussi à leur assemblée annuelle de la formation des rôles supplémentaires pour l'exercice courant ;

3°. Seront portés sur les rôles supplémentaires ceux qui d'après le principe établi par l'art. 16 seront reconnus être assujettis à l'accise sur la moûture ;

4°. Les rôles supplémentaires seront formés de la même manière et dans la même proportion ;

5°. Les rôles supplémentaires formés, seront envoyés au directeur des accises de la province, et on observera au reste à leur égard les dispositions prescrites à l'art. 18 du présent réglement quant aux rôles principaux ;

6°. Aussitôt après la publication, les rôles seront remis au receveur, qui dans les cinq jours fera la distribution des avertissemens, en se conformant pour le recouvrement au mode prescrit, relativement aux rôles principaux, avec cette différence cependant que les cotes du rôle supplémentaire devront être payées en une seule fois dans le mois de la délivrance de l'avertissement ;

7°. Quant aux réclamations, réductions et dégrèvemens, on suivra le mode déterminé pour les rôles principaux ;

5.   21.

8°. De staat van oninbare posten, die niet uit verminderingen of ontheffingen voortspruiten, zal door den ontvanger worden opgemaakt, en door het gemeente bestuur worden gecertificeerd ;

9°. De oninbare posten der suppletoire kohieren zullen, even min, als de verminderingen en ontheffingen, voor geene herbelasting vatbaar zijn ;

10°. De teruggaven ter zake van vermindering of ontheffing zullen gedaan worden, op vertoon van de ordonnantien aan den ontvanger der gemeente, en uit de eerste fondsen van den volgenden dienst ;

11°. De personen met het opmaken van het principale kohier belast, zullen bij hunne jaarlijksche bijeenkomst, volgende op die waarin het suppletoir kohier is vervaardigd, na behoorlijk onderzoek, den zuiveren opbrengst der ontvangsten, op het suppletoir kohier, opmaken ; het resultaat hunner verrigting zal door hen onverwijld ter kennis van den gouverneur en van den directeur der accijsen in de provintie worden gebragt.

Het bedrag van dezen zuiveren opbrengst zal gebruikt worden :

a. Tot dekking, hetzij geheel, hetzij voor een gedeelte, van de herbelastene som, voortspruitende uit verminderingen en ontheffingen, voor den loopenden dienst toegestaan ;

b. Voor zoo verre de verminderingen en opheffingen, het totaal bedrag van den zuiveren opbrengst van het suppletoire kohier, niet mogten geabsorbeerd hebben, zal het overschot strekken tot dekking, hetzij geheel, hetzij gedeeltelijk, van de te herbelastene som voor oninbare posten van het loopende jaar, ten lasten der gemeente verbleven;

c. Ingeval de verminderingen en ontheffingen, met de

8°. L'état des cotes irrécouvrables qui n'admettront pas de réductions ou dégrèvemens, sera formé par le receveur et certifié par la régence communale ;

9°. Les cotes irrécouvrables relatives aux rôles supplémentaires ne seront, pas plus que les réductions et les dégrèvemens, susceptibles de réimposition ;

10°. Les restitutions du chef de réduction ou de dégrèvement se feront sur les fonds de l'exercice suivant et sur la présentation des ordonnances au receveur de la commune ;

11°. Les personnes chargées de la formation du rôle principal constateront à leur assemblée annuelle, qui suivra celle dans laquelle le rôle supplémentaire sera formé, le produit des recettes. Le résultat de leurs opérations sera de suite porté à la connaissance du gouvernement et du directeur des accises de la province. Le produit net des recettes sera employé ainsi qu'il suit :

a. Il servira pour couvrir, soit en partie, soit en totalité, la somme à réimposer, provenant de réductions et dégrèvemens, accordés pour l'exercice courant;

b. Lorsque les réductions et dégrèvemens n'absorberont pas le total du produit net du rôle supplémentaire, le restant servira à couvrir en totalité ou en partie la somme à réimposer pour les cotes irrécouvrables de l'année courante, qui son restées à charge de la commune ;

c. Si les réductions et dégrèvemens joints aux cotes irré

oninbare posten, het totaal bedrag van den meergemelden zuiveren opbrengst niet zullen hebben geabsorbeerd, zal het disponibel overschot in de gemeente-kas worden gestort ;

12°. Indien het gemeente-bestuur redenen heeft om het daarvoor te houden, dat een accijsschuldige, die op het suppletoir kohier moet gebragt worden, en geene in de provintie bekende eigendommen bezit, geene genoegzame zekerheid aanbiedt voor de invordering van zijnen aanslag, na het opmaken van het suppletoir kohier, zal hetzelve, inge- val de accijsschuldige de gemeente verlaat, van hem de noodige borgtogt of de betaling der twaalfde gedeelten voor het goedkeuren des kohiers kunnen vorderen; in dat geval zal het bestuur, met overeenkomst van den ontvanger, en volgens den gewoonen maatstaf, den aanslag van dezen accijsschuldigen bepalen, behoudens het regt van reklamatie op de voorgeschrevene wijze; deze aanslag zal niet te min in het suppletoir kohier over het jaar begrepen worden, met bijvoeging eener aanmerking.

23. De accijs-schuldigen, welke nalatig zijn in de betaling van den accijs met de opcenten, zullen door den ontvanger tot de betaling daarvan worden gedwongen, bij parate executie, op den voet en wijze, als bij de algemeene wet op den ophef der regten van in- uit- en doorvoer der accijsen en van het tonnengeld der zeeschepen, van den 26 angustus 1822, is be- paald.

24. De ontvanger zal maandelijks in de aan hem, door de administratie, aantewijzene kas overstorten, de bij hem ont- vangene gelden, wegens den geadmodieerden accijs en de daarop geheven wordende opcenten, en zulks na afhouding van de drie percent, waarvan hierna in art. 26 zal worden melding gemaakt.

25. In de geadmodieerde gemeente, alwaar het bedrag van de admodiatie niet geheel wordt gevonden uit den hoofde- lijken omslag, maar geheel of gedeeltelijk bestreden uit het

eouvrables, n'absorbent pas le total du produit net susdit, le restant disponible sera versé dans la caisse communale ;

12°. Si la régence locale a des motifs pour croire que le contribuable qui doit être inscrit sur le rôle supplémentaire, et qui ne possède pas sous la commune des propriétés connues, n'offre pas des sûretés suffisantes pour le recouvrement de la cote ; lorsque le rôle sera formé, elle pourra, avant l'approbation du rôle, exiger du contribuable, quand il voudra quitter la commune, soit caution, soit payement des douzièmes à acquitter. Dans ce cas, la régence locale, de concert avec le receveur, déterminera la cote du contribuable en suivant le taux ordinaire, sauf le droit de celui-ci de faire à cet égard ses réclamations sur le pied prescrit. La cote sera comprise dans le rôle de l'année avec l'observation nécessaire à cet égard.

23. Les contribuables qui seront en retard de payer l'accise et les cents additionnels, seront contraints au payement par exécution parée sur le pied et de la manière déterminés par la loi générale sur la perception des droits d'entrée, de sortie et de transit, et des accises, et du droit de tonnage des navires de mer, du 26 août 1822.

24. Le receveur versera tous les mois dans la caisse à désigner par l'administration, les recettes provenant des prix d'amodiation de l'accise et des cents additionnels qui s'y rattachent, et ce, déduction faite de trois pour cent dont il sera parlé ci-après à l'art. 26.

25. Lorsque dans une commune amodiée, le prix de l'amodiation n'est pas payé par cotisation, mais en entier ou en partie par l'excédent des revenus communaux, la régence lo-

overschot der inkomsten van de gemeente, zal het gemeente-
bestuur maandelijks bij den rijks ontvanger over de gemeente,
moeten overstorten, het bedrag van hetgeen de gemeente
verschuldigd is.

Zullende deze overstording, ten minste een twaalfde gedeelte van den vollen aanslag, moeten bedragen.

Hetzelfde zal moeten plaats hebben, wanneer op het ver-
zoek van het gemeente bestuur, de accijs geheven wordt door
middel van een abonnement met de molenaars; terwijl ingeval de koning tot het aangaan van een abonnement met de
molenaars, mogt hebben besloten, de gemeente voor het
bedrag daarvan niet verantwoordelijk zal wezen, maar de
molenaar alleèn daarvoor jegens de schatkist aansprakelijk
blijven, en in de kas van den aan hem aangewezen rijks ontvanger, maandelijks, als voren, het bedrag van het abonnement moeten overstorten, bij niet kleinere gedeelten dan een
.twaalfde.

26. Aan de gemeenten wordt, voor het totaal ontvangen
bedrag van den geadmodieerden accijs en de opcenten, voor
zoo verre zulks bij omslag gevonden wordt, toegestaan 3
percent tot goedmaking der kosten van het kohier.

Al hetgeen van deze drie percent, na aftrek der voorschreve kosten, mogt overschieten, zal onder goedkeuring
der provintiale Staten, tot nuttige einden voor de gemeenten,
mogen worden gebruikt.

27. De accijsschuldigen, welke vermeenen mogten, ver-
keerd of te hoog aangeslagen te zijn, zullen de bevoegdheid
hebben hunne klagten of bezwaren deswegens schriftelijk, op
ongezegeld papier en gerigt aan de gedeputeerde Staten, inteleveren aan het gemeente-bestuur hunner woonplaats, binnen de twee maanden na de afkonding der invorderbaar verklaring van het kohier, in art. 21 vermeld.

cale versera tous les mois entre les mains du receveur du gouvernement le montant dû par la commune ; et ce versement ne pourra jamais être inférieur au douzième de la totalité du prix total d'amodiation.

Il en sera de même dans le cas où sur la demande de la régence locale, le prix d'amodiation de l'année est payé par un abonnement avec les meuniers. La commune ne sera pas responsable du montant de l'abonnement, si celui-ci est contracté d'après les ordres du roi ; dans ce cas, les meuniers seuls en seront responsables envers le trésor public, et ils seront tenus de verser tous les mois au moins un douzième du montant dans la caisse du receveur du gouvernement à désigner.

26. Il est accordé aux communes sur le total des recettes provenant du prix d'amodiation de l'accise et des cents additionnels, pour autant que le prix est payé par cotisation, une remise de trois pour cent, pour faire face aux frais de la formation du rôle.

L'excédent des trois pour cent après déduction des frais susdits, sera employé pour des objets d'utilité en faveur de la commune, sauf l'approbation préalable des États provinciaux.

27. Les contribuables qui prétendront avoir été cotisés par erreur, ou à un taux trop haut, auront la faculté de faire à cet égard leurs réclamations dans les deux mois de la publication de la mise en recouvrement, ainsi qu'il est dit à l'art. 21. Ces réclamations devront être faites par écrit, et adressées aux États députés, mais elles seront envoyées à la régence communale de leur demeure.

Zij zullen gedurende den tijd van een maand, na de voorschreve afkondiging, inzage kunnen nemen van het kohier,
ten kantore van den ontvanger, en van ieder post een uittrek-
sel kunnen vragen, tegen betaling van 5 cents per post.

Des verkiezende, zullen de schatpligtigen hunne bezwaren,
mits mede binnen den opgemelden termijn van twee maanden, onmiddelijk kunnen inleveren bij de gedeputeerde Staten, voornoemd.

28. Bij de inlevering van het schriftelijk bezwaar zal moeten gevoegd zijn, een dubbeld van het aanslag biljet en de
kwitantie der verschenen termijnen.

29. De gedeputeerde Staten zullen daarop het berigt inwin-
nen van het gemeente-bestuur en vervolgens tot handhaving,
vermindering of ontheffing van den aanslag, beslissen.

Het gemeente-bestuur zal den klager, alsmede den ontvanger, van die beslissing kennis geven.

30. Voor de toegestane verminderingen of ontheffingen,
zullen door het gemeente-bestuur, aan den klager, ordonnantien worden afgegeven, betaal- of verrekenbaar in het
eerstvolgend jaar. Het gemeente-bestuur zal daarvan een register aanleggen.

31. De oorspronkelijke aanslag over het loopende jaar zal,
onverminderd de toegestane ontheffing of vermindering, in
zijn geheel moeten worden voldaan; de gemeente-besturen
zullen, onder toestemming van den directeur der accijsen in
de provintie, hierop uitzonderingen kunnen maken en ten
aanzien van vertrekkende en zich van de gemeente ver-
wijderende personen, zulks zelve kunnen doen, zonder de
voorafgaande toestemming des directeurs, aan wien echter
deswege maandelijks berigt zal moeten worden gedaan.

32. De toegestane verminderingen of ontheffingen over het

Les contribuables pourront dans le mois de ladite publication prendre connaissance du rôle au bureau du receveur, et en demander un extrait, moyennant payement de 5 cents par article.

S'ils le jugent à propos, ils pourront aussi faire parvenir leurs réclamations immédiatement aux États députés, pourvu que cela soit fait dans le délai prescrit de deux mois.

28. Ils joindront à leurs réclamations un double de l'avertissement et la quittance de payement pour les termes échus.

29. Les États députés prendront l'avis de la régence communale, et statueront ensuite sur le maintien, la réduction, ou l'annullation de la cote.

La régence communale fera connaître au contribuable ainsi qu'au receveur la décision intervenue.

30. La régence communale transmettra au contribuable pour les réductions ou dégrèvemens accordés, des ordonnances payables ou imputables sur la première année suivante. Elle en tiendra un registre.

31. La cote primitive de l'année courante sera acquittée nonobstant la réduction ou le dégrèvement accordé.

Les régences locales pourront avec l'agrément du directeur des accises de la province, faire des exceptions à cet égard ; elles le pourront même sans son agrément en faveur des contribuables qui quitteront la commune; mais dans ce cas elles lui en donneront connaissance tous les mois.

32. Les réductions et dégrèvemens accordés pour l'année

5.   22.

loopende jaar, voor zoo ver zij uit het principaal kohier voortspruiten, zullen blijven, voor de geheele som, ten laste van de gemeente, en zullen gevonden worden door herbelasting in het volgende jaar.

De ordonnantien tot vermindering of ontheffing zullen daaruit worden voldaan, of in betaling aangenomen.

De oninbare posten zullen insgelijks, bij herbelasting, over het eerstvolgende jaar worden omgeslagen, doch in geen geval hooger dan tot twintig percent van den oorspronkelijken aanslag, of het *maximum* van gl. 1 - 40 per hoofd, volgens art. 40 der wet op het gemaal.

33. De staat van herbelastingen opgemaakt door het gemeente-bestuur, volgens het register art. 30 vermeld, mitsgaders de staat van herbelastbare oninbare posten, opgemaakt door den ontvanger en geverifieerd door het gemeente-bestuur, zullen, voor den omslag, aan de goedkeuring der gedeputeerde Staten onderworpen zijn.

34. De brouwers, branders en azijnmakers in de geadmodieerde gemeenten, zullen gehouden zijn, zich, voor het graan dat zij ten gebruike hunner fabrieken doen malen, te voorzien van een gelei-biljet, af te geven door den ontvanger hunner gemeente, welk gelei-biljet dienen zal ter dekking van hunnen inslag van meel, welke zij, ingevolge de speciale welten op het binnenlandsch gedisteleerd en op de binnenlandsche bieren en azijnen, moeten verantwoorden; de molenaar zal het origineel gelei-biljet houden en hetzelve steken in de bus, waarvan hieronder wordt melding gemaakt.

De stijfselmakers in eene geadmodieerd hebbende gemeente woonachtig, welke hunne granen willen doen malen door eenen molenaar, voor het gemaal geabonneerd zijnde, zullen bij den ontvanger hunner gemeente een gelei-biljet moeten ligten voor de hoeveelheid graan, die zij doen malen. Dit gelei-biljet zal in handen van den molenaar verblijven,

courante et résultant du rôle principal resteront en totalité à la charge de la commune, et devront être récupérés par réimposition dans l'année suivante.

Les ordonnances en réduction ou dégrèvement seront acquittées sur les fonds de cette réimposition, ou seront imputables en payement de celle-ci.

Les cotes irrécouvrables seront également réparties par réimposition la première année suivante; mais elles ne pourront, dans aucun cas, excéder de 20 pour cent la cote primitive ou le *maximum* de fl. 1-40 par cote, ainsi qu'il est dit à l'art. 40 de la loi sur la moûture.

33. L'état de réimposition formé par la régence communale d'après le registre prescrit par l'art. 30 ci-dessus, ainsi que l'état des cotes irrécouvrables à réimposer, formé par le receveur et certifié par la régence locale, seront, avant la répartition, commis à l'approbation des États députés.

34. Les brasseurs, distillateurs et fabricans de vinaigre dans les communes amodiées, seront tenus pour le grain qu'ils feront moudre pour le service de leurs fabriques, de le faire accompagner par un permis, qui servira à justifier l'approvisionnement de farine dont ils sont responsables, d'après les lois spéciales sur les eaux-de-vie et les bierres indigènes et sur le vinaigre. Le meunier gardera l'original du billet qu'il mettra dans le tronc que l'administration aura fait placer au moulin et dont il sera parlé ci-après.

Les fabricans d'amidon habitant une commune amodiée, et voulant faire moudre leurs grains par un meunier qui est abonné pour l'accise sur la moûture, demanderont au receveur de leur commune un permis pour la quantité du grain à

ten einde gevoegd te worden bij het register door hem,
overeenkomstig art. 10, gehouden.

Wanneer een molenaar, van eene geadmodieerd hebbende
gemeente, tarwe, spelt of rogge, of daarmede gelijkstaande
granen zal malen voor eene persoon in eene niet geadmodieerd hebbende gemeente woonachtig, zal hij de origineele
kwittantie van den betaalden accijs, of het origineel gelei-
biljet (waarvan in art. 13 der wet op het gemaal gesproken
wordt), moeten intrekken, en in de bus steken, welke de administratie tot dat einde zal hebben doen plaatsen, en bij de
aflevering van het gemalen graan, zal de molenaar of zijnen
daartoe door hem geautoriseerden knecht, op den rug van de
duplikaat kwittantie of van het duplikaat gelei-biljet, met
zwarte inkt, een certifikaat stellen, dat hij met zijne handtee-
kening zal bekrachtigen, aanwijzende den datum, de maand
en het uur waarop het graan van de molen zal worden vervoerd; voor zoo veel de molenaars niet kunnen schrijven,
zullen zij zich moeten gedragen, overeenkomstig de bepalingen der laatste § van art. 14 der wet op het gemaal.

De molenaars welke overtuigd worden de hiervoren gemelde bepalingen niet te hebben naargekomen, zullen onderworpen zijn aan de straffen bij de wet van 2 september 1822
(Staats-blad, n' 36), omtrent de accijs op het gemaal, op
hunne overtreding bepaald.

35. Geen brood, beschuit of meel van belast graan, zal
uit de geadmodieerd hebbende gemeente mogen worden vervoerd naar eene gemeente, alwaar de belasting bij kollekte
en dus niet bij admodiatie wordt geheven, dan voorzien van
gelei- of accijs-biljetten, af te geven door den ontvanger over
de plaats van den inslag.

Alle invoer van brood, beschuit of meel, uit eene geadmo
dieerde in eene niet geadmodieerde gemeente, zal worden
beschouwd als invoer van buitenlands, en daarop worden

moudre ; le permis restera entre les mains du receveur, afin d'être joint au registre prescrit par l'art. 10 ci-dessus.

Le meunier dans une commune amodiée, voulant moudre du froment, de l'épeautre, du seigle, ou d'autres grains y assimilés, pour un habitant d'une commune non amodiée, devra retirer et mettre dans le tronc susdit, la quittance originale de l'accise, ou le permis en original, dont il est parlé à l'art. 13 de la loi sur la moûture ; lors de la délivrance du grain moulu, le meunier ou son ouvrier à ce autorisé apposera sur le dos du duplicata de la quittance ou du permis, et en encre noire, un certificat muni de sa signature et constatant sa date, le mois et l'heure auxquels le grain sortira du moulin. Dans le cas où les meuniers ne sauraient pas écrire, ils se conformeront aux dispositions du dernier § de l'art. 14 de la loi sur la moûture.

Les meuniers qui seront convaincus d'avoir contrevenu aux dispositions qui précèdent, encourront les peines établies pour ces contraventions par la loi sur la moûture, du 2 septembre 1822 (*Journal officiel*, n° 36).

35. Aucun transport de pain, biscuit, ou farine provenant de grain imposé, ne pourra avoir lieu d'une commune amodiée vers une commune où l'accise est perçue par collecte, et par conséquent pas au moyen d'amodiation, à moins que le grain ne soit accompagné d'un permis à délivrer par le receveur du lieu de la destination.

Toute entrée de pain, biscuit, ou farine dans une commune non amodiée, et venant d'une commune amodiée, sera con-

toegepast art. 205, met de verzachtende bepaling van artikel 208, der algemeene wet van den 26 augustus 1822.

36. Alvorens de vervoer van brood, beschuit of meel van belast graan, uit eene geadmodieerde, naar eene niet geadmodieerd hebbende, gemeente, vermag te geschieden, zal de accijs moeten worden voldaan aan den ontvanger in de gemeente van den invoer.

37. De verhouding tusschen het gewigt van het brood, beschuit en meel, en de maat van eene mud, zal tot regeling van den accijs bedragen als volgt;

Voor eene mud zal worden gerekend :

75 ponden ongebuild tarwen meel.

58 ponden gebuild tarwen meel.

68 ponden rogge meel.

95 ponden week tarwe brood.

89 ponden week rogge brood.

66 ponden tarwe beschuit.

60 ponden rogge beschuit meerder of minder hoeveelheid.

Meel en brood van gepelde spelt en turksche tarwe, wordt met meel en brood van tarwe, en meel en brood van ongepelde spelt en egijptische rogge, wordt met meel en brood van rogge, en eindelijk koek wordt met roggebrood gelijkgesteld.

Goedgekeurd en bekrachtigd bij koninklijk besluit van den 11 november 1822 (*Staats-blad*, n^r 47).

Mij bekend ,

De Staatsraad, belast met de directie der Staats sekretarij,

Geteekend, J. G. DE MEIJ VAN STREEFKERK.

sidérée comme importation de pays étranger, et soumise à l'application des art. 205 et 208 de la loi générale du 26 août 1822.

36. Avant que le transport de pain, biscuit, ou farine puisse avoir lieu d'une commune amodiée vers une commune non amodiée, l'accise devra être payée au receveur de la commune de la destination.

37. La proportion entre la livre et la rasière, afin de liquider l'accise en conséquence, est déterminée pour le pain, le biscuit et la farine, ainsi qu'il suit:

Seront assimilées à une rasière :

75 livres de farine de froment non blutée.

58	»	»	blutée.
68	»	de seigle.
95	»	pain de froment.
89	»	» seigle.
66	»	biscuit de froment.
60	»	• de seigle.

Pour les quantités plus fortes ou plus faibles, l'évaluation sera faite dans la même proportion.

La farine et le pain d'épeautre mondé et de froment de la Turquie sont assimilés aux farine et pain de froment; les farine et pain d'épeautre non mondé et de seigle d'Egypte, ainsi que le pain d'épice, sont assimilés aux farine et pain de seigle.

Approuvé et sanctionné par l'arrêté royal du 11 novembre 1822 (*Journal officiel*, n° 47).

Vu,

Le conseiller d'État chargé de la direction de la secrétairerie d'État,

Signé, J. G. DE MEIJ VAN STREEFKERK.

MODEL KOHIER.

		N.N.	N.N.	N.N.
1.	DOORLOOPEND NUMMER.	1	2	3
2.	NUMMER DER WONING.	1	7	2
3.	NAMEN en *BEROEPEN* der ACCIJSSCHULDIGEN.	N. N.	N. N.	N. N.
4.	Getal der leden van ieder huisgezin.	10	5	1
5. BELASTBARE KONSUMTIE VAN	tarwe. mud.	4	1	1
	tarwe. schepel.	5	5	"
	tarwe. kop.	"	"	"
	rogge. mud.	5	4	"
	rogge. schepel.	5	5	"
	rogge. kop.	"	"	"
	ongepelde spelt. mud.	"	"	"
	ongepelde spelt. schepel.	"	5	"
	ongepelde spelt. kop.	"	"	"
6. ACCIJS naar de wet volgens nevenstaande konsumtie berekend als belastbare som van	tarwe a 1-40	gl. c. 6 30	gl. c. 2 10	gl. c. 1 40
	rogge a 0-40	gl. c. 2 20	gl. c. 1 80	"
	ongepelde spelt a 0-50	gl. c. "	gl. c. 25	"
	TOTAAL.	gl. c. 8 50	gl. c. 4 15	gl. c. 1 40
7.	Accijs bij admodiatie met de opcenten.			
8.	GEDANE BETALINGEN.			

2 40	6 40	» 20 80	50 16 50				75 6 15
»	»	»	» 50				
»	»	»	»				
2 40	8 80	» 4	» 2				16 20 13 20
»	» 5 60	» 16 80	» 14	*ARM OF ONVERMOGEND.* *Nihil.*			
»	»	»	»				» 5
»	»	»	» 1				» 1
»	»	»	»				» 33
» 6	» 2	» 10	» 5				33 33
»	»	»	»				
»	» 4	12	10				
12	10	15	12				65
N. N.	N. N. Voor zes maanden.	N. N.	N. N.	N. N.			TOTAAL.
6	3	4	5	10			
4	5	6	7	8			

5.   23.

1. NUMÉRO D'ORDRE.	2. NUMÉRO DE LA DEMEURE.	3. NOMS et PROFESSIONS des CONTRIBUABLES.	4. Nombre des personnes dont chaque ménage est composé.	5. CONSOMMATION IMPOSABLE de									6. ACCISE calculée d'après la loi, suivant la consommation mentionnée ci-contre comme somme imposable de				7. Accise par amodiation avec les cents additionnels.	8. PAYEMENS QUI ONT ÉTÉ EFFECTUÉS.
				froment rasière	froment boisseau	froment litron	seigle rasière	seigle boisseau	seigle litron	épeautre rasière	épeautre boisseau	épeautre litron	froment à fl. 1-40	seigle à 0-40	épeautre non-mondée à fl. 00-50	TOTAL	fl.c.	
1	1	N. N.	10	4	5	»	5	5	»	»	»	»	6 30	2 20	» »	8 50		
2	7	N. N.	5	1	5	»	4	5	5	»	5	»	2 10	1 80	» 25	4 15		
3	2	N. N.	1	1	»	»	»	»	»	»	»	»	1 40	»	»	1 40		

4	6	N. N.	12	» 6 » » » » » » 6 » » 2 40 » » 2 40			
5	3	N. N. Pour six mois.	10	4 » » 2 » » » » 60 » 5 60 » » 80 » 6 40			
6	4	N. N.	15	12 » 10 » » » » 4 80 16 » 4 » 80 20			
7	5	N. N.	12	10 » 5 » » 1 » 2 » 14 » 2 » 50 16 50			
8	10	N. N.		PAUVRE OU INDIGENT.	*Nihil.*		
		TOTAL.	65	33 33 » » 5 1 » 46 20 13 20 » 75 60 15			

(Nr 48.) *Besluit.*

Wij, *Willem*, bij de gratie Gods, koning der Nederlanden', prins van Oranje-Nassau, groot-hertog van Luxemburg, enz., enz., enz.

Gelet op art. 162 en 177 der wet van den 26 augustus 1822 (*Staats-blad*, nr 38), over de heffing der regten van in- uit- en doorvoer, en van de accijsen;

Op het rapport van onzen minister van Staat, belast met de generale directie der ontvangsten;

Den raad van State gehoord;

Hebben goedgevonden en verstaan, met intrekking van ons besluit van den 14 junij 1819 (*Staats-blad*, nr 38), waarbij is vastgesteld het reglement, aanwijzende den loop der linien van toezigt, welke in toepassing der wet van den 12 mei 1819, het vrije van het onvrije territoir afscheiden, te arresteren, gelijk wij arresteren bij deze het volgende:

Reglement aanwijzende den loop der linien, welke langs de zee en landzijde van het koningrijk, in toepassing der artikelen 162 en 177 der voormelde generale wet van 26 augustus 1822, de daarbij vermelde afstanden van de zeekusten en landgrenzen zullen bepalen.

WEST-VLAANDEREN.

Art. 1. *Aan de zeezijde* begint de linie in art. 177 van de voornoemde algemeene wet vermeld, in de provintie West-Vlaanderen, te Veurne of Furnes, aan de poort van la Panne, van dezelve stad; loopt vervolgens langs den straatweg van Veurne of Furnes naar La Panne, tot aan de hofstede, be-

(N° 48.) *Résolution.*

Nous, *Guillaume*, par la grâce de Dieu, roi des Pays-Bas, prince d'Orange-Nassau, grand-duc de Luxemburg, etc., etc., etc.

Vu les articles 162 et 177 de la loi du 26 août 1822 (*Journal officiel*, n° 38), sur la perception des droits d'entrée, de sortie, et de transit et des accises ;

Sur le rapport de notre ministre d'État, chargé de la direction générale des recettes ;

Le conseil d'État entendu ;

Avons statué, comme nous statuons par les présentes, en révoquant notre arrêté du 14 juin 1819 (*Journal officiel*, n° 38), portant réglement du cours des lignes de surveillance, qui, en exécution de la loi du 12 mai 1819, séparent le territoire libre du territoire réservé, d'arrêter, comme nous arrêtons par les présentes, ce qui suit :

Réglement indiquant le cours des lignes, qui, le long des côtes maritimes, et des frontières de terre du royaume, en application des articles 162 et 177, de la loi générale, du 26 août 1822, déterminent les distances le long de ces côtes et frontières, mentionnées auxdits articles.

FLANDRE OCCIDENTALE.

Art. 1er. *Du côté de la mer,* la ligne mentionnée à l'art. 177 de la loi générale précitée, commence dans la province de la Flandre occidentale, à Furnes ou Veurne, à la porte dite *de la Panne*, de cette ville ; court ensuite le long du pavé de Furnes ou Vurnes, à la Panne, jusqu'à la ferme occupée par

woond door *Gerard Boeks*; van deze hofstede, in eene regte lijn, op de kapel genaamd *de Hoeck-Kapel*, in de Papendreve; en van deze kapel, in eene regte lijn, op de kerk van Coxide, kruissende alzoo den weg van Wulpen in de waterleiding genaamd *de Langelies*, en latende links de hofstede *Leeghof* geheten, in het territoir van toezigt, zoo wel als de kerk en de drie huizen welke het dorp Coxide uitmaken.

Van daar, in eene regte lijn, op het huis van *Carolus Eve-raert*; van hetzelve, in eene regte lijn, op de kapel genaamd *de Lapenus-Kapel*, en staande aan den Burgweg, zoodat het dorp Oost-Duinkerke in het territoir van toezigt valt; voorts langs genoemden *Burgweg* tot daar waar de vestingwerken aan de zeezijde van de stad Nieuwpoort een aanvang nemen; alsdan langs de buitenzijde dezer vestingwerken, zoodanig dat de stad Nieuwpoort en vaart buiten het territoir van toe-zigt blijven, tot aan de Kelderhaven; wijders, in eene regte lijn, kruissende deze kil tot aan den weg van Nieuwpoort naar Lombarzijde; en vervolgens langs dezen weg tot aan de kerk van Lombarzijde.

Van daar, in eene regte lijn, op de hofstede van *Romme-laers*, gelegen aan de vereeniging van den weg de *Abdisse-Weg* genaamd, in den Hoogen-Burgweg of Langenweg; voorts langs gezegde Hoogen-Burgweg of Langenweg, loopende door het dorp Wils-Kerke, zoodanig dat het gedeelte van dit dorp hetwelk ter linkerzijde van dezen weg naar de zijde van de kerk gelegen is in het territoir van toezigt valt, tot aan de hofstede van 't Jonck; van deze hofstede, in eene regte lijn, op den molen van Steene, bij den straatweg van Brugge en Meenen naar Ostende; en van dezen molen, in eene regte lijn, kruissende gezegden straatweg bij de eerste barriere tot aan de vaart van Brugge naar Ostende, beneden Slijckens, welk dorp in het territoir van toezigt valt, tegen over den grooten weg die van Slijckens naar Breedene is leidende, la-ende alzoo het dorp Steene, als ook de twee laatste molens van Slijckens naar de zijde van Brugge rechts buiten het ter-ritoir van toezigt.

Gérard Boeks ; de cette ferme, en ligne droite, sur la chapelle nommée *Hoeck-Chapelle*, dans le Papendreve ; et de
cette chapelle, en ligne droite, sur l'église de Coxide, traversant le chemin de Wulpen, et le conduit d'eau dit *Langelies*, et laissant à gauche dans le territoire de surveillance la
ferme dite *Leeghof*, ainsi que l'église et les trois maisons qui
forment le village de Coxide.

Delà, en ligne droite, sur la maison de *Carolus Everaert*,
de cette maison, en ligne droite, sur la chapelle dite *Lapenus-
Chapelle*, située sur le chemin dit *Burgweg*, de manière que
le village d'Oost Duinkerke est compris dans le territoire de
surveillance, ensuite le long dudit Burgweg, jusqu'où commencent les fortifications de la ville de Nieuport, du côté de
la mer ; puis longeant extérieurement ces fortifications, de
manière que la ville et le canal de Nieuport, restent hors du
territoire de surveillance, jusqu'au chenal du port ; puis en
ligne droite, traversant ce chenal jusqu'au chemin de Nieuport à Lombarzijde ; ensuite le long de ce chemin jusqu'à l'é-
glise de Lombarzijde.

Delà, en ligne droite, sur la ferme de *Rommelaers*, située
à l'embranchement des chemins dits *Abdisseweg* et *Hoogen-
burgweg* ou *Langenweg* ; puis le long dudit Hoogenburgweg
ou Langenweg, jusqu'à la ferme de 't Jonck, en passant par
le village de Wilskerke, dont la partie à gauche de la route,
du côté de l'église, est comprise dans le territoire de surveillance ; de la ferme de *'t Jonck*, en ligne droite, sur le moulin
de Steene, près de la chaussée de Bruges et Menin à Ostende ;
et de ce moulin, en ligne droite, traversant ladite chaussée
près de la première barrière, sur le canal de Bruges à Ostende,
au dessous du village de Slijckens (qui est compris dans le
territoire de surveillance), vis-à-vis le grand chemin qui conduit de Slijckens à Breedene ; laissant ainsi à droite hors du
territoire de surveillance, le village de Steene, et les deux
derniers moulins de Slijckens, du côté de Bruges.

Van daar in eene regte lijn dwars over gezegde vaart van Brugge naar Ostende, tot aan, en alsdan langs gemelden grooten weg van Slijckens naar Breedene loopende over de zoogenaamde *Nuekerbrug* tot aan den dijk van Breedene, latende het dorp Breedene rechts buiten het territoir van toezigt, wijders langs dien dijk tot aan den weg die tegen over het huis van *Vandekinderen* van dezen dijk uitgaat, en naar de hofstede van *Pierre Swaenepoel* leidt; en vervolgens langs dien weg tot aan deze hofstede.

Van daar, langs den weg, loopende door de heide, tot aan de brug genaamd *de Heule van de Linde-Brug*, voorts langs den zoogenoemden *Landweg*, tot tusschen den molen genaamd *de Heijemolen*, staande rechts, buiten het territoir van toezigt en de hofstede van *Michel Dumont*, ter linker zijde in het territoir van toezigt gelegen, alsdan in eene regte lijn tot aan den weg van Vlisseghem naar Nieuwmunster, tegen over de hofstede van *Marmoes*, latende rechts buiten het territoir van toezigt de hofstede van *Lauwrent Ketel*, en links in het territoir van toezigt, het huis van *Philippe Verkest*; en wijders langs dien weg de genoemde hofstede van *Marmoes*, ter rechterzijde buiten het territoir van toezigt latende, tot aan den weg ter linkerzijde genaamd *de Oude Landweg*.

Van daar, langs gemelden Ouden Landweg tot aan het tegen over de hofstede van *Adrien Lambrecht*, rechts van dezen weg uitgaande voetpad genaamd *de Kerkweg*; voorts langs dit voetpad tot aan den weg van Brugge naar Werdune, *de Jockstraate* geheten; langs dezen weg tot aan die genaamd *de Groenedreve*, wijders langs dezen laatste n tot aan het voetpad, tegen over het huis bewoond door *Joseph Traan*; alsdan langs dit voetpad tot aan den weg, leidende naar de zoogenaamde *Scharebrug*, ter zijde van de hofstede bewoond door *Albert Herman*: en welke hofstede in het territoir van toezigt valt; en vervolgens langs dezen weg tot aan gezegde *Scharebrug*, op de vaart van Brugge naar Blankenberg.

Van daar langs denzelven weg die hier de *leege straate* ge-

Delà, en ligne droite, traversant ledit canal de Bruges à Ostende, sur ledit grand chemin de Slijckens à Breedene ; le long de ce grand chemin, passant par le pont dit *Nuekerbrug*, jusqu'à la ligne de Breedene; laissant le village de Breedene à droite, hors du territoire de surveillance ; puis le long de cette digue, jusqu'au chemin qui se trouve vis-à-vis de la maison de *Van de Kinderen*, et qui conduit à la ferme de *Pierre Swaenepoel*; ensuite le long de ce chemin jusqu'à cette ferme.

Delà, le long du chemin, qui traverse la bruyère jusqu'au pont dit *heule van de Lindebrug*; ensuite, le long du chemin dit *Landweg*, jusqu'à entre le moulin dit *Heijemolen*, situé à droite, hors du territoire de surveillance, et la ferme de *Michel Dumont*, qui se trouve à gauche, dans le territoire de surveillance; alors, en ligne droite, sur le chemin de Vlisseghem à Nieuwmunster, vis-à-vis la ferme de *Marmoes*, laissant à droite, hors du territoire de surveillance, la ferme de *Laurent Ketel*, et à gauche, dans le territoire de surveillance, la maison de *Philippe Verkest* ; ensuite, le long de ce chemin, laissant ladite ferme de *Marmoes*, à droite, hors du territoire de surveillance, jusqu'au chemin à gauche nommé *oude Landweg*.

Delà, le long dudit chemin nommé *oude Landweg*, jusqu'au sentier à droite, vis-à-vis la ferme d'*Adrien Lambrecht*, dit *Kerkweg;* puis, le long de ce sentier, jusqu'au chemin de Bruges à Werdune, dit *Jackstraate* ; le long de ce chemin, jusqu'à celui dit *Groenedreve*; puis, le long de ce dernier jusqu'au sentier, vis-à-vis la maison occupée par *Joseph Traan*; alors, le long de ce sentier jusqu'au chemin qui conduit au pont nommé *Scharebrug*, à côté de la ferme occupée par *Albert Herman*, laquelle est comprise dans le territoire de surveillance ; ensuite, le long de ce chemin jusqu'audit pont nommé *Scharebrug*, sur le canal de Bruges à Blankenberg.

Delà, le long du même chemin, qui ici s'appelle *Leege-*

5.   24.

heten werdt, en latende rechts buiten het territoir van toezigt, de hofstede van *Simon Michiels*, tot aan den weg ter
regterzijde de *Kuipers Scheedeweg* genaamd, voorts langs de
Kuipers Scheedeweg tot aan den straatweg van Brugge naar
Blankenberg, latende de hofstede bewoond door *Louis Willems*, links in het territoir van toezigt, alsdan dwars over dien
straatweg tot aan den tegen over die hofstede van denzelven
uitgaanden weg de *Pastij Straete* geheten, en wijders langs
genoemde pastij straete tot aan de Steenebrug, de *Hondsheule* genaamd, gelegen op de waterleiding, gezegd de
Smalle Watergang.

Van daar langs die waterleiding tot aan de brug op den weg
van Liesseweghe naar Uitkerke; voorts langs den weg de
swakkedamme straete geheten, loopende over de brug en
sluis van denzelfden naam, tot aan de hofstede van *Jean van
Loo*; van deze hofstede langs den weg die van dezelve leidt,
naar die bewoond door de weduwe *Jacques Claeijs*, tot aan
het voetpad, tegen over laatstgenoemde hofstede, en die alzoo rechts buiten het territoir van toezigt blijft, vervolgens
langs dit voetpad tot aan den straatweg van Heijst, bij de
hofstede van *Joseph Bulcke*, en alsdan langs dezen straatweg,
tot aan de brug op de waterleiding, genaamd de *Steert van
den Noord-Waterloop.*

Van daar langs die waterleiding, latende het dorp Ramskapelle, rechts buiten het territoir van toezigt tot aan den
weg de *ramskapelle straete* geheten, voorts langs dezen weg
tot aan die, genaamd de *Kalverkeerdijk*, wijders langs gezegden Kalverkeerdijk tot aan den zoogenaamde *Schaapbrug*,
op den nieuwen straatweg van Westkapelle naar Sluis, en alsdan langs dezen straatweg, loopende door het dorp St.-Anne
tot aan de stad Sluis, zoodanig noglans dat die straatweg buiten het territoir van toezigt blijft.

ZEELAND.

Van daar ten westen onmiddelijk om de stad Sluis, zoo dat
dezelve stad buiten het territoir van toezigt blijft, langs het

straate , laissant à droite, hors du territoire de surveillance, la ferme de *Simon Michiels* , jusqu'au chemin à droite nommé *Kuipers-Scheedeweg*; puis, le long dudit chemin nommé *Kuipers-Scheedeweg* jusqu'à la chaussée de Bruges à Blankenberg, laissant la ferme occupée par *Louis Willems*, à gauche, dans le territoire de surveillance ; alors, traversant cette chaussée, jusqu'au chemin nommé *Pastij-Straate* , qui se trouve vis-à-vis de cette ferme ; ensuite, le long dudit chemin nommé *Pastij-Straate* , jusqu'au pont de pierre dit *Hondsheule*, sur le conduit d'eau nommé le *Smalle Watergang*.

Delà , le long de ce conduit d'eau jusqu'au bout du chemin de Lisseweghe à Uitkerke ; puis, le long du chemin dit *Swakkedamme-Straete*, passant par le pont et l'écluse du même nom , jusqu'à la ferme de *Jean van Loo* ; puis , le long du chemin qui conduit de cette ferme à celle occupée par la veuve de *Jacques Claeijs*, jusqu'au sentier vis-à-vis de la dernière ferme, laquelle reste ainsi à droite hors du territoire de surveillance ; ensuite, le long de ce sentier jusqu'à la chaussée de Heijst , près la ferme de *Joseph Bulcke*; et alors, le long de cette chaussée jusqu'au pont, sur le conduit d'eau nommé *steert van den Noord-Waterloop*.

Delà , le long de ce conduit d'eau, laissant la ville de Ramskappel , à droite , hors du territoire de surveillance, jusqu'au chemin dit *Ramskappelle-straete* ; ensuite , le long de ce chemin jusqu'à celui nommé *Kalverkeerdyk* ; puis, le long dudit chemin nommé *Kalverkeerdyk*, jusqu'au pont dit *Schaapbrug*, sur la nouvelle chaussée de Westkapelle à l'Ecluse ; ensuite , le long de cette chaussée , traversant le village de Sainte-Anne, jusqu'à la ville de l'Écluse ; de manière, que cette chaussée reste hors du territoire de surveillance.

ZÉLANDE.

Delà , côtoyant immédiatement à l'ouest, la ville de l'Écluse , de sorte que cette ville reste hors du territoire de sur-

vaarwater het *Pas* genaamd, tot aan het veerhuisje van het Zwin, en van hetzelve veerhuisje zuidwaards onmiddelijk langs de boorden van het Zwin of Sluisschegat, tot aan de gesloten Aardenburgsche haven; van daar in eene regte lijn kruissende het Zwin, over op den buitendijk aan de overzijde van hetzelve, vervolgens noordwaards op weder onmiddelijk langs de boorden van het Zwin, tot de hofstede bewoond door *Vermast*, en aan den buitendijk van het Zwin gelegen.

Van daar noordwaards in eene regte lijn, door het kasteel poldertje, den kleine bladelijns polder, en den polder van de vier honderd beoosten ter hofstede, op den westelijken hoek van den polder van de Watering van Zuidzande, zijnde het punt waar de westelijke dijk van laatstgenoemden polder in aanraking komt met den noordelijken dijk, van den polder van de vier honderd beoosten ter hofstede, en voorts langs gemelden westelijken dijk, doorloopende tusschen den polder van de Watering van Zuidzande, en de polders van het oude land van Kadzand, en de vier honderd bezuiden de kerk van Kadzand, tot aan den zuidelijken hoek van den polder van het Strijdersgat.

Van daar langs den dijk liggende tusschen den polder van het Strijdersgat en den polder van de Watering van Zuidzande tot daar alwaar deze dijk stoot op den Antwerpschen polder, en van dit punt noordwaards in eene regte lijn, door laatst genoemden polder, den polder van St.-Jan den Mettenyen, en den grooten St.-Anna polder, tot op den hoek van het Lampsins poldertje bij de Mosseldijk.

Van daar langs gezegden Mosseldijk, tot aan den Catzweg, langs dezen weg tot aan den weg tusschen den Proost-polder, en den polder van de Groede, verder langs dezen weg tot aan den Proostpolderlijk, en vervolgens langs den dijk, langs den Blokspolder tot aan den Bramendijk.

Van daar tusschen den Zuidwesthoek polder en den polder van de Groede, langs gemelden Bramendijk, tot aan den Kruis-

veillance, le long du canal nommé *le Pas*, jusqu'à la maison
de passage au Zwin, et de cette maison, vers le sud, immédiatement le long des bords du Zwin ou Sluisschegat, jusqu'au
port fermé d'Aardenburg; delà, en ligne droite, croisant le
Zwin, sur la digue extérieure du côté opposé; ensuite, remontant vers le nord, immédiatement le long des bords du
Zwin jusqu'à la métairie, occupée par *Vermast*, et située à la
digue extérieure du Zwin.

Delà, vers le nord, en ligne droite, à travers le kasteel
poldertje, le kleine Bladelijns-polder, et le polder van de vier
honderd beoosten ter hofstede, sur la pointe occidentale du
polder van de Watering van Zuidzande, étant le point où la
digue occidentale du dernier polder touche à la digue septentrionale du polder van de vier honderd beoosten ter hofstede;
et puis, le long de ladite digue occidentale, passant entre le
polder van de Watering van Zuidzande, et les polders van het
oude land van Kadzand, et van de vier honderd bezuiden de
kerk van Kadzand, jusqu'à la pointe méridionale du polder
van het Strijdersgat.

Delà, le long de la digue située entre le polder van het Strijdersgat, et le polder van de Watering van Zuidzande, jusqu'au point où cette digue aboutit au Antwerpschen-polder; et
de ce point vers le nord, en ligne droite, à travers ce dernier
polder, le polder van St.-Jan den Mettenijen et le grooten
St.-Anna polder, sur le coin du Lampsius poldertje, près de
la digue nommée *Mosseldijk*.

Delà, le long de ladite digue nommée *Mosseldijk*, jusqu'au
chemin dit *Catzweg*; le long de ce chemin, jusqu'au chemin
entre le Proost-polder et le polder van de Groede; puis, le long
de ce chemin jusqu'à la digue dite *Proostpolderdijk*; ensuite
le long de la digue longeant le Blokspolder, jusqu'à la digue
nommée *Bramendijk*.

Delà, entre le Zuidwesthoek-polder, et le polder van de
Groede, le long de ladite digue nommée *Bramendijk*, jusqu'à

dijk , en langs dezen dijk (die ook wel *de platte weg van de Groede* genaamd wordt), tot aan de herberg de Kruisdijk , gelegen aan den grooten straatweg van Breskens naar Vlaanderen.

Van daar dwars over genoemden straatweg, en verder langs den dijk (ook *Kruisdijk* genaamd) tot aan den Zeedijk, en voorts langs dien Zeedijk tot aan en alsdan langs de kil en haven n.r 1 (zoodanig dat die kil en haven in het territoir van toezigt komen) tot aan de boorden van de rivier de Westerschelde.

Van daar oostwaards op , onmiddelijk langs de boorden van de rivier de Westerschelde tot aan den uitersten hoek van den Zeedijk van den Melopolder , bij het veer van Saeftingen ; van den gezegden uitersten hoek in eene regte lijn , kruissende de rivier de Westerschelde over , op het Havenhoofd van het fort Bath ; van het gezegde Havenhoofd westwaards op weder onmiddelijk langs de boorden van de rivier de Westerschelde tot aan den Noorder Nol aan den zeedijk van Borsselen ; en van den genoemden Noorder Nol in eene regte lijn over , op het eiland Walcheren , op den westelijken hoek van den mond der middelburgsche oude haven bij het kasteel van Rammekens ; zoodanig dat de rivier de Westerschelde van af haren mond opwaards tot daar alwaar tusschen den uitersten hoek van den zeedijk van den Melopolder en het Havenhoofd van het fort Bath, gezegde regte lijn haar kruist, in het territoir van toezigt komt, en dat daarentegen de wederzijdsche boorden dezer rivier, gerekend aan de zijde van het voormalig Staats-Vlaanderen van af de haven n.r 1 , tot aan den uitersten hoek van den Zeedijk van den Melopolder, en aan de zijde van het eiland Zuid-Beveland , van af den Noorder Nol aan den Zeedijk van Borsselen , tot aan het havenhoofd van het fort Bath, benevens de haventjes, killen, kreeken en uitloozingen tot aan den Zoom der schorren en stranden bij laagwater bloot liggende en buiten het territoir van toezigt blijven.

Van gemelde westelijken hoek van den mond der middel-

la digue dite *Kruisdijk*; et le long de cette digue (aussi nommée *de platte weg van de Groede*), jusqu'à l'auberge le Kruisdijk, située à la grande chaussée de Breskens, à la Flandre.

Delà, traversant ladite chaussée, encore le long de la digue (aussi nommée *Kruisdijk*), jusqu'à la digue de mer ; et puis, le long de cette digue de mer jusqu'au chenal et port, n° 1, ensuite, le long de ce chenal et port (de manière que ce chenal et port sont compris dans le territoire de surveillance), jusqu'aux bords de la rivière l'Escaut occidental.

Delà, vers l'est, immédiatement le long des bords de la rivière l'Escaut occidental, jusqu'à la pointe la plus avancée de la digue de mer du Melo-polder, près du passage d'eau de Saeftingen ; de ladite pointe la plus avancée, en ligne droite, traversant la rivière l'Escaut occidental, sur le môle du port, de la forteresse de Bath ; dudit môle du port, vers l'ouest; de nouveau immédiatement le long des bords de la rivière l'Escaut occidental, jusqu'au Noorder Nol, à la digue de mer de Borsselen ; et dudit Noorder Nol, en ligne droite, sur l'île de Walcheren, sur la pointe occidentale de l'embouchure du vieux port de Middelbourg, près du château de Rammekens; de manière, que l'Escaut occidental, depuis son embouchure en remontant jusqu'à l'endroit où entre la pointe la plus avancée de la digue de mer du Melo-polder, et le môle du port de la forteresse de Bath, elle est croisée par ladite ligne droite, est comprise dans le territoire de surveillance, et qu'au contraire les bords respectifs de cette rivière, savoir : du côté de la ci-devant Flandre Hollandaise, depuis le port n° 1, jusqu'à la pointe la plus avancée de la digue de mer du Melo-polder, et du côté de l'île de Zuidbeveland, depuis le Noorder Nol, à la digue de mer de Borsselen, jusqu'au môle du port de la forteresse de Bath, ainsi que les petits ports, chenaux, criques et conduits d'eau, jusqu'au bord des alluvions et rivages, découverts à eau basse, restent hors du territoire de surveillance.

De ladite pointe occidentale de l'embouchure du vieux port

burgsche oude haven langs den Trekdijk tot aan den Kapitalendijk dier haven ; voorts langs gemelden Kapitalendijk (zoodat gezegde haven buiten het territoir van toezigt blijft) tot
aan den langen weg ; langs dezen om de boeren plaats van de
weduwe *Jan Wangen* , tot aan het dorpweg ; wijders langs gezegden dorpweg tot aan den loodweg; langs dezen weg tot
aan den Ritthemschen Zandweg ; langs denzelven tot aan het
burgwegje ; verder , langs dit wegje tot aan den middelburg-
schen straatweg, vervolgens langs gemelden straatweg (welke
straatweg nogtans geheel buiten territoir van toezigt blijft)
tot aan de Weststraat ; en langs deze ; tot aan de Westsouburg;
de kom van dit dorp buiten het territoir van toezigt latende.

Van daar langs den Westsouburgschen Zandweg tot aan het
hek van de plaats Noordbeek ; voorts langs den Bergweg tot
aan de woning van den landman *Lijn Brasser ;* verder , regts af
langs den nieuwen Zandweg, tot aan den Koukerkschen korenmolen ; en wijders, langs den Koukerkschen Zandweg, tot
aan Koukerke ; de kom van dit dorp buiten het territoir van
toezigt latende.

Van daar langs den Neerlandschenweg, tot aan de Wege-
ling (of Laan), naar de plaats van *Jan Roze ;* vervolgens langs
het voetpad, beoosten de plaats van *Klaas Houterman* , tot aan
den rijweg ; verder langs gezegden rijweg tot aan den molen
van Beggenkerke, en voorts bezuiden den molen langs het voetpad naar Beggekerke , de kom van dit dorp buiten het territoir van toezigt latende.

Van daar langs den Meliskerkschenweg , tot aan en vervolgens langs den kleiweg tot aan het hek van de boerenplaats van
Jan Harps ; wijders, langs de groene Laan , door het hek en
langs de baan van en tot aan de plaats het kasteel van Melis-

de Middelbourg , le long de la digue de halage , jusqu'à la digue principale de ce port ; ensuite , le long de ladite digue
principale (de manière , que ledit port reste hors du territoire
de surveillance) , jusqu'au chemin , dit *le lange-weg* ; le long
de celui-ci et contournant la ferme de la veuve *Jan Wangen* ,
jusqu'au chemin du village ; ensuite , le long dudit chemin du
village , jusqu'au chemin dit *Loodweg* ; le long de ce chemin
jusqu'à celui dit *Ritthemschen Zandweg* ; le long de celui-ci
jusqu'au chemin dit *burgwegje* ; ensuite , le long de ce chemin ;
jusqu'à la chaussée de Middelbourg ; puis , le long de ladite
chaussée (laquelle chaussée reste cependant entièrement hors
du territoire de surveillance) , jusqu'au chemin, dit *Weststraat* ;
et le long de celui-ci , jusqu'à Westsouburg , laissant les maisons agglomérées de ce village , hors du territoire de surveillance.

Delà , le long du chemin , dit *Westsouburgschen Zandweg* ,
jusqu'à la barrière de la ferme de Noordbeek ; puis , le long
du chemin , dit *bergweg* , jusqu'à l'habitation du cultivateur
Lijn Brasser ; puis , à droite le long du chemin dit *nieuwe
zandweg* , jusqu'au moulin à blé de Koukerke ; ensuite , le
long du chemin dit *Koukerkschen zandweg* , jusqu'à Koukerke ; laissant les maisons agglomérées de ce village , hors
du territoire de surveillance.

Delà , le long du chemin, dit *Neerlandsche weg* , jusqu'à
l'allée à la ferme de *Jan Roze* ; ensuite , le long du sentier à
l'est de la ferme de *Klaas Houterman* , jusqu'au chemin de
charroi ; puis , le long dudit chemin de charroi, jusqu'au
moulin de Biggenkerke ; ensuite sur le côté sud du moulin ,
le long du sentier jusqu'à Biggenkerke, laissant les maisons
agglomérées de ce village , hors du territoire de surveillance.

Delà, le long du chemin de Meliskerke, jusqu'au chemin
dit *Kleiweg* , et le long de ce chemin jusqu'à la barrière de
la ferme de *Jan Harps* ; ensuite , le long de l'Allée-Verte ,
passant la barrière et suivant l'avenue de la ferme dite *het
kasteel van Meliskerke* , jusqu'à cette ferme; et puis , de cette

5.   25.

kerke, en voorts van deze plaats langs den Zandweg tot aan
Meliskerke, de kom van dit dorp buiten het territoir van toezigt latende.

Van daar langs den Boterhamschenweg, voorbij de plaats
van *Willem Lijnse Dekker*, tot aan den Zandweg bij de plaats
het klooster St.-Jan-ten-Heere; wijders, langs gemelden Zandweg door Aechtekerke en Ooskappel, tot aan den Rhijnburg-
schen Zandweg, de kom van het dorp Aechtekerke zoo mede
die van het dorp Oostkappel, buiten het territoir van toezigt
latende; en verder langs gemelden Rhijnsburgschen Zandweg,
tot aan en vervolgens langs het voetpad bezuiden het huis *ter
Mee*, bewoond door *Pieter Duivekot*, tot aan den kleiweg bij
de plaats van *Jacob Spruit*.

Van daar langs genoemden kleiweg, voorbij de plaats van
Cornelis Blouwkamer, de plaats Drie-Wegen en de woning
van *Cornelis Woudrigem*, tot aan den Polderschen Zandweg;
voorts langs dezen Zandweg, voorbij de woning van *Maarten
Huisman*, tot aan den kleiweg, en dezen langs voorbij de
plaatsen bewoond door *Adriaan Bimmel*, *Louw Riemes* en
Lijn Roze, tot aan het bosch van het huis ter Gapinge, en vervolgens regts af, langs den Zandweg tot aan Gapinge, de kom
van dit dorp buiten het territoir van toezigt latende.

Van daar langs den weg *het Schellach* genaamd voorbij de
woning van *Christiaan Alewijnse*, tot aan den weg naar de
plaats van *Willem Louverse*; dezen weg langs tot aan genoemde
plaats, en van deze plaats in eene regte lijn over de weilanden,
zuidwaards op tot aan de plaats van *Mels Gerard Melse*, gelegen
aan het einde van den kruisweg; langs gemelden kruisweg tot
aan den Veerschen straatweg (welke straatweg nogtans geheel
buiten het territoir van toezigt blijft); voorts dwars over den
zelven langs de verlenging van den platten weg, tot aan den plat-

ferme, le long du chemin dit *Zandweg*, jusqu'à Meliskerke, laissant les maisons agglomérées de ce village, hors du territoire de surveillance.

Delà, le long du chemin dit *Boterhamscheweg*, passant devant la ferme de *Willem Lijnse Dekker*, jusqu'au chemin nommé *Zandweg*, près de la ferme dite *het Klooster van St.-Jan ten Heere*; puis, le long dudit chemin nommé *Zandweg*, par Aechtekerke et Oostkappel, jusqu'au chemin nommé *Rijnsburgsche-Zandweg*, laissant les maisons agglomérées du village d'Aechtekerke, ainsi que celles du village d'Oostkappel, hors du territoire de surveillance; puis, le long dudit chemin nommé *Rijnsburgsche-Zandweg*, jusqu'au sentier au sud de la maison dite *het huis ter Mee*, occupée par *Pieter Duivekot*; ensuite, le long de ce sentier jusqu'au chemin nommé *Kleiweg*, près de la ferme de *Jacob Spruit*.

Delà, le long dudit chemin nommé *Kleiweg*, passant devant la ferme de *Cornelis Blouwkamer*, la ferme nommée *Drie-Wegen*, et l'habitation de *Cornelis Woudrigem*, jusqu'au chemin dit *Poldersche-Zandweg*, puis, le long de ce dernier chemin, passant devant l'habitation de *Maarten Huisman*, jusqu'au chemin dit *Kleiweg*; le long de celui-ci en passant devant les fermes occupées par *Adriaan Bimmel*, *Louw Riemes* et *Lijn Roze*, jusqu'au bois de la maison dite *het huis ter Gapinge*; ensuite, à droite, le long du chemin dit *Zandweg* jusqu'à Gapinge, laissant les maisons agglomérées de ce village, hors du territoire de surveillance.

Delà, le long du chemin dit *het Schellach*, passant devant l'habitation de *Christiaan Alewijnse*, jusqu'au chemin qui conduit à la ferme de *Willem Louwerse*; le long de ce chemin, jusqu'à ladite ferme, et de cette ferme en ligne droite, à travers les prairies, vers le sud, jusqu'à la ferme *Mels Gerard Melse*, située à l'extrémité du chemin nommé *Kruisweg*; le long dudit chemin nommé *Kruisweg*, jusqu'à la chaussée de Veere (laquelle chaussée reste cependant entièrement hors du territoire de surveillance); ensuite traversant cette chaussée, le long du prolongement du chemin dit *Platteweg*,

ten weg; langs dezen tot aan die genaamd *Pietje de Mansweg*, en wijders langs laatstgenoemden weg, naar en over plaats Wulpenburg, tot aan den Zeedijk, aan den westelijken hoek van den mond der Middelburgsche nieuwe haven (zoodat deze haven buiten het territoir van toezigt blijft).

Van daar in eene regte lijn over op het eiland Noord-Beveland, op den Zuidwestelijken hoek van den nieuw bedijkten Willemspolder; vervolgens in eene regte lijn dwars door dezen polder, tot op den Ouder Zeedijk aan de limietscheiding van Oud-Kampen en Soelekerk, bij den langen weg in den Heerjanspolder; langs deze weg dwars door gemelden Heerjanspolder, tot aan de buurtschap genaamd *het oude Kamperlandscheveer*; voorts langs den aarden of Kamperlandschenweg, dwars door den Kamperlandschenpolder bezuiden het bosch van den heer *Vader* langs tot aan de Torenpolderdijk; dezen dijk dwars over tot aan den molenweg in den Torenpolder; deze polder langs gezegden molenweg dwars door tot aan den Wissenkerkschenpolderdijk; dezen dijk dwars over tot aan den molenweg in den Wissenkerkschenpolder en langs dezen weg door laatstgenoemden polder tot aan den nieuw Noordbevelandschenpolderdijk.

Van daar regts langs gemelden Polderdijk tot aan den weg van *A. Verburg*; langs dezen weg tot aan den oud Noordbevelandschenpolderdijk; voorts regts dien dijk langs tot aan den weg naar *Salomon Boone*, bekend onder den naam *de weg van het Schuijers Vatje*, langs dezen weg tot aan den Noordlangenweg, laatstgenoemden weg langs tot aan den molen of hoogte weg.

Van daar oostwaards op onmiddelijk langs de boorden van de rivier de Oosterschelde tot aan het begin van het poldertje, genaamd *Alteklein*.

Vervolgens in eene regte lijn, kruissende de rivier de

jusqu'à ce chemin; le long de ce chemin, jusqu'à celui nommé *Pietje de Manweg*; et puis, le long de ce dernier chemin, jusques et par-delà la ferme de Wulpenhorg, jusqu'à la digue de mer, à la pointe occidentale de l'embouchure du nouveau port de Middelbourg, de manière que ce port reste hors du territoire de surveillance.

Delà, en ligne droite, sur l'île de Nord-Beveland, sur la pointe du sud-ouest du nouveau Willemspolder; puis, en ligne droite, à travers ce polder, sur l'ancienne digue de mer, à la limite d'Oud-Kampen et de Soelekerk, près du chemin dit *le Langeweg*, dans le Heerjans-polder; le long de ce chemin, à travers le susdit Heerjans-polder, jusqu'au lieu dit *Oude-Kamperlandsche veer*; ensuite, le long du chemin dit *Aarden* ou *Kamperlandschen weg*, à travers le polder de Kamperland, cotoyant au sud, le bois du sieur *Vader*, jusqu'à la digue nommée *Torenpolderdijk*; traversant cette digue jusqu'au chemin du moulin, dans le Torenpolder, le long de ce chemin du moulin, à travers ledit polder jusqu'à la digue dite *Wissenkerkschenpolderdijk*; traversant cette digue jusqu'au chemin du moulin, dans le Wissenkerkschenpolder, et le long de ce chemin du moulin à travers ce dernier polder, jusqu'à la digue nommée *nieuw Noordbevelandsche-polderdijk*.

Delà, à droite, le long de cette dernière digue, jusqu'au chemin de *A. Verburg*; le long de ce chemin jusqu'à la digue dite *Oud Noordbevelandschepolderdijk*; ensuite, à droite, le long de cette digue, jusqu'au chemin qui conduit à la ferme de *Salomon Boone*, et le long de ce chemin, connu sous le nom de *Weg van het Schuijersvatje*, jusqu'au chemin dit *Noord langenweg*, le long de ce dernier chemin, jusqu'au chemin du moulin, aussi nommé *Hoogte weg*.

Delà, vers l'est, immédiatement le long des bords de la rivière de l'Escaut oriental, jusqu'au commencement du petit polder, nommé *Alteklein*.

Ensuite en ligne droite, traversant la rivière l'Escaut

Oosterschelde, over op het veer genaamd *Vianen* (zoodanig echter dat niet alleen het geheele vaarwater, genaamd *het Kreten*, maar ook de vaart van Bath en Bergen-op-Zoom, alsmede uit de Zandkreek, naar dat vaarwater, moet geacht worden buiten het territoir van toezigt te blijven); van gezegd veer westwaards op weder onmiddelijk langs de boorden van de rivier de Oosterschelde, tot aan den westelijken hoek van den mond der haven van Zierikzee; voorts langs den westelijken dijk dier haven, tot aan het naastbij de stad gelegen wegje; verder langs hetzelve, tot aan en alsdan langs den buiten singel dezer stad, tot aan de Nobelpoort (zoo dat de haven en stad van Zierikzee buiten het territoir van toezigt blijven), van gezegde Nobelpoort der stad Zierikzee, langs den Lapschuurschen weg tot aan den ouden weg; en vervolgens langs dezen tot aan het dorp Kerkwerve, dit dorp in het territoir van toezigt opnemende.

Van daar oostwaards langs den rijweg ten westen, voorbij het Oude Kasteel, dat buiten het territoir van toezigt gelaten wordt, tot aan den ouden Schouwschendijk; voorts noordwaards langs dezen dijk tot daar waar hij zich vereenigd met den dijk van den polder van Zonnemaire; wijders langs laatstgemelden dijk, voorbij den molen van Zonnemaire, tot aan den dijk van den polder van Dreischor; alsdan noordwaards langs dezen dijk tot aan den derden of grooten weg; en vervolgens langs dien weg tot aan het dorp Dreischor, het dorp in het territoir van toezigt opnemende.

Van daar zuidwaards, voorbij het slot Windenburg, langs den boogaardweg tot aan den Zuiddijk; voorts langs dezen dijk, tot aan het veer aan het Dijkwater, genaamd *de Belder*; van dit veer, in eene regte lijn, kruissende het Dijkwater over, op den dijk van den Jongenpolder, daar waar dezelve regte lijn getrokken van dat veer op de hofstede van *Leendert Berman*, gelegen in denzelfden polder, op dien dijk valt; wijders langs laatstgemelden dijk, tot aan en alsdan langs

oriental, jusqu'au passage nommé *Vianen* (de manière cependant, que non-seulement tout le conduit d'eau, nommé *le Keeten*, mais aussi le canal de Bath et Bergen-op-Zoom ainsi que celui du Zandkreek y aboutissant, doivent être considérés comme restant du territoire de surveillance); dudit passage d'eau, encore immédiatement, vers l'ouest, le long des rives de l'Escaut oriental, jusqu'à la pointe occidentale de l'embouchure du port de Zierikzée; ensuite, le long de la digue occidentale de ce port jusqu'au chemin le plus proche de la ville; puis, le long de ce chemin jusqu'au rempart extérieur de cette ville; le long de ce rempart jusqu'à la porte nommée *Nobelpoort* (de manière que le port et la ville de Zierikzée restent hors du territoire de surveillance); de ladite porte nommée *Nobelpoort*, de la ville de Zierikzée, le long du chemin dit *Lapschuurschen weg*, jusqu'au chemin dit *Oudeweg*; et puis, le long de celui-ci jusqu'au village de Kerkwerve, qui est compris dans le territoire de surveillance.

Delà, vers l'est, le long du chemin de charroi, passant à l'ouest le Vieux-Château, qui reste hors du territoire de surveillance, jusqu'à la digue dite *oude Schouwsche-Dijk*; puis, vers le nord, le long de cette digue jusqu'à l'endroit où elle se réunit à la digue du polder Zonnemaire; ensuite, le long de cette dernière digue, passant le moulin de Zonnemaire jusqu'à la digue du polder de Dreischor; alors, vers le nord, le long de cette digue jusqu'au troisième ou grand chemin; et puis, le long de ce chemin jusqu'au village de Dreischor, qui est compris dans le territoire de surveillance.

Delà, vers le sud, passant le château de Winderburg, le long du chemin dit *Boogaardweg* jusqu'à la digue dite *Zuiddijk*; puis, le long de cette digue jusqu'au passage d'eau du Dijkwater, nommé *Belder*; de ce passage d'eau, en ligne droite, traversant le Dijkwater, sur la digue du Jongenpolder, à l'endroit où cette ligne droite, tirée de ce passage d'eau, sur la ferme de *Leendert Berman*, située dans ce polder, touche cette digue; ensuite, le long de cette dernière digue jusqu'à la digue dite *Buiten* ou *Vierbandschen-Dijk*, et le long de cette

den buiten of Vierbandschendijk, voorbij Stevensnis, dit
gehucht in het territoir van toezigt opnemende, tot aan den
Staart; verder langs den dorpweg, tot aan Sir Jansland, dit
dorp mede in het territoir van toezigt opnemende; vervolgens, langs het kerkpad, tot aan Boudewijn Bakkersweg; en
langs dezen weg, tot daar waar dezelve, bij de plaats van
Boudewijn Bakker, op den Duivelandschen Zeedijk eindigt.

ZUID-HOLLAND.

Van daar in eene regte lijn, over op het eiland Flakké, op
den oostelijken hoek der haven van Herkingen, deze haven
mitsgaders het dorp Herkingen zelve, in het territoir van
toezigt opnemende; voorts langs den Geldersehendijk, tot
tegen Dirksland, dit dorp mede in het territoir van toezigt
opnemende; vervolgens langs het korte wegje, tot aan den
Ouden of Lorrendijk; dezen dijk langs tot aan Sommelsdijk;
van dit dorp, langs den Molendijk of Sommelsdijkschen Havendijk, tot aan het dorp Middelharnis, de dorpen Sommelsdijk en Middelharnis; desgelijks in het territoir van toezigt
opnemende; en wijders langs den oostenlijken Havendijk,
tot aan het hoofd op den oostenlijken hoek van den mond
der haven Middelharnis.

Van daar zuid-oostwaards op onmiddelijk langs de boorden
van het Haringvliet tot aan den oostelijken hoek van den Nollendijk (zijnde de scheiding tusschen de gemeenten van den
Bommel en Ooltjensplaat); van dezen hoek in eene regte lijn
kruissende het Haringvliet, en loopende langs den oostelijken
uithoek van het eiland de tien Gemeten (dit eiland in het territoir van toezigt opnemende) op den oostelijken hoek van
het haventje van den Hitzerd; voorts zuidwaards op onmiddelijk langs de boorden van het Haringvliet en kruissende de mond
van het Spui, van daar noord-westwaards op tot aan den oostelijken hoek der nieuwe haven van Hellevoetsluis.

digue, passant devant le hameau de Stevensluis, qui est compris dans le territoire de surveillance, jusqu'au lieu dit *Staart*; puis, le long du chemin de village jusqu'à Sir Jansland (en comprenant aussi ce village, dans le territoire de surveillance); puis, le long du sentier dit *Kerkpad*, jusqu'au chemin nommé *Boudewijn-Bakkersweg*; et le long de ce chemin jusqu'à l'endroit où il aboutit, près de la ferme de *Boudewijn-Bakker*, à la digue de mer de Duiveland.

HOLLANDE MÉRIDIONALE.

Delà, en ligne droite, sur l'île de Flakkée, sur la pointe orientale du port de Herkingen, comprenant ce port et le village même de Herkingen, dans le territoire de surveillance; ensuite, le long de la digue dite *Geldersche-dijk* jusque contre Dirksland (comprenant aussi ce village, dans le territoire de surveillance); puis, le long du chemin dit *Kortewegje* jusqu'à la digue dite *Oude* ou *Lorrendijk*; le long de cette digue jusqu'à Sommelsdijk; de ce village, le long de la digue dite *Molendijk* ou *Sommeldijksche-Havendijk* jusqu'au village de Middelharnis, comprenant les villages de Sommelsdijk et Middelharnis de même, dans le territoire de surveillance; ensuite, le long de la digue orientale du port jusqu'au môle, sur la pointe orientale de l'embouchure du port de Middelharnis.

Delà, vers le sud-est, immédiatement le long des bords du Haringvliet jusqu'à la pointe orientale de la digue nommée *Nollendijk* (formant la limite des communes Van den Bommel et Ooltjensplaat); de cette pointe, en ligne droite, traversant le Haringvliet, et passant devant la pointe orientale de l'île dite *de Tien-Gemeten* (comprenant cette île, dans le territoire de surveillance), sur la pointe orientale du petit port de Hitzerd; ensuite, vers le sud, immédiatement le long des bords du Haringvliet, traversant l'embouchure du Spui; delà, vers le nord-ouest, jusqu'à la pointe orientale du nouveau port de Hellevoetsluis.

5.   26.

Van den gemelden oostelijken hoek der nieuwe haven van
Hellevoetsluis, langs deze haven, tot aan den Steenen Beer,
leggende in de buitengracht der stad Hellevoetsluis, vervolgens langs gemelde buitengracht, ten oosten om de stad, tot
aan het dorp Nieuwenhoren, dit dorp in het territoir van toezigt opnemende; verder langs gezegden straatweg, tot aan de
buitengracht, ten westen om de stad; tot aan den Steenen
Beer, liggende aan de haven, en wijders langs de zuid-oost-
zijde dezer haven tot aan de rivier de Maas.

Van daar, zuid-oostwaards op, onmiddelijk langs de boorden van de rivier de Maas, tot aan den westelijken hoek van
den mond der rivier de oude Maas; van dezen hoek, in eene
regte lijn, kruissende de rivier de Maas en loopende langs den
oostelijken uithoek van het eiland Rosenburg, op den westelijken hoek van den mond der haven van Vlaardingen; voorts,
noord-westwaards op, weder onmiddelijk langs de boorden van
de rivier de Maas, tot aan den oostelijken hoek van Boonsluis;
zoodanig dat de rivier de Maas van af haren mond, opwaarts,
tot daar alwaar, tusschen den westelijken hoek van den mond
der rivier de oude Maas, en den westelijken hoek van den mond
der haven van Vlaardingen, gezegde regte lijn haar kruist, benevens het eiland Rozenburg in het territoir van toezigt komt.

Van gemelden oostelijken hoek van Boonsluis, langs den
grooten of Boonsluisschenvliet, tot aan de Lange Brug, wijders, langs den vliet, loopende langs den Zuidbuurtschen weg,
tot aan de Maaslandsche vaart, bij den eersten slagpaal, gemerkt 70, staande op den Maaslandschen weg, agter het huis
ter Lucht; van dezen paal, in eene regte lijn, op het zoogenaamde *Pannenhuis*, bewoond door *Cornelis van den Burg*,
verder langs de ten westen van dit huis loopende sloot, tot
aan den Maasdijk; langs dezen dijk tot aan het Wouterswegje
(de ten noorden, langs dien dijk, gelegene woningen, in het

De ladite pointe orientale du nouveau port de Hellevoetsluis, le long de ce port jusqu'au môle en pierres, situé dans
le fossé extérieur de la ville de Hellevoetsluis ; puis, le long
de ce fossé extérieur, longeant la ville à l'est jusqu'à la chaussée à Brielle ; ensuite, le long de cette chaussée jusqu'au village de Nieuwenhoren, comprenant ce village, dans le territoire de surveillance ; puis, le long de ladite chaussée jusqu'au
fossé extérieur de la ville de Brielle ; le long de ce fossé extérieur, longeant la ville à l'ouest jusqu'au môle en pierres,
situé au port ; ensuite, le long du côté sud-est de ce port jusqu'à la rivière la Meuse.

Delà, vers le sud-est, immédiatement le long des bords de
la rivière lá Meuse, jusqu'à la pointe occidentale de l'embouchure de la rivière la vieille Meuse ; de cette pointe, en ligne
droite, traversant la rivière la Meuse, et passant devant la
pointe orientale, de l'île de Rosenburg, sur la pointe occidentale de l'embouchure du port de Vlaardingen ; puis, vers le
nord-ouest, de nouveau immédiatement le long des bords de
la rivière la Meuse, jusqu'à la pointe orientale de l'écluse dite
Boonsluis ; de manière, que la rivière la Meuse, depuis son
embouchure, en remontant jusqu'à l'endroit, où, entre la
pointe occidentale de l'embouchure de la rivière la vieille
Meuse, et la pointe occidentale de l'embouchure du port de
Vlaardingen, elle est croisée par ladite ligne droite, ensemble l'île de Rosenburg, sont comprises dans le territoire de surveillance.

De ladite pointe orientale, de l'écluse dite *Boonsluis*, le long
du canal dit *Groote* ou *Boonsluissche-vliet*, jusqu'au pont dit
Langebrug ; ensuite, le long du canal, longeant le chemin dit
Zuidbuurtscheweg, jusqu'au canal de Maasland, près du premier poteau marqué 70, sur le chemin de Maasland, derrière
la maison dite *het huis ter Lucht ;* de ce poteau, en ligne droite
sur la maison dite *het Pannenhuis*, occupée par *Cornelis van
den Burg ;* ensuite, le long du fossé qui se trouve à l'ouest de
cette maison, jusqu'à la digue dite *Maasdijk ;* le long de cette
digue, jusqu'au chemin nommé *Wouterswegje* (comprenant
dans le territoire de surveillance, les habitations situées au

territoir van toezigt opnemende), en vervolgens langs gezegde Wouterswegje , tot aan den Naaldwijkschenweg.

Van daar , in eene regte lijn , op den steenen watermolen
genaamd *de Wipmolen*, leggende aan de 's Gravezandsche vaart,
bij den grooten Gantel ; langs deze vaart , tot aan gezegden
grooten Gantel ; langs dezen tot aan de nieuwe vaart ; langs
laatstgemelde vaart, tot aan de woning van *Teunis Westmaas*,
staande bij de Loobrug , op den west hoek van de oude vaart;
alsdan langs gezegde oude vaart, westwaards , achter het dorp
Loosduinen om , tot aan de buitenplaats Kraaijenstein ; voorts
langs de zuid-westzijde van deze plaats, tot aan de Blauwe Brug,
en van deze brug , in eene regte lijn, op de boerenwoning genaamd *Aardenburg*, en gelegen aan het zoogenaamde *Rijslag*.

Van daar langs dit rijslag , loopende ten oosten , langs de
boerewoning bewoond door *Barend Neerscholten*, de buitenplaats genaamd *Meer-en-Bosch*, de boerenplaats bewoond door
M. van Kempen, de buitenplaats van Dietz , en de boerenwo-
ningen bewoond door *Nicolaas Fluit* en *Dirk de Haan*, tot aan
de rijweg genaamd *de Klinge ;* wijders langs dezen rijweg ,
naar en tot aan het zoogenaamde *Dekkers laantje ;* langs hetzelve , ten noordwesten voorbij de plaats Meerdervoort , tot
aan den Scheveningen straatweg, dezen dwars over tot aan ,
en alsdan langs de Schuddegeest laan , ten zuid-oosten voorbij
de plaats Schuddegeest , tot aan den denneweg ; dezen dwars
over , voorbij de herberg genaamd *de Zoete Inval*, tot aan den
Wassennaarschen weg , langs dezen ten zuidoosten , voorbij de
plaats Klingendaal , tot bij het huis bewoond door *Johannes van
der Klugt*, aan de Waalsdorpelaan.

Van daar langs deze laan , tot aan den Wassenaarschen achterweg , ook genaamd *de Noordkamp ;* voorts langs dezen weg,

nord, le long de cette digue), et puis , le long dudit chemin nommé *Wouterswegje* , jusqu'au chemin de Naaldwijk.

Delà , en ligne droite , sur le moulin à-eau de pierre, nommé *le Wipmolen* , situé sur le canal de 's Gravezande , près du canal nommé *Groote gantel* ; le long de ce canal , jusqu'audit canal nommé *Groote gantel* ; le long de celui-ci , jusqu'au canal nommé *Nieuwe-vaart* , le long de ce dernier canal , jusqu'à l'habitation de *Teunis Westmaas* , située près du pont dit *Loobrug* , sur la pointe occidentale du canal nommé *Oudevaart;* alors , le long dudit canal nommé *Oudevaart* , vers l'ouest , en longeant le village de Loosduinen , du derrière , jusqu'à la maison de campagne nommée *Kraijenstein;* puis, cotoyant cette campagne au sud-ouest , jusqu'au pont dit *Blaauwe-brug;* et de ce pont , en ligne droite , sur la ferme nommée *Aardenburg* , située au soi-disant chemin de charroi.

Delà , le long de ce chemin de charroi, passant à l'est , devant la ferme occupée par *Barend Neerscholten* , la maison de campagne nommée *Meer-en-Bosch* , la ferme occupée par *M. van Kempen* , la maison de campagne Diets, et les fermes occupées par *Nicolaas Fluit* et *Dirk de Haan* , jusqu'au chemin de charroi dit *la Klinge* ; ensuite , le long de ce chemin de charroi, jusqu'à l'allée nommée *Dekkerslaantje* ; le long de cette allée, passant au nord-ouest, devant la maison de campagne nommée *Meerdervoort* , jusqu'au pavé de Scheveningen; traversant ce pavé, jusqu'à l'allée , dite *Schuddegeestlaan* ; le long de cette allée, passant au sud-est, devant la maison de campagne nommée *Schuddegeest*, jusqu'au chemin dit *le Dennewrg* ; traversant ce chemin par devant l'auberge nommé *le Zoete inval* , jusqu'au chemin de Wassenaar; le long de celui-ci, passant au sud-est, devant la maison de campagne , nommée *Klingendaal* ; jusque près de la maison occupée par *Johannes van der Klugt* , sur le chemin dit *Waalsdorperlaan.*

Delà , le long de ce chemin , jusqu'à celui dit *Wassenaarsche Achterweg* , aussi nommé *le Noord-Kamp* ; puis , le long

ten zuid-oosten voorbij de plaatsen Groenendaal, Groot Haze-
broek en Wildrust, tot aan en vervolgens langs het slag of den
rijweg naar de boerenwoning genaamd *de drie Papegaaijen* ,
bewoond door *Gerrit van der Klaauw.*

Van daar langs den weg naar en tot aan de Zanderijbrug,
voorts langs de Rijperlaan, loopende langs de Zanderij van
Van Schinne, tot aan de Kerklaan; langs deze laan, tot aan
den Wassenaarschen achterweg; langs dezen weg, ten westen langs de kerk en het dorp van Wassenaar tot aan den
Wassenaarschen schulpweg; vervolgens, langs dezen Schulpweg, loopende langs de hofstede genaamd *Duinzel*, tot aan
den Wassenaarschen achterweg; en langs dezen, loopende
langs de hofsteden Rijsdorp en Choxorn, tot aan de hofstede
van de weduwe *Persijn*, aan den Katwijkschen achterweg.

Van daar langs laatstgenoemden weg, loopende over het
Zandbruggetje, langs het bosschje van Westerbaan, en achter de baanderij om, zoo mede, langs de woning van *Dirk
van der Kamp*, tot aan den rijweg naar Katwijk-aan-Zee, wijders, dwars over dezen weg, tot aan en alsdan langs den weg
loopende ten noord-westen om de kerk en het dorp van Katwijk Binnen, alsmede ten zuid-oosten langs de woning genaamd *Bouw* en *Schulpbust*, tot aan den Steenenheul, liggende over het kanaal van Katwijk.

Van daar langs den Katwijkschen weg, tot aan den Noord-
wijkschen weg; langs dezen weg, loopende ten zuid-oosten
langs de wooning van *Jan Zandberg*, tot aan de woning genaamd *de Driesprong ;* voorts langs den achterweg, kruissende den rijweg, tot aan de Barnebrug; verder, langs den
weg loopende achter langs het huis te Noordwijk en over
de Heilige Geesbrug, tot aan den Bronsgeester weg; langs

de ce chemin, passant au sud-est, devant les maisons de campagne nommées *Groenendaal*, *Groot Hasebroek* et *Wildrust*, jusqu'au chemin de charroi, qui conduit à la ferme nommée *les trois Perroquets*, occupée par *Gerrit van der Klaauw*; et puis, le long de ce chemin jusqu'à cette ferme.

Delà, le long du chemin, qui conduit au pont nommé *Zanderij-Brug*, jusqu'à ce pont; puis, le long de l'allée dite *Rijperlaan*, longeant la sablonnière de *Van Schinne*, jusqu'à l'allée nommée *Kerklaan*; le long de cette allée jusqu'au chemin dit *Wassenaarsche-Achterweg*; le long de ce chemin, longeant à l'ouest l'église et le village de Wassenaar, jusqu'au chemin dit *Wassenaarsche-Schulpweg*; ensuite, le long de ce dernier chemin, longeant la ferme nommée *Duinzel*, jusqu'au chemin dit *Wassenaarsche-Achterweg*, et le long de celui-ci, longeant les fermes nommées *Rijsdorp* et *Choxorn*, jusqu'à la ferme de la veuve *Persijn*, au chemin dit *Katwijksche-Achterweg*.

Delà, le long de ce dernier chemin, passant par le pont dit *Zandbruggetje*, longeant le bosquet de Westerbaan, et la carrière (*baanderij*) du derrière, et passant aussi devant l'habitation de *Dirk van der Kamp*, jusqu'au chemin de charroi de Katwijk-sur-Mer; puis, traversant ce chemin jusques et en suivant le chemin, qui longe au nord-ouest l'église et le village de Katwijk-Binnen, et au sud-est l'habitation nommée *Bouw* et *Schulp-Lust*, jusqu'à l'écluse (*Steenen-Heul*), située sur le canal de Katwijk.

Delà, le long du chemin de Katwijk jusqu'au chemin de Noordwijk; le long de ce chemin, longeant au sud-est l'habitation de *Jan Zandberg*, jusqu'à celle nommée *le Driesprong*; puis, le long du chemin dit *Achterweg*, traversant le chemin le charroi jusqu'au pont dit *Barnebrug*; ensuite, le long du chemin, longeant du derrière la maison dite *het huis te Noordwijk*, et passant par le pont nommé *Heilige-Geest-Brug*, jusqu'au chemin dit *Bronsgeesterweg*; le long de ce chemin, jusqu'au chemin dit *Buurtweg* à Noordwijkerhout, et le long de ce

dezen weg, tot aan den buurtweg naar Noordwijkerhout; en langs laatstgenoemden weg, voorbij de Roomsch katholijke kerk van Noordwijkerhout, de boerenplaats genaamd *Pinkendam*, en die bewoond door *Jan Zandbergen* tot aan de woning van *Engel van Stein*.

Van daar, langs den weg loopende ten oosten om het dorp Noordwijkerhout, voorbij de zoogenaamde *Heilige geest huisjes*, alsmede, ten noord-westen, voorbij de gesloopte plaats Duinendaal, de boerenwoning genaamd *Erfvoort*, die van *Cornelis van Schooten*, den zoogenaamden *Ruigenhoek*, het huis van *Jacob van Rooden*, de boerenwoning van *Jan Warmerdam*, en voorbij die van *Klaas Verdegaal*, tot aan de beeklaan of weg naar het haasveld bij den steenenpaal gemerkt 160/y.

NOORD-HOLLAND.

Van daar dwars over gezegde Beeklaan, tot beoosten het boerenhuis *Wassenaar* genaamd, op de hoek van de Zilkerweg, vervolgens langs den Zilkerweg, tot aan het boerenhuis genaamd *de Goudenberg*, bezuiden de Margarietlaan of Bartenbrugs-weg, voorts van dit huis in eene regte lijn op het boerenhuis, behoorende aan den heer *Barnaert*, en bewoond door de weduwe van *Pieter van den Berg*, van dit huis in eene regte lijn op het huis bewoond door *Lucas Tempelman*, van dit huis in eene regte lijn op de zuid-oostelijke hoek van de Doodweg, naar de twee steenenpalen van Woestduijn geplaatst zijn, voorts langs gezegde Doodweg, over de heul van de watering gelegen bewesten Leijdain.

Van daar, langs gezegden Doodweg, kruissende de Aardenhoutslaan of grooten weg van Haarlem naar Zandvoort tot aan het ten oosten van den Doodsweg gelegen huis, *Voorduijn* genaamd, wijders, langs den weg loopende ten westen, langs plaats Elswoud, tot aan den noordhoek van het Staketsel van deze plaats; van gezegden hoek, in eene regten lijn op de Joden begraafplaats.

dernier chemin, passant devant l'église catholique romaine de Noordwijkerhout, la ferme nommée *Pinkendam*, et celle occupée par *Jan Zandbergen*, jusqu'à l'habitation d'*Engel van Stein*.

Delà, le long du chemin, longeant à l'est le village de Noordwijkerhout, passant devant les maisons nommées *Heilige-Geest-Huisjes*, et au nord-ouest devant la maison de campagne démolie Duinendaal, la ferme nommée *Erfvoort*, celle de *Cornelis van Schooten*, l'endroit nommé *Ruigenhoek*, la maison de *Jacob van Rooden*, la ferme de *Jan Warmerdam* et celle de *Klaas Verdegaal*, jusqu'à l'allée nommée *Beeklaan*, ou chemin au Haasveld, près de la borne de pierre, marquée 160/y.

HOLLANDE SEPTENTRIONALE.

Delà, traversant ladite allée nommée *Beeklaan*, jusqu'à l'est de la ferme nommée *Wassenaar*, sur le coin du chemin dit *Zilkerweg*, le long de ce chemin jusqu'à la ferme nommée *le Goudenberg*, au sud de l'allée dite *Margarietelaan*, ou chemin de Bartenbrug; ensuite, de cette ferme, en ligne droite, sur celle appartenante au sieur *Barnaert*, et occupée par la veuve de *Pieter van den Berg*; de cette ferme, en ligne droite, sur celle occupée par *Lucas Tempelman*; de cette ferme, en ligne droite, sur la pointe sud-est du chemin dit *Doodweg*, où se trouvent les deux pieux de pierre de Woestduijn; puis, le long du chemin dit *Doodweg*, traversant l'écluse (*Heul*) du conduit d'eau, situé à l'ouest de Leijduin.

Delà, le long dudit chemin nommé *Doodweg*, traversant le chemin dit *Aardenhoutslaan*, ou grand chemin d'Harlem à Zandvoort, jusqu'à la maison nommée *Voorduijn*, située à l'est du chemin nommé *Doodweg*: puis, le long du chemin, qui longe à l'ouest la maison de campagne nommée *Elswoud*, jusqu'à l'angle septentrional de la clôture de cette campagne; dudit angle, en ligne droite, jusqu'au cimetière des Israélites.

5. 27.

Van daar in eene regte lijn op het huis de Rijp, van dit huis in eene regte lijn op de geslotene plaats Saxenburg; van deze in eene regte lijn op het huis Duijn-en-Daal, van daar in eene regte lijn bewesten Zomerzorg, op het huis genaamd *Bleeken- berg*, van daar op Meerenberg, en vervolgens op de herberg genaamd *Velserend*, staande bij de ruine van het huis te Bre- derode.

Van daar in eene regte lijn op het huis Princenbosch, van dit huis in eene regte lijn op de boerenplaats van den heer *Prince*, staande bewesten het huis Middelloo, van deze boe- renplaats in eene regte lijn, op de boere plaats genaamd *de Slingermuur*, en bewoond door *Cornelis Schienkel*; van deze plaats in eene regte lijn op Velserduijn.

Van daar in eene regte lijn op het huis *de Kikvorsch* ge- naamd, van dit huis in eene regte lijn op de herberg genaamd *Oosterduin*, van deze herberg op het huis bewoond door *Ba- rend Koolhof*.

Van daar in eene regte lijn op het huis Kralenberg, wijders in eene regte lijn op het huis bewoond door *Gerrit Deken*, en van dit huis in eene regte lijn, op dat bewoond door *Jacob Graman*, en gelegen aan den weg van de Beverwijk naar Wijk- aan-Zee bij de plaats, waar wel eer het Wijkerhek stond.

Van daar in eene regte lijn op het huis bewoond door *Griet Mientje*, van dit huis in eene regte lijn op het huis van *Jan van Duijf*, van hetzelve in eene regte lijn op het huis van *Wil- lem Steng*, van hier op dat bewoond door *Simon de Ruiter*, vervolgens op die van *Jacob Stut*, *Klaasje Hout*, *Arie Duijn*, *Jaap Dam*, *Gerrit Beentjes*, *Bank Beentjes*, *Jan Kaspers*, *Gerrit Scheerman*, *Cornelis Wagemaker*, *Engel Kroon*, en eindelijk op het huis de Vlottert, en van dit huis in eene regte lijn op dat bewoond door *Arie Spaan*, bewesten het dorp Cas- tricum gelegen.

Delà , en ligne droite , jusqu'à la maison nommée *de Rijp* ;
de cette maison , en ligne droite , sur l'emplacement de la
maison de campagne démolie, nommée *Saxenbourg* ; ensuite , en
ligne droite, sur la maison nommée *Duin-en-Daal* ; de celle-ci ,
en ligne droite, sur la maison nommée *Bleekenberg* ; à l'ouest de
la maison nommée *Zomerzorg* ; delà , sur la maison nommée
Meerenberg ; et de celle-ci , sur l'auberge nommée *Velserend* ,
située près des ruines de la maison de Brederode.

Delà , en ligne droite , sur la maison nommée *Princenbosch*,
de cette maison , en ligne droite , jusqu'à la ferme du sieur
Prince , située à l'ouest de la maison , nommée *Middelloo* ; de
cette ferme , en ligne droite , sur celle nommée *le Slingermuur*, et occupée par *Cornelis Schinkel* ; de cette ferme , en
ligne droite , sur la maison nommée *Velserduijn.*

Delà , en ligne droite , sur la maison nommée *de Kikvorsch* ;
de cette maison , en ligne droite , sur l'auberge nommée *Oosterduin* ; de cette auberge , sur la maison occupée par *Barend
Koolhof.*

Delà , en ligne droite , sur la maison nommée *Kralenberg* ;
ensuite , en ligne droite , sur la maison occupée par *Gerrit Deken* , et de celle-ci , en ligne droite , sur la maison occupée
par *Jacob Graman* , et située au chemin de Beverwijk à Wijk-
sur-Mer , près de l'ancien emplacement de la barrière de
Wijk.

Delà , en ligne droite , sur la maison occupée par *Griet
Mientje* ; de cette maison , en ligne droite , sur celle de *Jan
van Duijf* ; de cette maison , en ligne droite , sur celle de
Willem Steng ; de cette maison sur celle occupée par *Simon
de Ruiter* ; ensuite , sur celles de *Jacob Stut* , *Klaasje Hout* ,
Arie Duijn , *Jaap Dam* , *Gerrit Beentjes* , *Bank Beentjes* , *Jan
Kaspers* , *Gerrit Scheerman* , *Cornelis Wagemaker* , *Engel
Kroon* , et enfin , sur celle nommée *de Vlottert* , et de cette mai-
son , en ligne droite , sur celle occupée par *Arie Spaan* , située à l'ouest du village de Castricum.

Van daar in eene regte lijn op het huis bewoond door *Piet de Graaf*; van dit huis in eene regte lijn op dat bewoond door *Dirk Knaab*, van hetzelve in eene regte lijn op het huis genaamd *de Halve Appel*, vervolgens de weg langs dit huis loopende, te houden door de Bakkummer duinen, beoosten het voormalige slot Vredesteijn, door het dorp Egmond binnen, zoo dat alle woningen bewesten deze weg in het territoir van toezigt zijn begrepen.

Vervolgens langs deze weg op de scheipaal, tusschen Egmond en Wimmenum, staande aan de Tichellaan en den Heerenweg benoorden het dorp Egmond-op-den-Hoef.

Van daar langs gemelden Heerenweg, tot aan het dorp Bergen, en wel tot aan het huis genummerd 33, behoorende aan *Joost Jnangh*, van dit huis langs het kerkhof van Bergen (blijvende dit kerkhof benevens het overige van het dorp Bergen, buiten het territoir van toezigt), tot aan het huis weleer de *Ooijevaar* geheten, en staande aan den Heerenweg naar Schoorl, wijders langs den Heerenweg tot aan de scheipaal van Bergen en Schoorl, en van gezegden scheipaal, in eene regte lijn op het huis *Poelenburg* genaamd.

Van daar in eene regte lijn op het huis van *Jan Visser*, van daar op het huis van *Simon Swaving*, aan het oosteinde van het gehugt Aagdorp gelegen; van dit huis in eene regte lijn kruissende de Schouwbeek, op den hoek van de Molenlaan en het Zengdijkje, van dezen hoek in eene regte lijn op de weg loopende beoosten de kerk van het dorp Schoorl, en langs deze weg op het huis door den korenmolenaar *Jacob van Essen* bewoond, en nevens de korenmolen gelegen.

Van dit huis in eene regte lijn op dat bewoond door *Pieter Kooijman*, van laatstgemelde huis, in eene regte lijn ten noord-

Delà , en ligne droite , sur la maison occupée par *Piet de Graaf*; de cette maison , en ligne droite , sur celle occupée par *Dirk Knaab*; de cette maison , en ligne droite , sur celle nommée *de halve appel*; ensuite , le long de ce chemin , passant devant cette maison , par les dunes de Bakkum , à l'est du ci-devant château de Vredesteijn , traversant le village de Egmond-Binnen ; de manière que toutes les habitations à l'ouest de ce chemin , sont comprises dans le territoire de surveillance.

Ensuite , le long de ce chemin , jusqu'à la borne à la limite entre Egmond et Wimmenum , située à l'allée dite *Tichellaan* , et la grande route dite *Heeren-weg* , au nord du village d'Egmond-op-den-Hoef.

Delà , le long du chemin dit *Heerenweg* , jusqu'au village de Bergen , et ceci , jusqu'à la maison marquée n° 33 , appartenante à *Joost Jnangh* , de cette maison , longeant le cimetière de Bergen (qui , ainsi que le restant du village de Bergen , restent hors du territoire de surveillance) , jusqu'à la maison autrefois nommée *la Cigogne* , et située au chemin dit *Heerenweg* , qui conduit à Schoorl ; puis , le long de ce chemin , jusqu'à la borne à la limite entre Bergen et Schoorl , et de cette borne , en ligne droite , sur la maison nommée *Poelenburg*.

Delà , en ligne droite , sur la maison de *Jan Visser* , delà , sur celle de *Simon Swaving* , située à l'extrémité orientale du hameau d'Aagdorp; de cette maison , en ligne droite , traversant le ruisseau dit *Schouwbeek* , sur la pointe de l'allée nommée *Molenlaan* , et la digue nommée *Zengdijkje* ; de cette pointe , en ligne droite , sur le chemin passant à l'est , l'église du village de Schoorl , et le long de ce chemin , sur la maison occupée par le meunier *Jacob van Essen* , et située auprès du moulin à blé.

De cette maison en ligne droite , sur celle occupée par *Pieter Kooyman* ; de cette dernière maison , en ligne droite ,

oosten langs de gehugten Bregtdorp en Katrijp, het dorp Groet en het gehucht Hargen, tot op het huis van *Jacobus Blom*, staande aan het zuideinde van den Slaperdijk, voorts langs den Slaperdijk, tot aan de Schoorlschen Zeedijk, en langs dezen zeedijk, tot aan de Belkumerweg.

Van daar langs gezegden Belkumerweg, loopende door de polder de Zijpe, en kruissende de Burgers, St.-Maarten, en Schagerwegen en vaarten, tot aan de Keinsmerweg, in dezelfde polder, vervolgens van de oostelijke punt waar de Belkumer en Keinsmerwegen, in aanraking komen in eene regte lijn op het oostelijke eind van het dorp Oude Sluis, gelegen aan het Noordeinde van de polder Zijpe.

Van daar onmiddelijk langs de boorden van de Zuiderzee, tot aan het veerhoofd van Schellingwoude, aan den ingang van het IJ, van het gezegde veerhoofd, in eene regte lijn, kruissende het IJ, over, op het Baken, staande aan den zoogenaamden *Paardenhoek*, in voege dat wijders het IJ, buiten het territoir van toezigt blijft; alsdan van het gemelde Baken, verder onmiddelijk langs de boorden van de Zuiderzee, tot aan het Zuiderhavenhoofd der stad Stavoren.

VRIESLAND.

In de provintie Vriesland, zoodanig dat de geheele Zuiderzee, met de eilanden in dezelve gelegen, daardoor in het territoir van toezigt worden opgenomen; van het gemelde Zuiderhavenhoofd der stad Stavoren, over de brug, liggende over de sluis te Stavoren, langs de Zeedijk, tot aan Molkwerummerzijl; voorts, langs den Zeedijk, tot aan de brug, liggende over de Zeesluis te Hinloopen; van deze brug, langs den Zeedijk, tot aan den Vuurtoren, bij Workum; wijders, den zeedijk volgende, langs het zoogenaamde *Workummer-*

passant au nord-est, les hameaux du Bregtdorp et Katrijp, le village de Groet, et le hameau de Hargen, sur la maison de *Jacobus Blom*, située à l'extrêmité méridionale de la digue nommée *Slaperdijk*, puis, le long de cette digue, jusqu'à la digue de mer nommée *Schoorlschen zeedijk*, et le long de cette digue de mer jusqu'au chemin nommé *Belkumerweg*.

Delà, le long dudit chemin nommé *Belkumerweg*, passant par le polder de Zijpe, et traversant les chemins et canaux dits *de Burger*, *de St.-Maarten* et *de Schager*, jusqu'au chemin dit *Keinsmerweg*, dans le même polder, ensuite, de la pointe orientale, où se réunissent les chemins nommés *Belkumer* et *Keinsmerwegen*, en ligne droite, sur l'extrêmité orientale, du village de Oude sluis, situé à la pointe septentrionale du polder de Zijpe.

Delà, immédiatement le long des bords du Zuiderzée, jusqu'au môle du port de Schellingwoude, à l'entrée de l'IJ; dudit môle du port, en ligne droite, traversant l'IJ, sur le Fanal, situé au Paardenhoek, de sorte qu'ensuite l'IJ reste hors du territoire de surveillance : alors dudit Fanal, de nouveau immédiatement le long des bords du Zuiderzée, jusqu'au môle méridional du port de la ville de Stavoren.

LA FRISE.

Dans la province de la Frise, de manière que le Zuiderzée et les îles qu'il renferme, sont en conséquence entièrement compris dans le territoire de surveillance; dudit môle méridional du port de la ville de Stavoren par le pont situé sur l'écluse de Stavoren, le long de la ligne de mer, jusqu'à Molkwerummerzijl; puis, le long de la digue de mer jusqu'au pont, situé sur l'écluse de mer de Hinloopen; de ce pont, le long de la digue de mer jusqu'au Fanal, près de Workum; puis, continuant la digue de mer, le long du Workummerzool, jusqu'au pont situé sur la grande écluse de mer

zool, tot aan de brug, liggende over de groote zeesluis te Workum; en vervolgens, van deze brug, langs den zeedijk, passerende het Workummerhek, tot aan het dorp Gaast.

Van daar langs den zeedijk, tot aan de brug, liggende over de Zijl of Sluis te Makkum; van deze brug, ten zuid en voorbij de herberg de Prins, langs den zeedijk, tot aan het gehucht Sotterum; van dit gehucht, langs den zeedijk, tot aan dat van Houw; van dit laatste, langs den zeedijk, tot aan den hoek *Suriger oord* geheten; en voorts, lang den zeedijk, voorbij het dorp Surig, door het Geitjeshek, bij Harlingen, tot aan den Lantarenpaal, staande op het Noorderhavenhoofd der stad Harlingen.

Van daar, langs het Noorderhoofd, buiten om de Noorderbatterij en Steenenmuur van den Stadswal én langs den noordermolen, tot aan de palissaden op den zeedijk, die bij de Bildpoort dezer stad, een aanvang neemt; vervolgens langs gemelden zeedijk, tot aan het gehucht Roptazijl, en wijders, van dit gehucht, langs den zeedijk, tot aan Dijkshoek.

Van daar, langs den zeedijk, voorbij Nieuw Bildzijl, tot aan Holwerd; en verder, langs den zeedijk, voorbij de dorpen Wierum, Paesens en Oostmahorn, tot aan Ezumazijl; van daar, langs den zeedijk, tot aan Dorkummernieuwezijl; wijders, langs den zeedijk, tot aan Monnikkezijl.

GRONINGEN.

Van Monnikkezijl, langs den Zeedijk, welke buiten om de Nieuwe Polder, of het Ingedijkte-Ruige-Zand loopt, dien zeedijk volgende, oostwaards aan, langs de boorden van de rivier de Hunse of het Reitdiep, kruissende het Botsgat of Zijldiep, hetzelve tot aan Kommerzijl, in het territoir van toezigt opnemende; alsmede de Rijte van het Oude Diep en van het Saakzumerzijldiep, tot aan Aduarderzijl; van deze Zijl, de mond van het zijldiep in het territoir van toezigt op-

à Workum ; ensuite , de ce pont , le long de la digue de mer , passant la barrière de Workum , jusqu'au village de Gaast.

Delà , le long de la digue de mer , jusqu'au pont , situé sur le Zijl , ou écluse à Makkum ; de ce pont, passant au sud devant l'auberge de Prins , le long de la digue de mer , jusqu'au hameau de Sotterum ; de ce hameau , le long de la digue de mer , jusqu'au hameau de Houw ; de ce dernier , le long de la digue de mer , jusqu'à l'endroit dit *Suriger-Oord*; et puis , le long de la digue de mer , passant devant le village de Surig , par la barrière dite *Geitjes-Hek* , près de Harlingen , jusqu'au fanal , situé sur le môle septentrional du port de la ville de Harlingen.

Delà , le long du môle septentrional , longeant extérieurement la batterie septentrionale et le mur du rempart de la ville , et passant devant le moulin septentrional , jusqu'aux palissades , sur la digue de mer , qui commence auprès de la porte nommée *Bildpoort*, de cette ville ; ensuite , le long de ladite digue de mer jusqu'au hameau de Roptazijl ; et puis , de ce hameau , le long de la digue de mer , jusqu'à Dijkshoek.

Delà , le long de la digue de mer , passant devant Nieuwbildzijl , jusqu'à Holwerd ; et puis , le long de la digue de mer , passant devant les villages de Wierum , Paesens et Oostmahorn , jusqu'à Ezumazijl ; delà , le long de la digue de mer , jusqu'à Dokkummernieuwezijl ; puis , le long de la digue de mer , jusqu'à Monnikezijl ;

GRONINGUE.

Ensuite , vers l'est , le long de cette digue de mer , qui passe devant le nouveau polder ou het Ingedijkte-Ruige-Zand , le long des bords de la rivière le Hunse ou le Rietdiep , traversant le Botsgat ou Zijldiep , compris jusqu'à Kommerzijl dans le territoire de surveillance ; ainsi que le rijte du canal nommé *Oudediep* , et celui de Saakzammerzijl jusqu'à Aduarderzijl ; de ce zijl (comprenant dans le territoire de surveil-

5.   28.

nemende , in eene regte lijn , kruissende de rivier de Hunse ,
op de Winsummer en Schaaphalsterzijl , ook van dit Zijldiep ,
de mond in de linie opnemende , en wijders , langs den noor-
delijkendijk westwaards aan , kruissende de uitwateringen
van Schouwerzijl (deze uitwatering mede in het territoir van
toezigt opnemende) , tot naar en op de Zoltkamp zoodanig ,
dat de rivier de Hunse of het Reitdiep van af haren mond
opwaards , tot daar , alwaar tusschen de Aduarderzijl en
Winsummer en Schaaphalsterzijl , de genoemde lijn die rivier kruist , in het territoir van toezigt valt ; en dat daarentegen de wederzijdsche dijken van die rivier , gerekend ,
bewesten dezelve van af Kommerzijl , tot aan de Aduarderzijl , en ten oosten van dezelve , van af Winsummer en
Schaaphlasterzijl , tot aan de Rijte van de oude Houwerzijl ,
buiten het territoir van toezigt blijven.

Wijders , van de Zoltkamp , langs den buitensten zeedijk ,
voorbij Vierhuizen , Hornhuizen , Pieterburen , Westernieland en de zeewijken , tot aan het oostelijk uiteinde van de
Uithuizer buitendijkslanden aan den weg , die onder den
naam van *Rensuma'slaan* , bewesten de zoogenaamde *Rensuma
's Vogelkooij* naar den Oudendijk , tusschen Uithuizen en de
Meeden leidt ; voorts langs deze laan , tot aan den Oudendijk,
en vervolgens , langs gezegden Oudendijk , door den Hoorn ,
Kolbol en den Korendijk , tot aan den weg die bij de boerenplaats van Bene Pardok naar Godlinze leidt. Verder , langs
dien weg beoosten om het dorp Godlinze (dit dorp buiten het
territoir van toezigt latende) den weg volgende en over den
weg van Godlinze naar Holwierda , tot aan den Pelmolen van
Losdorp , toebehoorende aan *Wolle Pieters.*

Van die Pelmolen , in eene regte lijn , op de behuizinge
Geert Peeters Vanhuis , onder Krewert , van die behuizinge ,
in eene regte lijn , op de zoogenaamde *Kosterij van Krewert* ,
en van deze laatste , langs den drift bewesten Krewert , naar
den weg die van Krewert naar Oosterwijtwert loopt.

lance l'embouchure du Zijldiep), en ligne droite, traversant la rivière le Hunse, sur le Winsummer et Schaaphalsterzijl, comprenant également l'embouchure de ce Zijldiep dans le territoire de surveillance; et ensuite, vers l'ouest, le long de la digue septentrionale, traversant le conduit d'eau de Schouwerzijl (comprenant de même ce conduit d'eau dans le territoire de surveillance), vers le, et jusqu'au Zoltkamp, de manière que la rivière le Hunse ou le Rietdiep, depuis son embouchure, en remontant jusqu'à l'endroit où cette ligne traverse cette rivière, entre le Aduarderzijl et les Winsummer et Schaaphalsterzijl, reste dans le territoire de surveillance; et qu'au contraire les digues respectives de cette rivière, du côté de l'ouest, depuis Kommerzijl jusqu'à Aduarderzijl, et de celui de l'est, depuis Winsummer et Schaaphlasterzijl jusqu'au Rijte du Oude Houwerzijl, restent hors du territoire de surveillance.

Ensuite de Zoltkamp, le long de la digue de mer extérieure, passant devant Vierhuizen, Hornhuizen, Pietersburen, Westernieland et de Zeewijken, jusqu'à l'extrêmité orientale des champs dehors de la digue d'Uithuizer, au chemin nommé *Rensuma's laan*, passant à l'ouest le nommé *Rensuma's Vogelkooij* jusqu'à la digue dite *Oudendijk*, entre Uithuizen et Meeden; ensuite, le long de ce chemin, jusqu'à la digue nommée *Oudendijk*, et puis le long de cette digue, traversant le Hoorn, Kolhol, et la digue nommée *Kerendijk*, jusqu'au chemin, près de la ferme de *Bene Pardok*, à Godlinze, ensuite, le long de ce chemin passant à l'est le village de Godlinze (laissant ce village hors du territoire de surveillance), puis le long de ce chemin traversant le chemin de Godlinze, à Holwierda, jusqu'au moulin à orge de Losdorp, appartenant à *Wolle Pieters*.

De ce moulin à orge, en ligne droite, sur l'habitation de *Geert Peeters Vanhuis*, sous Krewert, de cette habitation en ligne droite sur celle nommée *Kosterij van Krewert*, et delà, le long du canal à l'ouest de Krewert, sur le chemin de Krewert à Oosterwijtwert.

Langs dien weg bewesten om Krewert (de herberg de Vij-
geboom, bewoond door *Pieter Arends Vlieg*, met dit dorp in
het territoir van toezigt opnemende), en voorts, langs den
weg van Krewert, naar Holwierda, leidende, tot daar, waar
die weg het naast komt bij de behuizing van *Klaas Michiels
Vegter*, met name, tot aan het hek van de in en uitdrift van
het land, toebehoórende aan *Pieter Klaassen Doornbosch*.

Van dat hek, in eene regte lijn, op de gezegde behuizing
van *Klaas Michiels Vegter*, bij de groote Hiekt, onder Holwierda gelegen, van die behuizing in eene regte lijn op die
van de weduwe van *Harm Everts Vos*, gelegen aan het Uitwierder Maar.

Van die behuizing, in eene regte lijn, op het huis, behoorende tot de steenfabriek van *H. Belinga*, aan de rivier de
Fivel, onder Uitwierda gelegen: van daarmede in eene regte
lijn, op het huis, bewoond door *Willem Jacob Dethmers*,
onder Farmsum, bij Tukwert gelegen.

Van dit huis in eene regte lijn, op het huis, genaamd *Gommelburg*, bewoond door *Harm Jurjens Zuileman*, mede onder
Farmsum; van hetzelve, in eene regte lijn, op het huis van
Thomas Lommerts, bij de zoogenaamde *Honneboschlaan*,
onder Farmsum.

Van dat huis, in eene regte lijn, op het zoogenaamde
Maarhuis, bewoond door *Willem Ewes Zuiderhof*, aan het
Maar, 't geen van het kleine Meethuizermeer, naar Farmsum
leidt; van dat huis, in eene regte lijn op de behuizing van
Michiel Folkerts, in de Weiwertermeeden.

Van die behuizing, mede in eene regte lijn, op de zoogenaamde *Nieuhuister Watermolen*, bewesten Lallewear, bewoond door *Jan Harms Dijk*, en staande aan de Maarlaan,
zoo dat de behuizing bij de Watermolen, in het territoir van
toezigt valt.

Le long de ce chemin, à l'ouest de Krewert (comprenant ledit Krewert, ainsi que l'auberge le Figuier, occupée par *Pieter Arends Vlieg*, dans le territoire de surveillance); et puis, le long du chemin de Krewert à Holwierda, jusques-là où il passe le plus près de la maison occupée par *Klaas Michiels Vegter*, jusqu'à la barrière des conduits d'eau du champ appartenant à *Pieter Klaassen Doornbosch*.

De cette barrière, en ligne droite, sur ladite maison de *Klaas Michiels Vegter*, près du nommé *Groote Hiekt*, sous Holwierda, de cette habitation, en ligne droite, sur celle de la veuve de *Harm Everts Vos*, située au Uitwierder Maar.

De cette habitation, en ligne droite, sur la maison appartenante à la briqueterie de *H. Bellinga*, située sur la rivière le Fivel, sous Uitwierda; delà, encore en ligne droite, sur la maison occupée par *Willem Jacob Dethmers*, située sous Farmsum, près de Tukwert.

De cette maison, en ligne droite, sur la maison nommée *Gommelburg*, occupée par *Harm Jurjens Zuileman*, également sous Farmsum; delà, en ligne droite, sur la maison de *Thomas Lommerts*, près de l'allée nommée *Ronneboschlaan*, sous Farmsum.

De cette maison, en ligne droite, sur celle nommée *Maarhuis*, occupée par *Willem Ewes Zuiderhof*, située au Maar, qui coule du petit lac de Meethuizen à Farmsum, de cette maison, en ligne droite, sur l'habitation de *Michiel Folkerts*, située dans l'endroit nommé *Weiwertermeeden*.

De cette habitation, de nouveau en ligne droite, sur le moulin à eau de Nieuhuister, à l'ouest de Lalleweer, occupé par *Jan Harms Dijk*, et situé à l'allée nommée *Maarlaan*, de manière que la maison près du moulin à eau reste dans le territoire de surveillance.

Van die molen, langs de Molensloot, de scheidsloot tusschen de landen van *Lammert Jacobs Hekman* en *Heerke Jans*,
en de scheidsloot, bewesten het land van *Heerke Kugel*, tot
aan den noorderdijk van het zoogenaamde *Termunterzijldiep*,
dwars door de zoogenaamde *Kooilaan*.

Van dit punt, in eene regte lijn, dwars over dat Zijldiep,
op den Zuiderdijk en langs denzelven, tot aan de Klijve of
sluis van het Oude Maar, alwaar de linie aan de zeezijde eindigt, en zijnde tevens het punt, alwaar de linien aan de landzijde van 5500 ellen en die van 22,000 ellen aanvangen.

GRONINGEN.

2. *Aan de landzijde* begint de binnen linie in artikel 177
van de bovengenoemde algemeene wet vermeld aan de Klijve
of sluis van het Oude Maar, en loopt vervolgens langs dat
Maar, tot aan de zoogenaamde *Munsterlaan*.

Vervolgens, langs die laan, naar den weg die van Wagenborgen naar Woldendorp leidt; verder, langs dien weg, oostwaards aan, tot aan de uitvaart of drift van de boerenplaats
van *Tidde Jans Tiddens*, in de nabijheid, en met ten oosten,
van het huis van *Jan Martens*; wijders, langs die uitvaart of
drift, naar het huis van gedachtten *Tidde Jans Tiddens*, en
van daar, langs een tweede laan of drift, naar den weg die
van Woldendorp naar Oostwolderhamrik leidt, in de nabijheid van het huis van *Geert Jans Stumer;* voorts, langs dien
weg, zuidwaards, tot aan den ouden Eeweg; van daar, oostwaards, langs den weg die naar Dallingeweer leidt, tot aan
het punt, waar die weg het naast komt bij den Oostwolder
Polderdijk.

Van dit punt, regt op den Oostwolder Polderdijk; vervolgens zuidwaards langs dezelve, bij langs den nieuws ingedijk-
ten polder, tot aan Finserwolde, daar, waar de weg van Oostwolde naar Finserwolde, in de beslotene kom van dit dorp
valt; voorts dwars over laatstgemelden weg, langs den weg
die over den Hardenberg naar de Beerta leidt; tot aan den

De ce moulin , le long du fossé nommé *Molensloot* , du fossé de séparation entre les terres de *Lammert Jacobs Hekman* et de *Heerke Jans* , et du fossé de limite , à l'ouest du camp appartenant à *Heike Kagel* , jusqu'à la digue septentrionale du Termunterzijldiep , traversant l'allée nommée *Kooilaan*.

Delà , en ligne droite , traversant ledit Zijldiep , jusqu'à la digue méridionale , et , le long de cette digue , jusqu'au Klijve ou écluse du vieux Maar , où finit la ligne du côté de la mer, et où commencent également les lignes du côté de la terre , de 5500 aunes , et celle de 22,000 aunes.

GRONINGUE.

2. *Du côté de la terre* , la ligne intérieure mentionnée à l'art. 177 de la loi générale précitée , commence au Klijve ou écluse du Vieux-Maar , et court ensuite le long de ce Maar , jusqu'à l'allée nommée *Munsterlaan*.

Ensuite , le long de cette allée , jusqu'au chemin de Wagenborgen à Woldendorp ; puis , le long de ce chemin , vers l'est, jusqu'au canal de la ferme de *Tidde Jans Tiddens* , à l'est et proche de la maison de *Jan Martens* ; ensuite , longeant ce canal , jusqu'à l'habitation du susnommé *Tidde Jans Tiddens* ; et delà , le long d'une seconde allée , vers le chemin qui conduit de Woldendorp à Oostwolderhamrik , dans le voisinage de la maison de *Geert Jans Stumer* ; puis , longeant ce chemin, vers le sud , jusqu'au chemin nommé *Ouden-Eeweg* ; delà , vers l'est , le long du chemin qui conduit à Dallingeweer , jusqu'à l'endroit où ce chemin passe le plus près de la digue nommée *Oostwolder-Polderdijk*.

De cet endroit , en ligne droite , sur la digue nommée *Oostwolder-Polderdijk* ; ensuite , vers le sud , longeant cette digue proche du polder nouvellement renforcé , jusqu'à Finserwolde, là où le chemin d'Oostwolde à Finserwolde aboutit au bloc du village ; ensuite , traversant ce dernier chemin , le long du chemin qui conduit à Beerta , en passant le Hardenberg , jus-

hoofdweg in de Beerta; wijders langs denzelven, tot aan de laan van de boerenplaats, bewoond door den schout J. H. *Geertsema*; verder langs dezelve in eene regte lijn, tot op het Beersterdiep.

Van dit diep, langs de westelijke scheidsloot van die boerenplaats, tot op de vaart, die van Winschoten naar de nieuwe Schans loopt, en van daar, in eene regte lijn, tot aan het boerenhuis, bewoond door *Pieter Remmes Georgius* te Udengast.

Van dit huis, in eene regte lijn, op het huis van de weduwe van *Ailt Eppels*, te Lutkelo, van dit laatste, in eene regte lijn, tot aan de Westerwolder Aa, daar, waar deze het naast aan gemeld huis loopt, en voorts langs de Westerwolder Aa tot aan de Wedderbrug.

Van daar verder, langs gemelde Westerwolder Aa, tot aan de Onstwedder Aa, en langs deze, tot aan den mond van de Mussel Aa; wijders langs de gezegde Mussel Aa, tot aan de Valterdijk.

DRENTHE.

Van dit punt in eene regte lijn op de Emmerschans; van daar weder in eene regte lijn, op de zoogenaamde *Boompjes Meerstal*, van dezelve, mede in eene regte lijn, dwars door de Veenen, tot aan het voetpad van Schoonebeek, daar, waar de tak van het Schoonebeekerdiep, ten westen, om dat dorp loopende, zich in twee takken, oost en westwaards verdeelt; van dit punt op het gehucht Daarlerveen, hetzelve in de linie opnemende; en wijders, van dat gehucht, in eene regte lijn, op het meest noordelijke huis en van dit op de herberg het springend Haasje, beide te Wachtum, zoodanig, dat dit gehucht in de linie is vallende.

Van de gezegde herberg in eene regte lijn, op het gehucht Veenhuizen, hetzelve in de linie opnemende, en van dat ge-

qu'à la grande route , dans le Beerta ; ensuite, le long de cette route , jusqu'à l'allée de la ferme occupée par le schout *J. H. Geertsema* ; puis , le long de cette allée , en ligne droite , jusqu'au Beersterdiep. .

De ce Diep , le long du fossé , à la limite occidentale de cette ferme , jusqu'au canal qui conduit de Winschoten à Nieuweschans , et delà , en ligne droite , jusqu'à la ferme occupée par *Pieter Remmes Georgius* à Udengast.

De cette ferme , en ligne droite , sur la maison de la veuve d'*Ailt Eppels* , à Lutkelo , de cette dernière , en ligne droite , jusqu'à la rivière de Westerwolder-Aa , là où elle coule le plus près de ladite maison ; et puis , longeant ladite rivière le Westerwolder-Aa , jusqu'au pont nommé *Wedderbrug*.

Ensuite , delà le long de la susdite rivière , jusqu'à celle nommée *Onstwedder-Aa* , et le long de cette rivière , jusqu'à l'embouchure du Mussel-Aa ; puis , le long de cette dernière rivière , jusqu'à la digue nommée *Valterdijk*.

DRENTHE.

Delà , en ligne droite sur l'Emmerschans ; puis , de nouveau , en ligne droite , sur le Boompjes Meerstal , delà , encore en ligne droite , traversant les Tourbières , jusqu'au sentier de Schoonebeek , là où la branche du Schoonebeekerdiep, passant le village à l'ouest , se partage en deux branches coulant vers l'est et l'ouest ; delà , sur le hameau de Daarlerveen (comprenant ce hameau dans la ligne), et puis de ce hameau, en ligne droite , sur la maison la plus septentrionale , et de cette maison , sur l'auberge nommée *het Springend Haasje* , toutes deux à Wachtum , de manière que ce hameau reste dans la ligne.

De ladite auberge, en ligne droite , sur le hameau de Veenhuizen , comprenant ce hameau dans la ligne; et delà , égale-

5. 29.

hucht, mede in eene regte lijn, op het noord-westeinde van de zoogenaamde *Gravenkolk*, bij het Steenwijkermeer, zijnde bij de Overijsselsche scheidlinie, en vervolgens in eene regte lijn, op het huis, genaamd *de Neije Koenraats*, staande aan het westeinde der Buurschap Lutten.

OVERIJSSEL.

Van daar in eene regte lijn, over de Veenen op het erve *Geertmans* genaamd, gelegen in het Heemscher Veen; en van hier, in eene regte lijn, door de Heide op de herberg, genaamd *de Wolf*, gelegen aan den Hessenweg.

Van af gezegde herberg de Wolf, in eene regte lijn, op de Steenenbrug, gelegen over de Waterlozing, genaamd *de Hooge Graven*; van hier, in eene regte lijn, op het erve, genaamd *Rammerman*, bewoond door *Jan Rammerman*, buurschap Seijze, van hier, in eene regte lijn, over de Eerder Zandduinen op het erve, genaamd *de Boxen*, bewoond door *Jan Willem Jansen*, van daar, in eene regte lijn op het erve, genaamd *Molenaars*, bewoond door *Jan Blankvoort*, gemeente schoutambt Ommen, buurschap Eerde; van daar, in eene regte lijn, op de huizinge, van *Albert Reefhuis*, buurschap Noordmeer; en van daar in eene regte lijn op den huize Mennekenshave bij den Stam.

Van af Mennekenshave, in eene regte lijn, op het huis, genaamd *Voortman*, bewoond door de weduwe *Voortman*; van dit huis, in eene regte lijn, op het zoogenaamde *Groote-Nijhuis*, bewoond door *Seine Bloemendaal*, gemeente den Ham, buurschap Linde, arrondissement Zwolle, en van daar, in eene regte lijn, op het erve, bewoond door *Jan Nijland*, gemeente Hellendoorn, buurschap Daarlo, arrondissement Deventer. (Het beekje tusschen het groote Nijhuis, en het huis van *Jan Nijland*, is alhier de scheiding tusschen den Ham en Hellendoorn).

ment en igne droite, sur la pointe au nord-ouest, du vivier nommé *Gravenkolk*, près du Steenwijkermeer, aux environs de la ligne de séparation de l'Overyssel, et ensuite, en ligne droite, sur la maison nommée de *Nije Koenraats*, située à l'extrémité occidentale du hameau de Lutten.

OVERYSSEL.

Delà, en ligne droite, traversant les Tourbières, sur la ferme nommée *Geertmans*, située dans la tourbière nommée *Heemschterveen*; et delà, en ligne droite, à travers la Bruyère, sur l'auberge nommée *de Wolf*, située au chemin dit *Hessenweg*.

De ladite auberge de Wolf, en ligne droite, sur le pont de pierre, situé sur le conduit d'eau nommé *de Hooge Graven*; puis, en ligne droite, sur la ferme nommée *Rammerman*, occupée par *Jan Rammerman*, hameau de Seijze; delà, en ligne droite, à travers les dunes dites *Eerder Zand Duinen*, sur la ferme nommée *de Boxen*, occupée par *Jan Willem Jansen*; delà, en ligne droite, sur la métairie nommée *Molenaars*, occupée par *Jan Plankvoort*, commune et juridiction d'Ommen, hameau d'Eerde; delà, en ligne droite, sur l'habitation d'*Albert Reefhuis*, hameau de Noordmeer, et delà, en ligne droite, sur la ferme nommée *Mennekens-Have*, près de Stam.

De cette ferme, en ligne droite, sur la maison nommée *Voortman*, occupée par la veuve *Voortman*; de cette maison, en ligne droite, sur la métairie, nommée *het Groote-Nijhuis*, occupée par *Seine Bloemendaal*, commune de Ham, hameau de Linde, arrondissement de Zwolle; et de cette métairie, en ligne droite, sur celle occupée par *Jan Nijland*, commune de Hellendoorn, hameau de Daarlo, arrondissement de Deventer. (Le ruisseau entre la métairie dite *het Groote-Nijhuis*, et la maison de *Jan Nijland*, forme ici la limite des communes de Ham et de Hellendoorn).

Van gezegd erve, in eene regte lijn, op het huis, bewoond
door *Roelof Meijer*, gemeente Wierden, buurschap Heksel;
van dit huis, in eene regte lijn, op de woning van *Dirk Beld*;
van hier, in eene regte lijn, op het erve, genaamd *Schuilenburg*, bewoond door *Jannes Staman*; en van dit erve, in eene
regte lijn, op de woning van *Gerrit Rot*, in de buurschap,
Het Eiland genaamd.

Van deze woning in eene regte lijn tot op het punt van vereeniging van den weg, komende van het Vriezeveen, met den
grooten weg, leidende van Almelo naar Ootmarsum, tegen
over de herberg *de Roskam* genaamd, staande ten noorden
van Almelo, in de buurschap Eshoek, en bewoond door *Gerardus Leushuis*.

Van dit punt, langs de Noordkant van genoemden grooten
weg, tot tegen de woning van de weduwe *Cremer en Zoon*,
gelegen bij den zoogenaamden *Krommendijk*, van daar op
den Noordwestelijken hoek dier woning; van dezen hoek, in
eene regte lijn, op den Zuidwestelijken hoek, van den tuin,
toebehoorende aan *Hermanus Van der Aa*, van daar, in eene
regte lijn, op den Noordwestelijken hoek, van het woonhuis
en de stalling van genoemden *Van der Aa*; van dien hoek, in
eene regte lijn, op den Noordwestelijken hoek, van het Bleekhuis van denzelven *Van der Aa;* van hier, langs de Noord en
Noord-Oostzijde van dat Bleekhuis, in eene regte lijn, tot
aan de rivier, genaamd *de Aa;* van daar, langs de westzijde
dier rivier, tot door de brug, liggende over dezelve rivier, in
den grooten weg van Almelo naar Ootmarsum, en van daar
langs de zuidkant van denzelven weg, tot aan de hoger genoemde herberg *de Roskam*, gelegen ten noorden van Almelo,
in de buurschap Eshoek, en bewoond door *Gerardus Leushuis*.

Van af de herberg de Roskam, in eene regte lijn, op het
huis genaamd *het Vree*, bewoond door *Jannes Vreman*; en
van daar, in eene regte lijn, op de huizing en herberg genaamd *de Stad Munster*, staande aan de noordzijde van den
grooten weg, op Oldenzaal, bewoond door *Egbert Hilberink*.

De ladite maison, en ligne droite, sur celle occupée par *Roelof Meijer*, commune de Wierden, hameau de Hekzel; de cette maison, en ligne droite, sur l'habitation de *Derk Beld*; delà, en ligne droite, sur la ferme nommée *Schuilenburg*, occupée par *Jannes Staman*; et de cette ferme, en ligne droite, sur l'habitation de *Gerrit Rot*, située au hameau nommé *het Eiland*.

De cette habitation, en ligne droite, jusqu'au point de réunion du chemin venant de Vriezenveen, avec la grande route d'Almelo à Ootmarsum, vis-à-vis de l'auberge dite *de Roskam*, située au nord d'Almelo, au hameau d'Eshoek et occupée par *Gerardus Leushuis*.

De ce point de réunion, le long du côté septentrional de ladite grande route, jusqu'à l'habitation de la veuve *Cremer et fils*, située près de la digue nommée *Krommendijk*; delà, sur l'angle au nord-ouest de cette habitation; delà, en ligne droite, sur l'angle au sud-ouest du jardin appartenant à *Hermanus van der Aa*, ensuite, en ligne droite, sur l'angle au nord-ouest de l'habitation et de la grange du susdit *Van der Aa*; de cet angle, en ligne droite, sur celui au nord-ouest de la blanchisserie du même *Van der Aa*; delà, en ligne droite, le long du côté oriental et nord-est de cette blanchisserie, jusqu'à la rivière de Aa, ensuite, le long de la rive occidentale de cette rivière, par le pont situé sur ladite rivière à la grande route d'Almelo à Ootmarsum, et delà, le long du bord méridional de ce chemin, jusqu'à la susdite auberge de Roskam, située au nord d'Almelo dans le hameau d'Eshoek, et occupé par *Gerardus Leushuis*.

De cette auberge de Roskam en ligne droite, sur la maison nommée *het Vree*, occupée par *Jannes Vreman*; et delà, en ligne droite, sur la ferme et l'auberge, nommée *la ville de Munster*, située au nord de la grande route à Oldenzaal, et occupée par *Egbert Hilberink*.

Van daar, in eene regte lijn, op het huis genaamd *de Kieft*, bewoond door *Johannes Hannink*, buurschap Winshoek; van dit huis, in eene regte lijn, op de huizinge, bewoond door *Berend Slot*, gemeente Almelo, buurschap Bolkshoek; van hier, in eene regte lijn, op de woning van *Lucas Flierhuis*, staande op het gehugt genaamd *het Fusveld*; en van daar, in eene regte lijn, op het zoogenaamde *Slaghuis*, bewoond door *Hermanus Slag.*

Van het Slaghuis, in eene regte lijn, op de woning van *Hendrik Hag*, van deze woning, in eene regte lijn, op de huizinge bewoond door *Gerrit Stork*; van hier, in eene regte lijn, op het erve *Esscher*, bewoond door *Gerardus Esscher*, gemeente Borne, buurschap Senderen; van dit erve, in eene regte lijn, op het naaste oostzijdsch punt van den gewonen weg die van het Weleveld naar Borne leidt, van daar, in de kortste rigting op den weg die van Almelo naar Oldenzaal loopt, gemeente Borne, en vervolgens, langs de oostzijde van dien weg, tot aan Klapbrug, gelegen over de Woolder-beek, in denzelven weg.

Van dezen Klapbrug, langs den regter oever van genoemde beek, tot op de Welebrug, gelegen over meergepachte Woolderbeek, in den weg van Hengelo, naar Borne, nabij de huizinge van *Klaas Broekhuis*, en van daar in eene regte lijn, op het huis *de Schildkate* genaamd, bewoond door *Gerrit Nijhuis*, gemeente Hengelo, buurschap Woolde.

Van genoemd huis de Schildkate, in eene regte lijn, dwars over den dijk of grooten weg, loopende van Hengelo naar Oldenzaal in eene regte lijn op den Hengeloschen koorn-windmolen, staande op het Lonnekers territoir.

Van gezégde koornwindmolen in eene regte lijn op het huis en de herberg, genaamd *den Grooten Dorst*, staande onmiddelijk tegen de zuidkant van den dijk of grooten weg die van Hengelo, naar de stad Enschedé is leidende, bewoond door *Harm Bellers*, gemeente Lonneker.

. Delà, en ligne droite, sur la maison nommée *de Kieft*, occupée par *Joannes Hannink*, hameau de Winshoek; de cette maison, en ligne droite, sur la ferme occupée par *Berend Slot*, commune d'Almelo, hameau de Bolksboek; delà, en ligne droite, sur l'habitation de *Lucas Flierhuis*, située au hameau de Fusveld; et ensuite, en ligne droite, sur la maison dite *het Slaghuis*, occupée par *Hermanus Slag*.

De ladite maison, en ligne droite, sur la demeure de *Hendrik Hag*; de cette demeure, en ligne droite, sur celle occupée par *Gerrit Stork*; delà, en ligne droite, sur la ferme *Esscher*, occupée par *Gerardus Esscher*, commune de Borne, hameau de Senderen; de cette ferme, en ligne droite, sur la pointe la plus orientale du chemin ordinaire qui conduit de Weleveld à Borne; delà, dans la direction la plus rapprochée sur le chemin d'Almelo à Oldenzaal, commune de Borne; et ensuite longeant ce chemin à l'est jusqu'au Pont-Levis, situé sur le ruisseau dit *Woolderbeek*, du même chemin.

De ce pont-levis, le long de la rive dudit ruisseau, jusques sur le pont nommé *Welebrug*, sur le même ruisseau, au chemin de Hengelo à Borne, près de l'habitation de *Klaas Broekhuis*; et delà, en ligne droite, sur la maison nommée *de Schildkate*, occupée par *Gerrit Nijhuis*, commune de Hengelo, hameau de Woolde.

De cette maison de Schildkate, en ligne droite, traversant la digue ou grande route de Hengelo à Oldenzaal, sur le moulin à blé de Hengelo, situé sur le territoire de Lonneken.

De ce moulin à blé, en ligne droite, sur la maison et auberge nommée *den Grooten-Dorst*, occupée par *Harm Bellers*, commune de Lonneker, située immédiatement au sud de la digue, ou grande route de Hengelo à la ville d'Enschedé.

Van genoemden herberg in een regte lijn, op den Helsteen; van daar, langs de grensscheiding tusschen Lonneker en Hengelo op de Walkatesteen, staande op die scheiding, en van daar, in eene regte lijn op het huis, genaamd *het Hof te Boekelo*, bewoond door *Jan Nijland.*

Van het hof te Boekelo, in eene regte lijn, op het erve, genaamd *Bucker*, bewoond door *Frederik Schonrveld;* van dit erve, in eene regte lijn, op het huis, genaamd *Veld Keizer*, bewoond door *Jannes Waarnink*, gemeente Lonneker, buurschap Boekelo; van dat huis, in eene regte lijn, op het erve *Asbreuk* genaamd, bewoond door *Jan Hendrik Asbreuk*, buurschap Bekkum; en van daar, in eene regte lijn, op het erve, genaamd *Ensink*, bewoond door *Hermanus Landewée*, buurschap Eppenzolder. Van dit erve in eene regte lijn op het huis, genaamd *Keizer*, bewoond door *Gerrit Huls*; van hier in eene regte lijn, op de wooning van *Dieneke Keemink*; van deze wooning, in eene regte lijn, op het huis, bewoond door *Jan Lieffrink*; van daar, in eene regte lijn, op het huis, genaamd *Boonk*, bewoond door *Bernardus Laarman*, van dit huis, in eene regte lijn op de wooning van *Hendrikus Overbeek*, buurschap Holthuizen; van deze wooning in eene regte lijn, op het huis, bewoond door *Jan Hendrik Kattendam*; van dit huis, in eene regte lijn, op de wooning van *Jan Hendrik Zwering*, gemeente Haaksbergen, buurschap Brammeloo, en van daar, in eene regte lijn, op het huis van de weduwe *Janna Traman*, gelegen aan het zoogenaamde *Lutjeveld*, gemeente Neede, buurschap Brammelerbroek.

GELDERLAND.

Van dit huis in eene regte lijn op de Rietmolensche Brug (de huizen bewoond door *Jan Middelhuis* te Broeke, de weduwe *Tone* te Broeke-op-Berg, het Havereind, bewoond door *Hendrika Traman*, *Albert de Witte*, *Berend te Lintelo*, *Jan Reijmelink*, *Berend te Braak*, *Johannes Beurnegoor*, *Harmen Vruggink*, *Gerrit Molenkamp*, *Jannes Landevink*, de Rietmolensche-Kerk en Pastorij daar annex, en dat, bewoond door *Frederikus Rietmolen*, in de linie opnemende.)

De ladite auberge, en ligne droite, sur le poteau nommé *den Helsteen*, ensuite, le long de la limite entre Lonneker et Hengelo, sur le poteau dit *walkate steen*, situé sur cette limite ; et delà, en ligne droite, sur la maison nommée *het hof te Boekelo*, occupée par *Jan Nijland*.

De cette maison dite *het hof te Boekelo*, en ligne droite, sur la ferme nommée *Bucher*, occupée par *Frederik Schoneveld*, de cette ferme sur celle nommée *Veldkeyzer*, occupée par *Jannes Waarnink*, commune de Lonneker, hameau de Boekelo; de cette ferme, en ligne droite sur celle nommée *Asbruk*, occupée par *Jan Hendrik Asbreuk*, hameau de Lekkum ; et delà en ligne droite, sur la ferme dite *Ensink*, occupée par *Hermanus Landewee*, hameau de Eppenzolder ; de cette ferme, en ligne droite, sur la maison nommée *Keyzer*, occupée par *Gerrit Huls* ; delà, en ligne droite, sur l'habitation de *Dieneke Kenmink* ; de celle-ci, en ligne droite, sur la maison occupée par *Jan Lieffrink* ; delà, en ligne droite sur la maison nommée *Boonk*, occupée par *Bernardus Laarman*, de cette maison, en ligne droite, sur l'habitation de *Hendrikus Overbeek*, hameau de Holthuizen ; de celle-ci, en ligne droite, sur la maison occupée par *Jean Hendrik Kattendam* ; delà, en ligne droite, sur l'habitation de *Jan Hendrik Zwering*, commune de Haaksbergen, hameau de Brammelo, de cette habitation, en ligne droite, sur celle de la veuve *Janna Traman*, situé au Lutje-veld, commune de Neede, hameau de Brammelerbroek.

LA GUELDRE.

De cette maison, en ligne droite, sur le pont nommé *Rietmolenschebrug* (comprenant dans la ligne, les maisons occupées par *Jan Middelhuis*, à Broeke, et la veuve *Tone*, à Broeke-op-Berg, celle nommée *het Havereind*, occupée par *Hendrika Traman*, et les habitations d'*Albert de Witte*, *Berend te Lintelo*, *Jan Reymelink*, *Berend te Braak*, *Johannes Beurnegoor*, *Harmen Vruggink*, *Gerrit Molenkamp*, *Jannes Lenderink*, ainsi que l'église avec la cure y attenante, du village de Rietmolen, et la maison habitée par *Frederikus Rietmolen*.

5.　　　　　　　　　　　　　　　　3o.

Van gezegde Rietmolensche brug, in eene regte lijn, over de heide het *Nedesche Vleer* en, *Mallumsche veld* genaamd, kruissende de wegen van Nede op Haaksbergen en Eijbergen op het nieuwe Roosche Mos, bewoond door *Jan te Biesebeck*, en van daar op het oude Rosche Mos, bewoond door *Harmen Schreurs*.

Van dit huis in eene regte lijn, op het huis genaamd *de Bik*, bewoond door *Antonie Olminkhof* en van daar in eene regte lijn, op de boerenwoning *Schuurink* genaamd, bewoond door *Jan Berend Esselink*.

Van dit huis in eene regte lijn op dat de *oude Scholte* genaamd, bewoond door *Berend Olminkhof*, en van dit op het huis genaamd *de Jonge Scholte*, bewoond door *Jannes Olminkhof*, en van daar in eene regte lijn, op het boerenhuis genaamd *Biesebeck*, bewoond door *Arendina te Biesebeek*.

Van dit gezegde huis in eene regte lijn, op de Stokkersbrug, leggende over de rivier de Berkel, en van deze brug, kruissende de Zomerweg van Eijbergen op Borkulo, en de weg op Geesteren, in eene regte lijn op het huis Kolthof, in pacht bij *Jan Kolthof den ouden*.

Van dit huis, kruissende de groote weg van Eijbergen op Borkulo in eene regte lijn, op dat *de Muggert* genaamd, bewoond door *Arend Klein Hulshof*, en van dit huis, in eene regte lijn, dwars over het Warvenveld op de Bellegoorsch brug, leggende in den dijk tusschen Groenlo en Borkulo.

Van gezegde brug, in eene regte lijn, dwars over het Huitinksveld, op de wind- koren- en pelmolen, staande in de buurtschap Beltrum, op den Hohenhorst (de huizen bewoond door *Jan Tank*, *Antonie Maarse* op Altink, *Arend Barkman*, *Coenraad Huitink*, *Hendricus Huitink*, *Jan Harmen Rosenberg*, *Hendrik te Bulte*, *Hendrikus Hofman* op Buursema, in de linie opnemende).

Dudit pont de Rietmolen, en ligne droite, à travers les bruyères nommées *le Nedesche Vleer* et *Mallumscheveld*, croisant les chemins de Nede à Haaksbergen et Eybergen, sur la maison nommée *het nieuwe Rossche-Mos*, occupée par *Jan te Biesebeek* ; et delà, sur la maison dite *het oude Rossche-Mos*, occupée par *Harmen Schreurs*.

De cette maison, en ligne droite, sur celle nommée *de Bik*, occupée par *Antonie Olminkhof*; et delà, en ligne droite, sur la ferme nommée *Schuurink*, occupée par *Jan Berend Esselink*.

De cette ferme, en ligne droite, sur celle nommée *de Oude Scholte*, occupée par *Berend Olminkhof*, et de cette ferme sur la maison nommée *de Jonge Scholte*, occupée par *Jannes Olminkhof*; et delà, en ligne droite, sur la ferme nommée *Biesenbeek*, occupée par *Arendina te Biesenbeek*.

De ladite ferme, en ligne droite, sur le pont dit *Stokkersbrug*, situé sur la rivière le Berkel, et de ce pont, traversant le chemin dit *Zomerweg d'Ey bergen*, à Borkulo, et celui de Geesteren; puis, en ligne droi te, sur la ferme nommée *Kolthof*, occupée par *Jan Kolthof*, père.

De cette ferme, en ligne droite, traversant la grande route d'Eybergen à Borkulo, sur la maison nommée *le Muggert*, occupée par *Arend Klein Hulshof*; et de celle-ci en ligne droite, traversant le champ dit *Warvenveld*, jusques sur le pont de Bellegoor, situé à la digue entre Groenlo et Borkulo.

Dudit pont, en ligne droite, traversant le champ dit *Huitinksveld*, sur le moulin à blé et à orge, situé au hameau de Beltrum, dans le nommé *Hohenhorst* (comprenant dans la ligne, les maisons occupées par *Jan Tank*, *Antonie Maarse*, à Altink, *Arend Barhman*, *Coenraad Huitink*, *Hendricus Huitink*, *Jan Harmen Rosenberg*, *Hendrik te Bulte* et *Hendricus Hofman* à Buursema).

Van gezegde molen, in eene regte lijn, kruissende de Nieuwenhuizersteeg, dwars over den Beltrummer Esch, op het
huis genaamd *de Pieper*, bewoond door *Evert Luttihkolt* (de
huizen bewoond door *Gerrit Jan Scholten*, *de Tukker* genaamd,
dat bewoond door *Jannes te Hofstede*, *Jan Berend Beusink* op
Kremer, *Hendrik Klein Wilderink*, *Bartes Klein Nijenhuis*,
Jan Berend Paauwen, op de Veele, en *Jannes Paape*; in de
linie opnemende), en vervolgens van het gezegde huis de Pieper, dwars over het veld genaamd *den Destelenbrink*, kruissende de beek de Slinge, op het huis bewoond door *Hendrik
Jan Voss*, staande bewesten de Veldpaapen-brug, over de gezegde beek gelegen.

Van dit huis, in eene regte lijn, over het Efselscheveld op
het huis bewoond door *Gerrit Jan Klein Gebbink*, en van dit
huis, in eene regte lijn, op de woning van *Hendricus Tiggeloven* aan den Bulten (de huizen bewoond door *Gerrit Jan Bieken* en *Gerrit Jan Koppelman*, op den Droebert, in de linie
opnemende), en wijders, van gezegde Bulten, in eene regte
lijn, dwars over de heide en Lievelder Esch, kruissende de
groote weg van Groenlo op Lichtenvoorde, op de boeren woningen genaamd *het Lemelder*, *Koniger* en *de Braaker*; staande
in de Lievelder Esch, buurtschap Lievelde.

Van gezegde boerenwoning de Braaker, in eene regte
lijn, op de Vragener Kapel, bij den grooten weg van Aalten
naar Groenlo, in de buurtschap Vragener staande.

Van gezegde kapel (de huizen *Rentink*, *Lubbers*, *Tepper*,
Hammer, *Leferink*, *Hulsevoort*, *Kroesen*, *Schilderink*, *Ben-
nink* en *Waijenborg*, in de linie opnemende), in eene regte
lijn, over de Vragener Esch, en de daar achter gelegene
Schaarsheide, kruissende de groote weg van Winterswijk op
Lichtenvoorde, op het huis bewoond door de weduwe *Ger-
rit Jan Meekes*, *Pas Draaijer* genaamd, staande aan de
Koentjes Bult, bij den weg van Aalten op Lichtenvoorde

Du susdit moulin, en ligne droite, traversant le chemin, nommé *Nieuwenhuizersteeg*, à travers le Beltrummer Esch, sur la maison nommée *le Pieper*, occupée par *Evert Luttikholt* (comprenant également dans la ligne, la maison nommée *le Tukker*, occupée par *Gerrit Jan Scholten*, et celles habitées par *Jannes te Hofstede*, *Jan Berend Beusink*, à Kremer, *Hendrik Klein Wilderink*, *Bartes Klein Nijenhuis*, *Jan Berend Paauwen*, à Veele et par *Jannes Paape*); et ensuite ladite maison nommée *le Pieper*, à travers le champ nommé *le Destelenbrink*, traversant le ruisseau le Slinge, sur la maison occupée par *Hendrik Jan Voss*, située à l'ouest du pont de Veldpaapen, placé sur ledit ruisseau.

De cette maison, en ligne droite, à travers le champ nommé *Efselscheveld*, sur la maison occupée par *Gerrit Jan Klein Gebbink*; et de celle-ci, en ligne droite sur l'habitation de *Hendricus Tiggeloven*, nommée *Bulten* (comprenant dans la ligne, la maison occupée par *Gerrit Jan Bieken*, et celle nommée *Droebert*, occupée par *Gerrit Jan Koppelman*); ensuite, dudit Bulten, en ligne droite, à travers la bruyère et le champ dit *Lievelder-Esch*, traversant la grande route de Groenlo à Lichtenvoorde, sur les fermes nommées *Lemelder*, *Koniger* et *Braaker*, situées dans le champ nommé *Lievelder-Esch*, hameau de Lievelde.

De ladite ferme nommée *Braaker* en ligne droite, sur la chapelle du hameau de Vragener, près de la grande route d'Aalten, à Groenlo.

De ladite chapelle (contenant dans la ligne les maisons nommées *Rentink*, *Lubbers*, *Tepper*, *Hammer*, *Leferink*, *Hulsevoort*, *Kroesen*, *Schilderink*, *Bennink* et *Waijenborg*); en ligne droite, à travers le champ dit *Vragener-Esch*, et la bruyère, nommée *Schaarsheide*, située derrière ce champ, puis traversant la grande route de Winterswijk à Lichtenvoorde, sur la maison nommée *Pas draaijer*, occupée par la veuve *Gerrit Jan Meekes*, et située près l'endroit dit *Koentjes Bult*, à la grande route d'Aalten à Lichtenvoorde (com-

(de huizen *Wamelink*, *Verwoolde*, *Klompenmaker*, *Huitink*, *Verwoolde* of *Snieder*, *Engelbert huis* of *Berend Meekes*, in de linie opnemende), en voorts, van het gezegde Pas Draaijer, kruissende de genoemde weg van Aalten op Lichtenvoorde, in eene regte lijn, op het boerenhuis *Pakkebier* genaamd, staande aan het Velleken.

Van daar, in eene regte lijn, over het Barler goor, Zwarte-'s Graven en Heereveenen, op de Gravenschuur, ten westen van gezegde Veenen staande.

Van daar, in eene regte lijn, op de Ratstaak, staande aan de groote wegen van Lichtenvoorde op Varsseveld, en van Aalten naar de Landeweerd.

Van dit huis, gezegde weg van Lichtenvoorde op Varsseveld volgende, tot aan het huis bewoond door *Hermanus Zweevink*, ten oosten van het dorp Vaarsseveld staande.

Van dit huis, in eene regte lijn, bezuiden langs het gezegde dorp op dat bewoond door *Jan Hendrik Kranen*, het armenhuis en dat bewoond door *Willem Helmink*, staande aan den grooten weg van Varsseveld op Terborgh (de huizen bewoond door *Derk Jan Brugging*, *Jan Heijerman*, J. H. *Doornink*, G. *Otten*, het School, L. *Lammers*, de weduwe H. J. *Klein*, *Hesselink*, J. H. *Greve*, G. J. *Leneman*, G. J. *Wolters*, G. J. *te Mebel*, *Evert Bloemers*, *Dirk Haank*, de Pastorij, D. H. *Krestenberg*, *Hendrik Kram*, L. *Colenbrander*, *Derk Luijmes*, *Derk ter Maat*, *Berend Hengeveld*, J. *Colenbrander*, D. H. *te Mebel* en *Willem te Brink*, in de linie opnemende), en wijders, van het gezegde huis bewoond door *Willem Helmink*, de genoemde weg van Varsseveld op Terborgh kruissende, in eene regte lijn, op dat *de Beltekamp* genaamd.

Van dit huis, in eene regte lijn, op dat *de Puunte* geheten, staande bij meergemelden grooten weg op Terborgh, en voorts, langs dezen grooten weg, tot aan het huis *de*

prenant également dans la ligne, les maisons nommées *Wamelink*, *Verwoolde*, *Klompenmaker*, *Huitink*, *Verwoolde* ou *Snieder*, *Engelberthuis*, ou *Berend Meekes*); et ensuite, dudit Pas drayer, traversant ladite grande route d'Aalten à Lichtervoorde, en ligne droite, sur la ferme nommée *Pakkebier*, située près de Velleken.

Delà, en ligne droite, à travers les nommés *Barlergoor*, *Zwarte 's Graven* et les Tourbières dites *Heereveenen*, sur la grange nommée *Gravenschuur*, située à l'ouest desdites tourbières.

Delà, en ligne droite, sur la ferme nommée *Ratstaak*, située aux grandes routes de Lichtenvoorde à Varsseveld, et d'Aalten à Landeweerd.

De cette ferme, longeant ladite route de Lichtenvoorde, à Varsseveld, jusqu'à la maison occupée par *Hermanus Zweevink*, située à l'ouest du village de Varsseveld.

De cette maison, en ligne droite, passant le village, au sud, sur la maison nommée *le Armenhuis*, occupée par *Jan Hendrik Kranen*, et celle occupée par *Willem Helmink*, située à la grande route de Varsseveld à Terborg (comprenant, dans la ligne, les maisons occupées par *Derk Jan Brugging*, *Jan Heijerman*, *J. H. Doornink* et *G. Otten*, l'Ecole, ainsi que les habitations de *L. Lammers*, la veuve *H. J. Klein-Hesselink*, *J. H. Greve*, *G. J. Leneman*, *G. J. Wolters*, *G. J. te Mebel*, *Evert Bloemers*, *Dirk Kaank*, la Cure, et celles de *D. H. Kristenberg*, *Hendrik Kram*, *L. Colenbrander*, *Derk Luymes*, *Derk ter Maat*, *Berend Hengeveld*, *J. Colenbrander*, *D. H. te Mebel* et *Willem te Brink*); ensuite, de ladite maison, occupée par *Willem Helmink*, en ligne droite, traversant ladite route de Varseveld à Terborgh, sur la maison nommée *Bettekamp*.

De celle-ci, en ligne droite, sur la maison nommée *le Puunte*, située à ladite grande route de Terborg, et puis, le long de cette route jusqu'à la maison nommée *le Heidekamp*

Heidekamp genaamd (de buurtschappen Westendorp, Voorbroek en Gaanderen in de linie opnemende), en wijders, van het gezegde huis de Heidekamp, in eene regte lijn, op het huis van *Wouter van Dillen*, staande bij de olieslagerij van Deurvorst, en gelegen aan den grooten weg van Terborgh naar Doetinchem.

Van gezegd huis, gemelde weg kruissende in eene regte lijn, op de IJzergieterij, *Vulkansoord* genaamd, staande op de Terborgsche Rieten, tusschen de Broerdijksche Beek, en de rivier de Ouden-IJssel, zoodanig dat deze IJzerfabriek, met de daartoe behoorende gebouwen, niet in de linie opgenomen wordt.

Van daar, langs gezegde rivier, de Ouden-IJssel, noordwaards op, tot aan het huis de *Stockhorst* genaamd, bewoond door *Van der Remmelink*, ten westen, van deze rivier staande, en van dit huis, in eene regte lijn, op dat *ter Essend* geheten, bewoond door *W. Hoogveld*.

Van dit huis, in eene regte lijn, kruissende de weg van Wehl naar Keppel, op dat *de Toll* genaamd, bewoond door *Berend Hageman*, aan gezegde weg gelegen, en van hier in eene regte lijn, op het huis van *Hendrik Kraaivanger*.

Van daar in eene regte lijn, dwars over het Wehlscheveld, op het huis bewoond door *Gerhard Derksen*, staande bij den grooten weg van Wehl naar Doesburg, in de buurtschap genaamd *Klein-dorp*.

Van dit huis, gezegde weg en veld kruissende, op dat bewoond door *Derk Wentink*, *de Dutz* geheten, en van dit huis, in eene regte lijn, op de Hooge Horst, bewoond door *Dirk Agelink*; en wijders van hier in eene regte lijn op de Nigtehorst, bewoond door *Jan Kaal*, staande bij de Bosch Slegen.

Van dit huis kruissende de Didamsche wetering, in eene regte lijn, dwars door de Didamsche weiden, Oldemaate, en

(comprenant, dans la ligne, les hameaux de Westendorp
Voorbroek et de Gaanderen); ensuite, de ladite maison *le
Heidekamp*, en ligne droite, sur la maison de *Wouter van
Dillen*, située auprès du moulin à huile de Deurvorst, et si-
tuée à la grande route de Terborgh à Doetinchem.

De ladite maison, traversant cette grande route, en ligne
droite, sur la fonderie de fer, nommée *Vulkans Oord*, située
dans l'endroit nommé *Terborgsche-Rieten*, entre le ruisseau
dit *Broerdijksche-Beek*, et la rivière le Vieux-Issel, de manière que cette fonderie de fer, avec les bâtimens y appartenant, n'est pas comprise dans la ligne.

Delà, le long de ladite rivière le Vieux-Issel, vers le nord,
jusqu'à la maison nommée *le Stockhorst*, occupée par *Wan-
der Remmelink*, située à l'ouest de cette rivière, et de cette
maison, en ligne droite, sur celle nommée *Ter-Essend*, occupée par *W. Hoogveld*.

De cette maison, en ligne droite, traversant le chemin de
Wehl à Keppel, sur celle nommée *le Toll*, occupée par *Berend Hageman*, située audit chemin, et delà, en ligne droite,
sur l'habitation de *Hendrik Kraaivanger*.

Delà, en ligne droite, à travers le champ dit *Wehlsche-
Veld*, sur la maison occupée par *Gerhard Derksen*, située à
la grande route de Wehl à Doesburg, dans le hameau de
Klein-Dorp.

De cette maison, traversant la grande route, et le champ
susnommé, sur la maison dit *le Dutz*, occupée par *Derk Wer-
tink*, et de celle-ci, en ligne droite, sur la ferme nommée
Hooge Horst, occupée par *Derk Agelink*; et puis, delà, en
ligne droite, sur la ferme nommée *Nigtehorst*, située près de
l'endroit dit *Boschslegen*, et occupée par *Jan Kaal*.

De cette ferme, à travers le conduit d'eau, dit *Didamsche-
wetering*, en ligne droite, traversant les prairies dites *Didam-*

Didamsche roeden op de Zweekhorst (de huizen bewoond, door *Peter Ruttenhuis*, groot en klein hoog IJssel, dat, het Steenenstuk, *Manes Gielink*, *Wolter de Vries*, *Dirk Franke* en *Frederik Prins*, in de linie opnemende), en wijders van gezegde Zweekhorst, in eene regte lijn, op het boerenhuisje, *de Plak* genaamd, staande bij de Plaksche straat, en den grooten weg van Zevenaar naar Arnhem.

Van daar gezegde weg kruissende, in eene regte lijn op het boerenhuis, bewoond door *Hermanus Derksen*, staande ten noorden van het dorp Groessen, en van hetzelve in eene regte lijn op dat van *Hermanus Huijgens*, van dat in eene regte lijn op dat van *Evert Janssen*, en wijders in eene regte lijn op het boerenhuis van *Gerrit Willeman*; van dit huis in eene regte lijn, op dat van *Hendrik Elsepas*, en van dit laatste in eene regte lijn op dat van *Reiken Olven* of *Aalven*, gelegen aan den grooten weg naar de Loward.

Van daar langs dien grooten weg, tot aan het boerenhuis van *Leendert Elbers*; van dit huis in eene regte lijn, kruissende den bandijk op het kasteel de Loward, aan den regter oever van de rivier de Rhijn gelegen, en van dit kasteel, in eene regte lijn, kruissende de gemelde rivier op de aan haren linker oever gelegene boerenwooning genaamd *de Brouw-ketel*.

Van de Brouwketel in eene regte lijn, op de Angerensche kerk, bij den linker Rijnbandijk staande, verder langs gemelde Bandijk, opwaarts tot aan het huis de Poppelgraaf; van dit huis langs den weg, leidende van dezen gemelden Bandijk *de gemeene straat* geheten, tot aan het huis de Woerd, staande aan het zoogenaamde *Billemijnsveldje* (de ten westen van dezelve weg gelegene woningen van *Jan Groene* en *Derk Uilenbroek*, de Weteringsbrug, en het huis Slangeburg, in de linie opnemende), en voorts van het genoemde huis de Woerd, in eene regte lijn op de Doornburgsche molen (het huis van den molenaar mede in de linie opnemende).

sche-weiden , *Oldemate* et les *Didamsche-roëden* , sur la maison nommée *Zweekhorst* (comprenant, dans la ligne , la maison groot en klein hoog Yssel , occupée par *Peter Ruttenhuis* ,
celle nommée *le Steenenstuk* , occupée par *Manes Gietink* , et
les habitations de *Wolter de Vries, Dirk Franke,* et de *Frederik Prins*); et ensuite , dudit Zweekhorst, en ligne droite , sur
la cabane nommée *le Plak* , située au chemin dit *Plaksche-
Straat* , et à la grande route de Zevenaar à Arnhem.

Delà , traversant ladite grande route , en ligne droite , sur
la ferme occupée par *Hermanus Derksen* , située au nord du
village de Groessen , et de celle-ci , en ligne droite , sur la
ferme de *Hermanus Huygens ;* delà , en ligne droite , sur celle
de *Evert Janssen ;* et puis , en ligne droite , sur la ferme de
Gerrit Willeman ; de celle-ci , en ligne droite , sur celle de
Hendrik Elsepas ; et de cette dernière ferme , en ligne droite ,
sur celle de *Reike Olven* ou *Aalven* , située à la grande route
de Loward.

Delà , longeant ladite grande route , jusqu'à l'habitation
de *Leendert Elbers ;* de celle-ci , en ligne droite , traversant la
digue nommée *le Bandijk* , sur le château de Loward , situé
sur la rive droite de la rivière le Rhin , et de ce château , en
ligne droite , traversant ladite rivière , sur la ferme nommée
le Brouwketel , située sur la rive gauche.

De cette ferme , en ligne droite , sur l'église dite *Angeren-
sche-Kerk* , située près de la digue nommée *Linker Rijnbandijk ;* ensuite , longeant ladite digue , en remontant jusqu'à la
maison dite *Poppelgraaf ;* de cette maison , le long du chemin nommé *le Gemeene-Straat* , aboutissant à ladite digue
nommée *Bandijk* , jusqu'à la maison dite *le Woerd* , située à
la ci-nommée *Billemijns-Veldje* (comprenant, dans la ligne ,
les habitations de *Jan Groene* et *Derk Uilenbroek* , situées à
l'ouest dudit chemin , le pont dit *Weteringsbrug* , et la maison nommée *Slangenburg ;* et ensuite , de ladite maison le
Woerd , en ligne droite , sur le moulin de Doornburg (comprenant également , dans la ligne , l'habitation du Meunier).

Van daar in eene regte lijn, op het huis Limbeek, staande aan den voet van den Gentschen Waal Bandijk, en verder langs gezegden Bandijk, tot aan het huis de Stelt.

Van het voormelde huis de Stelt, in eene regte lijn, kruissende den Waalschen Bandijk en de rivier de Waal, op de Hunnerpoort van Nijmegen; van daar westwaarts langs de Hoofdwal muur, tot aan de Molenpoort van gezegde stad.

Van daar de groote weg volgende op Grave tot nabij de Run of zoogenaamde *Looimolen*, aan dien weg staande; en van daar, langs de nieuwe laan en weg, welke op en door het Jonkersbosch op Hatert loopt, tot aan het huis *het Leeuwriksnest* genaamd, bewoond door *Gradus Jansen*, aan den grooten weg van Nijmegen op Hatert staande.

Van dit huis, gemelde weg kruissende in eene regte lijn op den bouwhof, bewoond door *Jacob Gijsbers*, *het Dal* genaamd, en gelegen onder Hatert.

Van daar in eene regte lijn, op dat *den Berkenbosch* geheten, staande aan de weg naar het dorp Malden, *de Gemeene straat* genaamd, loopende langs het veen en het Maldenschebroek tot daar, waar dien weg zich met den Taaijendijk vereenigt (de ten westen langs gezegde straat, gelegen huizen en gebouwen in de linie opnemende.)

Van daar langs gezegden Taaijendijk, tot aan den weg op Heumen schietende, *de Loostraat* genaamd (de bij dit punt gelegene boerewoning *den Blankenburg* geheten, en bewoond door *Jan Reintjes* in de linie opnemende.)

Van daar langs gezegde weg de Loostraat, tot aan het huis van J. J. *Craan*, staande aan het einde van gezegde weg in het dorp Heumen.

Van dit huis in eene regte lijn, op het kasteel van Heumen, en van daar, in eene regte lijn, tot aan den regter oever van

Delà, en ligne droite, sur la maison nommée *Limbeek*, située au pied de la digue dite *Gentschen Waalbandijk*; et puis, le long de cette digue, jusqu'à la maison dite *le Stelt*.

De ladite maison le Stelt, en ligne droite, traversant la digue nommée *le Waalschen-Bandijk*, et la rivière le Waal, sur la porte dite *Hunnerpoort*, de la ville de Nimègue; delà, vers l'ouest, le long du rempart principal jusqu'à la porte nommée *Molenpoort* de ladite ville.

Delà, longeant la grande route à Grave, jusques près du moulin à tan, situé sur cette grande route; et puis, le long de la nouvelle allée et chemin, qui conduit jusques, et par le bois dit *Jonkersbosch* à Hatert, jusqu'à la maison nommée *Leeuwriksnest*, occupée par *Gradus Jansen*, située à la grande route de Nimègue, audit Hatert.

De cette maison, en ligne droite, traversant ladite grande route, sur la métairie nommée *le Dal*, occupée par *Jacob Gysbers*, et située sous Hatert.

Delà, en ligne droite, sur la métairie nommée *le Berken-bosch*, située au chemin dit *Gemeene-Straat*, qui conduit au village de Malden; longeant la tourbière et la bruyère dudit Malden, jusques-là où le chemin se réunit à la digue dite *Taayen-Dijk* (comprenant, dans la ligne, les habitations et bâtimens, situés à l'ouest dudit chemin nommé *Straat*.)

Delà, le long de cette digue, nommée *Taayen-Dijk*, jusqu'au chemin dit *Loostraat*, conduisant à Heunen (comprenant également, dans la ligne, la ferme nommée *Blankenburg*, occupée par *Jan Reintjes*, et située audit endroit).

Delà, le long dudit chemin nommé *Loostraat*, jusqu'à la maison de J.-J. *Craan*, situé à l'extrêmité dudit chemin, au village de Heumen.

De cette maison, en ligne droite, sur le château de Heumen; et delà, en ligne droite, jusqu'à la rive droite de la ri-

de rivier de Maas, en wijders, deze regter oever, van gezegde rivier opwaarts volgende; tot aan het dorp Mook.

LIMBURG.

Van daar, zuidwaarts, langs gemelde rivier de Maas,
welke rivier, van hier tot aan het dorp Berg, in de linie valt,
tot aan het genoemde dorp Berg; van dit dorp, in eene regte
lijn, op het dorp Beek, van het dorp Beek, langs den weg
naar en tot aan het dorp Weberig; van dit dorp, langs den
Willigen-weg, leidende naar het dorp Nuth, latende links
het dorp Spauwbeek, en regts, dat van Grijzengubben, en
loopende ten noorden langs het huis genaamd *de Kamp*,
bewoond door J. G. *Ackermans*, tot aan de brug van Kathagen, liggende over de rivier de Geleen, zoo dat de kom van
het dorp Nuth buiten de linie blijft; en voorts, zuidwaarts,
langs deze rivier, tot aan het dorp Cunroot.

Van daar, in eene regte lijn, kruissende den weg van Herlen naar Fauquemont, op het dorp Dammerscheit; van dit
dorp, in eene regte lijn, op het dorp Wiltre; van het dorp
Wiltre, in eene regte lijn, op dat van Galoppe; van dit dorp,
in eene regte lijn, op het kasteel van Nieubourg; van dit kasteel, in eene regte lijn, op de hofstede genaamd *de Landstraat*; van gezegde hofstede, in eene regte lijn, op het dorp
Epen; van het dorp Epen, in eene regte lijn, op de bruggen
gelegen over de rivier de Geule, bij de hofstede *de Wijnberg*
geheten;

LUIK.

Vervolgens, langs deze rivier, tot aan den Sippenaeker Molen; van daar, zuidwaards, digt langs het huis *Reijken* ge-
na md, tot aan het dorp Sippenacker; van daar, langs den
weg naar het dorp Homburg, door het gehucht Lattenheijer,
latende dat van Herhagen, regts leggen; van het dorp Homborg, in eene regte lijn, westwaarts, op de beek de Gulp;

vière la Meuse ; et ensuite , remontant cette rive droite de ladite rivière , jusqu'au village de Mook.

Delà , vers le sud , le long de ladite rivière la Meuse (laquelle rivière , d'ici jusqu'au village de Berg , est comprise dans la ligne jusqu'audit village de Berg; de ce village , en ligne droite , sur le village de Beek ; du village de Beek , le long du chemin vers le et jusqu'au village de Weberig ; de ce village , le long du chemin dit *Willigenweg* , conduisant au village de Nuth , laissant à gauche le village de Spauwbeek , et à droite celui de Gryzengrubben , et passant au nord devant la maison nommée *le Kamp* , occupée par J.-G. *Ackermans* , jusqu'au pont de Kathagen, situé sur la rivière de Geleen, de manière que les maisons agglomérées du village de Nuth restent hors de la ligne; et puis , vers le sud , le long de cette rivière, jusqu'au village de Cunroot.

Delà , en ligne droite , traversant le chemin de Herlen à Fauquemont , sur le village de Dammerscheit ; de ce village , en ligne droite , sur le village de Wiltre ; du village de Wiltre , en ligne droite , sur celui de Galoppe; de ce village , en ligne droite , sur le château de Nieubourg; de ce château , en ligne droite , sur la ferme nommée *de Landstraat*; de ladite ferme, en ligne droite, sur le village de Epen ; du village de Epen , en ligne droite, sur les ponts situés sur la rivière la Geule , près de la ferme nommée *Wijnberg*.

Ensuite , le long de cette rivière , jusqu'au moulin de Sippenacken; delà , vers le sud , passant près de la maison dite *Reijken* , jusqu'au village de Sippenacken ; delà , suivant le chemin vers le village de Homborg , en passant par le hameau de Lattenheijer, et laissant à droite celui de Herhagen ; du village de Homborg , en ligne droite , vers l'ouest , sur le ruisseau le Gulp , au chemin qui , venant de ce ruisseau , conduit au ha-

aan den weg komende van deze beek, latende regts de kapel van la Clouse, en leidende naar het gehucht Florence ; alsdan, langs dezen weg, tot aan dit gehucht; en voorts, langs denzelfden weg, loopende door het gehucht Crame, tot aan de kapel van Bial.

Van daar, langs den weg genaamd *le Tier*, tot tusschen laatstgenoemde kapel en het gehucht Bial, alwaar deze weg in aanraking komt met den weg van Couve ; vervolgens, langs den weg van Couve, loopende door het gehucht van dien naam, tot daar waar hij uitkomt op den weg van Aubel naar Clermont, bij de hofstede Pirenne ; wijders, langs laatstgemelde weg, tot aan het dorp Clermont.

Van daar, langs den weg gezegd *Droitthier*, tot aan de straatweg van Luik naar Aken, dwars over dien straatweg, langs den weg op het voetpad gelegen aan deze zijde van het huis Kemps, tusschen dit huis en de plaats waar de paal staat daar, en leidende naar Longueville en van deze plaats in eene regte lijn op het kasteel van Herve.

Van daar benedenwaards langs de groote gemeente weg, tot digt bij de fabriek van den heer *Engler en compagnie*, van daar langs den weg links gelegen van de gracht van gezegde fabriek, latende de gracht steeds regts tot daar dezelve valt in de Vesdre ; vervolgens weder opwaards langs den loop dezer rivier tot vlak over de pachthoeve Hadrimont, behoorende aan de wedowe *Thimus*, zoodanig dat geheel Dolhain Limburg en de stad Limburg, regts blijven leggen.

Van het punt der Vesdre, over de hoeve Hadrimont, in eene regte hoek dwars over de rivier, en dan regts af in eene regte lijn dwars door een boschje, over het midden van het weiland *Bibac* genaamd.

Van daar weder onmiddelijk langs den grooten weg van Goë naar Verviers, daar waar dien ook op Limburg aanloopt; langs den gezegden weg van Goë naar Verviers, tot aan de ka-

meau de Florence, en laissant la chapelle de la Clouse, à droite, alors, le long de ce chemin, jusqu'à ce hameau; et puis, le long du même chemin, traversant le hameau de Crawé, jusqu'à la chapelle de Bial.

Delà, le long du chemin dit *le Tier*, jusqu'à entre cette dernière chapelle et le hameau de Bial, où ce chemin aboutit au chemin de Couve, ensuite le long du chemin de Couve traversant le hameau de ce nom, jusqu'au point où il aboutit au chemin d'Aubel à Clermont, près de la ferme Pirenne; ensuite, le long de ce dernier chemin jusqu'au village de Clermont.

En partant du village de Clermont, la ligne suivra le chemin de Droitthier jusqu'à la chaussée de Liége à Aix-la-Chapelle, traversera cette chaussée, passera le long du chemin ou sentier tracé en-deçà de la maison Kemps, entre cette maison et l'endroit où est fixé le poteau; ledit chemin ou sentier conduisant à Longueville, et de Longueville, en ligne droite, sur le château de Herve.

Du château de Herve, la ligne descendra la grande route vicinale, jusques près de la fabrique de M. *Engler et compagnie;* delà, suivant le chemin à gauche du canal de la même fabrique, lequel canal reste à droite jusqu'au point où ledit canal se jette dans la Vesdre; puis, remontant le cours de cette rivière, jusqu'en face de la ferme Hadrimont, appartenant à la veuve *Thimus*, de manière à laisser à la droite tout Dolhain-Limbourg, et la ville de Limbourg; arrivé au point de la Vesdre, en face de la ferme Hadrimont la ligne traversera cette rivière à angle droit, et se dirigera à droite et à vol d'oiseau à travers un petit bois, sur la prairie dite *Bibac*, qu'elle partagera, en allant, dès-lors, rejoindre directement le grand chemin de Goë à Verviers, à son embranchement sur Limbourg; poursuivant son cours, la ligne remontera le chemin précité de Goë à Verviers, jusqu'à la cha-

5.   32.

pel Huloux, latende het geheele dorp Goë, de hoeve Lassanx,
en het dorp Flevremont, links leggen van de kapel Huloux,
langs den grooten weg genaamd *de oude weg van Spa*, loopende
door het dorp Suristere, tot aan den molen van Jelhay; van
dezen molen, in eene regte lijn, op het dorp Royon-prez; van
het dorp Royon-prez, langs den weg loopende door het dorp
Antige, naar en tot aan het dorp le Sart; en van dit dorp, langs
den weg naar en tot aan dat van Voyaux.

Van daar, in eene regte lijn, door de heide, tot daar waar
de weg van Stavelot en die van Malmedy naar Spa zich ver-
eenigen, bij de zoogenaamde *Baraques*; en wijders, langs
den weg naar Stavelot, loopende door het dorp la Neuville,
tot aan de stad Stavelot voormeld.

Van daar, langs den weg naar en tot aan het dorp Soumagne; van hetzelve, langs dien naar en tot aan dat van Waurangras; van dit langs den weg naar en tot aan het dorp
Wane, voorts langs die naar en tot aan het dorp Lespineux;
van dit dorp, langs den weg naar en tot aan dat van Thigeonville; en van het laatstgemelde, langs den weg naar en
tot aan het dorp Grand Halloux.

LUXEMBURG.

Van daar, langs de rivier de Salm, zuidwaarts, tot aan de
stad Viel Salm; verder, langs dezelve rivier, tot aan het
dorp Salm-Château; vervolgens, langs den weg naar en tot
aan het dorp Cineux; van dit dorp, langs dien naar en tot
aan dat van Bovigny; en van dit laatste, langs den weg naar
en tot aan het dorp Courtil.

Van daar, langs den weg, loopende ten noord-oosten, langs
het bosch van Ponçai, naar en tot aan het dorp Halcoureux;
van hetzelve, langs den weg naar en tot aan dat van Goury;
en van dit dorp, langs den weg, kruissende, bij den molen
van Gouvy de rivier de Ourte, naar en tot aan het dorp
Limmerlé.

pelle de Huloux, laissant à gauche tout le village de Goë, la ferme Lassaux et le village Flevremont; de la chapelle de Huloux, le long de la grande route dite *l'ancienne route de Spa*, passant par le village de Suristère, jusqu'au moulin de Jalhay; de ce moulin, en ligne droite, sur le village de Royon-Prez, du village de Royon-Prez, le long du chemin vers le et jusqu'au village le Sart, en passant par le village d'Autige; et du village le Sart; le long du chemin vers le et jusqu'au village de Voyaux.

Delà, en ligne droite, à travers la bruyère, jusqu'à l'endroit où la route de Stavelot, et celle de Malmedy à Spa, se réunissent près des Baraques; et puis, le long de la route à Stavelot, passant par le village de Neuville, jusqu'à ladite ville de Stavelot.

Delà, le long du chemin vers le et jusqu'au village de Soumagne; de ce village, le long de celui vers le et jusqu'au village de Waurangras; de celui-ci, le long du chemin vers le et jusqu'au village de Wane; puis, le long de celui ci vers le et jusqu'au village de Lespineux; de ce village, le long du chemin vers le et jusqu'au village de Thigeonville, et de ce dernier, le long du chemin vers le et jusqu'au village de Grand Halloux.

LUXEMBOURG.

Delà, le long de la rivière la Salm, vers le sud, jusqu'à la ville de Viel-Salm; puis, le long de cette rivière, jusqu'au village de Salm-Château; ensuite, le long du chemin vers le et jusqu'au village de Cineux; de ce village, le long de celui vers le et jusqu'au village de Bovigny; et de ce dernier, le long du chemin vers le et jusqu'au village de Courtil.

Delà, le long du chemin qui conduit, en longeant au nord-est, le bois de Ponçai, au village de Halcoureux, jusqu'à ce village; de ce village, le long du chemin vers le et jusqu'au village de Gouvy; et de ce village, le long du chemin qui conduit en traversant la rivière l'Oarte, près du moulin de Gouvy, au village de Limmerlé, jusqu'à ce village.

Van daar, langs den weg naar en tot aan het dorp Stein-buch; van dit dorp, in eene regte lijn, door de heide, en kruissende den weg van Bastogne naar Stavelot, op het dorp Bivers, wijders, langs den weg, loopende door het dorp Asselborn, naar en tot aan het dorp Sussel; en van laatstgenoemde dorp, langs den weg leidende naar het dorp Bins-feld, tot daar, waar deze weg aan de beek de Woltz komt.

Van daar, langs deze beek, tot aan het dorp Clervaux; van dit dorp, langs dezelve beek, tot aan dat van Drauffeld; voorts, langs die beek, tot aan het dorp Wilwerwitz; van laatstgenoemde dorp, langs genoemde beek de Woltz, tot aan het dorp Hautenbach; en verder, langs deze beek, tot daar waar zij zich met de rivier de Sure vereenigt.

Van daar, langs gezegde rivier, tot aan het dorp Engels-dorf; van dit dorp, in eene regte lijn, door het bosch *het Jungenbusch* genaamd, op het dorp Stegen; vervolgens, langs den weg leidende over de beek genaamd *de Erens*, naar en tot aan het dorp Medernach; en van dit laatste dorp, langs den weg naar en tot aan dat van Christnach.

Van daar, in eene regte lijn, kruissende de beek de *Schwartze-Erens* genaamd, op het dorp Breitweiller; van hetzelve, langs den weg naar en tot aan het dorp Calbet; van het dorp Calbet, langs den weg loopende langs de plaats genaamd *Auf der Schantz*, naar en tot aan het dorp Zettig; en voorts, langs de beek *Beijdweilerbach* genaamd, tot aan het dorp Biwer.

Van daar, langs den weg, naar en tot aan het dorp Wecker; van dit dorp, langs den weg leidende van hetzelve naar den grooten weg van Luxemburg naar Grevenmacheren, tot aan het riviertje de Sire; wijders, langs dit riviertje, tot aan het dorp Octringen; van daar, langs der loop der gezegde rivier, tot aan Montfort, en van dit dorp langs den weg naar en tot aan het dorp Trintingen, latende het dorp Ersingen regts leggen.

Delà , le long du chemin vers le et jusqu'au village de Stein-
buch ; de ce village , en ligne droite , à travers la bruyère, et
croisant la route de Bastogne à Stavelot , sur le village de Bivers ; puis , le long du chemin vers le et jusqu'au village de
Sussel , en passant par le village d'Asselborn ; et du village de
Sussel , le long du chemin qui conduit au village de Binsfeld;
jusqu'à l'endroit où ce chemin donne sur le ruisseau de Woltz.

Delà , le long de ce ruisseau , jusqu'au village de Clervaux;
de ce village , le long de ce ruisseau , jusqu'au village de Drauffeld ; puis , le long de ce ruisseau , jusqu'au village de Wilwerwitz ; de ce dernier village , le long dudit ruisseau le Woltz,
jusqu'au village de Kautenbach , ensuite , le long de ce ruisseau , jusqu'à l'endroit où il se réunit à la rivière la Sure.

Delà , le long de ladite rivière , jusqu'au village d'Engels-
dorf; de ce village , en ligne droite, à travers le bois dit *het
Jungenbusch* , sur le village de Stegen , ensuite , le long du chemin vers le et jusqu'au village de Medernach , en passant par
le ruisseau dit *Erens ;* et de ce dernier village , le long du chemin vers le et jusqu'au village de Christnacht.

Delà , en ligne droite , croisant le ruisseau dit *Schwartze-
Erens* , sur le village de Breitweiller ; de ce village , le long du
chemin vers le et jusqu'au village de Calbet; du village de Calbet, le long du chemin vers le et jusqu'au village de Zettig , en
longeant l'endroit dit *Auf der Schantz* ; ensuite , le long du
ruisseau dit *Beijdweilerbach* , jusqu'au village du Biwer.

Delà , le long du chemin vers le et jusqu'au village de Wecker; de ce village , le long du chemin , qui conduit à la grande
route de Luxembourg à Grevenmacheren , jusqu'à la rivière
la Sire ; puis , le long de cette rivière , jusqu'au village de Octringen ; delà, en continuant le cours de la même rivière , jusqu'à Montfort ; et de ce village , le long du chemin , vers le
et jusqu'au village de Trintingen , laissant à droite le village
d'Ersingen.

Van daar, langs den weg naar en tot aan het dorp Roedt ; van dit dorp, langs die naar en tot aan dat van Waldbredimus ; van dit dorp, langs den weg genaamd *Heitscheuren*, tot aan den ingang van het bosch Bocholtz, dwars door dit bosch, langs den weg die de zoogenaamde *Romeinweg* doorsnijdt, tot bij het kruis der wegen leidende naar Trintingen en Medingen; van daar, naar het dorp Sijren, langs den weg die de bosschen Bocholtz et Jongholtz scheidt, langs den molen genaamd *Bruchmülen*; vervolgens langs den weg naar en tot aan het dorp Altzingen ; van hetzelve, in eene regte lijn, kruissende den grooten weg van Thionville naar Luxemburg, alsmede het riviertje de Alzette, op het dorp Fentingen ; en vervolgens, langs den weg loopende, langs de linker oever van gemelde riviertje, naar en tot aan het dorp Bevingen.

Van Bevingen op Abweiler, dwars door het bosch van Berchem, latende regts de kapel genaamd *Hermitage*, en volgende regts de zoom van het bosch van Bettenbourg van Abweiler, dan dwars, door de buitenplaats op den hoek van het bosch van Berchem; van daar, onmiddelijk langs den weg leidende naar het dorp Berchem; van daar, langs den gewonen weg naar Steinbrucken ; van daar, naar Mondercange, van dit dorp, naar het dorp Sassenheim, latende regts de bosschen genaamd *Rondenbuschen* en *Chairbusch*, en links, binnen de linie, het bosch genaamd *Aisingsbusch*, en de hoeve genaamd *Obersterhof*.

Van daar, langs de beek leidende naar en tot aan den molen van Niderkerschen ; alsdan, langs dezelve beek, tot aan den grooten weg van Longwij naar Luxemburg ; voorts, langs dien grooten weg, tot aan het dorp Pettingen ; en van het dorp Pettingen, langs den weg loopende door het bosch van Atus, en door het dorp Gerling, naar en tot aan het dorp Messancij.

Van daar, langs den weg naar en tot aan het dorp Rochecourt, latende links binnen de linie, de bosschen genaamd *Jungenbusch* en *Schadeckerbusch*, en dat van Bodich, alsmede de bosschen Breitbusch en Clairenbusch, en regts, buiten de li-

Delà, le long du chemin, vers le et jusqu'au village de Roedt; de ce village, le long de celui vers le et jusqu'au village de Walbredimus ; de ce village, par le chemin dit *Heitscheuren*, jusqu'à l'entrée du bois de Bocholtz, traversant ledit bois de Bocholtz, en suivant le chemin qui coupe la voie romaine, à la croisade des chemins qui conduisent à Trintingen et Medingen ; delà, au village de Sijren, par le chemin qui sépare les bois de Bocholtz et Jungholtz, le long du moulin dit *Bruchmülen*; puis, le long du chemin, vers le et jusqu'au village d'Altzingen ; de ce village, en ligne droite, croisant la grande route de Thionville à Luxembourg, ainsi que la rivière l'Alzette, sur le village de Fentingen ; ensuite, le long du chemin qui conduit, en longeant la rive gauche de ladite rivière, au village de Bevingen jusqu'à ce village.

De Bevingen sur Abweiler, en traversant le bois de Berchem, laissant à droite la chapelle dite *l'Hermitage ;* et en suivant, à droite, la lisière du bois de Bettenbourg-d'Abweiler, alors, au travers de la campagne, sur le coin du bois de Berchem ; et delà, en suivant directement le chemin qui conduit au village de ce nom; de Berchem, en suivant le chemin ordinaire sur Steinbrucken; de Steinbrucken à Mondercange; de de ce village à celui de Sassenheim, laissant à droite les bois dits *Rondenbuschen* et *Chairbusch*, et à gauche, dans la ligne, le bois dit *Aisingsbusch*, et la ferme dite *Obersterhof.*

Delà, le long du ruisseau, qui conduit vers le et jusqu'au moulin de Niderkerschen; alors le long dudit ruisseau, jusqu'à la grande route de Longwij à Luxembourg; puis, le long de cette grande route jusqu'au village de Pettingen, et du village de Pettingen, le long du chemin qui conduit, en passant par le bois d'Atus et par le village de Gerling, au village de Messancij, jusqu'à ce village.

Delà, le long du chemin vers le et jusqu'au village de Roehecourt, laissant à gauche, dans la ligne, les bois dits *Jungenbusch* et *Schadeckerbusch* et celui de Bodich, ainsi que les bois de Breitbusch et Clairenbusch, et à droite, hors de la

nie , de bosschen genaamd *Dikbusch* en *Sossels* , alsmede de dorpen Terpingen , Bebauge en Habergy.

Van Rochecourt, langs den weg van Peaumont , latende regts de kapel la Trompette , kruissende het bosch van de kapel la Trompette , en dat van Vachet , latende regts afleggen de kapel Vachet , naar en tot aan het dorp St.-Leger.

Van daar, latende links de molen Mamet , langs den weg naar Arlon , dwars over de beek la Claireau , tot aan het dorp Ethe; van daar langs den weg tot aan het dorp Belmont; van daar, langs de regter oever van de beek Leton , tot aan de stad Virton.

Van daar, langs den weg van Etalle, tot aan den weg naar La Haye , bij het bosch la Houblonnière, en langs dien weg , latende links de hoeve van Arpigny , naar en tot het dorp La Haye.

Van daar, langs den weg naar en tot aan het dorp Bellefontaine ; van daar, langs den weg genaamd *de Raivé*, tusschen de vijver en de smederijen van dien naam door , links langs de bosschen van Valansart en Jamoigne , tot aan den weg naar het dorp des Bulles , latende links het boschje van Trembloy , kruissende het gehucht Rompomelle , en het dorp Jamoigne.

Van daar, langs de rivier la Semois , tot aan het dorp Moyen; van daar , de loop der rivier volgende tot aan den zaagmolen genaamd *Duhal* , alwaar men de rivier overkruist bij de waadbareplaats Pierres , en langs het voetpad van denzelfden naam, tot aan den grooten weg van Neufchâteau naar Florenville , regt tegen over de zamenloop van den weg der smederijen van Epieux Haut.

Van daar, tusschen de smederijen en vijvers van denzelfden naam door , naar het dorp d'Herbaumont; van daar langs den loop der rivier la Semois , latende het dorp Cugnon regts , tot aan het dorp Dohan , van daar, langs de wegen du Terne , du

ligne , les bois dit *Dikbusch* et *Sossels* , ainsi que les villages de Terpingen , Bebange et Habergij.

De Rochecourt , le long du chemin de Peaumont, en laissant à droite la chapelle la Trompette , croisant le bois de la chapelle la Trompette et celui de Vachet, en laissant à droite l'hermitage de Vachet vers le et jusqu'au village de St.-Leger.

Delà , le long de la route d'Arlon , en laissant à gauche le moulin Mamet , et traversant le ruisseau la Claireau, jusqu'au village d'Ethe ; delà , le long de la route , jusqu'au village de Belmont ; d'ici , le long de la route sur la droite du ruisseau le Ton , jusqu'à la ville de Virton.

De cette ville , le long de la route d'Etalle , jusqu'au chemin de La Haye , au bois de la Houblonnière , et le long de ce chemin , en laissant à gauche la ferme d'Arpigny vers le et jusqu'au village de La Haye.

De ce village , le long du chemin vers l'est , jusqu'au village de Bellefontaine , et de ce dernier , le long du chemin de Raivé, passant entre l'étang et les forges du même nom , longeant sur la gauche les bois de Valansart et de Jamoigne, jusqu'au chemin vers le village des Bulles , laissant sur la gauche le petit bois de Trembloy , traversant le hameau de Rompomelle , et le village de Jamoigne.

Delà , le long de la rivière la Semois , jusqu'au village de Moyen ; de ce village , en suivant le cours de la même rivière jusqu'au moulin dit *la scierie Duhal* , où l'on traverse la Semois , au gué des pierres , en suivant le sentier du même nom, jusqu'à la grande route de Neufchâteau , à Florenville , vis-à-vis l'embranchement du chemin des forges , des Epieux-Haut.

Delà , en passant entre les forges et étang du même nom , au village Herbaumont; de ce village , en suivant le cours de la Semois , laissant le village de Cugnon , à droite jusqu'au village de Dohan ; delà , suivant les chemins du Terne,

5. 33.

Taur, des Marteaux, latende de Molen van Hedeux links, vervolgens achter langs die genaamd *du Hautoit*, tot aan het dorp Noirefontaine.

Van daar, langs het voetpad van het doornbosch Beauvolez, hetwelk dwars gaat door het veld genaamd *la Pôle* en de groote weg van Bouillon naar Namen, en leidt naar het gehucht Briahant; van daar, langs den weg leidende naar Sensauraux, en van dit dorp langs den weg welke voorbij den molen van Beauvant, tot aan het dorp Usemont loopt.

Van daar, langs den weg van Menclosure en du Hochet, tot aan den molen van Liresse, latende deze regts, en de zagerij links; vervolgens langs den weg onmiddelijk op Rochehaut, kruissende de bosschen des Lions, latende links dat genaamd *Jeunes bois*; en regts dat des plans des aspèches, tot aan het gezegde dorp Rochehaut, en vervolgens langs den weg leidende naar en tot aan den molen d'Our, latende die van Bochet regts leggen.

NAMEN.

Van den molen d'Our, langs het voetpad loopende langs de regter oever van de rivier la Semois, tot aan den molen de Band'alle welke men links laat leggen.

Van daar, langs den weg van Band'alle, naar het dorp Cherrière tot aan de beek welke afkomt van Grosfays, en overkruist bij den molen van Mozaire.

Van daar, langs het voetpad loopende langs het bosch Naglemont, dwars door de weide genaamd *Chevalepré*, tot aan het dorp Grosfays, digt bij het huis van *Jean Barbanson*.

Van daar, langs den grooten weg kruissende het dorp Grosfays, tot aan de huizen genaamd *les Six Planes*, latende het Croix de bois, regts.

Van daar, dwars door les Six Planes, over het voetpad,

du Tour, des Marteaux, laissant le moulin de Hedeux, sur la gauche, suivant ensuite celui du Cul du Hautoit, jusqu'au village de Noire-Fontaine.

De ce village suivant le sentier du buisson Beauvolez, qui traverse le champ dit *la Pele*, et la grande route de Bouillon, à Namur, et qui conduit au hameau de Briahant. De ce hameau, le long du chemin qui conduit à Sensauraux, et de ce village, le long du chemin qui passe devant le moulin de Beauvant, jusqu'au village d'Usemont.

Delà, suivant le chemin de Menclosure et du Hochet, jusqu'au moulin de Liresse, laissant cette usine à droite, et la scierie à gauche, suivant ensuite le chemin direct de Rochehaut, traversant les bois des Lions, laissant à gauche celui des Jeunes bois, et à droite, celui des plans des aspêches, jusqu'audit village de Rochehaut, et suivant ensuite, le chemin direct vers le et jusqu'au moulin d'Our, en laissant à droite celui de Bochet.

NAMUR.

Du moulin d'Our, le long du sentier, situé sur la rive droite de la rivière de la Semois, jusqu'au moulin de Band'alle, le laissant à gauche.

De ce moulin, le long du chemin de Band'alle, au village de Chevrière, jusqu'au ruisseau qui descend de Grosfays que l'on traverse au moulin devant Mozaive.

Delà, par le sentier qui longe le bois de Naglimont, traverse la prairie nommée *de Chevalapré*, jusqu'au village de Grosfays, joignant la maison du sieur *Jean Barbanson.*

De cet endroit, le grand chemin, qui traverse le village de Grosfays, jusqu'aux maisons nommées *les Six-Planes*, laissant la Croix de bois à droite.

Delà, au travers Six-Planes, par le sentier jusqu'au vil

tot aan het dorp Petit Faijs , kruissende de beek genaamd
Ruomoulin, bij de Schapenbrug , en op zijde langs het huis
van den heer *Colin*, dat men regts laat leggen.

Van Petit-Faijs, langs den grooten weg door Houdremont
tot aan Louette-St.-Pierre, latende Bellefontaine regts leggen.

Dwars door het dorp Louette-St.-Pierre naar dat van
Rienne , langs het voetpad bij de beek , latende de weide
Hustin regts , de kerk en de pastorij links.

Van dit dorp naar het dorp Vincimont, voorbij het huis
van den heer *Ghislin*, en op zijde, langs het huis van de
heer *Petit-Jean*, langs den weg genaamd *Voies de Dinant*,
welke men houdt tot aan het dorp Vincimont, alwaar men
de beek La Houille dwars overgaat.

Van daar, langs den weg die dwars door Vincimont loopt,
latende het huis van den maijeur *Lambert* links, en dat van
den heer *A. Wodon* regts, tot aan het bosch genaamd *Noij-
saux*, hetwelk men insgelijks regts laat leggen.

Van daar, slaat men de weg in genaamd *Virée de Hanot*,
tot aan den grooten weg van Sivrij, langs denzelfden weg,
dwars door het bosch van Beauraing, en vervolgens tot aan
gene zijde van het bosch van Sivrij, langs den weg leidende
naar Beauraing, latende de kapel Mossiat links.

Vervolgens, langs den grooten weg van Javingue naar
Beauraing, welke men volgt, tot aan het huis van de weduwe
Thiry, alwaar men weder van de groote weg afgaat, latende
de vijver Tamison en het dorp Beauraing regts, langs den
weg gaande voorbij het gezegde huis, op den laan of grooten
molen weg van Beauraing aan, langs deze laan, tot aan gezegde molen, en van die molen, langs den weg leidende
naar Maisoncelle, latende de schuur van *Lambert Bourquet*
links.

Van daar, gaande digt voorbij de schuur van *Nicolaas Ja-*

lage de Petit-Fays, traversant le ruisseau nommé *le Ruo-moulin*, au pont des Brebis, et passant à côté de la maison du sieur *Colin*, qu'on laisse à droite.

Du Petit-Fays, le grand chemin par Houdremont, jusqu'à Louette-St.-Pierre, laissant Belle-Fontaine à droite.

Au travers le village de Louette-St.-Pierre, à celui de Rienne, prenant le sentier proche du ruisseau.

Le long de ce sentier, laissant le pré Hustin à droite, l'église et la maison du curé de Rienne à gauche.

De ce village à celui de Vincimont, passant par-devant la maison du sieur *Ghislin* et à côté de celle du sieur *Petit Jean*, en suivant le chemin qui mène aux voies de Dinant, que l'on suit jusqu'au village de Vincimont, où on traverse le ruisseau dit *la Houille*.

Delà, le long du chemin, qui traverse le village de Vinci-mont, laissant la maison du sieur *Lambert*, mayeur, à gauche et celle du sieur *A. Wodon* à droite jusqu'au bois dit *Noysaux*, qu'on laisse également à droite.

Prenant là le chemin entrant dans la Virée de Hanot jusqu'au grand chemin de Sivry; suivre ledit chemin au travers le bois de Beauraing, et ensuite, jusqu'au-delà du bois de Sivry; prendre le chemin qui mène à Beauraing, laissant la chapelle Mossiat à gauche, descendre sur la grande route de Javingue, à Beauraing, que l'on suit jusqu'à la maison de la veuve *Thiry*, quittant là ladite grande route, laissant l'étang Tamison, et le village de Beauraing à droite, et suivre le chemin passant devant ladite maison, si dirigeant vers l'allée ou le grand chemin du moulin de Beauraing.

Le long de cette allée jusqu'audit moulin, et de ce moulin le chemin qui mène à Maisoncelle, laissant la baraque de *Lambert Bourquet*, à gauche.

Delà, passant contre celle de *Nicolas Javeau*, la laissant à

veau, welke men regts laat, langs den weg welke onmiddelijk leidt naar het bosch de Bise, latende links Finneveau en Macbaux, en regts, het huis van den heer *Jennot*, digt bij het bosch gelegen.

Vervolgens, van het zuiden naar het noord-westen, langs het gezegde bosch, tot aan den weg van Mesnil-St.-Blaise naar Falmagne.

Van daar, in eene regte lijn op de groote weg aan van Dinaar Givet, welke men dwars overgaat op de plaats genaamd *les Quatre-Chemins*, van daar, gevolgd de weg leidende van Mesnil-St.-Blaise naar Hastier, van daar, tot aan het voetpad op Hermeton aan de Maas, latende het dorp Blemont links.

Langs het gezegde voetpad tot aan de Maas, welke men afgaat, tot tegen over de beek, genaamd *le Fanbais*, aan den ingang van Hermeton.

Van daar, de Maas over kruissende, opwaards langs de gezegde beek, tot aan derzelver bron boven het dorp Matagne-la-Petite, digt bij de plaats van mevrouw *Belveau*, langs de heg van deze plaats tot aan den weg van Matagne-la-Petite naar Vierves.

Vervolgens langs de gezegde weg tot aan die van Freignes naar Olloy, langs dezen laatsten tot aan de brug van Olloy die over de rivier de Wirsuin geslagen is, latende het huis van den molenaar en de molen regts leggen;

Langs de linkeroever van gezegde rivier tot aan de plaats waar zij dien naam verkrijgt aan de monden van l'Eau-Blanche en l'Eau-Noire, boven het dorp Dourbes, alsdan langs de linker oever van l'Eau-Noire tot aan Couvin, latende deze stad links, in eene regte lijn op de groote weg van Charlemont naar Chimay aan, dwars door de dorpen Pesche en Gonrieux.

droite, suivre le chemin qui mène directement au bois de Bise, laissant Finneveau et Machaux, sur la gauche, et à droite, la maison du sieur Jannot, proche du bois.

Longeant ensuite le bois de Bise, du midi au nord-ouest, jusqu'au chemin de Mesnil-Saint-Blaise, à Falmagne.

Delà, en ligne droite, sur la grande route de Dinant à Givet, que l'on traverse à l'endroit nommé *les Quatre-Chemins*, là suivre la route qui mène de Mesnil-Saint-Blaise, à Hastier, par-delà, jusqu'au sentier qui conduit à Hermeton sur Meuse, laissant le village de Blemont, sur la gauche. Le long dudit sentier, jusqu'à la Meuse, qu'on longe, jusqu'en face du ruisseau nommé *le Faubais*, passant à l'entrée de Hermeton.

Là, croiser la Meuse, et remonter ledit ruisseau, jusqu'à sa source au-delà du village de Matagne-la-Petite, joignant l'enclos de madame *Belveau*, longeant la haie de cet enclos, jusqu'au chemin de Matagne-la-Petite, à Vierves.

Ensuite, le long dudit chemin, jusqu'à celui de Freighes, à Olloy, suivre ce dernier, jusqu'au pont d'Olloy, établi sur la rivière le Wirsuin; laissant la maison du meunier et le moulin à droite.

Le long de la rive gauche de la ladite rivière, jusqu'à l'endroit où elle prend son nom, aux embouchures de l'Eau-Blanche et de l'Eau-Noire, au-dessus du village de Dourbes, alors, le long de la rive gauche de l'Eau-Noire, jusqu'à Couvin; laissant cette ville à gauche, et en ligne droite sur la grande route de Charlemont à Chimay, traversant le village de Pesche, et de Gonrieux.

Van daar, verder langs de gezegde groote weg, dwars door het dorp Boutonville, tot aan de plaats alwaar ten oosten van de stad Chimay, deze groote weg kruist over de weg van Bourlers naar Virelles.

Van daar, noordwaards langs den gezegden grooten weg van Bourlers naar Virelles, tot aan het dorp Virelles, vervolgens van dit dorp langs den weg leidende naar Froid Chapelle, langs bij den wegwijzer, en van dit laatste dorp langs den weg die digt voorbij de kapel *Gravette* genaamd, naar en tot aan het dorp Renly loopt.

Van daar, langs den weg naar Barbançon, loopende voorbij de kapel van *Anne Berteaux*, en kruissende het bosch van Renly, tot aan het dorp Barbançon; en van dit dorp, langs den weg naar Strée loopende langs de voorplaats (*bassecour*) van het kasteel, kruissende den grooten weg van Beaumont naar Philippeville, latende het dorp Clermont ter regter zijde, en loopende voorbij de kapel van St-Jan, tot aan het dorp Strée.

Van daar, langs den weg van Fontaine Vallemont, tot aan het gehucht Taquefesse; van dit gehucht langs den weg, genaamd *Chemin de Poteau*, tot aan de hofstede van *Mercier* (behoorende onder de gemeente van Fontaine Vallemont); en voorts, langs den weg naar en tot aan het dorp la Buissière, gelegen aan de rivier de Sambre.

Van daar, langs den ouden weg van la Buissière naar Bergen, loopende voorbij de hofstede genaamd *Rawande*, alsmede voorbij de kapel de Foi, gelegen ten noord-oosten van het dorp Merbes-le-Château, en latende regts het bosch van Sociau, tot aan de brug, liggende op de beek genaamd *Ruisseau du Seigneur*; vervolgens, langs denzelven weg, latende regts de kapel du Rozaire, links het bosch van la Marlière, regts de hofstede genaamd *Mon Étable* (behoorende onder de

Delà, encore le long de ladite grande route traversant le village de Boutonville, jusqu'à l'endroit, où à l'est de la ville de Chimay, cette grande route croise la route de Bourlers à Velles.

Alors, vers le nord le long de cette route de Bourlers à Virelles, jusqu'au village de Virelles; puis de ce village, le long du chemin conduisant à Froid-Chapelle (passant près du poteau indicateur); et de ce dernier village, le long du chemin qui conduit à Renly, et passe près de la chapelle dite *de Gravette*, jusqu'au village de Renly.

Delà, le long du chemin à Barbançon, passant près de la chapelle d'*Anne Berteaux*, et traversant le bois de Renly, jusqu'au village de Barbançon; et de ce village, le long du chemin à Strée, passant par la basse-cour du château, traversant la grande route de Beaumont à Philippeville; laissant le village de Clermont sur la droite, et passant près de la chapelle de St.-Jean, jusqu'au village de Strée.

Delà, le long de la route Fontaine Vallemont, jusqu'au hameau de Tacquefessé; de ce hameau, le long du Chemin du Poteau, jusqu'à la ferme de *Mercier*, (appartenant à la commune de Fontaine Vallemont); ensuite, le long du chemin vers le et jusqu'au village la Buissière, situé sur la rivière la Sambre.

Delà, le long du Vieux chemin de la Buissière à Mons, passant devant la ferme Rawande, ainsi que devant la chapelle de Foi, située au nord-est, et du village Merbes-le-Château, et laissant à droite le bois Sociau, jusqu'au pont situé sur le Ruisseau du Seigneur; puis, le long dudit chemin, laissant à droite la chapelle du Rozaire, à gauche le bois de la Marlière, à droite la ferme nommée *Mon Etable* (appartenant à la commune de Pechant); et puis à gauche le bois de Lissa-

5.   34.

gemeente van Pechant), en verder links het bosch van Lisse-
roëlle, en regts dat van la Ville, tot aan het gehucht Lisse-
roëlle; en wijders, langs denzelfden weg, latende links het
dorp Faureulx, en loopende ten oosten langs dat van Haulchin, tot aan den ouden weg van Binch naar Valenciennes.

Van daar, langs gezegden Ouden weg van Binch naar Valenciennes, loopende door het dorp Villereille-le-Sec, en
kruissende, ten zuiden van het dorp Harmignies, den grooten weg van Bergen naar Chimay, tot aan de brug, liggende
over de rivier la Trouille, bij den molen van Harmignies;
van deze brug, langs denzelfden Ouden weg van Binch naar
Valenciennes, tot aan de brug, gelegen (in de gemeente van
Harveng), op de beek komende van Quevy, en uitloopende
in de rivier van Nouvelles; tot daar waar dezen weg, bij de
barriere van Asquillies, in aanraking komt met den grooten
weg van Bergen naar Maubeuge.

Van daar, langs den weg, loopende door het dorp Asquillies, tot aan den weg van Genly; langs dezen naar Bougnies, latende links de hofstede van *Renouart*, alsmede het
dorp Bougnies, en voorts, langs den weg leidende naar de
kapel van St.-Martin, en loopende voorbij dezelve, gelijk ook
voorbij den ter linkerzijde van en nabij deze kapel gelegen
Windmolen, tot aan het dorp Genly.

Van daar, langs den weg naar en tot aan het dorp Ugies,
latende, regts de hofstede genaamd *du Temple*; van dit dorp,
langs den zoogenaamden *Koeijenweg* (*chemin des Vaches*),
loopende door het gehucht Haute Bonne, en latende links
het huis, *la Belle-Maison* geheeten, tot aan, en verder langs
den zoogenaamden *binnenweg*; tot aan den weg leidende naar
het dorp Warquignies, bij de vuurmachine, genaamd *la
Grande Veine*, en die ter regter zijde gelaten wordt; voorts,
langs laatstgenoemden weg, tot aan het dorp Warquignies
alwaar dezen weg met den straatweg van Warquignies in
aanraking komt; en vervolgens, door dit dorp, tot aan de
barriere, aan den, regts van daar uitgaanden weg van
St.-Ghislain.

roelle , et à droite celui de la ville , jusqu'au hameau de Lis-
seroelle ; ensuite, le long du même chemin , laissant à gauche le village de Faureulx , et passant à l'est devant celui
de Haulchin , jusqu'à l'ancienne route de Binch à Valenciennes.

Delà , le long de ladite ancienne route de Binch à Valenciennes , traversant le village de Villereille-le-Sec , et croisant au sud du village de Harmignies , la grande route de
Mons à Chimay , jusqu'au pont situé sur la rivière la Trouille ,
près du moulin de Harmignies ; de ce pont , le long de la
même ancienne route de Binch à Valenciennes , jusqu'au
pont situé dans la commune d'Harveng , sur le ruisseau venant de Quevy , et se déchargeant dans la rivière de Nouvelles , jusqu'à l'endroit où cette route aboutit à la grande
route de Mons à Maubeuge , près de la barrière d'Asquillies.

Delà , le long de la route qui traverse le village d'Asquillies , jusqu'à la route de Genly ; le long de celle-ci à Bougnies , laissant à gauche la ferme de *Renouart* , ainsi que le
village de Bougnies ; puis , le long du chemin conduisant à
la chapelle de St.-Martin , et passant devant icelle , comme
aussi devant le moulin-à-vent , situé à gauche , et près de
cette chapelle , jusqu'au village de Genly.

Delà , le long du chemin vers le et jusqu'au village d'Ugies ,
laissant à droite la ferme dite *du Temple* ; de ce village , le
long du chemin des vaches , qui traverse le hameau de
Haute-Bonne et laissant à gauche la maison nommée *la Belle-
Maison* jusqu'au et puis le long du chemin de passe , jusqu'au
chemin conduisant au village de Warquignies , près de la
machine à feu dite *la Grande-Veine* , laissant cette machine
à feu à droite ; ensuite , le long de ce dernier chemin jusqu'au village de Warquignies , à l'endroit où ce chemin
aboutit à la chaussée de Warquignies ; et puis , traversant
ce village , jusqu'à la barrière où commence sur la droite le
chemin de St.-Ghislain.

Van daar, langs genoemden *weg van St.-Ghislain*, tot aan den weg genaamd *Chemin du pont à Cavaigne*; langs dezen weg, loopende regts door het bosch, alsmede voorbij het huis van *Pierre Canon*, tot aan den kolenweg (*route de Charbonnage*), bij het dorp Dour; vervolgens ten noorden langs de dorpen Dour en Elonges, tot aan petit Henain, van daar door St.-Homme, gelegen aan den grooten weg van Mons naar Valenciennes, voorts langs den weg welke leidt naar den grooten weg tot aan het dorp Duthulin.

Van daar, langs denzelfden weg tot aan den slagboom van Ronddeville; alwaar de gezegde weg zich vereenigd met de groote weg van St.-Ghislain naar Doornik.

Van daar, langs laatstgemelden grooten weg, loopende door de dorpen Grand-Glise, Quevaucamps, Basecles, en de barriere van Bury, tot achter den hof van de hofstede *l'Eclat* genaamd, tegen over den Wind-Molen van Braffe; vervolgens, in eene regte lijn, op het dorp Ere, door de dorpen Wasmes, Fontenoy en Calonne.

Van Ere, in eene regte lijn, tot aan de brug van Orcq, gelegen over de beek de Maire, op den grooten weg van Doornik naar Rijssel.

Van daar, langs die beek, tot daar waar dezelve zich in de rivier de Schelde ontlast; wijders, langs deze rivier, welke alhier buiten de linie blijft, tot aan het dorp van Warcoing, dit dorp in de linie opnemende; van dit dorp, langs den weg leidende van den grooten weg van Audenaarden naar en tot aan den grooten weg van Doornik naar Kortrijk; en langs laatstgemelden grooten weg, loopende door de zoogenaamde *barrière de Fer*, tot aan den molen van Roodvoorde (blijvende die groote weg buiten de linie).

WEST-VLAANDEREN.

Van daar, alwaar door de administratie, ingevolge arti-

Delà, le long dudit chemin de Saint-Ghislain, jusqu'au chemin du pont de Cavaigne; le long de ce chemin, traversant le bois en ligne directe, et passant devant la maison de *Pierre Canon*, jusqu'à la route de Charbonnage, près du village de Dour; puis, au nord des villages de Dour et d'Élonges, jusqu'au Petit-Henain, et delà, par le Saint-Homme, situé sur la grande route de Mons à Valenciennes; ensuite, le long du chemin, qui conduit de cette grande route jusqu'au village du Thulin; delà, en suivant le même chemin jusqu'à la barrière du Ronddeville, où ledit chemin s'unit à la grande route de Saint-Ghislain à Tournai.

Delà, le long de cette dernière grande route, traversant les villages de Grand-Glise, Quevaucamps, Basècles et la barrière de Bury, jusques derrière le jardin de la ferme l'Éclat, vis-à-vis du moulin-à-vent de Braffe; ensuite, se dirigeant en ligne droite, sur le village d'Ere, par les villages de Wasmes, Fontenoy et Colonne; d'Ere, en ligne droite, jusqu'au pont d'Orcq, situé sur le ruisseau de Maire, sur la grande route de Tournai à Lille.

Delà, le long de ce ruisseau, jusqu'où il se jette dans la rivière l'Escaut; puis, le long de cette rivière, qui reste ici hors de la ligne jusqu'au village de Warcoing, comprenant ce village dans la ligne; de ce village, le long du chemin, conduisant de la grande route d'Audenaarden à celle de Tournai à Courtrai, jusqu'à cette grande route; et le long de cette dernière grande route, passant par la barrière de Fer, jusqu'au moulin de Roodvoorde (cette grande route restant hors de la ligne).

FLANDRE OCCIDENTALE.

De ce point où se trouve un poteau placé par l'administra-

kel 157 van de wet van 12 mei 1819, een paal is geplaatst, links af, westwaards, langs den zandweg van Audenaarde, voorts over den weg gezegd *Manpat*, achter de herberg genaamd *le Bœuf-Gras*, heen, en langs den weg van Audenaarde, tot aan den weg die noordwaards naar het dorp Belleghem leidt.

Van daar, regts af, langs den weg van Belleghem, ter linkerzijde van de hoeve door de weduwe *Charles Van der Ghinste* en die door *Everaert* bewoond wordende, en regts af, van de hoeve in gebruik bij *Mathias Holvoet*, tot aan het vereeningspunt digt bij de hoeve van *Louis Plankaert* en den weg loopende naar deze hoeve, en naar die *Kalotten-Straat* genaamd.

Van daar, westwaards langs dezelve hoeve Kalotten-Straat, tot aan de vereeniging met den grooten weg van Dottignies naar Kortrijk, genaamd *Moenkendoornstraet*, het huis door *L. Meulekamp* bewoond links latende van dit huis af, noordwaards langs de Moenkendoornstraat of weg van Dottignies naar Kortrijk, regts af van de herberg door de weduwe *Courcelle* bewoond wordende, en langs denzelven weg voorbij de herberg *la Demi-Lune*, door *P. Holvoet* bewoond, tot aan den weg genaamd *Kanne-Straat*, bij het huis van *Van den Kerkhoven*.

Van hier af, westwaards langs den Kannestraetweg, tot dien van Rolleghem naar Kortrijk, bij de herberg de Marionnettes, bewoond wordende door *Laouste*.

Voorts, over dezen laatsten weg, altijd langs dien van Kanne-Straat, de herberg de Marionnettes, en verder, op de hoeve van de weduwe *Robert Bels* links latende, tot aan den weg van Ste-Anne naar Kortrijk, bij het huis bewoond door *François Balcaen*, dat mede links af blijft.

Van daar, noordwaards, langs gezegden weg van Ste-Anne

tion, en vertu de l'article 157 de la loi du 12 mai 1819, la ligne suit à gauche, vers l'ouest, le chemin de terre dit *d'Audenaarden*, traverse celui appelé *Manpat*, et passe derrière le cabaret du Bœuf-Gras, en continuant ledit chemin d'Audenaarden, jusqu'à l'endroit où il rencontre celui qui conduit vers le nord du village de Belleghem.

De ce point, la ligne suit à droite ledit chemin de Belleghem, laissant à gauche la ferme occupée par la veuve *Charles Van der Ghinste*, ainsi que celle occupée par *Everaert*, et à droite, la ferme occupée par *Mathias Holvoet*, jusqu'au point de jonction, à peu de distance de la ferme de *Louis Planckaert* du chemin qui conduit à cette ferme, et de celui appelé *Kalotte-Straat*.

De ce point, la ligne suit vers l'ouest, ledit Kalotte-Straat, jusqu'à sa jonction au grand chemin de Dottignies à Courtrai, nommé *Moenkendoornstraat*, en laissant à gauche la maison occupée par *Louis Meulecamp*.

De cette maison, la ligne suit vers le nord ledit Moenkendoornstraat, en chemin de Dottignies à Courtrai, laisse à droite le cabaret occupé par la veuve *Courcelle*, et continue le même chemin, en passant devant le cabaret la Demi-Lune, occupé par *Pierre Holvoet*, jusqu'au chemin nommé *Kannestraat*, près la maison de *Van den Kerkhoven*.

De cette maison, la ligne suit vers l'ouest ledit chemin Kannestraat, jusqu'à celui de Rolleghem à Courtrai, près le cabaret des Marionnettes, occupé par *Laouste*.

Ensuite, elle traverse ce dernier chemin, suit toujours ledit Kannestraat, laissant ledit cabaret des Marionnettes, et plus loin la ferme occupée par la veuve *Robert Bels*, à gauche, jusqu'au chemin du Sainte-Anne à Courtrai, près de la maison occupée par *François Balcaen*, qui reste aussi à gauche.

De cette maison, la ligne suit vers le nord ledit chemin de

naar Kortrijk, tot aan het einde des tuins van de buitenplaats van den heer *Rousée*.

Voorts, westwaards, langs den weg voorbij deze buiten-plaats die links blijft, gaande ook linkswaards van de hoeve van *Eugène Libert*, tot aan het voetpad genaamd *Markeweg*; verder, langs dit voetpad, door den weg van St.-Corneille heen loopende, tot daar waar dit voetpad tot den straatweg van Kortrijk naar Risquons-tout, bij la Vieille-Forge (Oude-Smisse) zich uitstrekte.

Van daar, noordwaards, langs gemelde straatweg van Kortrijk naar Risquons-tout, ter linker zijde van de kleine molen aan *Van Neste* toebehoorende, tot aan den eersten overweg linkswaards van de plaats alwaar, ingevolge artikel 157 der wet van 12 mei 1819, van wege de administratie een paal staat, voorts, westwaards, langs gezegde overweg *Steenhuijs-dreve* genaamd, tot aan het weiland van *Joseph Duhem*, verder, in eene regte lijn, langs de noordzijde van dit weiland, tot aan de zoogenaamde *Marckebeeke*.

Van hier, noord-westwaards, langs gezegde beek, tot aan den weg van Marcke tot Kortrijk, bij de hoeve van *Joseph Verscheure* die regts af blijft.

Voorts, regtstreeks dwars over gemelden weg, langs een voetpadje dat bezijden een sloot met heggen beplant heen leidt, langs een stuk bouwland tot de hoeve *Roose* behoorende.

Verder over den weg van Dronkaert, of van Kortrijk naar Dronkaert, regtstreeks op de gezegde hoeve, toekomende aan het Godshuis van Kortrijk, over een overweg gewoonlijk *Carrière* genaamd.

Van deze hoeve *Roose*, noordwaards, langs een voetpad, gaande voorbij het huisje van *Louis Santelle*, tot aan de rivier de Lys, bij de overvaart, tegen over de kerk van Bisseghem.

(273)

Sainte-Anne à Courtrai, jusqu'au bout du jardin de la maison de campagne de M. *Housée* ; puis, vers l'ouest, le chemin qui passe devant cette maison de campagne, située à sa gauche, et laissant aussi à gauche la ferme occupée par *Eugène Libert*, jusqu'au sentier nommé *Marke-weg* ; ensuite, elle suit ledit sentier, qui traverse le chemin de St.-Corneille, jusqu'où ce sentier aboutit au pavé de Courtrai à Risquons-tout, près de la Vieille Forge (Oude Smisse).

De cette forge, et se dirigeant vers le nord, la ligne suit ledit pavé de Courtrai à Risquons-tout, laissant à gauche le Petit-Moulin, appartenant à *Vanneste*, jusqu'au premier chemin d'exploitation de ferme, à gauche de l'endroit, où est placé un poteau de l'administration, en vertu de l'article 157 de la loi du 12 mai 1819 ; puis, se dirigeant vers l'ouest, la ligne suit ledit chemin d'exploitation nommé *Steenhuisdreve*, jusqu'à la prairie de *Joseph Duhem* ; ensuite, en ligne directe, en longeant le côté septentrional de cette prairie, jusqu'au ruisseau nommé *Marckebeek*.

De ce point, et se dirigeant vers le nord-ouest, la ligne suit ledit ruisseau jusqu'au chemin de Marcke à Courtrai, près de la ferme occupée par *Joseph Verscheure*, qui reste à droite ; elle traverse diagonalement ledit chemin, suit un petit sentier, qui longe un fossé bordé de haies, le long d'une pièce de terre labourable, dépendant de la ferme *Roose*, et va traverser le chemin du Dronkaert, ou de Courtrai au Dronkaert, en se dirigeant directement sur ladite ferme *Roose*, appartenant à l'hospice de Courtrai, par un chemin d'exploitation, vulgairement appelé *Carrière*.

De cette ferme *Roose*, la ligne suit vers le nord le sentier, qui passe devant la petite maison, occupée par *Louis Sautelle*, et va se rendre à la rivière la Lys, au passage d'eau, vis-à-vis de l'église de Bisseghem.

5.   35.

Van hier noordwaards langs deze rivier , tot daar waar de zoogenaamde *Nederbeke* , zich in dezelve ontlast ; alsdan over de rivier opwaards van de beek tot aan de brug van den grooten weg van Meenen naar Kortrijk, daar , waar van wege de administratie ingevolge art. 157 der wet van 12 mei 1819 , eene paal is geplaatst.

Van deze brug , noordwaards , langs den weg van Heule genaamd *Heulestraat* , tot aan de kleine kapel staande op den weg van Kortrijk naar Moorseele , genaamd *Klijn-IJperstraete.*

Van daar , links af , zuid-westwaards, langs den weg Klijn-IJperstraete , linkswaards van de hoeve van *Couseman de vader* , tot daar ter plaatse alwaar dezen weg zich met den grooten weg van Kortrijk naar Moorseele bij het huis van *Amand Accou* , dat regts af blijft vereenigt.

Van hier , westwaards, langs den weg tot aan het dorp Moorseele , voorbij het gehucht van Bergen.

Van dit dorp, langs dezelfde weg , regts af van de herberg le Cigne , en de hoeve van *Van Hecke-Kerrijn* , door *Jean-Baptiste Glorieux* bewoond , links latende , terwijl de koornmolen op omtrent honderd ellen afstands regt blijft , tot aan het gehucht Keselberg, daar waar ingevolge de wet van 12 mei 1819, artikel 157 , op den weg van Meenen naar Brugge van wege de administratie een paal staat.

Van dezen paal af , dwars over den grooten weg langs gemelde weg voorbij de herberg les Cinq-Chemins , die regts blijft , tot aan den grooten linden boom , staande tegen over de hoeve van *Pierre Rommers* , bij het gehucht van Terhand.

Van dezen boom af , noordwaards den afstand van ongeveer 30 ellen langs gezegde weg IJperstraete.

De ce point, la ligne suit vers le nord, le cours de cette ri-vière jusqu'où le ruisseau dit *Nederbeek* s'y jette. Elle traverse alors la rivière, et remonte ledit ruisseau jusqu'au pont, qui est sur la grande route de Menin à Courtrai, là où est placé un poteau de l'administration, en vertu de l'article 157 de la loi du 12 mai 1819.

De ce point, la ligne se dirigeant vers le nord, suit le che-min de Heule, nommé *Heule-straat*, jusqu'à la petite chapelle, située sur le chemin de Courtrai à Moorseele, nommé *Klyn-Yperstraete.*

De cette chapelle la ligne suit alors à gauche, vers le sud-ouest, le chemin dit *Klyn-Yperstraete*, en laissant la ferme de *Couseman*, *père*, à gauche, jusqu'à l'endroit où ce chemin rentre dans le grand chemin de Courtrai à Moorseele, près la maison d'*Amand Accou*, qui reste à droite.

De cette maison, la ligne continue le chemin vers l'ouest, jusqu'au village de Moorseele, en traversant le hameau de Bergen.

De ce village, la ligne continue le même chemin, laisse le cabaret le Cigne à droite, et la ferme *Van Hecke-Kerrijn*, oc-cupée par *Jean-Baptiste Glorieux*, à gauche, et le vieux mou-lin-à-blé, à 100 aunes environ sur la droite, jusqu'au ha-meau du Keselberg, à l'endroit où est placé un poteau de l'administration, en vertu de l'art. 157 de la loi du 12 mai 1819, sur la grande route de Menin à Bruges.

De ce poteau, la ligne traverse cette grande route, et continue toujours le même chemin en passant devant le cabaret les cinq chemins, qui reste à droite, jusqu'à un gros tilleul, qui est vis-à-vis la ferme *Pierre Rommers*, près du hameau de Ter-hand.

De ce tilleul, la ligne se dirige vers le nord, et suit encore environ la distance de 30 aunes, le même chemin appelé *Yperstraete*; prend ensuite à gauche vers l'ouest, un sentier,

Voorts links af, westwaards, langs een voetpad gaande bezijden een stuk bouwland, aan de weide van gezegde hoeve
van *Rommers*, welke links blijft, grenzende daar over het pad
komende van den zoogenaamde *Randmolen*, regtstreeks naar
een omheind slootje dat eene scheiding maakt, tusschen twee
landerijen, en welk pad zich met den weg van Terhand naar
Geluwe vereenigt, hetzelve gehucht en molen regts latende,
verder links af zuidwaards langs den weg van Terhand naar
Gheluwe, tot aan het voetpad, zijnde aan de hoek van het huis
bijgenaamd *Rattekotten*, bewoond door de heer *J. van de
Wynckele*; alsdan langs gezegd voetpad, westwaards, dwars
door het zoogenaamde *Martinus bosch*, tot aan den weg Paellepelstraete, voorbij de hoeve van de kinderen van *J. Verkindere*, die regts af blijft.

Van daar, den zoogenaamde *Gheluwemolen*, op omtrent 200
ellen afstands links latende, langs dezelve Paellepelstraete-
weg, tot aan dien van Gheluwe naar Becelaere, en daar langs
tot op omtrent 40 ellen regts af.

Voorts dwars over denzelve, linkswaards langs den weg
Stokstraete, tot aan het huis bewoond door *B. Pille*, de hoeve
van *Bernard van Elslande*, regts, en die van *Charles van
Damme*, links latende.

Van het huis *Pille*, dat regts blijft, linkswaards langs gemelden weg die zich met die van Nachtegael-straete vereenigt,
regts af tot aan den grooten weg van Wervicq naar Becelaere,
genaamd *de oude Hond-straete*. Alsdan regtstreeks over een
voetpad op de straatweg van Meenen naar IJperen, daar waar
ingevolge art. 157 der wet van 12 mei 1819, van wege de administratie een paal staat.

Van deze paal westwaards, langs den weg die naar de herberg Vieux Cruysecke, en voorbij de hoeve à Moutons, gaat;
alsdan links af, zuid-westwaards, langs den weg van Zandvoorde,
tot aan eene steenen kapel ter regterzijde van dezen weg staande.
— Voorts regts af noord-westwaards langs gezegden weg, tot

qui longe une pièce de terre , qui touche à la prairie de ladite ferme *Rommers* , qui reste à gauche ; traverse le sentier, qui vient du moulin dit *den Randmolen* , et suit directement un petit fossé bordé de haies, faisant la séparation de deux pièces de terre , qui va rejoindre le chemin de Terhand à Gheluwe, en laissant le hameau de ce moulin sur la droite ; elle suit alors à gauche vers le sud , ledit chemin de Terhand à Gheluwe , jusqu'au sentier , qui est au coin de la maison surnommée *de Ratte Kotten* , occupée par *Jacques van de Wynckele*, où elle suit ledit sentier vers l'ouest à travers le bois dit *Martinus Bosch* , jusqu'au chemin nommé *Paellepelstraete* , en passant devant la ferme des enfans de *Jacques Verkindere* , qui reste à droite.

De ce point , laissant environ 200 aunes à gauche , le moulin nommé *den Gheluwe molen* , la ligne suit ledit Paellepelstraete , jusqu'au chemin de Gheluwe à Becelaere , qu'elle suit alors jusqu'à environ 40 aunes à droite ; puis , le traverse et suit à gauche celui nommé *le Stokstraete* , jusqu'à la maison occupée par *Bernard Pille* , en laissant à droite la ferme de *Bernard van Elslande* , et à gauche celle de *Charles van Damme*.

De cette maison *Pille* , qui reste à droite , la ligne suit à gauche le chemin qui se réunit à celui dit *Nachtegaal-straete* , qu'elle suit alors à droite , jusqu'au grand chemin de Wervich, audit Becelaere , nommé *de oude Hondstraete* , où elle se dirige alors directement par un petit sentier , sur le pavé de Menin à Ypres , là où est placé le poteau de l'administration , en vertu de l'article 157 de la loi du 12 mai 1819.

De ce poteau , la ligne suit vers l'ouest le chemin qui conduit au cabaret du Vieux Cruyseeke , passe devant la ferme à Moutons , et suit alors à gauche vers le sud-ouest , le chemin de Zandvoorde , jusqu'à une chapelle de pierres , située à droite de ce chemin , où la ligne suit à droite vers le nord-ouest , le même chemin jusqu'au village de Zandvoorde , en laissant à

aan het dorp Zandvoorde, 'de hoeve van *Ignace Spinnerin*, regts, en wat verder op het kasteel Zandvoorde, links latende.

Van den toegang des dorps Zandvoorde, links, westwaards langs den weg die voorbij de herberg la Maison de Ville, loopt, tot aan dien die regts af noordwaards, tusschen de Roode-kroeg en de steen en kapel doorloopt.

Hier langs tot aan het kasteel van Hollebeke, het huis van *Mirelle*, door *Augustin Bekaert* bewoond wordende regts af, en wat verder de hoeve van *J.-B. Bekaert*, mede regts af latende; vervolgens dwars over den weg van Houthem naar IJperen, bij de hoeve van *Pierre-Joseph Dechaut*.

Van het kasteel Hollebeke, noord-westwaards langs de laan die naar het dorpsplein van Hollebeke, heen leidt; alsdan westwaards langs den weg van Wijtschaete, tot de eerste steenen kapel die regts van dezen weg digt bij het dorp staat.

Van deze kapel regts af, noord-westwaards langs den zoo-genaamde *Heerte-weg*, die dwars over twee weilanden loopt, tot aan de herberg het Heertjen, staande op den grooten weg van Warneton naar IJperen, daar waar ingevolge art. 157 der wet van 12 mei 1819, van wege de administratie een paal staat.

Van deze paal af dwars over den grooten weg, en langs denzelven tot aan den straatweg van Messines, naar IJperen, ook dwars over dezen en altijd langs eerstgemelde weg, tot aan het dorp Wijtschaete.

Van hier regts af, noord-west langs den zandweg die naar het gehucht Hallebast loopt; alsdan regts af, noordwaards langs de kleine straatweg naar Ouderdom gaande, en die van IJperen op eenen kleinen afstand regts latende, tot aan den zandweg, *Meuleweg* geheten, zijnde aan het eind der weide van de hoeve van de wedawe *Camerling*; voorts tus-schen de huizen van *Jean Hennetaele*, en van den molenaar Camerling, door langs gezegde Meuleweg, tot daar waar

droite la ferme occupée par *Ignace Spinnerin* , et un peu plus loin à gauche, le château de Zandvoorde.

A l'entrée du village de Zandvoorde , la ligne suit à gau-che vers l'ouest , le chemin qui passe devant le cabaret de la Maison-de-ville , jusqu'à celui qui passe ensuite à droite vers le nord , entre le Cabaret rouge et la Chapelle de pier-res , que la ligne suit alors jusqu'au Château de Hollebeke , en laissant à droite la maison *Moselle* , occupée par *Augustin Bekaert* , et plus loin aussi à droite , la ferme occupée par *Jean-Baptiste Bekaert* ; et en traversant ensuite le chemin de Houthem à Ypres , près la ferme occupée par *Pierre-Joseph Dechaut*.

Du Château de Hollebeke , la ligne suit vers le nord-ouest, l'avenue qui conduit à la place du village du même nom , où alors elle suit vers l'ouest , le chemin de Wytschaete , jusqu'à la première chapelle de pierres , qui est à droite de ce che-min , à peu de distance du village.

De cette Chapelle, la ligne suit à droite vers le nord-ouest , le chemin dit *Heerteweg* , qui traverse deux grandes prairies , jusqu'au cabaret dit *het Heertjen* , sur la grande route de Warneton à Ypres , où est placé un poteau de l'administra-tion , en vertu de l'art. 157 de la loi du 12 mai 1819.

De ce poteau , la ligne traverse cette grande route , et con-tinue le même chemin jusqu'au pavé de Messines à Ypres , qu'elle traverse aussi et continue toujours le même chemin jusqu'au village de Wytschaete.

De ce village , la ligne suit à droite vers le nord-ouest le chemin de terre , qui conduit au hameau dit *Hallebast* , d'où elle suit alors à droite vers le nord , le petit pavé qui con-duit à Ouderdom , en laissant à peu de distance à droite celui d'Ypres , jusqu'au chemin de terre , nommé *Meuleweg* , au bout de la prairie de la ferme de la veuve *Camerling* ; elle suit en passant entre la maison de *Jean Hennetaele* et celle du meunier *Camerling* , ledit Meuleweg jusqu'où il traverse

deze dwars over den weg van Ouderdom naar Vlamertinghe loopt, de hoeve van Gourvie links latende.

Van daar, langs den zandweg die bij het huis van *Claes Lesiere*, regtstreeks naar den straatweg van IJperen naar Poperinghe gaat, alsdan voorbij het huis van *Pierre Capon*, hetwelk, zoo wel als de hoeve en de kapel der hoeve *Bogaert*, links blijft.

Van hier westwaards langs gemelden straatweg, tot aan den eersten overweg die ter regter zijde is, alsdan hier langs noordwaards, voorbij het huis van *Joseph Lasore*, regtstreeks langs gezegden overweg, en het zoogenaamde *Galgebosch*; dan voorbij de hoeven van *P. M. Lefevre* en *L. Caseele*, tot aan het huis van *Martin Vanloot* dat links blijft, en van hier regtswaards langs den weg gaande naar de kapel der hoeve van *Joseph l'Hermite*, welke beide gebouwen regts afblijven.

Van deze kapel links af zuid-westwaards, langs den grooten zandweg van Elverdinghe naar Poperinghe, tot aan den eersten overweg; dan hier regts langs, noord-westwaards tot aan het voetpad van Hijnstraete naar Poperinghe, bij het hek van een weiland.

Van hier links af, westwaards langs gezegd voetpad, tot aan de herberg genaamd *Repje*, die links blijft.

Voorts regts af, noord-westwaards over een overweg gaande over een weiland; dan dwars over eene steenenbrug, liggende over de beek van Poperinghe naar Elsendam, langs gemelden overweg, tot aan de slagboom van de hoeve Capelaere, die regts blijft.

Van dezen slagboom, linkswaards langs gezegde overweg, de hoeve van de weduwe *Ghisquière*, links latende, tot aan de kapel van de hoeve van *F. F. Ghisquière*, die ter regterzijde blijft.

le chemin d'Ouderdom à Vlamertinghe , en laissant à gauche la ferme occupée par *Gouwie*.

De cette ferme , la ligne suit le chemin de terre , qui conduit directement du pavé d'Ypres à Poperinghe , près la maison de *Claes Lezière* , en passant devant celle de *Pierre Capon* , qui reste à gauche , ainsi que la ferme et la chapelle de la ferme *Bogaert*.

De ce point , la ligne suit vers l'ouest ce pavé jusqu'à la première carrière ou chemin d'exploitation de la ferme , que l'on trouve sur la droite , et que la ligne suit alors vers le nord , en passant devant la maison de *Joseph Lasore* , et continue directement ladite carrière à travers le bois dit *Galgebosch* , en passant devant les fermes de *Pierre Matthias Lefevre* et *Louis Caseele* , jusqu'à la maison de *Martin van Loot* , qui reste à gauche , et où la ligne suit alors à droite le chemin qui conduit à la chapelle de la ferme de *Joseph l'Hermite* , qui , l'un et l'autre , restent à droite.

De cette chapelle , la ligne suit à gauche vers le sud-ouest le grand chemin de terre d'Elverdinghe à Poperinghe , jusqu'à la première carrière ou chemin d'exploitation , que la ligne suit alors à droite vers le nord-ouest jusqu'au sentier de Hynstraate , à Poperinghe , près d'une barrière qui ferme une prairie.

De ce point , la ligne suit à gauche vers l'ouest ledit sentier jusqu'au cabaret dit *Repje* , qui reste à gauche ; alors elle suit à droite vers le nord-ouest une carrière à travers une prairie , traverse sur un pont de pierres le ruisseau nommé *Beeke* de Poperinghe à Elsedam , et continue ladite carrière jusqu'à la barrière de la ferme *Capelaere* , qui reste à droite.

De cette barrière , la ligne continue à suivre à gauche la même carrière , en laissant à gauche la ferme de la veuve *Ghisquière* , jusqu'à la chapelle de la ferme de *Jean-François Ghisquière* , qui reste à droite.

5. 36.

Van deze kapel links af, langs den weg gaande naar de herberg l'Epine, doch slechts tot den eersten slagboom der hoeve van *Jacob Schoot*, alsdan regts af dwars over een weiland, langs een overweg, de hoeve *Sufis*, regts latende, tot aan het eerste hek in de weide voorbij dezelve hoeve, alsdan links af langs eene anderen overweg gaande naar den weg genaamd *Groene straete*, regts af van het huis van *Philippe Gomber*, alsdan regts af, langs dezelve Groene straete, tot aan de kapel der hoeve van J. B. *Malbrancke*, welke, zoo wel als de hoeve van J. H. *van der Steen*, regts blijft.

Van deze kapel, links af, langs den weg van Westvleteren naar Poperinghe, tot tegen over de hoeve van *Jean Lebbe*.

Alsdan, regts af, langs een overweg door een weiland gaande, en de huizen van *C. Vergoot*, van *J. Backer* en *C. van Doorne*, regts latende.

Voorts, tot aan den weg die regtstreeks naar de kapel *Kesselaerbosch* geheten, gaat, op den weg van Poperinghe, naar Crombeke.

Van deze kapel, noordwaards, en regts af, langs den weg van Crombeke, dwars door het bosch, tot aan het dorp, alsdan langs een voetpad, achter de kerk loopende, en over eene kleine brug over de beek Erfscheijde leggende; voorts, het gehucht Stavelhoek links latende, tot aan den weg van Stavele, langs deze weg, noordwaards, tot aan de hoeve van *Nootenboom*, alsdan langs een voetpad door den boomgaard dezer hoeve, tot den dijk van Eversam gaande.

Verder, langs dezen dijk, noordwaards, voorbij de Oude-Abdij van Eversam, en dwars over de IJser; bij eene kleine beek, digt bij deze Abtdij zijnde, vervolgens langs de laan daartegen over, en *Kloosterdreve* genaamd, tot aan den zoogenaamden *Beverweg*, en ter regterzijde van dien, tot aan den grooten weg van Elsendam naar Furnes.

De cette chapelle, la ligne suit à gauche le chemin, qui conduit au cabaret dit *l'Epine*, mais seulement jusqu'à la première barrière de la ferme *Jacob Schoot*, où elle suit alors à droite, à travers une prairie, une carrière ou chemin d'exploitation, laissant à droite la ferme *Sutis*, jusqu'à la première barrière, dans la prairie au-delà de cette ferme où la ligne suit alors à gauche une autre carrière, qui conduit au chemin appelé *Groene-straete*, en laissant à droite la maison de *Philippe Gomber*. Elle suit alors à droite ledit Groene-straete, jusqu'à la chapelle de la ferme *Jean-Baptiste Malbrancke*, qui reste à droite, ainsi que la ferme *Jean-Hubert van der Steen*.

De cette chapelle, la ligne suit à gauche le chemin de Westvleteren à Poperinghe, jusques vis-à-vis la ferme de *Jean Lebbe*, où elle suit alors à droite une carrière à travers une prairie, laissant à droite la maison de *Charles Vergoot* et celles de *Jacques Backer*, et de *Charles van Doorne*, et va rejoindre le chemin qui conduit directement à la chapelle dite *Kesselaerbosch*, sur la route de Poperinghe à Crombeke.

De cette chapelle, la ligne se dirigeant au nord, suit à droite cette route vers Crombeke, à travers le bois jusqu'au village, où elle suit alors un sentier, qui passe derrière l'église, traverse sur un petit pont de bois le ruisseau dit *Erfscheijde*; laisse à gauche le hameau dit *Stavelhoek*, et va rejoindre le chemin de Stavele, qu'elle suit vers le nord jusqu'à la ferme de *Nootenboom*, où elle suit alors un sentier qui traverse le verger de cette ferme, et conduit vers et jusqu'à la digue d'Eversam. Elle suit alors cette digue vers le nord, passe devant l'ancienne abbaye d'Eversam, va traverser l'Yser à un petit passage d'eau à peu de distance de cette abbaye, suit l'avenue qui est en face nommée *Kloosterdreve*, et va rejoindre le chemin dit *Beverweg*, qu'elle suit à droite jusqu'à la grande route d'Elsendam à Furnes.

Alsdan, noord-westwaards, langs gemelden grooten weg, tot aan den brug over de buitengracht der stad Furnes, liggende; voorts, langs deze gracht, westwaards om de stad heen leidende, tot aan de poort de la Panne, zoodanig dat de stad Furnes regtwaards buiten de eerste linie blijft.

GRONINGEN.

3. *Aan de landzijde* begint de linie van 22,000 ellen (na art. 162 der algemeene wet) aan de Klijve of Sluis van het zoogenaamde *Oude-Maar* uitloopende in het Termunter Zijldiep gaande vervolgens langs dat Zijldiep tot aan het Waar daar waar het Noordbroekster of Oude-Maar in hetzelve valt; wijders, langs dit Maar tot aan den weg van Nieuwolda naar Nieuwscheemda, vervolgens, langs dezen weg, tot aan den weg van Scheemda naar Noordbroek, langs dezen weg tot aan den zoogenaamden *Ouden-Dijk*; langs dien dijk, tot aan den weg die van het Meedemer Tolhuis naar Zuidbroek leidt; wijders, langs dien weg voorbij het Tolhuis, over de brug der trekvaart van Scheemda naar Zuidbroek, en langs den zuidelijken oever dier trekvaart, tot aan den weg die naar de Meeden leidt.

Vervolgens, langs dien weg, tot aan den achterweg, en langs dezen, oostwaards aan, tot aan de Kerklaan van de Meeden; langs die laan naar en tot aan den hoofdweg door de Meeden loopende.

Van dezelve, tot aan de naaste drift naar de Veendijksloot, en langs deze, tot op de hoogte van de pastorijwijk naar de zuidwending leidende.

Van dat punt, in een regte lijn, op de gezegde wijk, en langs deze, naar en tot aan Zuidwendingen onder Veendam.

Voorts dwars, over dit kanaal naar de Wijk, beoosten de plaats van de weduwe van *Daniel H. Kotter*, en langs die wijk, mitsgaders de achterliggende, tot in de Ommelanderwijk.

La ligne suit alors vers le nord-ouest, cette grande route jusqu'au pont situé sur le fossé extérieur de la ville de Furnes, elle suit ce fossé, longeant la ville à l'ouest, jusqu'à la porte dite *de la Panne*, de manière que la ville de Furnes reste à droite, en dehors de la première ligne.

GRONINGUE.

3. *Du côté de la terre*, la ligne de 22,000 aunes, commence (d'après l'art. 162 de la loi générale), au Klyve ou à l'Écluse, dudit Vieux-Maar, qui se décharge dans le Termunter-Zijldiep, côtoyant ensuite ce Zijldiep jusqu'au Waar, là où le Noordbroekster ou Vieux-Maar se débouche; puis, le long de ce Maar, jusqu'au chemin de Nieuwolda à Nieuw Scheemda; puis, le long de ce chemin jusqu'à celui de Scheemda à Noordbroek, le long de ce chemin jusqu'à ladite Vieille-digue; le long de cette digue jusqu'à la route, qui conduit de la barrière de Meedemer à Zuidbroek; ensuite, le long de cette route, par la barrière, en passant le pont du canal le Scheemda à Zuidbroek; et le long de la côte méridionale de ce canal, jusqu'à la route qui conduit à Meeden.

Ensuite, le long de ce chemin, jusqu'au sentier dit *Achterweg*, et delà à l'est jusqu'à l'allée (*kerklaan*) de Meeden; le long de cette allée jusqu'à la grande route, passant par Meeden.

Delà, jusqu'à la première rivière, au fossé de Veendijk, et delà, conduisant jusqu'à la hauteur du Pastorijwijk au Zuidwending.

Delà, en ligne droite, sur ledit Wijk, et le longeant vers et jusqu'aux Zuidwendingen, sous Veendam.

Delà, en ligne droite, à travers ce canal sur Wijk, à l'est de la ferme de la veuve *Daniel H. Kotter*, et le long de ce Wijk, ainsi que celui situé derrière, jusqu'au Ommelander-Wijk.

Langs dat kanaal, tot aan de zoogenaamde *Pieter Jan Schuts-linie*, of scheiding tusschen de Pekeler en Ommelanderwijk-stervenen, deze linie volgende, tot aan het punt waar de scheiding valt in de Jagtveensloot.

Langs, die Sloot, tot aan het Dwarsdiep van het Stads-Kanaal, en langs dat Diep, oostwaards aan, tot aan het punt rooijende op de Scheiding van de Drouwender en Buinder-veenen; langs die linie, tot aan den oostelijksten of naasten tak van de rivier de Hunse.

DRENTHE.

Van die tak, langs het voetpad, naar den westelijken tak van gezegde rivier, dewelke, tusschen Buinen en Bronneger doorschiet, en voorts, langs laatstgemelden tak, tot aan de Boterbrug.

Van deze brug, in eene regte lijn, op het meest noorde-lijke huis van het dorp Borger, bewoond wordende door *Harm Tering*; van dat huis, in eene regte lijn, op dat van *Harm Hoorveld*, staande ten noord-westen van het dorp, aan het hek op den weg naar Gasselte; van dat huis, langs het pad, loopende bewesten het gezegde dorp, naar en tot aan het huis, bewoond door *Hellegin Hilbolting*, van dat huis, in eene regte lijn, op dat van *Jan Hoving*, staande ten zuiden van Borger, aan het hek op den weg naar Westdorp of Wes-trup, leidende, en vervolgens langs dezen weg tot aan het huis van *Albert Boeting*, bewoond door *Geert Daling*.

Van dit huis in eene regte lijn, op het huisje toebehoo-rende aan *Jan Meursing en consorten*, en bewoond door *Harm Winkels*, te Eldersbaar, van dit huisje langs den weg bezijden hetzelve loopende, naar en tot aan de scheidpaal der ge-meente Zweelo, Odoorn, Borger, Rolde en Westerborg, bij de zoogenaamde *Moordkuil*, van deze paal zuidwaards in eene regte lijn, dwars over het Ellersveld, op de hand of wegwij-zer staande aan den grooten weg van Groningen naar Coe-

Le long de ce canal jusqu'à la ligne dite *Pieter Jan Schuts-linie*, ou séparation entre les tourbières nommées de *Pekeler* et *Ommelanderwijksterveenen*, cette ligne poursuivant jusqu'à l'endroit où la limite aboutit au fossé dit *Jagtveensloot*.

Le long de ce fossé jusqu'au fossé Dwarsdiep, traversant le canal de la ville, et le long de ce diep en prenant à l'est jusqu'à l'endroit, qui aboutit à la limite entre des tourbières dites *Drouwender* et *Ruinder-Veenen*; le long de cette ligne jusqu'à la branche orientale, ou la plus proche de la rivière le Hunse.

DRENTHE.

De cette branche le long du sentier à la branche occidentale de ladite rivière, qui passe entre Buinen et Brouneger; et puis, de la dernière branche, jusqu'au pont dit *Boterbrug*.

De ce pont, en ligne droite, sur la maison la plus septentrionale du village de Borger, habitée par *Herm Tering*; de cette maison, en ligne droite, sur celle de *Harm Hooiveld*, située au nord-ouest du village près de la barrière, sur la route de Gasselte; de cette maison, le long du sentier, qui passe à l'ouest dudit village, jusqu'à la maison habitée par *Hillegim Hilbolling*; de cette maison en ligne droite, à celle de *Jean Hoving*, située au sud de Borger, près la barrière sur le chemin qui conduit à Westdorp ou Westrup; et ensuite, le long de ce chemin, jusqu'à la maison de *Albert Boeting*, habitée par *Geert Daling*; de cette maison en ligne droite, sur la maisonnette appartenante à *Jean Meursing et consors*, habitée par *Harm Winkels*, à Eldershaar; de cette maisonnette, le long du chemin passant au sud, jusqu'au poteau de séparation des communes de Zwerlo, Odoorn, Borgen, Rolde et Westerberg, près du Moordkuil; de ce pieu en ligne droite, vers le sud, et à travers le Eltersveld, sur le poteau ou indicateur, placé sur la grande route de Groningue à Coevorden;

vorden, en van deze langs den gezegden grooten weg, tot aan het huis van en bewoond door *Lubbert Klaassen*, te Wezup.

Van dit huis, in eene regte lijn op den noordelijken hoek van het Mandinger Zand, daar waar de weg van Zweelo naar Driebur of Drijber, het naast aan dezelve loopt, voorts langs dien weg tot aan het gezegde gehucht, hetzelve in de linie opnemende, wijders van dat gehucht langs een gedeelte van het oude diep, hetzelve volgende tot aan de groote bogt van den zoogenaamden *Vleutenberg;* en van daar, in eene regte lijn, op Slautersbrug, liggende over de vaart van het Hooge-veen naar Meppel; van die brug, langs den gewonen weg naar Zuidwolde, en van daar, tot aan en op de Steenenbrug, liggende over de rivier de Reeste, welke rivier de scheiding uitmaakt van de provintien Drenthe en Overijssel.

OVERIJSSEL.

Van hier, in eene regte lijn, op de brug gelegen over de Wijk, uit de Dedemsvaart naar de Katingermolen loopende; van deze brug, in eene regte lijn, op de brug die ten zuid-oosten van de Ommer-Schans is leggende in den weg die van Ommer naar Avereest leidt; en van daar, langs de oostkant, van dien weg, op het huis bewoond door de weduwe *Jan van Zee*, staande ommiddelijk tegen de oostkant van denzelven weg.

Van dit huis, in eene regte lijn, op de woning van *Rutger Woerting*, van deze woning, in eene regte lijn, op het huis van *Gerrit Fockert*, van hier, in eene regte lijn, op de Klap van de brug, welke te Ommer over de rivier de Vecht is lig-gende, in de linie opnemende een inham van de Vecht, ge-naamd *den Burggraven*, en van de Klap der genoemde brug, langs de oostkant van den weg loopende van Ommen naar Raalte, op de nieuwe brug gelegen over de rivier de Regge.

Van de nieuwe brug, in eene regte lijn, op het noordzijdsch punt van den Lemelerberg.

et delà, en tenant ladite grande route, jusqu'à la maison appartenante et habitée par *Lubbert Klaassen*, à Wezup.

De cette maison, en ligne droite sur l'angle du Mandingerzand, là où le chemin de Zwello à Driebur ou Dryber, passe le plus près; ensuite, le long de ce chemin, jusqu'audit hameau compris dans la ligne; puis, de ce hameau, le long d'une partie du canal (dit *oude diep*), le cotoyant, jusqu'au grand coude de la montagne nommée *Vleutenberg*; et delà, en ligne droite sur le pont dit *Slautersbrug*, situé sur le canal de Hoogeveen à Meppel; de ce pont, le long de la route ordinaire à Zuidwolde; et delà, vers et jusqu'au pont dit *Steenenbrug*, placé sur la rivière le Reeste, qui fait la séparation des provinces de Drenthe et de Overyssel.

OVERYSSEL.

Delà, en ligne droite, sur le pont situé sur le Wyk, qui sort du canal dit *Dedemsvaart*, et coule vers le moulin nommé *Katinger;* de ce pont, en ligne droite, sur celui situé au sudest du Ommerschans, sur la route qui va de Ommen à Avereest; et delà, le long du côté oriental de cette route, sur la maison habitée par la veuve de *Jan van Zee*, située immédiatement contre le côté oriental de ce même chemin.

De cette maison, en ligne droite, sur la demeure de *Rutger Woerting*; de cette demeure, en ligne droite, sur la maison de *Gerrit Fockert*, delà, en ligne droite, sur le levis du pont, situé devant Ommen, sur la rivière le Vecht; dans la ligne comprenant une anse du Vecht, nommé *den Burggraven*; et du levis dudit pont, le long du côté oriental de la route qui conduit de Ommen à Raalte, sur le nouveau pont, placé sur la rivière de Regge.

Du nouveau pont, en ligne droite, sur l'extrémité septentrionale de la montagne nommée *Lemelerberg*.

5.   37.

Van daar, zuidwaards, over de rug van denzelven, tot op het zuidzijdsch punt van dezen berg; van daar, in eene regte lijn, op den zuid-westelijken hoek van den Mulderskamp; en van daar, in eene regte lijn op den korenwindmolen van Lemele.

Deze molen staat op de scheiding tusschen het schoutambt Ommen en den Ham, en dat van Hellendoorn, en behoort dus voor de eene helft tot het arrondissement Zwolle, en voor de andere tot het arrondissement Deventer.

Van den Lemelermolen in eene regte lijn op het huis bewoond door *Albert Waaijers*, buurschap Rhaan; van dit huis in eene regte lijn, op het erve *Frits*, bewoond door *Albert Goos*, van dat erve in eene regte lijn op het huis Grob, bewoond door *Jan Grob*; van daar, in eene regte lijn op den Konijnenbelt, bewoond door *Hendrik Voortman*, buurschap Eel; van hier in eene regte lijn op het Veldhuis, bewoond door *Gerardus Wessels*; van daar, in eene regte lijn op het huis genaamd *Rutgers*, bewoond door *Willem Bringberg*; van dit huis in eene regte lijn, op den zuid-westelijken hoek van de zoogenaamde *Vistenge* aan den Schuilenburg behoorende tot de Regge, en van hier in eene regte lijn tot aan de Klapbrug, te Schuilenburg, gelegen over de rivier de *Regge* genaamd, in de weg van Zwolle naar Almelo, gemeente Hellendoorn.

Van deze Klapbrug langs den linker oever van de rivier de Regge tot aan de westzijde van de Kattelerbrug, over dezelve rivier gelegen; van daar, in eene regte lijn op de voorgevel van het huis bewoond door *Jannes Kattelaer*, gemeente Wierden, van hier in eene regte lijn over de daar tusschen liggende veenen en moerassen op den oostelijken hoek van den Vrezenberg; en van daar, in eene regte lijn op de herberg *den Pot* genaamd.

Van den Pot in eene regte lijn ten oosten, langs het dorp Markelo op den uitersten oostelijken punt van den Markelerberg, ten zuiden van Markelo gelegen, van dit punt in eene regte lijn op Roosdomsbrug, gelegen over de Schipbeek; van

Delà, vers le sud, en la traversant jusqu'à l'extrêmité méridionale de cette montagne; delà, en ligne droite, sur la pointe du sud-ouest du champ dit *Mulderskamp*; et delà, en ligne droite, sur le moulin-à-vent au blé de Lemele.

Ce moulin est situé sur la limite entre la juridiction de Ommen et den Ham, et celui de Hellendoorn, et appartient ainsi pour l'une moitié à l'arrondissement de Zwolle, et pour l'autre à l'arrondissement de Deventer.

De ce moulin (dit *Lemelermolen*), en ligne droite, sur la maison occupée par *Albert Waayers*, hameau dit *Rhaan*, de cette maison, en ligne droite, sur la ferme nommée *Frits*, occupée par *Albert Goos*; de cette ferme, en ligne droite, sur la maison dite *Grob*, habitée par *Jan Grob*; delà; en ligne droite, sur la métairie nommée *Konynenbeld*, occupée par *Hendrik Voortman*, hameau dit *Eel*; d'ici, en ligne droite, sur la maison dite *Veldhuis*, habitée par *Gerardus Wessels*; delà, en ligne droite, sur la maison dite *Rutgers*, occupée par *Willem Brengberg*; de cette maison, en ligne droite, sur l'angle sud-ouest, du conduit d'eau nommé *Vistenge*, près de Schuilenburg, faisant partie de la rivière dite *le Regge*; et delà, en ligne droite, jusqu'au pont levis de Schuilenburg, situé sur la rivière le Regge, sur la route de Zwolle à Almelo, commune de Hellendoorn.

De ce pont-levis, le long de la rive gauche de Regge, jusqu'à la partie occidentale du pont dit *Kattelerbrng*, situé sur la même rivière, delà, en ligne droite, sur la façade de la maison occupée par *Jannes Kattelaar*, commune de Wierden; delà, en ligne droite, traversant les tourbières et marais, sur l'angle oriental de la montagne dite *Vrezenberg*; et delà, en ligne droite, sur l'auberge dite *den Pot*.

De cette auberge dite *den Pot*, à l'est, en ligne droite, le long du village de Markelo, sur l'extrêmité orientale de la colline dite *le Markelerberg*, située au sud de Markelo; de ce point, en ligne droite, sur le pont dit *Roosdoomsbrug*, placé

hier in eene regte lijn op de wooning van *Arend Roosdom*; van deze woning in eene regte lijn op het huis van den bouwman *Jan Visscher*, gemeente Markelo; en van dit huis zuidwaards, in eene regte lijn op het zoogenaamde *Visschers Vondel*, gelegen over de Bolksbeek, grensscheiding tusschen Overijssel en Gelderland.

GELDERLAND.

Van het gezegde *Visschers Vondel*, in eene regte lijn langs het voetpad van daar loopende op Beltmanshuis, staande aan den Bondijk onder Ampsen.

Van daar, in eene regte lijn gezegden Bondijk volgende, tot aan den Haagendijk, loopende ten oosten van het boerenhuis van *Lolleman*, staande bij gezegden dijk, en van daar denzelve volgende tot aan de stadsweide van Lochem, *de Armoede* genaamd.

Van het eind van gezegde dijk, in eene regte lijn, op het boerenhuis *de Stroo Kappe*, ook wel *Klein Sprokkelhorst* genaamd, staande bij den weg de Peppelensteeg, en van dit huis, gezegde weg volgende (kruissende de groote weg van Geesteren op Lochem) op het boerenhuis *Wonning* genaamd, bewoond door *G. Elsman*, aan gezegden grooten weg van Geesteren op Lochem staande.

Van het huis Wonning, in eene regte lijn, op het Tusselershek aan het Beerhorsterveld.

Van daar, over het Beerhorsterveld, langs de westelijke scheidwal op het boerenhuis den Beerhorst.

Van daar, in eene regte lijn, kruissende de rivier de Berkel op het huisje genaamd *de Slagter* of *de Slagtershutte*.

Van daar, in eene regte lijn, op den zuid-oostelijken hoek van het dennenbosch op den Langenschenberg, genaamd *Slootsdennen*.

sur lé ruisseau dit *Schipbeek*; delà, en ligne droite, sur l'habitation de *Arend Roosdom*; de cette habitation, en ligne droite, sur la demeure du cultivateur *Jan Visscher*, commune de Markelo; et de cette maison au sud, en ligne droite, sur la planche dite *Visschersvondel*, placée sur le ruisseau le Bolksbeek, et formant la limite entre l'Overyssel et la Gueldre.

LA GUELDRE.

Dudit Visschersvondel, en ligne droite, le long du sentier qui conduit à la maison dite *Beltmanshuis*, située contre la digue dite *Bondyk*, sous Ampsen.

Delà, en suivant en ligne droite cette digue dite *Bondyk*, jusqu'à la digue dite *Haagendyk*, passant à l'est la ferme de *Lolleman*, située près ladite digue, delà, en la longeant jusqu'à la prairie de la ville de Lochem, nommée *de Armoede*.

De l'extrêmité de ladite digue, en ligne droite, sur la ferme dite *Strookappe*, ou bien *Klein Sprokkelhorst*, située près le chemin dit *Peppelensteeg*; et de cette ferme, en suivant ledit chemin (croisant la grande route de Geesteren à Lochem), sur la maison dite *Wonning*, occupée par *G. Elsman*, située sur ladite grande route de Geesteren à Lochem.

De la maison dite *Wonning*, en ligne droite, sur la barrière dite *Tursselershek*, du champ dit *Beerhorsterveld*.

Delà, à travers le champ dit *Beerhorsterveld*, le long de la fosse occidentale de séparation, sur la ferme dite *Beerhorst*.

Delà, en ligne droite, traversant la rivière le Berkel, sur la maisonnette dite *le Slagter*, ou *le Slagtershutte*.

Delà, en ligne droite, sur la pointe sud-est de la sapinière nommée *Slootsdennen*, sur la montagne dite *Langenschenberg*.

Van daar, in eene regte lijn, op de herberg genaamd *den Dollenhoed*, staande aan de groote weg van Borculo op Lochem.

Van dit huis, langs den buurtweg op het huis Wiersse voorbij de boerenhuizen *Korterink*, *Teesing*, *Beltman*, *de Mol* (de zomerweg van Borculo op Zutphen kruissende) en *Reinsman*, *Kempken*, *Altena*, *Giesbert* en *Schoneveld*, door het Wierssebroek loopt, in eene regte lijn, op de gewezene watermolen van het huis de Wiersse geplaatst geweest op de Vordenschebeek, bij het gezegde huis de Wiersse.

Van daar, in eene regte lijn, op den weg welke door de Wiersselaan, bezuiden het gezegde huis over den Nieuwendijk, bezuiden het huis Medler, voorbij Onsteijn loopt tot aan het hek van dit huis, en het boerenhuis Klein Weverink, beiden aan dezen dijk staande.

Van daar, door het gezegde hek en laan, welke langs Groot Weverink en Klein Onsteijn op het huis Onsteijn leidt.

Van dit huis, hetwelk buiten de linie begrepen wordt, in eene regte lijn, op het boerenhuis *Rikkenberk* genaamd, staande aan den weg van Lichtenvoorde op Zutphen, en van dit huis, langs den weg, welke door het Mombergenveld, langs de boerenhuizen het Momberg en Pelskamp, door het Stroeveld en de Stroevelder Steeg, op het huis Selle loopt.

Van dit huis hetwelk buiten de linie blijft, in eene regte lijn op het vereenigings punt der onderscheidene wegen en lanen, voor het gezegde huis Selle gelegen *de Stern* genaamd, en van daar voorbij de huizen Sterneveld en Maneveld, door de laan welke naar het dorp Hengelo leidt.

Van het eind van gezegde laan, den weg op Hengelo verlatende, in eene regte lijn, langs den weg welke door het Stapelbroeksche veld, langs de erven Stapelbroek en Honigerberg, op het boerenhuis de Luushof loopt; staande aan den Abbinkdijk.

Delà, en ligne droite, sur le cabaret dit *den Dollenhoed*, situé sur la grande route de Borculo à Lochem.

De cette maison, le long du sentier, qui va au château de Wiersse, et conduisant devant les fermes *Korterink*, *Teesing*, *Beltman*, *de Mol*, (croisant le chemin dit *le Zomerweg*, de Borkulo à Zutphen), *Reinsman*, *Kempken*, *Altena*, *Giesbert* et *Schoneveld*, et passant par le marais dit *Wiersebroek*, en ligne droite, sur le ci-devant moulin-à-eau du château de Wierse, ayant été situé sur le ruisseau dit *Vordensche-Beek*, près dudit château.

Delà, en ligne droite, sur le chemin qui traverse l'allée de Wierse, au sud dudit château, par la digue dite *Nieuwendyk*, au sud du château de Medler, et passe près du château d'Onsteyn, jusques sur la barrière de ce château et de la ferme dite *Klein Weverink*, tous deux opposés à cette digue.

Delà, par lesdites barrière et allée, le long des maisons de campagne dites *Groot-Weverink* et *Klein-Onsteyn*, sur le château d'Onsteyn.

De ce château, qui n'est pas compris dans la ligne, en ligne droite sur la ferme dite *Rikkenberg*, située sur la route de Lichtenvoorde à Zutphen, et de celle-ci le long de la route, qui conduit en traversant le champ dit *Mombergerveld*, et longeant les fermes nommées *le Momberg* et *Pelskamp*, par le champ dit *Stroeveld*, et le *Stroeveldersteeg*, sur la maison nommée *Selle*.

De cette maison, qui reste hors de la ligne, en ligne droite sur le carrefour dit *Stern*, des différens chemins et allées situés devant ladite maison Selle, et delà le long des fermes Sterneveld et Maneveld, par l'avenue du village de Hengelo.

De l'extrémité de ladite avenue, quittant la route de Hengelo, en ligne droite, le long du chemin, traversant le champ dit *Stapelbroekscheveld*, à côté des métairies Stapelbroek et Honigerheeg, sur la ferme de Laushof, opposée à la digue dite *Abbinkdyk*.

Van het gezegde huis dezen dijk volgende, tot daar waar hij de naam van *Memelingdijk* aanneemt, en dezen volgende, tot aan den grooten weg van Hengelo op Vorden, alsdan dezen gezegden grooten weg kruissende, in eene regte lijn op de Lankhorster straat, zijnde de groote weg van Hengelo naar Zutphen, over de Voelegatsbrug, en dezen grooten weg over de Vordensche beek, leggende tusschen de boerenhuizen de Drosterij en het Voelegat.

Van deze brug gezegde Vordensche beek volgende, tot aan de Baaksche brug, leggende over genoemde beek, in den grooten weg van Baak naar Zutphen.

Van gezegde Baaksche brug, in eene regte lijn kruissende de rivier den IJssel, op den toren van het dorp Brummen, staande bij den weg, welke van dit dorp door de Engelen-burgsche laan, en de Brummensche straat op Laag Soeren schiet.

Van het eind van gezegde straat, de weg op Laag Soeren volgende, in eene regte lijn, dwars over het veld, op de wa-terkoornmolen, van deze plaats, aan den grooten weg van Dieren op Loenen staande.

Van dezen molen, gezegden weg kruissende, in eene regte lijn op het huis Laag Soeren, gelegen bij den weg welke naar den Imbosch leidt, *Schaapslaan* genaamd, en verders deze laan volgende, tot aan het eind van dezelve, bij het zooge-naamde *Schaddeveld*.

Van het eind van gezegde Schaapslaan, langs den weg welke over het genoemde *Schaddeveld* en *Zandbulten*, als-mede over den Valenberg, door de zoogenaamde *klei weide Boersbosch*, bezuiden langs het plantsoen en het huis den Imbosch, langs het vierkante boschje tot op zoogenaamde *nieuwe Terhetsche weg de Wolfsdel*, langs het koegat op het huis Terleth loopt, staande aan den grooten weg van Arnhem op het Loo en Deventer.

De ladite ferme en suivant la digue, jusqu'à ce qu'elle reçoit le nom de *Memelingdijk*, et la poursuivant jusqu'à la grande route de Hengelo à Vorden, alors croisant ladite grande route, en ligne droite, sur le chemin dit *Lankhorsterstraat*, qui forme la grande route de Hengelo à Zutphen, par le pont nommé *Voelegatsbrug*, situé sur le ruisseau dit *Vordenschebeek*, entre les fermes le Drostery et le Voelegat.

De ce pont, en suivant ledit ruisseau Vordenschebeek, jusqu'au pont nommé *Baakschebrug*, placé sur ce même ruisseau, dans la grande route de Baak à Zutphen.

Dudit pont de Baak, en ligne droite, croisant la rivière de l'Yssel, sur la tour du village de Brummen, situé près du grand chemin, qui conduit par l'allée dite *Engelenburgschelaan*, et le sentier dit *Brummensche-straet*, sur le village de Laag-Soeren.

Du bout dudit sentier, en suivant le chemin de Laagsoeren, en ligne droite, traversant le champ, sur le moulin-à-eau à blé, situé sur la grande route de Dieren à Loenen.

De ce moulin, croisant ladite route, en ligne droite sur la maison de *Laag-soeren*, située près de l'allée dite *Schaapslaan*, qui conduit à la maison nommé *den Imbosch*; et puis, suivant cette allée jusqu'au bout, près le Schaddeveld.

De l'extrêmité dudit Schaapslaan, le long du chemin, qui conduit à travers ledit Schaddeveld et le nommé *Zandbulten*, ainsi qu'à travers la colline nommée *le Valenberg*, et la prairie Glaise, au sud du bois le Boersbosch, le long de la pépinière et la maison dite *den Imbosch*, longeant le taillis carré jusqu'à la nouvelle route nommée *Terhetscheweg*, par le Wolfsdel, le long du Koegat, sur la maison Terleth, situé sur la grande route d'Arnhem au Loo, et Deventer.

5.   38.

Van gezegd huis, laatstgenoemde weg kruissende, in eene regte lijn, dwars door het Arnhemsche veld op het huis genaamd *Deelen*, van daar, in eene regte lijn, op het huis genaamd *de Kemperberg*, van daar in eene regte lijn op het boerenhuis *Reijerskamp* genaamd, staande in Papendal, bij de groote weg van Arnhem op Amsterdam, en den zoogenaamden *Ouden Koningsweg*.

Van dit huis eerstgenoemde weg kruissende, in eene regte lijn, langs gezegden Koningsweg op het boerenhuis *de groote Wolfheeze* genaamd, bewoond door de weduwe *Jansen*, gelegen bij de Heelsummerbeek.

Van het gezegde huis de groote Wolfheeze, genoemde *Heelsummerbeek*, volgende tot daar, waar die ten oosten van het dorp Heelsum, onder de brug loopt, leggende in den steenweg van Arnhem naar Utrecht (groote weg, n^r 6), en van gezegde brug, dezen steenweg volgende tot aan den Wageningschenberg, en van daar, langs den weg, welke bezuiden en beneden, langs dezen genoemden berg loopt, tot aan den afweg naar het Lekskens Veer, en verder, langs dezen afweg, tot aan het gezegde Lekskens Veer.

Van dit Lekskens Veer, de rivier den Rhijn kruissende, in eene regte lijn, op den Hemmenschen Zandweg en dezen weg volgende, tot aan het huis Klein Hemmen, staande aan gezegden Hemmenschen Zandweg en de *Doodewaardsche*, ook wel *Hamsche Straat* genaamd.

Van gezegd huis klein Hemmen, deze Hamsche straat volgende, tot aan het huis den Dalwagen, bewoond door *Adrien Dirksen*, staande bij de Zandvoortsche brug aan den weg *de Dalwagen* genaamd, en van dit huis, langs dezen gezegden weg, welke ten oosten langs der Doodewaardsche windkorenmolen loopt, tot daar waar zich dezelve verbindt met den Waalschen bandijk aan den regter oever van de rivier de Waal gelegen.

De ladite maison, croisant cette dernière route, en ligne droite, par le champ dit *Arnhemsche-Veld*, sur la maison nommée *Deelen*; delà, en ligne droite, sur la maison dite *le Kemperberg*.

Delà, en ligne droite, sur la ferme nommée *Reyerskamp*, située dans le Papendal, près de la chaussée d'Arnhem à Amsterdam, et du chemin dit *Oudenkoningsweg*.

De cette ferme, croisant cette chaussée en ligne droite, le long dudit Koningsweg, sur la ferme nommée *Wolfheeze*, occupée par la veuve *Jansen*, et située près du ruisseau dit *Heelsummerbeek*.

De ladite ferme, le Groote-Wolfheeze, en suivant le même ruisseau Heelsummerbeek, jusqu'au pont qui se trouve à l'est du village de Heelsum, sur la chaussée d'Arnhem à Utrecht (chaussée n° 6), et dudit pont, en suivant cette route jusqu'à la montagne nommée *Wageningschenberg*, et delà, longeant le chemin, qui passe à l'est et en-dessous de ladite montagne jusqu'au chemin qui conduit au passage d'eau nommé *Lekskens-Veer*; et puis, le long de ce chemin, jusqu'au susdit Lekskens-Veer.

De ce passage d'eau, croisant le fleuve le Rhin, en ligne droite, sur le chemin nommé *Hemmenschen-Zandweg*, et la longeant jusqu'à la maison de campagne nommée *Klein-Hemmen*, située sur ledit chemin le Hemmenschen-Zandweg, et sur celui nommé *le Doodewaardsche*, ou bien *le Hamschestraat*.

De ladite maison Klein-Hemmen, en suivant ledit chemin Hamsche straat, jusqu'à la maison le Dalwagen, occupée par *Adrien Dirksen*, et située près du chemin dit *Zandvoortsche-Brug*, sur la maison nommée *le Dalwagen*; et de cette maison, le long de ce chemin, qui passe à l'est près du moulin-à-vent à blé, nommé *le Doodewaardsche-molen*, jusqu'à ce qu'il se joint à la digue nommée *Waalschenbandijk*, sur la rive droite de la rivière le Waal.

.. Van dit punt, in eene regte lijn, de tusschen dezen bandijk en gezegde rivier gelegene Rijswaard, alsmede de rivier de Waal kruissende, op het boerenhuis bewoond door *Peter van Suijlen*, staande in het schoutambt Winssen aan den linker oever van gezegde rivier binnendijks, aan den voet van den langs dezen oever loopenden bandijk, daar, waar de Hoek-graafsche Wal zich met dezelve vereenigt.

Van daar, gezegde Hoekgraafsche Wal volgende, kruissende de Koningstraat, tot aan het boerenhuis genaamd *de Hoek-graaf*, staande aan het eind van dezen wal, bij de molenber-gen van het dorp Burghaven.

Van dit huis, ten oosten, langs genoemde Molenbergen op den weg, welke ten noorden, langs de windkorenmolen van het dorp Burghaven op hetzelve loopt, alhier, *den Molen-weg* genaamd, tot daar waar zich dezelve vereenigd met den grooten weg, welke door dit dorp van Hernen leidt.

Deze groote weg kruissende op de wegen *de Lindeboom-straat* genaamd (ten noorden van dit dorp loopende), *de Breck-wagen*, door het schaar langs de Burghavensche en Breede-straat, welke loopt langs den Kattentoren, staande aan het westeind van het dorp Batenburg, binnendijks en vervolgens van dezen toren, den Bandijk kruissende, in eene regte lijn, op het buitendijks aan het westeind van Batenburg gelegene huis bewoond door *Nicolaas Makay*, en van dit huis, in eene regte lijn.

NOORD-BRABAND.

Dwars over de rivier de Maas, den Maasdijk onder Demen kruissende, op den Schutsboom, staande bij het punt alwaar de Demensche Hoogstraat begint.

Van daar, gemelde weg (Demensche Hoogstraat) volgende, langs het huis bewoond door *Martinus Konings*, aan de linker-zijde derzelve gelegen, tot aan het Vonder, zijnde de limiet van de gemeenten Demen en Dennenburg, alwaar deze weg

Delà , en ligne droite, croisant le taillis Ryswaard , entre cette digue et ladite rivière le Waal , sur la ferme occupée par *Peter van Suylen* , et située dans la juridiction de Winssen , sur la rive gauche de ladite rivière , en deçà de la digue et y opposée,là où elle se joint à celle dite *le Hoekgraafsche-Wal.*

Delà , en suivant cette digue le Hoekgraafsche-Wal , croisant le chemin dit *Konings-straat* , jusqu'à la ferme nommée *le Hoekgraaf* , et située au bout de cette digue , près des collines dites *Molenbergen* , du village de Burghaven.

De cette ferme , en longeant à l'est lesdites Molenbergen , sur le chemin dit *Molenweg* , qui passe au nord près du moulin-à-vent à blé, du village de Burghaven, jusqu'à ce que ledit chemin se réunit à la grande route , qui passe par le village de Hernen.

Cette grande route , croisant les chemins dits *le Lindeboomen-straat* (et passant orientalement ce village) , *le Breekwagen* , par le chemin , le long du Burghavensche et Breedestraat , qui passe à côté de la tour dite *Kattentoren* , située à l'extrêmité occidentale du village de Batenburg , en deçà de la digue , et puis, de cette tour croisant la digue dite *Bandijk*, en ligne droite , sur la maison située au-delà de la digue , à l'extrêmité occidentale de Batenburg et occupée par *Nicolas Makay* ; et de cette maison , en ligne droite :

BRABANT SEPTENTRIONAL.

Traversant la rivière la Meuse , et croisant la digue dite *Maasdijk* , sous Demen , sur l'arbre nommé *Schutsboom* , placé sur l'endroit où commence le chemin dit *Demensche hoogstraat.*

Delà, en suivant ledit chemin (*Demensche hoogstraat*) , longeant la ferme occupée par *Martinus Konings* , y opposée du côté gauche, jusqu'au passage d'eau dit *Vonder*, qui forme la limite entre les communes de Demen , et de Denneburg , où

aansluit tegen die genaamd *de Kruisstraat*, blijvende op genoemde Demensche Hoogstraat, met de woningen op de linkerzijde derzelve gelegen in de linie begrepen.

Vervolgens, de Kruisstraat volgende tot bij de pastorij van
Dennenburg, tusschen gemelde pastorij en het huis bewoond
door *Theodorus van Steenveld*, en van daar, dwars over de
groote baan van Grave op Ravenstein en Megen, in het zoogenaamde *Zuipersteegie*, tot aan het einde van hetzelve; waardoor opgenoemde Kruisstraat, alsmede het Zuipersteegje en
de woningen van *Th. van Steenveld* en van *Marcelis van den
Berg*, op de linkerzijde van een en ander gelegen, in de linie
blijven.

Van het punt alwaar het Zuipersteegje eindigt in eene regte
lijn, dwars over de landerijen en over de groote wetering op
de windkoornmolen van het dorp Herpen, latende gemelde
landerijen aan de linkerzijde, als ook de huizingen op de linkerzijde gelegen onder de gemeenten Dennenburg, Deursen,
Heusseling en Herpen in de linie.

Van gezegde molen onder Herpen in eene regte lijn, op
de *Huttende heuvels* genaamd, welke in de linie blijven. Van
daar, dwars over de weg van Oss, Berghem op Schaijk in eene
regte lijn op den Schaijkschen hoek, latende de huizingen
aan de linkerzijde gelegen, zoo van de gemeente Herpen, als
van Schaijk in de linie, terwijl insgelijks de woningen en
huizingen aan Schaijkschenhoek in de linie worden begrepen.

Van den Schaijkschenboek, dwars over de bedding van de
steenweg van Grave op s' Hertogenbosch, in eene regte lijn
over de heide op de windkoornmolen van het dorp Zeeland.

Van daar, dwars over de weg van Uden op Grave, in een
regte lijn op de zoogenaamde *Udenscheberg* in de Graspeel,
blijvende alzoo het dorp Zeeland, alsmede het gehucht *het
Oventje* genaamd, in de linie begrepen.

ee chemin aboutit à celui nommé *le Kruisstraat*, restant le chemin dit *Demensche. hoogstraat* avec les habitations situées du côté gauche, compris dans la ligne.

Ensuite, longeant le carrefour (*Kruisstraat*), jusqu'à la demeure du pasteur de Denneburg, entre ladite demeure et la maison habitée par *Théodorus van Steenveld;* et delà à travers la grande route de Grave à Ravenstein et Megen, par le Zuipersteegje, jusqu'à son extrêmité, restant ainsi compris dans la ligne ledit carrefour (*Kruisstraat*), ainsi que le Zuipersteegje, et les habitations de *Théodorus van Steenveld* et de *Marcelis Van den Berg*, situées du côté gauche desdits chemins.

De l'endroit où finit le Zuipersteegje, en ligne droite, à travers les terres et le grand fossé (*Wetering*), sur le moulin-à-vent au blé, du village de Herpen, laissant les terres et les habitations situées du côté gauche, sous les communes de Dennenburg, Deurven, Heusseling et de Herpen, comprises dans la ligne.

Delà, à travers le chemin d'Oss et Berghem à Schayk, en ligne droite, sur le Schaykschen hoek, laissant les habitations situées du côté gauche, tant de la commune de Herpen, que de celle de Schayk dans la ligne, comprenant dans la ligne également les demeures et habitations au Schaykschen hoek.

Dudit Schaykschen hoek, à travers la chaussée de Grave à Bois-le-Duc, en ligne droite, par la bruyère, sur le moulin-à-vent au blé, du village de Zeeland.

Delà à travers la route d'Uden à Grave, en ligne droite, sur la colline dite *Udenscheberg*, dans le Graspeel, restant aussi le village de Zeeland, et le hameau dit *le Oventje*, compris dans la ligne.

Van de Udensche berg in eene regte lijn langs de sloot door de peelen gegraven, op de Kieboom (*Heuvel*) en zulks dwars over de weg van Uden op Mell, van daar, de sloot verder volgende op de paal Bonthorst en vervolgens langs de sloot op de Groote Loef, dwars over de groote baan van Boxmeer, Vierlingsbeek (door de Peel over Oploo op Helmont en Gemert, blijvende daardoor de gemeente Mell, St.-Hubert, Wanroy, Ledeakker, St.-Anthonius, Oploo, Overloon in de linie begrepen.

Van de Groote Loef in eene regte lijn op de paal, genaamd *Vreedepaal*, zijnde het punt van aanraking der linie tusschen de provintien Limburg en Noord-Brabant.

LIMBURG.

Van gemelde Vreedepaal, zuidwaarts opgaande tot aan het oord genaamd *Vorkmeer*, de grens linie ten oosten tusschen de provintien Limburg en Noord-Brabant, van dit scheipunt langs den weg Molenstraete naar Meijel, latende links een windmolen.

Van Meijel volgende den dijk van Nederweert, en kruissende de gehuchten van Ospal Klaestrant, Winnestraat langs den zoogenaamden Hoogenweg, van daar westwaarts tegen over het huis bewoond door *Jean Viellers*, kruissende het dorp Nederweert en volgende de weg geleidende naar Weert, welke kruist de groote sloot, ten noorden van het gehucht genaamd *Kleine-Luik*, regts latende de pagthoeve Kalenhof.

Van daar, naar de stad Weert, oostwaarts langs de muren, in dier voegen dat de stad niet in de linie begrepen wordt, van daar, langs den zoogenaamden *Rijersweg* naar den grooten weg van Weert door Boekholt naar Bree, latende regts het huis van den herbergier *Breuls*, en volgende de gezegde groote weg tot op eenen afstand van omtrent veertig schreden naar de regterzijde van een Denne boschje, genaamd *Armenbosch*, toebehoorende aan *François Boonen* en aan de armen van Boekholt.

De cette colline Udenscheberg, en ligne droite, le long du fossé creusé dans les marais (*Peelen*), sur la colline dite *Kieboom*, et à travers le chemin de Uden à Mell; delà, suivant ce fossé jusqu'au pieu dit *Bonthorst*; et puis tenant le fossé du nommé *Groote Loef*, à travers la chaussée de Boxmeer, Vierlingsbeek, par le Peel et Oploo, sur Helmond et Gemert, restant ainsi les communes de Mell, St.-Hubert, Wanroy, Ledeakker, St.-Anthonius, Oploo et Overloon, compris dans la ligne.

Du Groote Loef, en ligne droite sur le pieu dit *Vreedepaal*, qui forme le point de réunion de la ligne entre les provinces de Limbourg et du Brabant septentrional.

LIMBOURG.

Dudit poteau, le Vreedepaal, en suivant vers le midi, jusqu'à l'endroit dit *Vorkmeer*, la ligne de démarcation à l'est, entre les provinces du Limbourg et du Brabant septentrional, de ce point de séparation, par le chemin de Molenstraete à Meyel, en laissant un moulin-à-vent sur la gauche.

De Meyel, suivant la digue de Nederweert, et traversant les hameaux d'Ospal, Klaestraat, Winnestraat, par le chemin dit *Hogenweg*, delà vers l'ouest, vis-à-vis la maison habitée par le nommé *Jean Viellers*, traversant le village de Nederweert, et suivant le chemin conduisant à Weert, qui traverse le grand canal du nord, au hameau dit *Kleine Luyk*, en laissant à droite la ferme dite *Kalenhof*.

Delà, vers la ville de Weert, dont les murs sont côtoyés vers l'est, de manière à ce que la ville ne soit pas comprise dans la ligne; delà, par le chemin dit *Rijers-weg*, vers la route qui conduit de Weert à Brée; par Boekholt, en laissant à droite la maison du sieur *Breuls*, cabaretier, et suivant ladite route, passe à la distance d'environ quarante pas, vers la droite d'un petit bois de sapins, dit *Armenbosch*, appartenant à *François Boonen*, et aux pauvres de Boekholt.

5.   39.

Van daar, de groote weg verlatende, opgaande naar den Watermolen, genaamd *op het Luijs*, van daar door de beide tot aan de plaats, genaamd *Tholen*, volgende vervolgens de zoogenaamde *Gebrookenweg* over de Hermansbrug van daar naar Beek, latende de kerk links en het huis van de weduwe *Elisabeth Emons* regts, en vervolgens langs de kromten van den weg, genaamd *Gerdingen*, westwaarts tot aan den zamenloop van den grooten weg naar Gerdingen, welke vervolgens zuidwaarts, opgaat naar een windmolen genaamd *de Nieuwen Molen*, deze links latende liggen; van daar, oostwaards, tot aan den eersten weg van Bree naar Boekholt, kruissende de gemeente van Bree, gaande vervolgens dwaars door de zoogenaamde *Wishagenheide*, langs een dennenbosch en volgende den grooten weg van 's Hertogenbosch naar Maastricht, tot aan Gruijtrode.

Van Gruijtrode, altijd denzelfden grooten weg volgende, dwars door de zoogenaamde *Bondersaghs-heide*, latende een kapel regts, doo het dorp Opglabbeek, dwars door de heide, genaamd *Op de Heide*, tot aan Asch, latende links een dennenbosch, en verder op regts, een watermolen genaamd *de Moolenbeek*.

Van het dorp Asch, nog altijd denzelfden grooten weg zuidwaards volgende, door de zoogenaamde *Gebrande heide*, links langs een groot dennenbosch, tot aan het huisje van den boschwachter, verlegd zich vervolgens tot op omtrent dertig schreden van gezegd bosch, en loopt, in eene regte lijn, langs dezelfde groote weg tot aan de Lanakensche heide, vervolgens, langs de wegen genaamd *Heijestraat* en *Waterstraat*.

Van daar, westwaards op, naar de pachthoeve bewoond door *Doores Haanen*, van deze pachthoeve, langs den weg Groote Petersemweg, door het gehucht Petersem, kruissende vervolgens, oostwaards, de groote weg van Maastricht naar Maaseijok, langs de wegen Kleine Petersemwegen Oude Steenstraat, tot aan het midden van het gehucht Smeermaes, kruissende, oostwaards de Maas, loopt vervolgens, zuidwaards,

Delà , en quittant ladite route , se dirigeant sur le moulin-à-eau dit *op het Luys*, delà , par la bruyère , jusqu'à l'endroit appelé *Tholen*, suivant ensuite le chemin dit *Gebrookenweg*, en passant sur le pont dit *le Hermans brug*, delà , vers Beek , laissant l'église à gauche , et la maison de la veuve *Elisabeth Emons* à droite , et ensuite , suivant les sinuosités du chemin dit *Gerdingen*; vers l'ouest, jusqu'à l'embranchement de la route, vers *Gerdingen*, se dirige ensuite vers le midi , sur un moulin-à-vent , dit *Nieuwen Molen*, qu'elle laisse à gauche , delà , vers l'est , jusqu'au premier chemin de Brée à Boekholt, traversant la commune de Brée , se dirige à travers la bruyère dite *Wishagenheide*, en côtoyant un bois de sapin , et suivant la grande route de Bois-le-Duc à Maastricht, jusqu'à Gruytrode.

De Gruytrode, en suivant toujours la même grande route , traverse la bruyère dite *Bonderasgsheide*, laissant une chapelle à droite , passe par le village de Opglabbeek , traverse les bruyères dites *op de Heide*, jusqu'à Asch , laissant à gauche un bois de sapin , et plus loin , à droite , un moulin-à-eau , dit *Molenbeek*.

Au village d'Asch , en suivant toujours la même grande route vers le midi ; elle traverse la bruyère dite *Gebrande Heide*, longeant à gauche un grand bois de sapin , jusqu'à la maisonnette du garde bois , s'éloigne ensuite d'environ trente pas dudit bois , en suivant toujours la même route ; delà , en ligne droite , jusqu'à la bruyère de Lanaken , suivant ensuite les chemins dit *Heyestraat* et *Waterstraat*; delà , vers l'ouest, sur la ferme occupée par *Doris Haanen*, de cet endroit , en suivant le chemin groote Peetersemweg , par le hameau Petersem , croisant ensuite vers l'est la grande route de Maastricht à Maaseyk , suit les chemins de Kleine Petersemweg et Oudesteenstraat , jusqu'au centre du hameau de Smeermaes , traverse à l'est , la Meuse , suit , vers le midi , la rive droite de

langs de regter-oever van gezegde rivier tot aan Wijck , langs de buitenzijde der vestingwerken , zoodanig dat dit gedeelte van de stad Maastricht buiten de linie blijft , herneemt alsdan weder haren loop zuidwaards langs de regter oever van de Maas , tot aan de grenzen van de provintie Luik.

LUIK.

Te rekenen van de grenzen van de provintie Limburg langs de regter oever van de Maas tot aan de mond van de Jupille-beek , beneden de korenmolen van *Hubart.*

Vervolgens opwaarts langs de gezegde beek door het dorp Jupille tot aan den rij-weg genaamd *Pietressesweg* , langs dien weg dwars door het gehucht Pietressen , latende regts Faijen-bosch , en links de kapel Hensay , belendende aan de groote straatweg van Luik naar Herve , nagenoeg over het huis ge-naamd *Fagard* , beneden Beyne.

Van daar, in eene schuinsche rigting, dwars de gezegde straat-weg overgaande , tot over den landweg , genaamd *den Ouden weg* , en dezen opwaarts tot de plaats waar dezelve de weg naar Beijne , bekend onder den naam van *Jan Simonsweg* , overkruist.

Van daar, de gezegde weg aan de regterzijde , en dien vol-gende tot over de regts van dezelve gelegene kerk van Beijne.

Over deze kerk , de weg op naar Chaumont , langs dezelve voorbij het huis van de gebroeders *de Bougnij* , het dorp Rom-sée links latende , en dwars door dat van Chaumont , bij eene kleine kapel . regts van dezelve gelegen.

Van daar, komende uit het dorp Chaumont , de weg op naar Fawes , bij het huis van den heer *Matthijs Leclercq* , het dorp Bougnij links latende liggen , door de kom van Fawes , tot aan een kruisweg , genaamd *het Roode Kruis.*

de cette rivière, jusqu'à Wyck ; longe extérieurement les fortifications ; de manière que cette partie de la ville de Maastricht reste hors de la ligne, reprend toujours, vers le midi
le cours de la rive droite de la Meuse ; jusqu'à la limite de la
province de Liége.

LIÉGE.

A partir des limites de la province de Limbourg, le long
de la rive droite de la Meuse, jusqu'à l'embouchure du ruisseau de Jupille, au-dessous du moulin à farine de *Hubart*.

Remontant ensuite ledit ruisseau, par le village de Jupille,
jusqu'au chemin de voitures, dit *des Pietresses*.

Suivant ce chemin à travers le hameau des Pietresses, laissant à droite Fayenbois, à gauche la chapelle de Hensay, et
aboutissant à la grande chaussée de Liége à Herve, à peu
près vis-à-vis la maison nommée *Fagard*, au-dessous de
Beyne.

Traversant alors à angle droit, ladite chaussée, pour atteindre en face le chemin de terre appelé *le Vieux chemin*,
et le remontant, jusqu'à ce qu'il croise le chemin de Beyne,
connu sous le nom de *Jean Simon*.

Prenant ensuite à droite, ledit chemin, et le continuant
jusques vis-à-vis de l'église de Beyne, qu'il laisse à droite.

En face de cette église, entrant dans le chemin de Chaumont, le continuant, en passant devant la maison des frères
de Bougny, laissant à gauche le village de Romsée, et passant à travers celui de Chaumont, près d'une petite chapelle,
qu'il laisse à droite.

Prenant ensuite, au sortir de Chaumont, le chemin des
Fawes, près de la maison du sieur *Mathieu Leclercq*, lais-
sant à gauche le village de Bougny, continuant par le fond de
Fawes, jusqu'au carrefour, nommé *la Croix rouge*.

Van daar, het huis van den heer *Dedïer*, regts latende liggen, zal de linie loopen langs den weg van la Gargonnade, het huis van dien naam links latende.

Van daar, de binnenweg genaamd *het land van la Roche*, inslaande de gezegde weg loopt links langs Chevremont, dwars door een stuk boschland, heeft aan de regterzijde de weg van Lemetrie, en gaat vervolgens onmiddelijk over het erf van de boerenwooning genaamd *Del Beoles* of *Bouleaux*.

Van deze boerenwooning, langs de weg van het kruis voortgaande, tot aan den zoom van het bosch vanden zelfden naam, deze weg loopt digt langs de paal van het Kruis-Beeld, langs de kust, Chaudfontaine, regts latende, tot digt aan het kasteel la Rochette, dat, regts latende liggen, tot aan de beek Gelourij.

Van daar, voor de beek Gelourij, langs de weg van Rochette naar Praijon, voorbij het huis van *Michel Orval*, dwars over eene oude aluinmakerij, tot dat de gezegde weg komt door het dorp van Praijon aan de Vesdre, links bij de kerk.

Van daar, langs de regter oever van de Vesdre of de noordelijkste deelingen van die rivier, tot regt over de mond van dien linker oever van de beek Mosbeux, naar den molen van den naam, zoodanig dat buiten dezelve blijven de smederijen en andere trafieken welke door dit gedeelte van de Vesdre in werking gebragt worden.

Van daar, vlak tegen over de mond van de beek Mosbeux, lijnregt over de Vesdre, vervolgens, opwaards, langs de regter oever van de beek Mosbeux, of van hare meest oostwaards gelegene takken, buiten dezelve latende de molens en andere fabrieken, welke door de gezegde beek in werking gebragt worden, tot daar, waar de beek Mosbeux boven de pachthoeve en herberg *les Forges* genaamd, komt aan den grooten weg van Luik naar Spa.

Là, laissant à droite la maison du sieur *Dedier*, la ligne suivra le chemin de la Gargonnade, laissant à gauche la maison de ce nom.

Prenant ensuite le chemin d'aisance, dit *des terres de la Rochelle*, ledit chemin laisse à droite Chevremont, puis traverse une petite partie de bois, laisse à droite le chemin de la Limetrie, et passe immédiatement ensuite par la cour de la ferme nommée *del Beoles*, ou *Bouleaux*.

Après avoir parcouru ledit chemin des terres de la Roche, et au sortir de la ferme del Beoles, la ligne suivra le chemin du Crucifix, sur la lisière du bois du même nom, ledit chemin près du chêne du Crucifix, descend la côte, laisse à droite Chaudfontaine, et aboutit près du château de la Rochette, qu'il laisse à droite, jusqu'au ruisseau de Geloury.

Là, la ligne traverse à angle droit, le ruisseau de Geloury, et suivra la route de la Rochette à Prayon, passant devant la maison de *Michel Orval*, et traversant une vieille alunière, jusqu'à ce que ledit chemin aboutisse par ce village même de Prayon à la Vesdre, près, et laissant à droite l'église.

Delà, la ligne côtoyera la rive droite de la Vesdre, ou les divisions les plus septentrionales de cette rivière, jusqu'à vis-à-vis de l'embouchure, à la rive gauche du ruisseau de Mosbeux, au moulin de ce nom, de manière à laisser en-dehors, les usines, forges et autres établissemens que cette partie de la Vesdre fait mouvoir.

En face de l'embouchure du ruisseau de Mosbeux, la ligne traverse perpendiculairement la Vesdre, pour remonter la rive droite du ruisseau de Mosbeux, ou de ses branches les plus orientales, en laissant libres et en-dehors les moulins et autres fabriques, qui sont activés par ledit ruisseau, jusqu'à ce qu'au-delà de la ferme et auberge nommée *les Forges*, le ruisseau de Mosbeux atteigne la grande route de Liége à Spa.

Van de brug op die groote weg, waaronder de gezegde beek heenloopt, de groote weg van Luik naar Spa opwaards, langs de herberg de Zon, tot aan den weg Chenal, boven het gehucht Steenveau, en het huis genaamd *de Hoop*.

Van daar, langs den weg Chenal, voorbij het huis van den vrederegter tot aan den weg *du Bac* genaamd, het dorp Louvegné links latende liggen.

Vervolgens, langs den weg du Bac, opwaards, tot daar zij aan het gehucht Troneux, bij eene kleine kapel regts gelegen, aan den weg van Deigné komt.

Van daar, langs de weg van Deigné, hebbende links de gehuchten Andesseux en Rongetied, en regts, de plaatsen genaamd *Blendeff* en *Hautefolie*, tot aan de eerste huizen van Deigné.

Van dit dorp, van hetwelke men de kom links laat liggen, dadelijks regts langs den weg naar Remonchamps latende aan de regter zijde een kalk-oven, mitsgaders de wegen naar La Playe en Hottechamps, kort langs een links afstaande steenen kruis, en volgende de gezegde weg door de geheele valei *Secheval* genaamd, tot daar zij dwars door en boven het dorp Remonchamps uitkomt; aan de regter oever van de Ambleve, en alzoo Sougnez daarin niet begrijpende.

Van het gezegde punt alwaar de weg van Remonchamps uitkomt, en vlak over deze lijnregt over de Ambleve langs den linker oever van deze rivier om Dieupart heenen opwaards, tot aan den zamenloop van de Lienne, met deze rivier onder het gehucht van Fargnion.

Van daar, opwaards langs de linker oever van de Lienne tot aan de plaats waar zij zich vereenigd met de beek *de la Heid* genaamd, bij den molen gelegen aan den voet van het gehucht des Evillelles.

A partir du pont qui sous cette grande route livre passage audit ruisseau, la ligne remontera ladite grande route de Liége à Spa, passant devant l'auberge du Soleil, jusqu'au chemin du Chenal, au-dessus du hameau de Stainveau, et de la maison nommée *l'Espérance*.

La ligne suivra ensuite le chemin du chenal, en passant devant la maison du juge-de-paix, jusqu'au chemin du Bac, laissant à gauche le village de Louvegne.

Remontera ensuite le chemin du Bac, jusqu'à ce qu'il atteigne au Hameau de Froneux, et près d'une petite chapelle qu'il laisse à droite, le chemin de Deigné.

Là, la ligne entrera dans ledit chemin de Deigné, laissant à gauche les hameaux de Andesseux et Rongetied, et à droite les lieux dits *Blendeff* et *Haute folie*, jusqu'aux premières maisons de Deigné.

A partir de ce village dont le centre est laissé à gauche, la ligne prendra immédiatement sur la droite, et suivra le chemin de Remonchamps, laissant à droite un four à chaux, ainsi que les chemins de la Playe et de Hottechamps, passant près et laissant à gauche, une croix de pierre, et continuant ledit chemin, par toute la vallée dite *Secheval*, jusqu'à ce que passant au travers et au-delà du village de Remonchamps, il aboutisse à la rive droite de l'Amblève; laissant ainsi en-dehors Sougnez.

Au point précité où aboutit le chemin de Remonchamps, la ligne traversera en face et à angle droit l'Amblève, pour suivre la rive gauche de cette rivière, laissant en arrière Dieupart, et remontant ladite rive gauche, jusqu'au confluent de la Lienne, avec cette rivière, sous le hameau de Fargnion.

Elle remontera alors la rive gauche de la Lienne, jusqu'à l'endroit où elle s'unit au ruisseau dit *de la Heid*, près du moulin situé au pied du hameau des Evillelles.

5.   40.

Van daar, langs de gezegde beek de la Heid, opwaards uit de provintie Luik in het Groot Hertogdom Luxemburg, tot aan den molen Malempré, gelegen ten noord-westen van het dorp van dien naam.

Van dien molen langs den grooten weg van Luik naar Houffalise, naar en tot aan het dorp Malempré.

Van daar, links langs de grasheuvels tot aan het dorp Tailles, van daar altijd dezelfde weg volgende, tot aan Houffalise, kruissende het bosch *Cedrogne* genaamd, latende regts de dorpen Dinet en Mont, en links de dorpen Fontenaille en Taverneux.

Van Houffalise de groote weg naar Wiltz volgende, door het dorp Corvan, latende links liggen de dorpen Visserolle, Bœur en Trognes, mitsgaders de bosschen van Bœur, en regts, het dorp Bourcij, tot aan Allerbom.

Van daar, altijd de groote weg van Houffalise naar Wiltz volgende, langs de hut van Dernbach, links latende het dorp van dien naam, en regts het dorp Oberwampach, kruissende het bosch genaamd *de Wampachscheheggen*, en vervolgens dat, genaamd *het Junkersjanswald*, tot aan het dorp Nertringen.

Van daar, langs den gewonen weg naar en tot aan Neder-Wiltz, nabij de houten brug, de beek de Wiltz overgegaan te zijn, en vervolgens, tot aan het dorp Wiltz.

Van deze gemeente, onmiddelijk en langs den gewonen weg, tot aan het dorp Goesdorfl, latende links het bosch genaamd *Graveler* en het gehucht Dahl, en regts, het woud genaamd *Vreekbusch*.

Van Goesdorff, naar Heijderscheid, door de laagte ge-

Ensuite, la ligne remontera pour sortir de la province de Liége, et entrer dans le grand-duché de Luxembourg, ledit ruisseau de la Heid, jusqu'au moulin de Malempré, situé au nord-ouest, du village de ce nom.

LUXEMBOURG.

Du moulin de Malempré, le long du grand chemin de Liége à Houffalise, vers le et jusqu'au village de ce nom.

De Malempré jusqu'au village les Tailles, laissant à droite les buttes de gazon, et de ce village, en suivant la même route jusqu'à Houffalise, traversant la forêt dite *la Cedrogne*, et laissant à droite les villages de Dinet et de Mont, et sur la gauche ceux de Fontenaille et de Taverneux.

De Houffalise, en suivant le grand chemin, qui conduit à Wiltz, passant par le village de Cowan, et laissant à gauche ceux de Visserolle, de Bœur et de Trognes, ainsi que les bois de Bœur, et sur la droite le village de Bourcy, jusqu'à Allerborn.

Delà, toujours par le grand chemin de Houffalise à Wiltz, au village de Nertringen, en passant près de la baraque de Dernbach, et laissant à gauche le village de ce nom et celui d'Oberwampach, à droite, et traversant le bois dit *les Haies de Wampach*, et ensuite celui qu'on nomme *le Junkersjanswald*.

De Nertringen, le long du chemin ordinaire vers et jusqu'à Niederwiltz, après avoir traversé près du pont de bois, le ruisseau la Wiltz; ensuite, jusqu'au village de Wiltz.

De cette commune directement, et le long du chemin ordinaire, jusqu'au village de Goesdorff, laissant à gauche le bois dit *Graveler* et le hameau de Dahl, et à droite la forêt nommée *le Vreekbusch*.

De Goesdorff à Heyderscheid, en passant par le fond dit *le*

naamd *Heiderscheider Grund*, kruissende de rivier de Sore aan de overvaart, bij den Hijderscheidsenmolen.

Van daar, langs den weg naar en tot aan het dorp Oberfeulen, dwars door de Feulensche heggen, en het woud genaamd *Bauholtz*.

Van daar, naar Ettelbruck, langs de kerk die tusschen de dorpen Oberfeulen en Niederfeulen is gelegen dit laatste links latende, door de laagte van Feulen, genaamd *de Heng*.

Van daar, langs den grooten weg van Luik naar Luxemburg, welke, voor dit gedeelte, in de linie begrepen wordt, tot aan het oord van het dorp Niederschieren, alwaar men den grooten weg verlaat en, onmiddelijk volgt den weg naar Schrond-Weiler, tot aan dit dorp, latende links het gemeente bosch van Schieren, genaamd *Sleitert*, en die der dorpen Stegen en Schrondweiler, mitsgaders de pachthoeve genaamd *Seilerhoff*, en regts de pachthoeven genaamd *Engelshoff* en *Schluhoff*, alsmede de bosschen genaamd *Langert* en *Jungebusch*.

Van het dorp Schrondweiler, altijd langs den gewonen weg, over de beek Glabach, bij de molen van Schrondweiler naar het dorp Nederglabach.

Van daar, naar Oberglabach, van dit laatste dorp, door het gemeente bosch van Glabach naar het dorp Angelsberg.

Van daar, langs den gewonen weg, tot aan het dorp Lintgen, en vervolgens, weder langs den grooten weg naar Luik, latende liggen links de hermitage van Angelsberg, het dorp Schoos en de gemeente bosschen van dit dorp, genaamd *Schosserseitert*, en die van Lintgen, en regts, het eigen bosch genaamd *Levent*, en kruissende eindelijk het woud genaamd *Hohwald*.

Van het dorp Lintgen, de groote weg naar Luik volgende,

Heiderscheyder-Grond, et en traversant la rivière de Sure, au passage près du moulin de Heyderscheid.

Delà, le long du chemin vers et jusqu'au village d'Oberfeulen, en traversant les haies de Feulen, et la forêt dite *le Bauholtz*.

Delà, à Ettelbruck, en passant près de l'église, qui se trouve entre les villages d'Oberfeulen et de Niederfeulen, et laissant ce dernier sur la gauche, par la descente de Feulen dite *le Heng*.

Du village d'Ettelbruck, le long de la grande route de Liége à Luxembourg, qui reste pour cette partie dans la ligne jusqu'à l'endroit du village de Niederschieren, où l'on quitte la grande route, pour suivre le chemin direct de Schrondweiler, jusqu'à ce village, laissant à gauche le bois communal de Schieren dit *Sleitert ;* ceux des villages de Stegen et de Schrondweiler, ainsi que la ferme nommée *Seilergoff*, et sur la droite les fermes nommées *Engelshoff* et *Schluhoff*, ainsi que les bois nommés *Langert* et *Jungebusch*.

Du village de Schrondweiler, toujours par le chemin ordinaire au village de Niederglabach, en passant le ruisseau le Glabach, près du moulin de Schrondweiler.

De Niederglabach à Oberglabach; de ce dernier village à celui d'Angelsberg, en passant par le bois communal de Glabach; d'Angelsberg, toujours suivant le chemin ordinaire jusqu'au village de Lingten, et rejoignant là la grande route de Liége, laissant à gauche l'hermitage d'Angelsberg, le village de Schoors et les bois communaux de ce village nommés *Schosserseitert*, et ceux de Lingten et sur la droite le bois particulier nommé *Levent*, et en traversant enfin la forêt dite *le Hohwald*.

Du village de Lintgen, en suivant la grande route de Liége,

welke voor dit gedeelte in de linie blijft, tot daar zij de weg naar Steinzel ontmoet, en voorts, langs dezen weg naar en tot aan het dorp.

Van daar, door het dal, tot aan Rodenhoff, latende regts het bosch van deze gemeente en links het Baumbusch, en vervolgens, dwaars door een gedeelte van het bosch genaamd *Rodenbusch.*

Van de pachthoeve Rodenhoff, langs den gewonen weg naar het dorp Kopstal en de daardoor loopende beek genaamd *de Mamer beek.*

Van daar, de beek opwaards, langs tot aan het dorp Mamer.

Van daar, langs den grooten weg van Luxemburg naar Dinant, tot daar die weg zich vereenigt met de weg naar Goetzingen, het gezegde gedeelte van den grooten weg en de volgende blijven in de linie tot aan dat dorp, langs en regts latende liggen, de bosschen genaamd *Engelsraad* en *Tentebusch.*

Van het dorp Goetzingen langs den gewonen weg, en over die naar Goebelingen, naar en tot aan het dorp Koerich.

Van daar, langs den grooten weg, en latende regts, het bosch genaamd *Schwartzen Hoffenwald*, naar het dorp Eischen.

Van daar, langs den gewonen weg, latende regts de gemeente bosschen van Eischen en Frassem en dat, gezegd *Schatzenheel*, en links de bosschen genaamd *Lahaar*, *Muhlenbusch*, en dat van de gemeente Bonnert naar het dorp Oberpallen.

Van daar, langs den grooten weg onmiddelijk naar Tontelingen, latende aan de regterhand het gemeente bosch van Pallen.

Van Tontelingen langs den zoogenaamden *Breite weg* tot aan den grooten weg van Arlon naar Bastogne.

qui reste pour cette partie dans la ligne jusqu'à l'embranchement du chemin de Steinsel, et suivant le chemin vers le et jusqu'à ce village.

De Steinsel, en suivant le vallon jusqu'au Rodenhoff, laissant à droite le bois de cette commune, et à gauche le Baumbusch, et ensuite à travers une partie du bois dit *Rodenbusch*.

De la ferme du Rodenhoff, par le chemin ordinaire au village de Kopstal, et au ruisseau dit *le Mamer*, qui le traverse; delà en remontant ce ruisseau jusqu'au village de Mamer.

De ce village, le long de la grande route de Luxembourg à Dinant, jusqu'à l'embranchement du chemin de Goetzingen, la partie de la grande route dénommée reste dans la ligne et le suivant, jusqu'au ce village, en longeant et laissant sur la droite, les bois dits *Engelsraad* en *Tentebosch*.

Du village de Coetzingen, le long du chemin ordinaire, et en passant par celui de Goebelingen, vers le et jusqu'au village de Koerich.

De ce dernier village à celui d'Eischen, en suivant le grand chemin, et laissant à la droite, le bois dit *Schwartzen Hofferwald*.

Du village d'Eischen à celui d'Oberpallen, par le chemin ordinaire, laissant à droite les bois communaux d'Eischen, de Frassem, et le bois dit *Schatzenheel*, et à gauche les bois dits *Lahaär*, *le Muhlenbusch*, et celui de la commune de Bonnert.

Du village d'Oberpallen, directement à Tontelingen, par le grand chemin, laissant sur la droite, le bois communal de Pallen, de Tontelingen, jusqu'à la grande route d'Arlon à Bastogne, en suivant le chemin dit *le Breiteweg;* delà, le

Van daar, langs dezen grooten weg, tot dat men komt aan den weg naar Schadeck, blijvende het gedeelte van den grooten weg naar en tot aan het gezegde dorp in de linie, latende de gemeente Attert regts af, en gaande door het gemeente bosch van S hadeck.

Van daar, over de beek de Attert, langs d e weg naar en tot aan het dorp Louchert, latende aan de regterhand het dorp Post.

Van Louchert, langs den weg naar en tot aan het dorp Nobressart.

Van daar, langs de gemeente weg tot aan de grooten weg van Luxemburg naar Dinant, tot omtrent 1500 ellen, voorwaards van het dorp Habaij-la-Neuve, tegen over de pachthoeve genaamd *Bois rond*, links langs het woud genaamd *Fraiches-bois* of *Nassenbusch*, latende regts de smederijen en vijvers van du Chatelet, en de overblijfzels van het kasteel Pont d'Oye.

Van daar, langs den gezegden grooten weg, welke in de linie blijft, dwars door de gemeenten en gehuchten Habayla-Neuve, Aulier, Bechème-l'Eglise, Offaing, Hanupré, Neufchâteau, Semel, Verlaine, la Basse et haute Mouline, tot aan het dorp Recogne.

Van daar, langs den grooten weg ter lengte van omtrent 600 ellen, tot daar men komt aan den weg naar Ochamps, dwars door het bosch Beanij tot aan Ochamps.

Van daar, langs den gewonen weg, latende regts de molen Maubeuse, en links de molen Vachaij tot aan het dorp Auloij.

Van daar, over de beek genaamd *Rez-le-Chaune*, tusschen de twee heuveltjes, en latende links het bosch Houmont, naar het dorp Maissin.

long de cette grande route, jusqu'à l'embranchement du chemin qui conduit à Schadeck, la partie de la grande route
restant dans la ligne, vers le et jusqu'au village de ce nom,
laissant la commune d'Attert, sur la droite, et passant par le
bois communal de Schadeck.

De ce village, en traversant le ruisseau l'Attert, le long
du chemin, vers le et jusqu'au village de Louchert, laissant à
droite celui de Post.

De Louchert, le long du chemin vers le et jusqu'au village
de Nobressart.

De cet endroit, par le chemin communal, jusqu'à la grande
route de Luxembourg à Dinant, à 1500 aunes environ en avant
du village d'Habay la neuve, vis-à-vis de la ferme du Bois
rond, laissant à gauche, et longeant la forêt nommée *Fraiches-bois* ou *Nassenbusch*, et à droite, les forges et étangs du
Châtelet, et les restes du château du Pont d'Oye.

Delà, le long de la susdite grande route, qui reste dans la
ligne, traversant les communes et hameaux de Habay-la-
neuve, Aulier, Bechème-l'Eglise, Offaing, Hanupré, Neufchâteau, Semel, Verlaine, la Basse et Haute Mouline, jusqu'au village de Recogne.

De cet endroit, en suivant la grande route, dans une longueur de 600 aunes environ, jusqu'à l'embranchement du
chemin d'Ochamps, à travers le bois de Beany, jusqu'à
Ochamps.

De ce village à celui d'Auloy, par le chemin ordinaire,
laissant à droite le moulin Maubeuse, et sur la gauche celui
de Vachay.

Delà, au village de Maissin, traversant le ruisseau dit le
Rez-de Chaune, entre les deux collines, et laissant à gauche
le bois de Houmont.

5.   41.

Van daar, langs den gewonen weg naar het dorp Lesse, latende regts het bosch en het dorp Boul·t, en langs de rivier van dien naam door de smederijen van Neuf-Pont en het dorp Chaulij, latende regts het dorp Reteigne, tot aan het dorp Belvau, van daar, langs dezelfde rivier tot aan het dorp Erestain (in Namen).

NAMEN.

Van daar, waar de rivier de Lesse, in den berg valt, regts langs de zoom van het bosch genaamd *Boine*, tot aan de plaats alwaar de gezegde rivier weer te voorschijn komt.

Van daar, tot aan de mond van de rivier l'Homme, langs de regter oever van de Lesse, latende links het dorp Eprave.

Van den gezegden mond langs den regter oever van de rivier l'Homme, tot aan de zoogenaamde *Behotter-Beek*, langs dezelve opwaards tot aan den weg van Rochefort naar Frandeux, genaamd *de Pelgrims-weg*.

Van daar, langs den gezegden weg door het dorp Frandeux.

Van Frandeux, gevolgd de groote weg naar Chevetogne op zijde langs de kapel Ste.-Barbe.

Van Chevetogne langs den weg naar Corbion, gaande door Ronveau, tot aan den binnenweg, welke leidt naar Reux, langs dien weg, latende Reux links liggen, dwars door het dorp Connen.

Van daar, latende den weg naar Achin regts liggen, en dwars door het bosch Liroux naar het gehucht van dien naam.

Van daar, volgt de weg die leidt naar het dorp Tavier, op zijde langs de vijver van Liroux, dwars over den grooten weg van Cineij naar Dinant, en de weg van Achin naar Sorinne,

Delà , par le chemin ordinaire , jusqu'au village de Lesse,
laissant sur la droite le bois de Boulet , et de ce village, en
suivant la rivière de ce nom , par les forges de Neuf-pont, et
le village de Chauly , laissant à droite le village de Reteigne,
jusqu'à celui de Belvau ; delà , suivant la même rivière , jusqu'à celui d'Eerstain (Namurois).

NAMUR.

De l'entrée de la rivière de la Lesse , dans la montagne à
droite de la lisière du bois nommé *Boine*, jusqu'à l'endroit où
ladite rivière reparaît.

Delà , jusqu'à l'embouchure de la rivière de l'Homme, longeant la rive droite de la Lesse , laissant le village d'Eprave à
gauche.

De ladite embouchure , le long de la rive droite , de la rivière de l'Homme, jusqu'au ruisseau nommé *le Behotte*, qu'on
remonte jusqu'au chemin de Rochefort à Frandeux , nommé
le chemin des Pélerins.

Delà , le long dudit chemin , par le village de Frandeux.

De Frandeux , suit le grand chemin de Chevetogne , passant
à côté de la chapelle Ste.-Barbe.

De Chevetogne, suit le chemin de Corbion , passant par
Ronveau, jusqu'au chemin d'aisance, qui mène à Reux ; le
long de ce chemin , laissant Reux à gauche , par le village de
Connen , qu'elle traverse.

De ce dernier village au hameau de Liroux , laissant le chemin d'Achin à droite , et traversant le bois de Liroux.

De ce hameau , suit le chemin , qui conduit au village de
Tavier , passant à côté de l'étang de Liroux , traversant la
grande route de Ciney à Dinant , et le chemin d'Achin à So-

latende het kasteel van den heer *Van Liedekerke* en de kerk van Tavier links.

Van daar, naar het dorp Thine, de molen van Tavier links gelaten, door het bosch Gorimont, op zijde langs de pachthoeven genaamd *Romerée*, welke men aan de regterhand laat.

Door het dorp Thine langs den weg naar Lisogne, welke dwars door dit dorp loopt.

Van Lisogne naar de Maas, latende Frestré links, dwars over den weg van Dinant naar Huij, door het dorp Awagne, en latende het kasteel en de pachthoeve Bloquemont regts, gekomen aan de Maas, benedenwaarts langs den weg naar Allage tot aan de smederijen van Houx; van daar, kruissende aan den hoek van het eiland de Maas.

Van daar, langs de linker oever van de Maas, tot aan het straatje genaamd *de bon Dieu*, in het dorp Anhée, langs dit straatje, hebbende aan beide zijden eene pachthoeve, tot aan de kapel de bon Dieu, vervolgens, langs den grooten weg van Dinant naar Namen, van welke men afgaat voor het huis behoorende aan den heer *Laurent Rabosée*, thans bewoond door de heeren *Duchâteau* en *Henrion*, de weg inslaande langs het bosch genaamd *montagne de moulin*, en deze volgende tot aan het dorp Haut le Wastia, de papiermolen regts latende liggen.

Van daar, door den weg genaamd *Floyé*, langs het land van Molembia naar Salet.

Van daar, volgt de weg die voorbij de pachthoeve loopt, latende den weg naar Sosoie links; en dien naar Bioulx, regts, dwars door en langs het bosch Mahareune, tot aan de beek Maredloux, bij de Smederij, toebehoorende aan den heer *Bauchan*, waar de genoemde weg over de beek gaat, vervolgens opwaarts, van die beek tot aan den molen van Finalle of Furneaux, thans bewoond door den heer *Fauconnier*.

rinné , laissant le château de M. *de Liedekerke* , et l'église de
Tavier à gauche.

De ce village à celui de Thine , laissant le moulin de Tavier
à gauche , passant par le bois de Gorimont , longeant à côté
des fermes nommées *Romerée* , qu'on laisse à droite.

Par le village de Thine , le chemin de Lisogne , passant au
travers ce dernier village.

De Lisogne à la Meuse ; laissant le Frestré à gauche , traversant la route de Dinant à Huy , passant par le village d'Awagne ,
et laissant le château et la ferme de Bloquemont à droite , arrivé à la Meuse ; descend le chemin de Allage , jusqu'aux For-
ges-de-Houx , là , croise la Meuse , à la pointe de l'île.

Delà , le long de la rive gauche de la Meuse , jusqu'à la
ruelle nommée *de bon Dieu* , dans le village d'Anhée , le long
de cette ruelle , passant entre les deux fermes , jusqu'à la chapelle de bon Dieu ; puis , le long de la grande route de Dinant
à Namur , quittant cette route en face de la maison appartenante au sieur *Laurent Rabosée* , occupée actuellement par les
sieurs *Duchâteau* et *Henrion* , prenant le chemin longeant le
bois nommé *Montagne de moulin* , poursuivant ledit chemin
jusqu'au village de Haut-le-Wastia , laissant la papeterie à
droite.

De Haut-le-Wastia , par le chemin nommé *Floyé* , jusqu'à
Salet , longeant la terre de Molembia.

De Salet , suit le chemin qui passe devant la ferme , laissant
le chemin de Sosoie à gauche , et celui de Bioulx à droite, traversant et longeant le bois de Maharenne , jusqu'au ruisseau
de Maredloux , proche de la forge appartenante au sieur *Bauchan* , où ledit chemin traverse ledit ruisseau ; remonte ensuite
ce ruisseau , jusqu'au moulin de Finalle ou Furneaux , occupé
maintenant par le sieur *Fauconnier*.

Van daar, langs den weg die het dorp Finalle door kruist, tot aan den weg van Philippeville naar Namen, langs dien weg, latende links de pachthoeve van *Fraire*, tot aan de laan, welke van B esmeée naar Oret leidt, door deze laan en den weg van Corroy, langs het bosch van de gemeente Mettel, en achter de huizen van den heer *Parmentier* en *Joséphine Tayenne*, naar Coroy.

Van daar, volgt de weg welke leidt naar het dorp Morialmé, latende regts de weg naar Oret, het Houten Kruis en de kapel van Notre-Dame de Walcourt, langs de muur van de warande des kasteels en volgende den weg tot aan het dorp Laniffe in het dorp Morialmé, de Molenbeek naast de brouwerij van *Pierard*, dwars overgaande, en de weg Thy-le-Baudouin, regts latende liggen, door het bosch de Laneffe, tot aan het dorp van dien naam, dwars door hetzelve langs de groote weg van Tarcienne, latende het dorp Somzée links, langs het doornbosch van Chauvré, anders gezegd *Belaire*, langs den weg naar Lemjoury, latende het dorp Tarcienne regts liggen.

HENEGOUWEN.

Van het gehucht Lemjoury, in eene regte lijn aan, op dat van Presles, gemeente Nalinnes, dwars over het plein van Nalinnes, en van daar, volgende den grooten weg naar Charleroi, over de pachthoeve la Dîme, tot aan de pachthoeve *Haubruart*.

Van daar, langs den grooten weg van Nalinnes naar Jamioulx, door het gehucht Grogery, het bosch la Belle Taille, gelegen tegen Jamioulx.

Van daar, langs den weg die leidt naar l'Eau d'Heure, van daar, de loop van die rivier volgende, daaronder begrijpende alle de landen gelegen tusschen de bedding van l'Eau d'Heure, en hare afleidingen, gevormd door de trekking van de molens tot aan de brug van Mont-sur-Marchiennes.

De ce moulin, le chemin qui mène à et traverse le village de Finalle, jusqu'à celui de Philippeville à Namur, le long de ce chemin, laissant la ferme de Fraire, à gauche, jusqu'à l'allée qui mène de Biesmerée à Oret, par cette allée, et le chemin de Corroy, longeant le bois de la commune de Mettel, jusqu'à Corroy, passant derrière les maisons appartenantes au sieur *Parmentier* et *Joséphine Tayenne*.

De Corroy suit le chemin, qui conduit au village de Morialmé, laissant à droite le chemin d'Oret, la Croix de bois et la chapelle de Notre-Dame de Walcourt, longeant le mur du parc du château, et suivant le chemin, jusqu'au village de Laniffe, en traversant dans celui de Morialmé, le ruisseau du moulin, à côté de la brasserie appartenante au sieur *Piérard*, et en laissant le chemin Thy-le-Baudouin à droite, au travers le bois de Laneffe, jusqu'au village de ce nom, le traverse pour suivre le grand chemin de Tarcienne, laissant le village de Somzée à gauche, longeant le Buisson-de-Chanvré autrement dit *de Belaire*, par le chemin de Lemjoury, laissant le village de Tarcienne à droite.

HAINAUT.

Du hameau de Lemjoury, en ligne directe, sur celui de Presles, commune de Nalinnes, traversant la place de Nalinnes, et suivant le grand chemin de Nalinnes à Charleroi, par la ferme de la Dime, jusqu'à la ferme de *Haubruart*.

Delà, par le grand chemin de Nalinnes à Jamioulx, passant par le hameau de Grogery, le bois de la belle-taille, et aboutissant à la place de Jamioulx.

De Jamioulx, par le chemin qui se rend à l'Eau-d'Heure; delà, suivant le cours de cette rivière, en y comprenant tous les terrains renfermés entre le lit de l'Eau-d'Heure et les dérivations formées pour l'alimentation des usines, jusqu'au pont de Mont-sur-Marchiennes.

Van daar, westwaards in eene regte lijn naar het gehucht de Rus, langs den weg die het gezegde gehucht doorkruist en leidt naar de straatweg van Binche op Charleroi.

Van het punt alwaar de vereeniging met dezen weg plaats heeft, langs denzelven tot aan den ingang van Fontaine-l'E-vêque, vervolgens langs den weg om de stad noord-oostwaards van het oude bolwerk.

Van daar, dezelfden weg volgende tot aan Belle-Fontaine.

Van daar, naar Locque, en ten noord-oosten van Carmières tot aan Morlauwelz, tot aan de straatweg die de warande van Marimont doorkruist.

Van daar, langs denzelfden straatweg tot aan het dorp La-hestre, en die den grooten weg van Mons naar Nivelles veree-nigt bij het gehucht Folimont.

Van daar, denzelfden weg volgende tot aan het dorp Fayt.

Van daar, langs den weg leidende van hetzelve naar het dorp Houdeng, regts langs de heggen van Roeulx, tot aan het ge-hucht du Jart, vervolgens links langs de gezegde heggen, du Rœulx, door de abdij van St.-Facillien naar het dorp Mignault, vervolgens langs le Trij-le-Mignault naar de straatweg van Soignies naar Rœulx.

Van daar, langs Gedousart naar den grooten weg van Mons op Soignies op het punt waar de weg van Gedousart, aan de gezegde groote weg uitkomt.

Van daar, door de gehuchten Haije-le-Comte, Delgage en Mazij, de naaste wegen volgende naar Montignies-lez-Lens.

Van daar, langs de beek la Marquette, tot daar dezelve valt in de Dender, vervolgens langs de loop dezer rivier tot aan de muren van de stad Ath, voorts om de vesting-werken heen,

Delà , vers l'ouest, et en ligne droite , sur le hameau de Rus ; ensuite , le chemin qui traverse ledit hameau , pour rejoindre la chaussée de Binche à Charleroi , du point où cette jonction a lieu ; la route de Binche à Charleroi , jusqu'à l'entrée de Fontaine-l'Evêque.

Puis, suivant le chemin extérieur de la ville au nord-est , le long de l'ancien rempart ; delà , le même chemin, jusqu'à Belle-Fontaine.

Delà , à Looque, et au nord-est de Carnières , jusqu'à Morlanwelz, à la chaussée qui traverse le parc de Marimont; delà, suivant la même chaussée , au village de Lahestre ; et rejoignant la grande route de Mons à Nivelles , au hameau de *Folimont*.

Delà , suivant la même route , jusqu'au village de Fayt; du village de Fayt , par le chemin allant de ce village à Houdeng , le long et à droite des haies du Rœulx, jusqu'au hameau du Jart.

Puis, à gauche desdites haies du Rœulx , par l'abbaye de Saint-Facillien , au village de Mignault ; puis, par Try-le-Mignault , à la chaussée de Soignies au Rœulx , de ladite chaussée par Gedonsart , à la grande route de Mons à Soignies , au point où le chemin de Gedonsart aboutit à ladite route ; delà , par les hameaux Haye-le-Comte , Delgage et de Mary , à Montignies-lez-Lens, en suivant les chemins les plus directs.

De Montignies-lez-Lens, suivant le ruisseau de la Marquette, jusqu'à son embouchure dans la Dendre ; puis, le cours de cette rivière , jusqu'aux murs de la ville d'Ath; ensuite, tour-

(330)

te rekenen van het punt, waar de rivier de stad inloopt, langs
de stads-gracht tot aan het punt waarzij de stad weder uitloopt,
en alzoo nabij langs de poorten genaamd, die van Mons en van
Doornik, latende links liggen de voorstad van Ath, langs dezelfde rivier tot aan den mond van de kleine beek die van
Bourgnies afkomt, en deze beek weder opwaards tot aan het
dorp van dien naam.

Van daar, langs de groote weg die van Ath naar Renaix leidt,
latende links de pachthoeve Plameau, tot aan het gehucht
Recq, daar de groote weg van Renaix verlatende, langs den
weg welke leidt naar het gehucht Bisgotte.

Van dit gehucht, latende links de molen du Mont de Mainvault, en regts het bosch van den heer Pottes, langs den weg
welke voorbij het gehucht du Mont gaat, en een gedeelte van
het bosch der voormalige abtdij van Ath doorkruist, tot aan
de pachthoeve genaamd Heurtebise, vervolgens langs denzelfden weg tot aan den boom genoemd le Charme à deux jambes.

Voorts langs de dreve die valt aan den weg van Oudeghien
naar Buissenal, en langs dien weg, over de brug van het
Oude Kasteel tot aan het laatstgenoemde dorp.

Van daar, langs den grooten weg op Frasnes, tot aan het
vlek van dien naam, latende links de molen van Angimont,
en regts de pachthoeve van Mainvault, vervolgens langs de
beek genaamd le Ronne, dwars over de groote weg van Leuze
naar Renaix, tot aan het dorp Wadripont, en van dit dorp
dezelfde beek volgende, latende het dorp Escanaffle links,
tot daar dezelve valt in de Schelde, vervolgens langs deze
rivier tot aan het dorp Waermaerde, in de provintie West-
Vlaanderen.

WEST-VLAANDEREN.

Van daar, noordwaarts, de kleine overvaart op de Schelde,
en zuidwaarts, het dorp Waermaerde, tegen over den Trap-

nant les fortifications à partir du point où cette rivière entre dans la ville, en suivant le fossé de la place jusqu'au point où elle en sort, touchant ainsi aux portes dites *de Mons* et *de Tournai*, laissant à gauche le faubourg d'Ath; le long de la même rivière jusqu'à l'embouchure du petit ruisseau, qui vient de Bourgnies, et remontant ce même ruisseau jusqu'au village de ce nom.

Delà, le long de la route, qui conduit d'Ath à Renaix, laissant à gauche la ferme Plameau, jusqu'au hameau de Recq; puis, quittant la route de Renaix, le long du chemin qui conduit au hameau de Bisgotte.

De ce hameau, laissant à gauche le moulin du Mont de Mainvault, et à droite le bois appartenant au sieur *Pottes*, le long du chemin qui longe le hameau du Mont, et qui traverse une partie du bois de la ci-devant abbaye d'Ath, jusqu'à la ferme dite *Heurtebise*; puis, suivant le même chemin, jusqu'à l'arbre dit *le Charme à deux Jambes*; ensuite, le long de la Drève, qui descend du chemin d'Oudeghien à Buissenal, et le long de ce chemin jusqu'à ce dernier village, par le pont du Vieux-Château.

Delà, suivant la route qui conduit à Frasnes, jusqu'au bourg de ce nom, en laissant à gauche le moulin d'Augimont, et à droite la ferme de Mainvault; ensuite, le long du ruisseau nommé *le Ronne*, traversant la grande route de Leuze à Renaix, jusqu'au village de Wodripont, et de ce village, suivant le même ruisseau, laissant à gauche le village d'Escanaffle, jusqu'à son embouchure dans l'Escaut; puis, le long de cette rivière, jusqu'au village de Waermaerde, dans la Flandre occidentale.

FLANDRE OCCIDENTALE.

Du petit passage d'eau sur l'Escaut, au sud-ouest du village de Waermaerde; vis-à-vis le chemin dit *Trappelstraate*, la

pelstraatenweg, langs gemelden weg, voorbij die huizen van *François* en *Jacques Meulenbrouck*, tot aan de steenen kapel op den grooten weg van Doornik naar Audenaerde.

Van deze kapel, regts af, ten noord-oosten, langs den grooten weg naar het dorp Waermaerde, tot aan het huis van den tegenwoordigen burgemeester *Van Steenbrugge*, en van daar; ten noord-westen, langs den gemeenten weg naar Thieghe m, tot aan het Vierscharer gehucht.

Van dat gehucht bij de vijver Lindeleije af, regtstreeks langs eene steengroeve op een weg gaande naar de hoeve Moerman, aan den heer *Van Thieghem* toebehoorende, en vervolgens uitloopende op eene binnenweg, naar den zoogenaamden *Berg Thieghem* leidende.

Dan links af van deze hoeve langs gemelden binnenweg, als ook links van de twee andere hoeven van den heer *Van Thieghem*, waarvan de eene door *Pierre Craeijenest*, en de andere door *Pierre Maeels* wordt bewoond, tot aan de hoeve van den heer *Moerman* te Avelghem, bewoond wordende door *Meulebrouck*, genaamd *Lamoral*, en welke regts af blijft.

Van daar, noord-westwaards langs eene steengroeve, welke langs deze hoeve leidt, tot aan den straatweg der gemeente *Thieghem*, ter plaatse waar zich eene ijsweering, en een steenen kapel, *Klijte Cappelle* genaamd, die links af blijft, bevinden. Vervolgens, over deze straatweg, langs den zoogenaamden *Nieuwe Bergstrate* weg. ter regter zijde van de hoeve Pelkem, tot aan den top des bergs, en omtrent honderd ellen regts af van den molen.

Van hier langs denzelfden weg, links af, tot aan den weg van Avelghem naar Anseghem, alsdan zuid-westwaards, over deze wegen, regts af van het huis Nollet naar de westzijde, en bezuiden hetzelve huis naar een toepad, hetwelk zich honderd ellen verder met den zoogenaamden *'t Jampenstraeten-weg* vereenigt.

ligne suit vers le nord ledit chemin, en passant devant les maisons de *François* et de *Jacques Meulebrouck*, jusqu'à la chapelle de pierres, qui se trouve sur la grande route de Tournai à Audenaerde.

De cette chapelle, la ligne suit à droite au nord-est ladite grande route vers la village de Waermaerde, jusqu'à la maison de Mr *Van Steenbrugge*, bourgmestre actuel, où elle se dirige alors au nord-ouest par le chemin vicinal de Waermaerde à Thieghem, qu'elle suit jusqu'au hameau dit *Vierschaere*.

De ce hameau, près du vivier, dit *Lindeleye*, la ligne suit directement une carrière ou chemin d'exploitation, qui conduit à la ferme Moerman, appartenant à Mr *Van Tieghem*, où cette carrière rejoint un chemin de communication intérieure, vers la montagne dite *Berg Tieghem*; la ligne laisse la prédite ferme sur la gauche, et continue le même chemin de communication, en laissant aussi à gauche deux autres fermes de Mr *Van Tieghem*, dont la première est occupée par *Pierre Crayenest*, et l'autre par *Pierre Maeels*, jusqu'à la ferme de Mr *Moerman*, d'Avelghem, occupée par *Meulebrouck* dit *Lamoral*, qui reste à droite.

De ce point, la ligne suit à droite, au nord-ouest, une carrière qui longe cette ferme et va rejoindre le pavé communal de Tieghem, à l'endroit où se trouve une barrière de dégel, et une chapelle de pierres appelée *Klyte Chapelle*, qui reste à gauche. Elle traverse ledit pavé, et suit directement le chemin appelé *Nieuwe Bergstraete*, laisse à droite la ferme dite *Pelkem*, et continue jusqu'au sommet de la montagne, en laissant le moulin à environ cent aunes, sur la droite.

De ce point, la ligne suit encore le même chemin sur la gauche, jusqu'à ce qu'elle rencontre celui d'Avelghem à Anseghem, qu'elle traverse diagonalement vers le sud-ouest, en laissant à droite la maison Nollet, pour suivre alors à droite, vers l'ouest, mais au sud de ladite maison, un petit sentier qui va rejoindre environ cent aunes plus bas, le chemin dit 't

Hier langs noord-westwaards, regts af van de hoeve van den heer *Battaille*, bewoond door *Louis Verschelde*, tot aan den gemeenten weg van Ingoijghem naar Anseghem, voorts noordwaards, naar Anseghem, tot aan de herberg het Kaske.

Van hier af noord-westwaards naar het eerstgemelde pad, leidende naar de hoeve Landerghem, voorts links af west-waards, langs hetzelfde pad, over den toegang der hoeve loopende, van het einde dezer toegang links af van den weg Maeterzeelstraete, voorbij het huis van *J.-B. Ottevaere*, toebehoorende aan zijnen vader, en voorbij de hoeve *Thierry de Vos*, tot aan den grooten weg van Kortrijk naar Audenaerde, over dezen weg ter linker zijde van de herberg à l'Ange, voorts, langs den weg Cruijswaterstraete tot daar waar dezen weg zich met die van Anseghem en Waereghem aan den hoek van een dennenboschje en daar waar de heide het Raezend-heed aanvangt vereenigt, voorts, links af, den weg van Nieu-wenhove, en kruist bij de herberg la Demi-Lune, bewoond wordende door *Veroruijsse*, die ter linker zijde blijft, over den weg Brabantstraetje, noord-westwaards, langs dezen weg, ter linkerzijde van de herberg du Cigne bleu, verder mede links af, de hoeve van den heer *Ackerman*, door *Jean Autrive* bewoond wordende, tot aan het gehucht van Nieuwenhove, ter linker zijde van de herberg du Perroquet, bewoond wor-dende door *Verstraete*.

Van hier af, zuid-westwaards, over den weg van Waereghem naar Deerlijk, en voorts, regts af langs den weg genaamd *Croots*, tot aan de herberg van denzelfde naam.

Van daar, over den tweeden weg van Waereghem naar Deerlijk, en langs denzelfden weg tot aan de hoeve van *Meu-lemeester*, die ter regter zijde blijft, voorts, links af, naar het westen, langs den weg naar Spital, en om rent vijftig el-len ter linker zijde van den molen, wijders, over een pad van Waereghem naar Deerlijk, altijd langs denzelfden weg, tot aan de herberg genaamd *la Croix de Bourgogne*.

Jampenstraete, que la ligne suit au nord-ouest, laissant à droite la ferme de Mr *Bataille* becupée par *Louis Verschelde*, jusqu'au chemin vicinal d'Ingoyghem à Anseghem, qu'elle suit au nord vers Anseghem, jusqu'au cabaret dit *het kaske*.

De ce cabaret, la ligne suit au nord-ouest le premier sentier qui conduit directement à la ferme dite *Landerghem*, qu'elle laisse à gauche, et continue vers l'ouest le même sentier qui passe dans l'avenue de la ferme, au bout de laquelle avenue la ligne suit alors à gauche, le chemin nommé *Maeterzeelstraete*, passe devant la maison de *Jean-Baptiste Ottevaere*, appartenant à son père; et plus loin, devant la ferme de *Thierry de Vos*, jusqu'au grand chemin de Courtrai à Audenaerde, que la ligne traverse en laissant à gauche le cabaret dit *à l'Ange*. Elle suit alors le chemin nommé *Cruyswaterstraete*, jusqu'à son point de jonction à ceux d'Anseghem et de Waereghem, au coin d'un petit bois de sapins, là, où commence la bruyère dite *het raezendheed*, où la ligne suit alors à gauche le chemin de Nieuwenhove, traverse près le cabaret la Demi-lune, occupé par *Vercruysse*, qui reste à gauche, le chemin dit *Brabantstraete*, et continue au nord-ouest, le même chemin, laissant à gauche le cabaret au Cigne-bleu, et plus loin, aussi à gauche, la ferme de Mr *Ackerman*, occupée par *Jean Autrive*, jusqu'au hameau de Nieuwenhove, en laissant à gauche le cabaret dit *au Perroquet*, occupé par *Verstraete*.

De ce cabaret, la ligne traverse diagonalement vers l'ouest, le chemin de Waereghem à Deerlijk, et suit à droite, vers celui appelé *du Croots*, jusqu'au cabaret du même nom, où elle traverse le second chemin de Waereghem à Deerlijk, et continue directement le même chemin jusqu'à la ferme de *Meulemeester*, qui reste à droite, et où la ligne suit alors sur la gauche, vers l'ouest, le chemin qui conduit à Spital, laisse le moulin à environ cinquante aunes sur la gauche, et traverse encore un petit chemin de Waereghem à Deerlyk, en continuant toujours le même chemin, jusqu'au cabaret portant pour enseigne *la Croix de Bourgogne*.

Van hier over den grooten weg van Waereghem naar Kortrijk, en links af, westwaards langs een publiek gangpad, dat
hij het huis *Coster*, hetwelk links af blijft, op den weg van
Waereghem, bij de straatweg van Kortrijk naar Gend uitkomt, hier noordwaarts over, en voorts links of westwaarts
de hoeve van *François Vermarcke* regtslatende, langs een
pad gaande naar den straatweg van Kortrijk naar Gend, bij
de herberg à l'Ange, voorts over dezen straatweg, zuid-westwaards voorbij gemelde kroeg à l'Ange, en het huis der Kinderen *Coninck*. Alsdan westwaards den weg de Leijkant, eerste gedeelte, over den weg van Vive-St.-Eloij naar Desselghem,
ter regter zijde der hoeve *Charles Devra*, bewoond wordende
door *Pierre Devroux*, en langs denzelfden weg bezijden het
gehucht Leijkant, tot aan het huis van *Pierre de Smet*, bewoond wordende door *Pierre du Caluwe*.

Vervolgens regts af noordwaards eener steengroeve,
gaande naar de weiden over welke zij door middel van een
pad heen leidt, onmiddelijk op de overvaart van de rivier
de Lijs, tegen over de hoeve van de heer *Van den Brugge*,
hewoond worden door de gebroeders *Tack*.

Van deze overvaart af, over de rivier en langs eene steengroeve, regtstreeks op de steenen kapel, staande op den
weg van Vive-St.-Bavon naar Oijghem, ter regter zijde der
erve van den heer *Van den Brugge*, voorts langs de gemelde
kapel links af, noord-westwaards langs den weg genaamd *des
Moulins*, tot aan twee molens naast elkander staande, en die
ter regter zijde blijven.

Voorts links af westwaards langs den weg van Waeken naar
Oijghem, voor bij de herberg genaamd *le Bouffon*, die ter
regter zijde blijft, tot op omtrent 150 ellen van deze herberg,
daarna den weg van Oijghem verlatende, noord-westwaards
langs dien van Oost-Roosebeke, tot aan het Christenbeeld,
staande aan den zamenloop van den weg van Wilobeke naar
Oijghem; van daar, links af naar Oijghem, tot aan het gehucht genaamd *Sleerin*; van daar bij het huis van den heer

De ce cabaret, la ligne traverse le grand chemin de Waereghem à Courtrai ; et suit à gauche, vers l'ouest, un sentier public, qui se rend près la maison *Coster* ; qui reste à gauche, dans le chemin de Waereghem, au pavé de Courtrai à Gand, qu'elle traverse diagonalement vers le nord, et suit alors à gauche vers l'ouest, en laissant sur la droite, la ferme de *François Vermarcke*, un petit chemin qui conduit audit pavé de Courtrai à Gand, près le cabaret dit *à l'Ange*, où la ligne traverse diagonalement au sud-ouest ledit pavé, passe entre le prédit cabaret à l'Ange, et la maison des Enfans *Coninck*, et suit vers l'ouest, le chemin appelé *de Leykant*, 1re section, traverse celui de Vive-St.-Eloy, à Desselghem, laisse à droite la ferme *Charles Devra*, occupée par *Pierre Devroux*, et continue le même chemin à travers le hameau dit *Leykant*, jusqu'à la maison de *Pierre de Smet*, occupée par *Pierre de Caluwe*, où alors elle suit à droite, vers le nord-ouest, une carrière qui conduit aux prairies, à travers desquelles elle se dirige par un sentier directement sur le petit passage d'eau de la rivière la Lys, vis-à-vis la ferme de Mr *Van den Brugge*, occupée par les frères *Tack*.

De ce passage d'eau, la ligne traverse la rivière, se dirige par une carrière, directement sur la Chapelle des pierres, située sur le chemin de *Vive-St.-Bavon* à Oyghem, en laissant la ferme de Mr *Van den Brugge*, sur la droite, passe contre ladite chapelle, qui reste à gauche, et suit au nord-ouest, le chemin dit *des Moulins*, jusqu'à deux Moulins, qui sont à côté l'un de l'autre, et qui restent sur la droite. Elle suit alors à gauche, vers l'ouest, le chemin de Waeken à Oyghem, en passant devant le cabaret dit *le Bouffon*, qui reste à droite, jusqu'à environ 150 aunes de ce cabaret, et alors elle quitte ledit chemin d'Oyghem, et suit au nord-ouest, celui d'Oost

5.   43.

Cunnet, door *Jean Clarautte* bewoond wordende, en 't welk ter linkerzijde blijft, regts af, noordwaards langs den weg gaande naar dien van Oost-Roosebeke op Ingelmunster, bij den molen van den heer *Tack*, in gebruik bij *Loucke*, voorts links af der steengroeve van den hoeve *Catelon*, en regts af van den dorpsweg van Oost-Rosebeeke, en van het huis door *Jean Audewaarde*, bewoond (aan de weduwe *Loucke* toebehoorende.)

Voorts een weinig links af van den weg Oijghem, daar waar een wegwijzer staat, en altijd langs denzelfden weg tot aan dien van Oost-Rozenbeke, bij het gehucht genaamd *Totteka*.

Hier westwaards over, voorbij een steenen kapel op den gemelden molen aan, bij *Loucke* in gebruik.

Van dezen molen links, westwaards naar den weg van Oost-Rosebeke op Ingelmunster, tot aan de herberg *la Pomme*, hier van den weg af, noordwaards langs den weg van Oijghem naar Meulebeke, voorbij de beek le Mandel op de steenenbrug, genaamd *Leenbrugge*, en op omtrent honderd ellen van deze brug af, noord-westwaards over eene laan in de weiden uitloopende, dan regts af, noordwaards langs een voetpad gaande naar den weg van St.-Amand, tegen over de hoeve van den heer *Pierre Surmont*, in gebruik bij *Josse Peeters*.

Van daar, links af, westwaards langs den weg van St.-Amand, tot aan de plankenbrug over de beek le Deêve, bij het gehucht genaamd *Beelschenhoek*; van deze brug af, zonder daar over te gaan, den weg af, westwaards langs een voetpad dat op sommige plaatsen ter zijde van de beek loopt, en den weg van Meulebeke naar Ingelmunster vereenigt, bij het huis van *François Soens*, door *Franciscus Lefevre* bewoond en gemerkt, nr 86.

Van daar, langs den gemelden weg, links af, naar Ingelmunster over een steenenbrug, gelegen over de beek le Deêve.

Roosebeke, jusqu'au Christ, qui est à l'embranchement du chemin de Wilobeke, à Oyghem, qu'elle suit à gauche vers Oyghem, jusqu'au hameau dit *Sleerin*, ou près la maison de Mr *Cannet*, occupée par *Jean Claroutte*, qui reste sur la gauche ; la ligne suit à droite, vers le nord, le chemin qui conduit à celui d'Oost Roosebeke à Ingelmunster, près le moulin de Mr *Tack*, occupé par *Loucke*, laisse à gauche la carrière de la ferme *Catelon*, et à droite, le chemin du village d'Oost Roosebeke, ainsi que la maison occupée par *Jean Audewede* appartenant à la veuve *Loucke*, et un peu plus loin à gauche, le chemin d'Oyghem, là, où se trouve un indicateur ; elle continue toujours le même chemin, jusqu'à celui d'Oost Roosebeke, au hameau dit *Totteka*, qu'elle traverse diagonalement vers l'ouest, devant une chapelle de pierres, et se dirige directement sur le prédit moulin, occupé par *Loucke*.

De ce moulin, la ligne suit à gauche, vers l'ouest, le chemin d'Oost Roosebeke, à Ingelmunster, jusqu'au cabaret dit *la Pomme*, où elle quitte alors ledit chemin, et suit vers le nord, le chemin d'Oyghem à Meulebeke, passe le ruisseau dit *le Mandel*, sur le pont de pierres appelé *Leenbrugge*, et à environ cent aunes de ce pont, elle traverse diagonalement vers le nord-ouest, une avenue qui conduit dans les prés, et suit alors, à droite, vers le nord, un sentier qui conduit au chemin appelé *de Saint-Amand*, vis-à-vis la ferme de Mr *Pierre Surmont*, occupée par *Josse Peeters*.

De cette ferme, la ligne se dirigeant à gauche vers l'ouest, suit ledit chemin de Saint-Amand, jusqu'au pont de planches, sur le ruisseau nommé *le Deeve*, près le hameau dit *Beelschenhoek*.

De ce pont, que la ligne ne passe pas, elle quitte le chemin et suit directement vers l'ouest un sentier, qui longe par intervalle ledit ruisseau, et rejoint le chemin de Meulebeke à Ingelmunster, près la maison de *François Soens*, occupée par *François Lefèvre*, et portant le n° 86, où la ligne alors suit le prédit chemin à gauche vers Ingelmunster, passe un pont en pierres, sur le même ruisseau, appelé *le Deeve*, quitte en-

(34ó)

Van hier, op omtrent honderd ellen afstands des brugs, den weg van Ingelmunster verlatende, westwaards langs dien van drij Bunderstraete, de hoeve van de weduwe van *Jan Gronde* links latende, tot vlak tegen over de hoeve van den heer *Roelands* bewoond wordende door *Jean-Baptiste van Lankaert*, voorts regts af, noordwaards, langs den weg gaande van den zoogenaamden *Waelbruggen molen*, naar de herberg genaamd *Lentacker*, van hier links, en verder, op regts af, van de herberg gezegd *Krekel*, altijd langs denzelfden weg, tot aan de kleine straatweg van Ingelmunster naar Meulebeke, bij de herberg Strophaen, die regts af blijft; van daar regtstreeks, westwaards over gemelden straatweg, en regts, noordwaards, langs, een sloot of waterleiding gelegen tusschen de gemeenten Ingelmunster en Meulebeke, tot aan de beek die tusschen de gemelde gemeenten blijft doorgaan, alsdan westwaards, en regts af, van de hoeve bewoond door *Verkinderen*.

Van deze hoeve noord-westwaards, langs den weg gaande naar den straatweg van Ingelmunster op Brugge, bij de herberg het Leestjen, alwaar zig een tolhok van den waterstaat bevindt, dat op omtrent vijf-en-twintig ellen links afblijft.

Van dit punt, over den straatweg, regtstreeks langs den grooten zandweg van Meulebeke naar Roulers, door het gehucht Cruijp in d'aerde, en voorbij de herberg tot uithangbord hebbende *la Solitude*, tot aan het denneboschje genaamd *Maenegeschijn*; alsdan dezen weg verlatende, regts af, naar het noord-westen, langs een voetpad gaande naar de hoeve Roogoed, voorbij het huis van *Antonij Bachere*, over de beek genaamd *Roobeke*, op eene kleine houten brug, latende gemelde hoeve links, voorts, langs een overpad, westwaards, tot aan den grooten weg van Ingelmunster naar Roulers.

Van daar, langs den grooten weg naar Roulers, langs den zoogenaamden *Meesseghem molen*, voorbij het gehucht la petite Espagne, tot aan de herberg Budat, bewoond wor-

suite, à cent annes environ de ce pont, le chemin d'Ingelmunster, et suit vers l'ouest celui nommé *Dry-Bunderstraete*,
en laissant à gauche la ferme de la veuve *Jean Gronde*, jusques vis-à-vis la ferme de Mr *Roelands*, occupée par *Jean-
Baptiste Van Lankaert*, où la ligne suit alors à droite, vers le
nord, le chemin qui conduit du moulin dit *Waelbrugge-Molen*,
au cabaret nommé *Lent-Acker*, qu'elle laisse sur la gauche,
et plus loin sur la droite celui dit *Krekel*, en continuant le
même chemin jusqu'au petit pavé d'Ingelmunster à Meulebeke, près le cabaret dit *Strophaen*, qui reste à droite.

De ce pont, la ligne traverse diagonalement vers l'ouest
ledit pavé, et suit à droite, vers le nord, un fossé ou conduit
d'eau, qui fait la séparation des communes d'Ingelmunster et
de Meulebeke, jusqu'au ruisseau ou beke, qui continue à faire
la séparation des prédites communes, et que la ligne suit
alors vers l'ouest, jusqu'à la ferme occupée par *Verkinderen*,
qui reste à droite.

De cette ferme, la ligne suit vers le nord-ouest le chemin
qui conduit au pavé d'Ingelmunster à Bruges, près du cabaret
dit *Leestijen*, où est la barrière du waterstaat, qui reste à
environ vingt-cinq annes sur la gauche.

De ce point, la ligne traverse ledit pavé, et suit directement le grand chemin de terre de Meulebeke à Roulers, en
passant par le hameau dit *Cruyp in d'Aerde*, et devant le cabaret ayant pour enseigne *la Solitude*, jusqu'au petit bois de
sapins nommé *Maenegescheyn*, où la ligne quitte ce chemin,
et suit à droite, vers le nord-ouest, un sentier, qui conduit à
la ferme dite *Hoogoed*, en passant devant la maison d'*Antoine
Bachere*, traversant le ruisseau dit *Roobeke*, sur un petit pont
de bois, laissant la ferme prédite à gauche, et va rejoindre
une carrière ou chemin d'exploitation de ferme, que la ligne
suit alors vers l'ouest jusqu'au grand chemin d'Ingelmunster
à Roulers.

De ce point, la ligne suit ledit grand chemin vers Roulers,
passe contre le moulin dit *Mecseghem-Molen*, traverse le hameau dit *la Petite-Espagne*, jusqu'au cabaret nommé *Budat*,

dende door *Louis de Vos*, alsdan zuidwaards, langs het voetpad, leidende naar de beek genaamd *le Mandel*.

Van daar, langs gemelde beek, naar Roulers tot aan de sluis,
alsdan van de beek af, linkswaards langs eene andere beek
genaamd *Calubeke*, over de brug de la Rue au Sud, en langs
dezelve beek tot aan de waterleiding langs den straatweg van
Roulers naar Meenen.

Van deze waterleiding regtstreeks naar vol d'Oiseau door
eene weide op het huis n^r 81, waarbij de Bottestraete aanvangt, voorts, langs deze straat, tot aan die van IJperen, en
daar over, links af, van het huis n^r 75. Alsdan, langs de
Bottestraete voortgaande, tot aan het huis n^r 55, en van daar,
langs een publiek voetpad regts af, noordwaards, verder
langs het kerkhof, tot aan le Mandel, bij de brug genaamd
du Nouveau Marché, zoodanig dat de stad Roulers geheel en
al regts af buiten de linie blijft.

Van deze brug opwaards, naar het noord-westen, langs de
beek le Mandel, voorbij de oliemolen Schiervelde, die regts
af blijft, en langs dezelve beek, tot aan de steenen brug bij
de hoeve Schierveld, in gebruik bij de weduwe *Haegdoorne*,
welke hoeve ter linker zijde blijft.

Van deze brug, noordwaards, langs het overpad dezer
hoeve, voorts, westwaards, voorbij den slagboom die voor
de kapel is, tot aan den weg van Roulers naar Staden. Alsdan
langs den weg naar Staden, voorbij de huizen n^{rs} 132 en 133,
door *Van Hallewyn* en *Joseph Decroy* bewoond wordende;
eindelijk voorbij de herberg genaamd *Peereboom*, en den
zoogenaamden *Vergulden molen*, tot aan het gehucht Sleijhaeghe, en dan over den grooten weg van IJperen naar Thourout, tusschen de molen en de kroeg door, waar het bord in
Sleijhaeghe uithangt.

Van hier, westwaards, langs gemelden weg van Roulers

occupé par *Louis de Vos*, où la ligne suit alors, vers le sud, le sentier qui conduit au ruisseau nommé *le Mandel*.

De ce point, la ligne suit le cours dudit ruisseau vers Roulers, jusqu'à l'écluse, où elle le quitte, et suit à gauche un autre ruisseau nommé *Calubeke*, traverse le pont de la rue du sud, et continue le même ruisseau jusqu'à l'acqueduc qui est sur le pavé de Roulers à Menin.

De cet acqueduc, la ligne se dirige directement à vol d'oiseau à travers une prairie, sur la maison n° 81, où commence la rue dite *Bottestraete*; elle suit cette rue jusqu'à celle d'Ypres qu'elle traverse en laissant à gauche la maison n° 75. Elle continue ladite Bottestraete jusqu'à la maison n° 55, où elle suit alors un sentier public à droite vers le nord, longe le Cimetière, et va rejoindre le Mandel, au pont dit *du Nouveau marché*, de sorte que toute la ville de Roulers, reste à droite en dehors de la ligne.

De ce point, la ligne remonte vers le nord-ouest le ruisseau nommé *le Mandel*; passe devant le moulin à l'huile dit *Scheervelde*, qui reste à droite, et continue à suivre le même ruisseau, jusqu'au pont de pierres, près de la ferme *Schiervelde*, occupée par la veuve *Haegendoorne*, qui reste à gauche.

De ce pont, la ligne suit vers le nord, la carrière de cette ferme; passe ensuite vers l'ouest, la barrière devant la chapelle et va rejoindre le chemin de Roulers à Staden, elle suit alors le chemin vers Staden; passe devant les maisons occupées par *Van Hallewyn* et *Joseph de Cray*, portant les n° 132 et 133; et ensuite, devant le cabaret nommé *Peerenboom*, et le moulin dit *Vergulden molen*, jusqu'au hameau dit *Sleyhaeghe*, où elle traverse la grande route d'Ypres à Thourout, entre le moulin et le cabaret portant pour enseigne *in Sleyhaeghe*.

De ce point, la ligne continue à suivre vers l'ouest, le pré-

naar Staden, tot tegen over de hoeve bewoond wordende
door Overbeke, waarbij de kleine weg van Hooglede naar
Stadenberg ligt.

Van daar, links af, langs den kleinen weg tot aan dien van
Roosebeke naar Staden, aan den hoek van het zoogenaamde
Nopkesbosch.

Van hier regts af, langs dezen weg naar Staden ter linkerzijde der hoeve, bewoond wordende door *Jacques Claeys*, tot
tegen over die van *Charles Ameel*, latende links, de molen
gezegd *het Lindeke.*

Van daar, zuidwaards langs den binnenweg van Hoogleede
naar Roosebeke, voorbij en tusschen door de kroeg le Rossignol, en de hoeve van *Pierre Joye*, tot aan den grooten weg
van Roosebeke naar Staden.

Van daar, regts af, noord-westwaards langs den grooten
weg tot op omtrent honderd ellen afstands, alsdan links af
langs het eerste overpad, gewoonlijk genaamd *Carrière*, voor
bij een boschje, dan voorbij de hoeve van *J.-B. Schoonheer*,
langs dit overpad, tot aan het uiteinde van het bosch bij het
wegje van Staden naar Roosebeke.

Van daar, links af, langs denzelfden weg zuid-westwaards,
tot aan het eerste overpad bij den kleinen weg ter regterzijde,
alsdan langs dezen weg door het bosch, tot bij de hoeve genaamd *Kuneanting*, van daar, alsdan regts af, langs een publiek voetpad ter linker zijde van gemelde hoeve tot a n den
toegang naar het kasteel van den heer *De Carnin*, voorts
regts af, noord-westwaards langs gemeld voetpad, tot aan het
gehucht Stadenberg, links af van den molen van den heer
Frennelet, bewoond wordende door *Charles Hillevaert*, van
dezen molen links af, voorbij eene kleine kapel langs een
zandweg van Brugge naar IJperen, tot aan het eerste voetpad
ter regter zijde, voorts regts af van de hoeve van *Pierre Ca-*

dit chemin de Roulers à Staden , jusques vis-à-vis de la ferme occupée par *Overbeke* , où l'on rencontre le petit chemin de Hooglede à Stadenberg.

La ligne suit alors à gauche , le petit chemin , jusqu'à celui de Roosebeke à Staden , au coin du bois nommé *Napkes bosch*.

De ce point , la ligne suit à droite , vers Staden , ce chemin, laissant à gauche la ferme occupée par *Jacques Claeys*, jusques vis-à-vis celle occupée par *Charles Ameel* , en laissant à droite , le moulin dit *Lindeke*.

De ce point , la ligne suit vers le sud , le chemin intérieur de Hooglede à Roosebeke , en passant entre le cabaret dit *le Rossignol* et la ferme de *Pierre Joye* , jusqu'au grand chemin de Roosebeke à Staden.

De ce point , la ligne suit à droite , vers le nord-ouest, ledit grand chemin jusqu'à environ cent aunes, où elle suit alors à gauche , le premier chemin d'exploitation de ferme , vulgairement appelé *carrière* , à travers une partie de bois , passe devant la ferme de *Jean-Baptiste Schoonheer* , continue cette carrière , jusqu'à la sortie du bois , au petit chemin de Staden à Roosebeke.

De ce point , la ligne suit le chemin à gauche , vers le sud-ouest, jusqu'à la première carrière , au petit chemin à droite, qu'elle suit alors à travers le bois , jusques près la ferme nommée *Kuneanting* , où alors elle suit à droite , un sentier public , en laissant la prédite ferme à gauche , jusqu'à l'avenue du château de monsieur *De Carnin* , où la ligne continue à droite , vers le nord-ouest le même sentier public , jusqu'au hameau de Stadenberg, laissant à gauche le moulin de monsieur *Frennelet* , occupée par *Charles Hillevaert*.

De ce moulin , la ligne suit à gauche , en passant devant une petite Chapelle , le chemin de terre de Bruges à Ypres , jusqu'au premier sentier public à droite , que la ligne suit , en laissant à droite , la ferme de *Pierre Capelle*, et en traversant

5.   44.

pelle, en voorbij den weg van Zaaren naar Roosebeke, alsdan langs hetzelfde pad, zuid-westwaards, over den weg van Clercken naar Roosebeke, en langs den weg die naar den molen en naar de kroeg des cinq chemins heen leidt.

Van het vereenigingspunt dezer vijf wegen, regts af, westwaards, langs den weg gelegen tegen over den molen, en gaande naar het woud, genaamd *het Vorstelijk woud van Houthulst*, voorbij de hoeve van *Marinus Couvreu*, die ter linkerzijde dezes wegs blijft, tot aan eene vereeniging in het woud, genaamd *de quatre Chemins*, alsdan regts af, langs den weg gaande noord-westwaards, tot aan de plaats alwaar hij zich vereenigt met den grooten weg van Poele Capelle, aan het gehucht van Clercken Smisse; etc.

Van daar, langs den grooten weg naar Clercken-Smisse, latende de pachthoeve Menneke, omtrent een half kwartier uur links, tot dat men komt op den weg van die hoeve naar Zarren, langs denzelven een eind weegs noordwaards, tot aan de plaats alwaar de genoemde groote weg van Clercken-Smisse, de rigting noord-westwaards naar gezegd gehucht herneemt.

Vervolgens langs denzelfden grooten weg, dwars door het woud tot aan het huis van den boschwachter *Jean Delheije*, hetwelk regts van dezelve blijft.

Van daar, langs meergemelden weg tusschen de hoeven van *Pieter van Dorp* en *Philippus Ouweel* door, dwars over den weg van Zarren naar Woumen, al voortgaande tot aan het gehucht Clercken-Smissen.

Van daar, altijd langs denzelfden weg, tot aan de kleine straatweg van Eessene naar Dixmuiden, dwars door het gehucht Priekboom, en latende het dorp Clercken omtrent een kwartier uurs links liggen.

Van daar, links, langs den gezegden kleinen straatweg west-

le chemin de Zaren à Roosebeke. Elle continue toujours le même sentier, vers le sud-ouest, traverse le chemin de Clercken à Roosebeke, et suit directement celui qui conduit au moulin et au cabaret de Cinq chemins.

Du point de réunion de ces Cinq chemins, la ligne suit à droite, vers l'ouest, celui qui est en face dudit moulin, et conduit à la forêt appelée *Forêt royale de Houthulst*, en passant devant la ferme occupée par *Marinus Couvreu*, qui reste à gauche dudit chemin, jusqu'à une réunion dans la forêt de quatre chemins, où la ligne suit alors à droite, celui qui se dirige vers le nord-ouest, jusqu'à l'endroit où il rencontre le grand chemin de Poele Capelle au hameau de Clercken-Smisse, etc.

La ligne suit ce grand chemin vers Clercken-Smisse, en laissant à environ un demi-quart de lieue sur la gauche la ferme dite *Menneke*, jusqu'à ce que l'on rencontre le chemin de ladite ferme à Zarren, que la ligne suit un moment vers le nord, jusqu'à l'endroit où le prédit grand chemin de Clercken-Smisse reprend vers le nord-ouest, la direction de ce hameau.

La ligne continue alors ce grand chemin, à travers la forêt, jusqu'à la maison du garde forestier *Jean Delhaye*, qui reste à droite.

De cette maison, la ligne continue à suivre le même chemin, en passant entre les fermes de *Pierre van Dorp* et *Philippe Ouweel*, traverse le chemin de Zarren à Woumen, et continue toujours le même chemin jusqu'au hameau de Clercken-Smisse.

De ce hameau, la ligne continue encore le même chemin, jusqu'au petit pavé d'Eesene à Dixmude, en traversant le hameau de Priekboom, et en laissant le village de Clercken à environ un quart de lieue sur la gauche.

De ce point, la ligne suit ledit pavé à gauche vers l'ouest

waards tot aan den ingang van de stad Dixmuiden, ter plaatse alwaar de paal voor de gemeente belasting geplaatst is.

Van dien paal links, ten zuiden van de sloot of waterloop en de heggen welke de tuinen van den heer *Raban*, in pacht genomen bij den molenaar *Pieter Wijthe* en de weduwe van *Philippus Keijzel* scheiden, latende de molen en de woning van den molenaar regts; voorbij die tuinen, langs dezelfde sloot westwaards, latende links de stadspaal om naar den vogel te schieten tot aan de waterleiding op den grooten weg van Dixmuiden naar Woumen, van die waterleiding langs dezelfde sloot, tot daar waar dezelve komt aan de limiet scheiding tusschen de gemeenten Dixmuiden en Eessene.

Van, daar noord-westwaards langs dezelve limiet scheiding tot aan de brug over de gracht van Dixmuiden naar Nieupoort, zoodanig dat de gantsche stad Dixmuiden buiten de linie blijft.

Van daar, noordwaards langs de genoemde gracht tot aan de stad Nieupoort, welke links in de linie valt.

4. Alle wegen en wateren waar langs, en de plaatsen, alsmede de gebouwen met derzelver erven, tot waaraan, waarop, waardoor, of waarvan de linien loopen, hier boven in artikel 1 en 2 omschreven, worden verstaan, gelegen te zijn binnen den afstand van de zeestranden en de landgrenzen in artikel 177 der generale wet van 26 augustus 1822 bepaald.

Daar en tegen worden alle wegen, wateren, steden, dorpen, gehuchten, gebouwen en erven, welke ter aanwijzing van den loop der tweede linie in art. 3 zijn opgenoemd, begrepen, als gelegen te zijn buiten den afstand van de landgrenzen, in art. 162 derzelfde generale wet vermeld; een en ander zoo verre daaromtrent geene speciale uitzonderingen hiervoren zijn gemaakt.

5. Binnenlandsche schepen die de plaats hunner bestem-

jusqu'à l'entrée de la ville de Dixmude, à l'endroit où est placé le poteau de la taxe municipale.

De ce poteau, la ligne suit à gauche, vers le sud, le fossé ou conduit d'eau, et la haie qui séparent les jardins de monsieur *Raban*, loués par le meunier *Pierre Wytke* et la veuve *Philippe Keyzel*, en laissant le moulin et l'habitation du meunier sur la droite; passé ces jardins, la ligne continue le même fossé ou conduit d'eau vers l'ouest, en laissant à gauche la perche du tir à l'oiseau de la ville, jusqu'à l'acqueduc, sur la grande route de Dixmude à Woumen; de cet acqueduc, la ligne suit le même fossé, jusqu'à ce qu'il rencontre la limite qui fait la séparation des communes de Dixmude et d'Eessene.

De ce point, la ligne suit ladite limite vers le nord-ouest jusqu'au pont sur le canal de Dixmude à Nieuport; de sorte que toute la ville de Dixmude reste à droite, en-dehors de la ligne.

De ce pont, la ligne suit vers le nord ledit canal jusqu'à la ville de Nieuport, qui reste à gauche dans la ligne.

4. Toutes les routes et canaux, le long desquels et les lieux, ainsi que les bâtimens et leurs dépendances, jusqu'auxquels, sur ou par lesquels les lignes mentionnées aux articles 1 et 2, vont et passent ou bien dont elles partent, sont considérés comme étant situés dans la distance des côtes maritimes et des frontières de terre, fixée à l'art. 177 de la loi générale, du 26 août 1822; au contraire, toutes les routes, canaux, villes, villages, hameaux, bâtimens et dépendances, qui sont nommés à l'art. 3, comme désignant le cours de la seconde ligne, seront considérés comme étant situés hors de la distance des frontières de terre, mentionnée à l'art. 162 de ladite loi générale; le tout pour autant qu'aucune exception spéciale n'ait été statuée ci-dessus à cet égard.

5. Les navires de l'intérieur, qui peuvent atteindre le lieu

ming kunnen bereiken , zonder de linien te passeren , zullen , wanneer zij , om de haven of het vaarwater hunner bestem- ming in te komen door omstandigheden van weer of wind verpligt zijn , de linie voor een klein gedeelte te overschrij- den , deswege niet worden bemoeijelijkt.

Onze minister van Staat , belast met de generale directie der ontvangsten zal zorg dragen voor de uitvoering van het tegenwoordig besluit , hetwelk in het *Staats-blad* zal worden geinsereerd.

Brussel , den 27 november 1822.

Geteekend , WILLEM.

Van wege den koning ,

Geteekend , J. G. DE MEIJ VAN STREEFKERK.

Uitgegeven den 10 december 1822.

De Staatsraad , *belast met de directie der Staats sekretarij* ,

Geteekend , J. G. DE MEIJ VAN STREEFKERK.

(N.r 49.) *Besluit.*

Wij , *Willem* , bij de gratie Gods , koning der Neder- landen , prins van Oranje-Nassau , groot-hertog van Luxemburg , enz. , enz. , enz.

WILLENDE de noodige maatregelen vaststellen ; ten einde de overgang van het thans nog bestaande stelsel van belas- tingen tot het nieuwe geregeld geschiede ;

Gelet op de algemeene wet van den 12 julij 1821 (*Staats-blad* , n.r 9) , op de bijzondere wetten , welke daarvan het gevolg zijn geweest , en op ons besluit van den 18 october laatstleden (*Staats-blad* , n.r 45) ;

de leur destination, sans passer par les lignes, ne seront inquiétés lorsque, pour entrer dans ce port ou la passe de leur destination, ils seront obligés par fortune de temps ou marée, de dépasser un peu la ligne.

Notre ministre d'État, chargé de la direction générale des recettes, soignera l'exécution du présent arrêté, qui sera inséré au *Journal officiel.*

Bruxelles, le 27 novembre 1822.

Signé, GUILLAUME.

Par le roi,

Signé, J. G. DE MEIJ DE STREEFKERK.

Publié le 10 décembre 1822.

Le conseiller d'État chargé de la direction de la secrétairie d'État,

Signé, J. G. DE MEIJ DE STREEFKERK.

(N° 49.) *Arrêté.*

Nous, *Guillaume*, par la grâce de Dieu, roi des Pays-Bas, prince d'Orange – Nassau, grand – duc de Luxembourg, etc., etc., etc.

VOULANT prendre les mesures nécessaires afin d'assurer que la transition du système de contributions encore actuellement en vigueur, au nouveau système, ait lieu d'une manière régulière :

Vu la loi générale du 12 juillet 1821 (*Journal officiel*, n° 9); les lois spéciales qui en ont été la suite, ainsi que notre arrêté du 18 octobre dernier (*Journal officiel*, n° 45);

Gezien de voordragten van onzen minister van Staat, belast met de generale directie der ontvangsten;

Den raad van State gehoord;

Hebben besloten en besluiten;

EERSTE AFDEELING.

AFGESCHAFTE BELASTINGEN.

Turf.

ART. 1. De belasting op den binnenlandschen turf, welke, volgens art. 3 der wet van den 12 mei 1819 (*Staats-blad*, n° 26), bij de exploitatie verschuldigd is geweest, zal op de te vervallen termijnen, volgens de voorschreven wet, moeten worden voldaan.

Steenkolen.

2. Desgelijks zal de belasting op de binnenlandsche steenkolen, welke volgens art. 7 der wet van den 12 mei 1819 (*Staats-blad*, n° 27), bij de aflevering der kolen uit de groeve verschuldigd is geweest, op de te vervallen termijnen, volgens de voorschreve wet, moeten worden voldaan.

Aan zoodanige exploiteurs van kolen groeven, welke, volgens de tweede wijze van heffing bij art. 22 der wet vermeld, den accijs betaalden, en aan wie dien overeenkomstig een krediet van zes maanden was toegestaan, zal, op de met den 1 januarij 1823 nog te verschijnen termijnen, tot afslag verstrekken de hoeveelheid kolen, welke op dat tijdstip nog onafgeleverd aan de groef, of in de daartoe behoorende bergplaats liggende is.

3. De voorschreven exploiteurs, die afschrijving van den accijs wegens de overgehoudene steenkolen verlangen te beko-

Vu les propositions de notre ministre d'État chargé de la direction générale des recettes ;

Le conseil d'État entendu ;

Avons arrêté et arrêtons :

SECTION PREMIÈRE.

IMPOSITIONS ABOLIES.

Tourbe.

ART. 1er. L'impôt sur la tourbe indigène, lequel en vertu de l'article 3 de la loi du 12 mai 1819 (*Journal officiel*, n° 26), était dû à l'exploitation, devra être acquitté aux termes à écheoir, conformément à ladite loi.

Houille.

2. Pareillement l'impôt sur la houille indigène, lequel en vertu de l'art. 7 de la loi du 12 mai 1819 (*Journal officiel*, n° 27), était dû à l'enlèvement de la houille des fosses, devra être acquitté aux termes à écheoir, conformément à ladite loi.

Les exploitans des houillières qui payaient l'accise suivant le deuxième mode de perception, mentionné à l'article 22 de la loi, et auxquels en conséquence, il était accordé un crédit de six mois, pourront faire valoir en déduction, sur les termes non encore échus au 1er janvier 1823, la quantité de houille qui à cette époque ne sera pas encore enlevée des fosses ou qui existera dans les magasins qui en dépendent.

3. Lesdits exploitans qui voudront obtenir décharge de l'accise pour la houille qui n'aura pas été enlevée, seront tenus

men , zullen gehouden wezen , met het eindigen van den 31
december 1822 , des nachts voor twaalf uren , aan den ontfan-
ger , ten wiens kantore de kredieten loopende zijn , schriftelijke aangifte te doen van de hoeveelheid steenkolen , welke
nog aan de groef of in de daartoe behoorende bergplaats , op
dat tijdstip , aanwezig is ; zullende de ontfangers deswege een
bewijs afgeven , om , na de verifikatie en bij de verrekening
van den accijs , ingetrokken te worden.

De leg- en bergplaatsen van de steenkolen , mitsgaders het
voorondersteld bedrag van iedere afgescheidene of afzonderlijke partij , zullen in het aangevings biljet en bewijs van dien ,
uitdrukkelijk moeten vermeld zijn.

Koffij.

4. Van al de koffij , welke op den 1 januarij 1823 , in 's rijks ,
partikulier of in fiktief entrepot gevonden wordt , zal ontheffing of afschrijving verleend worden der met dien dag inge-
trokkene consumtive belasting.

De koffij , onder 's rijks bewaring , zal echter niet afgele-
veerd , en de borgtogt voor de koffij onder eigen beheer en in
fiktief entrepot , niet opgeheven worden , voor dat door de
belanghebbenden die deeze aflevering of opheffing vragen , het
inkomend regt , naar den nieuwen maatstaf zal zijn betaald of
aangezuiverd.

5. De termijnen van krediet voor de belasting op de koffij ,
welke volgens art. 1 der wet van 21 mei 1819(*Staats-blad*, n^r 32)
bij den invoer verschuldigt is , zullen volgens de voorschreven wet moeten worden aangezuiverd :

1°. Door kontante betaling op de vervaldagen; of

2°. Door uitvoer naar buiten 's lands.

6. Zij , welke op den 31 december 1822 , nog termijnen van

de remettre , à l'expiration du 31 décembre 1822 , avant minuit , au receveur au bureau duquel les crédits sont inscrits,
une déclaration par écrit de la quantité de houille qui à cette
époque existera à la fosse ou dans le magasin qui en dépend.
Les receveurs en délivreront un récépissé qui sera retiré après
la vérification , et lors de l'apurement de l'accise.

Les endroits où les houilles se trouveront déposées ou emmagasinées , ainsi que la quantité présumée de chaque partie,
distincte ou séparée , devront être mentionnés clairement ,
tant dans la déclaration par écrit que dans le récépissé qui en
sera délivré.

Café.

4. Pour tous les cafés qui au premier janvier 1823 existeront dans les entrepôts de l'État, dans les entrepôts particuliers, ou en entrepôt fictif, il sera accordé remise ou décharge
du droit de consommation aboli audit jour.

Cependant l'enlèvement des cafés qui se trouveront sous la
garde de l'État, ni l'annullation du cautionnement pour les
cafés qui se trouveront en entrepôt fictif ou sous la direction du propriétaire, ne pourront avoir lieu avant que la
personne intéressée, qui demande cet enlèvement ou cette
annullation, n'ait au préalable acquitté ou apuré le droit
d'entrée suivant le nouveau tarif.

5. Les termes de crédit pour l'impôt sur le café, lequel,
en vertu de l'art 1er de la loi du 21 mai 1819 (*Journal officiel*,
n° 32), est dû à l'entrée, devront en conformité de ladite loi,
être apurés :

1°. Par payement au comptant aux jours d'échéance; ou

2°. Par exportation à l'étranger.

6. Ceux qui, au 31 décembre 1822, auraient encore à leur

krediet te hunnen laste hebben, en die, door den uitvoer van koffij naar buiten 's lands, verlangen aantezuiveren, zullen met het eindigen van den 31 december 1822, des nachts voor 12 uren, aan den ontvanger, ten kantore van wien de kredieten loopende zijn, schriftelijk aangifte moeten doen van de hoeveelheid koffij, welke op dat tijdstip in hunne pakhuizen of bergplaatsen gelegen is, en zullen wijders niet alleen daarbij moeten worden opgevolgd de bepalingen hierboven bij art. 3 voorgeschreven, welke op de koffij worden toepasselijk gemaakt, maar zal ook het voortdurend bezit der koffij, ten genoege der administratie tot aan het tijdstip van den gedeklareerden uitvoer moeten worden bewezen.

De aanzuivering der termijnen van krediet door uitvoer naar buiten 's lands, zal niet worden verleend dan tot de opgegevene een bevonden hoeveelheid, en niet verder dan voor die koffij, welk voor den vervaldag der termijnen, ter uitvoer opgeladen of ingescheept is, op den voet der wet van den 21 mei 1819 (*Staats-blad*, n^r 32).

Potasch, parelasch, souda en weedasch.

7. Van de potasch, parelasch, souda en weedasch, welke op den eersten januarij 1823 in 's rijks of partikulier entrepot aanwezig is, zal, op denzelfden voet als voor de koffij, en met gelijke bij betaling of aanzuivering der inkomende regten naar den nieuwen maatstaf, ontheffing verleend worden, van de met het bovengemelde tijdstip ophoudende, konsumtive belasting.

Buitenlandsche steenkolen, buitenlandsche zeep, buitenlandsche bieren en azijnen; buitenlandsch geraffineerd zout, en buitenlandsche geraffineerde suiker.

8. Voor de steenkolen, zeep, bieren en azijnen, geraffineerd zout en geraffineerde suiker, van buitenlandschen oorspreng of bewerking, die voor of met den 31 december 1822 bereids ingevoerd, doch nog niet veraccijsd zijn, of wel waarvan de

charge des termes de crédit, qu'ils voudraient apurer par exportation de café à l'étranger, seront tenus de remettre, à l'expiration du 31 décembre 1822, avant minuit, au receveur, au bureau duquel les crédits sont inscrits, une déclaration par écrit de la quantité de café qui existera à cette époque dans leurs magasins ou lieux de dépôt, en observant à cet égard, non-seulement les dispositions prescrites par l'art. 3 ci-dessus, lesquelles sont rendues applicables au café; mais aussi que la possession non interrompue du café, jusqu'à l'époque de la déclaration d'exportation, soit justifiée à la satisfaction de l'administration.

L'apurement des termes de crédit par exportation à l'étranger, ne sera accordée que pour la quantité déclarée et reconnue, et seulement pour le café qui, avant l'échéance du terme, aura été chargé ou embarqué pour être exporté, le tout conformément à la loi du 21 mai 1819 (*Journal officiel*, n° 32).

Potasse, perlasse, soude et védasse.

7. Pour la potasse, la perlasse, la soude et la védasse, qui, au 1er janvier 1823, existera dans les entrepôts de l'État ou dans les entrepôts particuliers, il sera accordé, sur le même pied que pour le café, et moyennant payement ou apurement des droits d'entrée, suivant le nouveau tarif, décharge du droit de consommation aboli à ladite époque.

Houilles étrangères, savon étranger, bierres et vinaigres étrangers, sel raffiné à l'étranger et sucre raffiné à l'étranger.

8. Pour les houilles, le savon, les bierres et vinaigres, le sel raffiné et le sucre raffiné, d'origine ou de fabrication étrangère, importés avant ou au 31 décembre 1822, mais dont l'accise n'aura pas encore été payée, ou dont les termes

termijnen van krediet nog niet zijn afgeloopen, zal de aanzuivering der regten geschieden, overeenkomstig de grondbeginselen en voorschriften van de thans nog voor die onderwerpen bestaande wetten van accijs. — Voor de zoodanigen
dezer onderwerpen van belasting, welke op den eersten
januarij 1823, nog in entrepot zijn, zullen daarentegen de
verordeningen en bepalingen gevolgd worden van de algemeene wet van den 26 augustus 1822 (*Staats-blad*, nᵣ 38) op
de heffing der regten en accijsen.

TWEEDE AFDEELING.

NIET AFGESCHAFTE BELASTINGEN.

Veraccijsde goederen.

9. Door veraccijsde goederen verstaan alle zoodanige onderwerpen der niet afgeschafte belastingen op het zout, den
wijn, binnenlandsch gedisteleerd, buitenlandsch gedisteleerd,
binnenlandsche bieren en azijnen, en suiker, als op den
eersten januarij 1823 in konsummateurs handen zijn, of wel,
welke door handelaren en fabrikanten of trafikanten voor
dien dag op termijnen van krediet ter fabrikatie aangegeven,
vervaardigd, naar zich genomen, of ook wel met dadelijke
veraccijsing ingeslagen zijn.

Ten einde het regt van vervoer voor deze goederen te be-
waren, zal de eigenaar of houder van dezelve, met het eindigen van den 31 december 1822, des nachts voor twaalf
uren, ten kantore van den ontvanger onder wiens ontvangst
de goederen gelegen zijn, schriftelijke opgave moeten doen
van de hoeveelheid, soort en sterkte (voor zoo veel het gedisteleerd aangaat), van de voorschreven accijsgoederen welke
onder hem berustende zijn, en tevens de bergplaats vermel-
den, waar de aangeteekende goederen te verifieren zijn.

Voor zoo veel die goederen behooren aan, of in de pakhuizen en bergplaatsen gelegen zijn van iemand, die voor dit

de crédit ne seront pas encore échus, l'apurement des droits aura lieu conformément aux principes et dispositions des lois concernant les impôts sur lesdits objets, encore actuellement en vigueur.

Par contre, l'on suivra à l'égard de ceux desdits objets d'imposition qui, au 1er janvier 1823, existeront dans les entrepôts, les dispositions de la loi générale du 26 août 1822 (*Journal officiel*, n° 38), concernant la perception des droits et accises.

SECTION DEUXIÈME.

IMPOSITIONS NON ABOLIES.

Marchandises accisées (veraccijsd).[1]

9. Par marchandises accisées (*veraccijsd*), l'on entend tous les objets soumis aux impositions non abolies sur le sel, le vin, les boissons distillées à l'intérieur, les boissons distillées à l'étranger, les bierres et vinaigres indigènes et le sucre, qui, au 1er janvier 1823, se trouveront entre les mains des consommateurs, ou qui, avant cette époque, auront été déclarés en fabrication, fabriqués ou enlevés à termes de crédit, par des négocians, fabricans ou trafiquans, ou enfin dont l'enlèvement aura eu lieu moyennant payement immédiat de l'accise.

Pour conserver le droit de transport desdits objets, le propriétaire ou celui qui s'en trouvera nanti, sera tenu de remettre, à l'expiration du 31 décembre 1822, avant minuit, au receveur, dans le ressort duquel les objets se trouveront déposés, une déclaration par écrit de la quantité, de l'espèce et du degré de force (pour autant que concerne les boissons distillées) des susdits objets soumis à l'accise qu'ils auront par-devers eux, et indiquant en même-temps le magasin ou lieu de dépôt où les objets pourront être vérifiés.

10. Pour autant que ces objets appartiennent ou se trouvent déposés dans des magasins et lieux de dépôt, apparte-

pand een doorloopend krediet begeert, aldaar aan peil onderhevig is, of wel door andere bepalingen der nieuwe wetten verhinderd zoude worden, dezelve uit die bergplaats als
veraccijsd uitteslaan, zullen die goederen, alvorens men
deswege de aangifte, doe, in afzonderlijke en daartoe bij de
nieuwe wetten niet verbodene bergplaatsen, moeten worden
opgeslagen.

11. Degeen die verzuimt zijne aangifte inteleveren voor
het eindigen van den 31 december 1822, des nachts voor
twaalf uren, zal geacht worden van het regt van vervoer
afstand te hebben gedaan, en voor zoo veel de goederen, die
zulks betreft, in peil subjectie panden gevonden worden,
zullen dezelve met de verdere aldaar aanwezige of gebragt
wordende gelijksoortige specien, in peil worden opgenomen. Ter verzekering tegen alle misvatting, zal aan den aan-
gever een bewijs van aangifte worden uitgereikt, hetgeen na
de hierachter te vermeldene verifikatie, tegen eene akte van
bevinding zal worden verwisseld.

Accijs subjecte waren die nog niet in konsumtie zijn.

12. Zoutzieders, branders, wijnkoopers, handelaars in
gedisteleerd en verdere bij de thans ingetrokken wordende
wetten krediet genietende personen, aan welke bij de nieuwe
wetten een doorloopend krediet is toegestaan, zullen de
bevoegdheid hebben om voor zoodanige voorwerpen van
blijvende belasting, als op den eersten januarij 1823 nog in
fabrikatie of onder hen berustende zijn, het krediet of termijnen in een doorloopend krediet te doen verwisselen, te
dien einde zullen de gemelde fabrikanten, trafikanten en
handelaren, welke ten tijde van den overgang des stelzels,
nog onaangezuiverde en niet verschenen termijnen van krediet te hunnen laste loopende, en voor het geheel of een gedeelte van dien (de accijs genomen naar den ingetrokkenen
maatstaf), goederen onder zich hebben, welke den nog
onaangezuiverden accijs vertegenwoordigen, met het eindigen van den 31 december 1822, des nachts voor twaalf

nant à des personnes qui désirent jouir d'un crédit permanent pour ces locaux, qui y sont soumis au recensement, ou qui, par suite d'autres dispositions des nouvelles lois, ne pourraient en faire l'enlèvement de ces locaux comme marchandises accisées (*veraccijsd*), lesdits objets devront, avant que la déclaration puisse en être faite, être déposés dans des magasins particuliers, qui ne seront pas prohibés pour cette fin par les nouvelles lois.

11. Celui qui négligerait de remettre sa déclaration à l'expiration du 31 décembre 1822, avant minuit, sera censé avoir renoncé au droit de transport, et pour autant que les objets concernés seront trouvés dans des locaux soumis au recensement, ils seront pris en recensement avec les autres objets de même nature qui s'y trouvent ou qui y seront déposés.

Pour prévenir toute erreur, il sera délivré au déclarant un certificat de la remise de la déclaration, lequel certificat sera échangé contre un acte de vérification, après que la vérification dont il sera parlé ci-après, aura eu lieu.

Marchandises soumises à l'accise, qui n'ont pas encore été livrées à la consommation.

12. Les sauniers, distillateurs, marchands de vin, marchands de boissons distillées et autres personnes jouissant de crédit en vertu des lois qui seront maintenant abrogées, et auxquelles il est accordé, par les nouvelles lois, un crédit permanent ; auront la faculté de faire convertir le crédit à termes en un crédit permanent, pour les objets soumis aux impositions non abolies, qui au premier janvier 1823, seront encore en fabrication ou qu'ils auront par-devers eux ; à cet effet, lesdits fabricans, trafiquans et négocians, qui, à l'époque de la transition du système actuel au nouveau système, auront encore à leur charge des termes de crédit non apurés et non échus pour le montant total ou partiel desquels termes (en calculant l'accise d'après le taux abrogé), ils auront en leur possession des marchandises représentant l'accise non apurée, seront tenus de remettre, à l'expiration du 31 décembre 1822,

5.   46.

uren , aan den ontvanger te wiens kantore de kredieten loopende en onder wiens ontvangst de goederen gelegen zijn ,
schriftelijk , en met aanwijzing van goederen en bergplaatsen,
moeten bekend maken , het bedrag en de termijnen van krediet , die zij wenschen in een doorloopend krediet te zien
verwisselen onder verbindtenis om den accijs der goederen ,
die zulks betreft , bij den uitslag van deze te zullen aanzuiveren of doen aanzuiveren, op den voet der nieuwe wetten,
en volgens het nieuwe tarief , verhoogd met de opcenten ,
sijndikaaten zegel , zoo als die , ten tijde van den uitslag ge-
vorderd zullen worden van alle verdere gelijksoortige accijs
onderhevige voorwerpen.

Voor zoo verre de belanghebbende, die hun krediet op termijnen behouden , dat krediet door uitvoer naar buiten 's lands
willen aanzuiveren , zal aan hen de afschrijving op den voet
der vervallen wetten worden gegeven.

13. De ontvanger zal deswege een voorloopig bewijs afgeven , om , na verifikatie , het doorloopend krediet met de aangegevene en bevondene goederen te openen en het voorloopig
bewijs tegen eene akte van bevinding , of ander bij de nieuwe
wetten voorgeschreven volledig dokument te verwisselen.

Degeen , die verzuimt zijne aangifte tot verwisseling van
het krediet , inteleveren voor het eindigen van den 31 december 1822 , des nachts voor 12 uren , zal geacht worden ver-
kozen te hebben de nog te verschijnen termijnen op de res-
pectieve vervaldagen aantezuiveren ; zullende, de goederen en
waren die zulks betreft , alsdan , op den voet van art. 9 , 10
en 11 hierboven , behandeld worden.

14. De goederen en waren , welke zich aldus dan in de ontvangst bevinden alwaar het krediet verleend is , zullen niet
tot aanzuivering en verwisseling van krediet kunnen strekken ,
tenzij dezelve voor den dag van het afkondigen dezes bereids,
ten name van den gekrediteerden hebben gestaan.

avant minuit, au receveur, au bureau duquel les crédits sont inscrits et dans le ressort duquel les objets sont déposés, une déclaration par écrit indiquant, outre la désignation des marchandises et des magasins où ils se trouvent déposés, le montant et les termes de crédit qu'ils désirent faire convertir en un crédit permanent, en s'engageant à apurer ou à faire apurer l'accise pour les objets concernés, lors de l'enlèvement sur le pied des nouvelles lois, et d'après le taux nouveau, augmenté des centièmes additionnels, du droit de syndicat et du timbre, tels qu'ils seront perçus au moment de l'enlèvement sur tous autres objets de même nature soumis à l'accise.

Pour autant que les intéressés qui conservent leur crédit à termes, veulent apurer ce crédit par exportation à l'étranger, il leur en sera donné décharge sur le pied des lois abrogées.

13. Le receveur délivrera à la partie intéressée un certificat préalable de la remise de la déclaration, et après vérification, il ouvrira le crédit permanent pour les marchandises déclarées et reconnues, en échangeant le certificat préalable contre un acte de vérification ou tel autre document définitif, qui sera prescrit par les nouvelles lois.

Celui qui négligerait de remettre sa déclaration pour la conversion du crédit, à l'expiration du 31 décembre 1822, avant minuit, sera censé avoir préféré d'apurer les termes non échus aux jours respectifs d'échéance ; dans ce cas il sera procédé à l'égard des marchandises et objets dont il s'agit sur le pied des art. 9, 10 et 11 ci-dessus mentionnés.

14. Les marchandises qui existeront ainsi, à l'époque précitée, dans le ressort de la recette où le crédit a été accordé, ne seront admissibles pour l'apurement et pour la conversion de crédit, à moins, qu'avant le jour de la promulgation des présentes, elles n'aient déjà été inscrites au nom de la personne jouissant de crédit.

Even, min zullen de goederen in de plaats zelve geacht kunnen worden onder den krediet genietenden persoon berustende te zijn, indien dezelve niet dadelijk op den 31 december 1822, in zijne eigene pakhuizen en bergplaatsen aanwezig zijn of wel voor den dag der afkondiging dezes te zijne eigene name in eens anders pakhuis zijn opgeslagen geweest.

Goederen in entrepot.

15. De onderwerpen van niet afgeschafte accijsen welke op den eersten januarij 1823, in entrepot zijn, zullen bij den uitslag onderhevig wezen aan de verordeningen en bepalingen der nieuwe wetten, voor hergelijke onderwerpen vastgesteld·

DERDE AFDEELING.

Algemeene bepalingen.

16. De ontvangers en hunne gemagtigden zullen hunne kantoren moeten openstellen van den middag tot middernacht van den 31 december 1822, en van des morgens zes uren den geheelen dag van den eersten januarij 1823, tot des avonds ten acht uren, tot het ontvangen der verklaringen en het uitreiken van bewijzen voor de afgeschafte, de niet afgeschafte en de nieuw intevoerene belastingen.

17. Tot voorkoming van alle misbruiken welke zouden kunnen worden gemaakt van de gunstige bepalingen, bij dit besluit voorkomende, zullen, gedurende den tijd van eene maand, ingaande met den eersten januarij 1823, de beambten van het departement der ontvangsten, het regt blijven behouden, om aan de groeven en in de berg plaatsen van ter aanzuivering van den accijs, aangegevene steenkolen, in de entrepots fiktief van de koffij, mitsgaders, voor zoo veel noodig, in de rijks en partikuliere entrepots van koffij, potasch, weedasch, parelasch en souda, de vereischte peilingen en visitatien te doen van de aan accijs onderworpene specien, wegens welke afschrijving van accijs is gevraagd.

De même les marchandises ne pourront être considérées dans l'endroit même, comme étant en la possession de la personne jouissant de crédit, si, au 31 décembre 1822, elles n'existent réellement dans ses propres magasins, ou si, avant le jour de la promulgation des présentes, elles n'ont été emmagasinées, en son propre nom, dans des magasins d'autrui.

Marchandises en entrepôt.

15. Les objets soumis aux impositions non abolies, qui existeront en entrepôt au premier janvier 1823, seront assujéttis, lors de l'enlèvement aux dispositions des nouvelles lois émanées sur la matière.

SECTION TROISIÈME.

Dispositions générales.

16. Les receveurs et leurs fondés de pouvoirs, devront tenir leurs bureaux ouverts le 31 décembre 1822, depuis midi jusqu'à minuit, et le premier janvier 1823, depuis six heures du matin jusqu'à huit heures du soir, pour vaquer à l'acceptation des déclarations et à la délivrance de certificats, pour les impositions abolies ; pour celles non abolies, et pour celles qui seront nouvellement introduites.

17. Pour prévenir tous abus que l'on pourrait faire des dispositions favorables du présent arrêté, les employés du département des recettes, conserveront pendant le terme d'un mois, à partir du premier janvier 1823, le droit de faire tant aux fosses que dans les magasins renfermant des houilles déclarées pour l'apurement de l'accise, dans les entrepôts fictifs de café, et pour autant que de besoin, dans les entrepôts de l'État, et dans les entrepôts particuliers de café, de potasse, de védasse, de perlasse et de soude, les recensemens et visites nécessaires des objets soumis à l'accise, et pour lesquels il a été demandé décharge de l'accise.

18. Gedurende gelijkentijd van eene maand , ingaande met den eersten januarij 1823 , zullen de beambten voorschreven, alsmede, en in deze onverminderd de bevoegdheid daartoe bij de algemeene en bijzondere wetten toegekend het regt hebben om de , krachtens het tegenwoordig besluit, aangegeven voorraad accijs goederen . te visiteren en peilen in de gebouwen, pakhuizen , fabrijken , trafijken , werkplaatsen , zolders , winkels , kelders en alle andere bergplaatsen der fabrikanten trafikanten , handel en nering doende lieden en verdere personen , die dusdanige aangifte hebben verrigt of hadden behooren te verrigten.

19. Weigering of verhindering der in de beide voorgaande artikelen bepaalde visitatien, peilingen en verifikatien , zal gestraft worden , volgens art. 324 der algemeene wet van den 26 augustus 1822 (*Staats-blad*, n° 38).

20. De ambtenaren zullen niet alleen voorzien moeten zijn van hunne kommissie, maar ook van de aangiften zelve of kopijen , of extrakten van dien, voor zoo verre die aangiften gedaan zijn.

21. De in peil optenemen goederen zullen , voor zoo veel dezelve door de verifikatie bij den af of aanpeil zouden komen te lijden of te deterioreren of wel dat de kosten van wegen en meten te hoog zouden loopen, terwijl door telling, taxatie, opneming der kapaciteit van de bergplaats of op eenige andere wijze , hierin zouden kunnen worden voorzien, ten aanzien der hoeveelheid op de meest geschikte dezer wijzen , of wel bij raming en begrooting worden geverifieerd.

In dit laatste geval zal er van wederzijden een deskundig persoon worden benoemd en aangewezen, die de hoeveelheid der partij zal begrooten ; het gemiddeld bedrag der twee taxatien zal ten grondslag van de peiling strekken , voor zoo veel nogtans de beambten der ontvangsten, of wel de belanghebbende , zich met dezen gemiddelden aanslag bezwaren mogten, zal er , door hen gezamenlijk een derden taxateur

18. Pendant le même terme d'un mois, à partir du premier janvier 1823, les susdits employés auront pareillement, et dans ce cas sans préjudice à la faculté qui leur en est réservée par la loi générale, et par les lois spéciales, le droit de visiter les marchandises d'accise, que l'on aura déclarées en vertu des dispositions du présent arrêté, et de faire des recensemens dans les bâtimens, magasins, fabriques, ateliers, greniers, boutiques, caves et tous autres lieux de dépôt, des fabricans, trafiquans, commerçans et autres personnes qui ont fait une telle déclaration, ou qui auraient dû la faire.

19. Tout refus ou empêchement que l'on apportera aux visites, recensemens et vérifications, prescrits par les deux articles qui précèdent, sera puni suivant l'art. 324 de la loi générale, en date du 26 août 1822 (*Journal officiel*, n° 38).

20. Les employés devront être munis, non seulement de leurs commissions, mais encore des déclarations originales, ou de copies ou extraits des déclarations, pour autant que ces déclarations auront été faites.

21. Les marchandises assujetties au recensement, pour autant que lors du recensement elles seraient sujettes à dégat ou détérioration par suite de la vérification, ou que les frais de mesurage et de pesage en seraient trop élevés, tandis qu'il pourrait y être pourvu soit en les comptant, soit au moyen de taxation, soit en constatant la capacité du lieu de dépôt ou de quelqu'autre manière, seront, quant à la quantité, vérifiées de l'une ou de l'autre de ces manières, laquelle sera jugée la plus convenable ou par évaluation et approximation.

Dans ce dernier cas, il sera nommé de part et d'autre une personne à ce connaissant, qui évaluera la quantité de la partie ; le terme moyen des deux évaluations servira de base pour le recensement.

Cependant pour autant que les employés des recettes, ou la partie intéressée se croiraient lésés par ce terme moyen, ils pourront désigner conjointement un troisième expert ;

bijgeroepen kunnen worden, doch in allen gevalle, de vordering eener dadelijke verifikatie, door weging en meting en
ten koste van ongelijk, aan beide de partijen verbleven zijn.

Wanneer er betrekkelijk de keuring der specien verschil
mogte ontstaan, zal er eene herkenring moeten plaats hebben, op den voet der oude wetten, voor zoo veel de afgeschafte, en op den voet der nieuwe wetten, voor zoo veel de
niet afgeschafte en de als nu ingevoerd wordende belastingen,
aangaat.

22. Ondermaat van meer dan een tiende voor die onderwerpen van accijs, wegens welke die belastingen afgeschaft
worden, en waarvoor afschrijving van accijs gevraagd is;
desgelijks gelijke ondermaat, voor die onderwerpen van niet
afgeschaften accijs, wegens welke het regt van vervoer gevraagd is, zal voor zoo ver zulks niet bereids bij de ingetrokken wetten bepaald was, gestraft worden met den tiendub-
belen accijs van het te min bevondene voor de objecten van
afgeschafte belasting volgens den ouden maatstaf en voor die
van voortdurende belasting volgens den nieawen maatstaf der
accijsen.

23. De beambten zullen van hunne bevinding ten deze kennis geven aan de belanghebbenden; bij accoord bevinding
of wel het slechts vinden van eene geoorloofde ondermaat,
de verklaring van aangifte en reçu afteekenen, en in het
tegenovergesteld geval, dat is van boetschuldige ondermaat,
proces-verbaal opmaken.

24. De ontvanger of deszelfs gemagtigde zal, na de proces-
sen-verbaal en de ter verifikatie mede genomene verklaringen
ingetrokken te hebben, den accijs overeenkomstig de gemelde
verklaringen of wel de juiste bevinding der beambten, en
wijders naar gelang der verschillende gevallen afschrijven of
overschrijven, en wegens den voorraad veraccijsde en ten
vervoer voorbehoude goederen, aanteekening houden; terwijl, voor zoo veel het verschil tusschen het aangegevene en

mais dans tous les cas les deux parties auront la faculté d'exiger une vérification en détail, au moyen de pesage et de mesurage, et aux frais de la partie qui succombera.

Dans le cas où il s'éleverait une contestation relativement à l'expertise des objets, une nouvelle expertise devra avoir lieu, et ce sur le pied des anciennes lois pour ce qui concerne les impositions abolies, et sur le pied des nouvelles lois pour ce qui concerne les impositions non abolies, et celles qui seront nouvellement introduites.

22. Le déficit de plus d'un dixième tant pour ce qui concerne les objets soumis à l'accise, à l'égard desquels cette imposition sera abolie, et pour lesquels l'on aura réclamé décharge de l'accise, que pour ce qui concerne les objets soumis à l'accise, à l'égard desquels cette imposition ne sera pas abolie, et pour lesquels l'on aura demandé le droit de transport, sera puni pour autant que cela ne serait pas déjà stipulé par les lois abrogées, d'une amende égale au montant du décuple de l'accise pour le déficit constaté, et ce suivant l'ancien taux, pour les objets d'impositions abolies, et suivant le nouveau taux des accises, pour les objets d'impositions conservées.

23. Les employés donneront connaissance à la partie intéressée du résultat de leurs opérations ; lorsque les déclarations seront reconnues exactes, ou lorsqu'on n'aura reconnu qu'un déficit permis, ils signeront pour décharge la déclaration et le certificat ou récépissé qui aura été délivré ; dans le cas contraire, c'est-à-dire, lorsqu'on aura constaté un déficit punissable d'amende, ils en dresseront procès-verbal.

24. Le receveur ou son fondé de pouvoirs, après avoir retiré les procès-verbaux et les déclarations dont on aura fait usage pour les vérifications, donnera décharge de l'accise, ou en opérera la transcription, conformément auxdites déclarations ou conformément à ce qui aura été constaté par les employés, et tiendra note des quantités de marchandises accisées ; (veraccijsd) et pour lesquelles l'on aura réservé le droit de transport ; tandis que dans le cas où la différence

5. 47.

bevondene, de geoorloofde ondermaat te boven gaat, de stukken, ter vervolging der fraude, door hem gesteld zullen worden in handen zijner superieuren.

25. Ten einde inmiddels de ingezetenen, welke accijs-goederen aangegeven hebben, en wier bergplaatsen dien ten gevolge aan de visitatie en verifikatie van eene maand onderhevig zijn voor schade te houden, zal aan de zoodanigen van hun, welke niet bereids door de nieuw ingevoerd wordende bijzondere wetten hiertoe verpligt zijn, of de gelegenheid gegeven is, op hunne schriftelijke aanvrage, en behoudens de vereischten zekerheid, wanneer hiertoe termen zijn, biljetten van vervoer of van in- en uitslag gegeven worden, waardoor de gesteldheid van hunnen voorraad op het tijdstip der aangifte en van die op den eersten januarij 1823 zal kunnen worden opgemaakt.

26. Deze biljetten zullen moeten worden genomen of voor zoo veel dezelve, krachtens de nieuwe wetten van elders komen, moeten worden vertoond ten kantore van den ontvanger, onder wiens ontvangst de te verifieren bergplaatsen gelegen zijn, en zal deze ambtenaar de bevoegdheid hebben de goederen voor den in- of uitslag te doen te verifieren.

27. Nadat de betaling of de afschrijving van den accijs, de verzekering der kredieten en de boeking der ten vervoer voorbehoudene onderwerpen, naar gelang der verschillende gevallen, zal hebben plaats gehad, zullen de aangevers van de aanwezige of de overgehouden accijs-goederen, van de verpligtingen ontheven wezen, welke ten gevolgen hunner verklaringen, door het tegenwoordig besluit op dezelve zijn gelegd.

28. Ten einde aan deze verpligtingen de vereischte kracht bij te zetten zullen diegenen, welke van de gunstige bepalingen bij het tegenwoordig besluit voorkomende, willen gebruik maken, gehouden zijn met renunciatie aan alle exceptien, bij hunne verklaring zich te onderwerpen aan alle de veror-

(371)

entre la quantité déclarée et celle reconnue surpasserait le déficit permis, ils devront remettre entre les mains de leurs supérieurs les pièces devant servir à la poursuite de la fraude.

25. Afin de préserver entretemps de tout dommage les habitans qui auront déclaré des marchandises soumises aux accises, et dont par conséquent les magasins seront assujettis à la visite et à la vérification durant le terme d'un mois, il sera délivré à ceux d'entre eux qui n'y seront pas déjà obligés par les nouvelles lois spéciales ou qui en auront la faculté en vertu desdites lois, sur la demande par écrit qu'ils en feront, et moyennant sûretés requises, s'il y a lieu, des permis de transport, ou des permis d'achat ou de vente, au moyen desquels la situation des quantités qui se trouvaient dans leurs magasins à l'époque de la remise de leurs déclarations et de celles qui existaient au premier janvier 1823, pourra être constatée.

26. Lesdits permis devront être levés ou pour autant qu'en vertu des nouvelles lois ils auront été délivrés ailleurs, représentés au bureau du receveur dans le ressort duquel les magasins assujettis à la vérification seront situés; il sera loisible au receveur de faire vérifier les marchandises avant l'enlèvement.

27. Après que, selon les différens cas, le payement ou la décharge de l'accise, l'apurement des crédits, et l'enregistrement des objets pour lesquels l'on aura conservé le droit de transport aura lieu, les déclarans de marchandises d'accise qui existeront ou qui seront restées en magasin, seront libérés des obligations qui par suite de leurs déclarations, peseront sur eux en vertu du présent arrêté.

28. A l'effet de rendre péremptoires lesdites obligations, ceux qui voudront profiter des faveurs que le présent arrêté leur accorde, seront tenus de se soumettre, par leur déclaration, avec renonciation à toutes exceptions quelconques, à

deningen en de volledige toepassing van het tegenwoordig besluit.

Onze minister van Staat, belast met de generale directie der
ontvangsten, zal voor de uitvoering van dit besluit zorg dragen ; zullende hetzelve in het *Staatsblad* worden geplaatst.

Gegeven te Brussel, den 7 december des jaars 1822, het tiende onzer regering.

Geteekend, WILLEM.

Van wege den koning,

Geteekend, J. G. DE MEIJ VAN STREEFKERK.

Uitgegeven den 10 december 1822.

De Staatsraad, belast met de directie der Staats sekretarij.

Geteekend, J. G. DE MEIJ VAN STREEFKERK.

(Nᵣ 50.) *Besluit.*

Wij, *Willem*, bij de gratie Gods, koning der Nederlanden, prins van Oranje–Nassau, groot–hertog
van Luxemburg, enz., enz., enz.

Op de voordragt van onzen minister van Staat, belast met
de generale directie der ontvangsten van den 9 dezer nᵣ 25;

Hebben besloten en besluiten :

ART. 1. Bij de invoering der algemeene wet van den 26
augustus 1822 (*Staats-blad*, nᵣ 38), op den ophef der in- en
uitgaande regten en accijnsen met den 1 januarij aanstaande,
zullen de onderscheiden kantoren van de in- uit- en doorvoer,
met vernietiging van alle anderen, gevestigd zijn in de volgende steden en plaatsen, te weten :

toutes les dispositions concernant l'application entière du présent arrêté.

Notre ministre d'État chargé de la direction générale des recettes, soignera l'exécution du présent arrêté, qui sera inséré au *Journal officiel*.

Donné à Bruxelles, le 7 décembre de l'an 1822, de notre règne le dixième.

Signé, GUILLAUME.

Par le roi,

Signé, J. G. DE MEIJ DE STREEFKERK.

Publié le 10 décembre 1822.

Le conseiller d'État chargé de la direction de la secrétairerie d'État.

Signé, J. G. DE MEIJ DE STREEFKERK.

(N° 50.) *Arrêté.*

Nous, *Guillaume*, par la grâce de Dieu, roi des Pays-Bas, prince d'Orange-Nassau, grand-duc de Luxembourg, etc., etc., etc.

Sur la proposition de notre ministre d'État, chargé de la direction générale des recettes; du 9 de ce mois, n° 25;

Avons arrêté et arrêtons :

ART. 1. Lors de la mise en activité de la loi générale du 26 août 1822 (*Journal officiel*, n° 38), sur la perception des droits d'entrée et de sortie et des accises, au 1er janvier prochain, les divers bureaux d'entrée et de sortie et de transit seront établis, avec suppression de tous autres bureaux, dans les villes et lieux ci-après nommés, savoir :

(374)
§ I.

AAN DE ZEEZIJDE.

1°. *Kantoren van in- en uitklaring*, zijnde de zulke aan de monden der zeegaten, alwaar de inkomende schepen van de noodige dokumenten worden voorzien om hunne bestemming naar een der natemeldene kantoren van ontvang te kunnen bereiken, en de uitgaande schepen de laatste visitatie ondergaan, overeenkomstig art. 6 der hiervoren aangehaalde wet :

In de provintie West-Vlaanderen, te Nieupoort en Ostende.

In de provintie Zeeland, te Vlissingen, Veere, Zierikzee en Brouwershaven.

In de provintie Zuid-Holland, te Hellevoetsluis, Brielle en Maassluis.

In de provintie Noord-Holland, te Texel, Helder, en dit laatste kantoor alleenlijk voor de vaartuigen inkomende langs het Nieuwe Diep, te Vlieland en Terschelling.

In de provintie Vriesland, te Ameland en Schiermonikoog. De schepen, langs Ameland inkomende, zullen om oponthout te vermijden, mits dadelijk langs de Krommebalg hunne reis vervoorderende, hunne inklaring kunnen doen aan het daartoe op den Abt aanwezige vaartuig.

In de provintie Groningen, te Delfzijl, Termunterzijl en aan de Lang Akkerschans.

Schepen van of naar de Eems langs Groninger wadde, het rijk inkomende of uitgaande zullen hunne in- en uitklaringen doen aan het vaartuig daartoe geposteerd, bewesten de Wadton op het Uithuizerwad.

§ Iᵉʳ.

DU CÔTÉ DE LA MER.

1°. *Bureaux de déclarations d'entrée et de sortie*, étant ceux aux embouchures des ports maritimes, où les navires qui entrent, sont pourvus des documens nécessaires pour pouvoir suivre leur destination jusqu'à un des bureaux de déchargement ci-après nommés, et où les navires qui sortent sont définitivement visités, conformément à l'art. 6 de la loi générale.

Dans la province de la Flandre occidentale, à Nieuport et Ostende.

Dans la province de Zélande, à Flessingue, Veere, Zierikzée et Brouwershaven.

Dans la province de la Hollande méridionale, à Hellevoetsluis, Brielle et Maassluis.

Dans la province de la Hollande septentrionale, au Texel, Helder; mais dans ce dernier bureau seulement pour les bâtimens, qui entrent dans le Nieuwe-Diep, à Vlieland et Terschelling.

Dans la province de Frise, à Ameland et Schiermonnikoog. Les bâtimens entrant par Ameland pourront, afin d'éviter l'entrave, faire leur déclaration d'entrée au bâtiment stationné à cet effet sur l'Abt, pourvu qu'ils continuent immédiatement leur route, et ceci par le Kromme Balg.

Dans la province de Groningue, à Delfzijl, Termunterzijl, et au Lang Akkerschans; les bâtimens, qui, en venant ou en entrant par l'Ems, entrent ou sortent du royaume, par les bas fonds, le long de la côte de Groningue, feront leur déclaration d'entrée et de sortie au bâtiment stationné à cet effet à l'ouest de la balise dite *Wadton*, au bas fond d'Uithuizen.

Kantoren van lossing aan de zeezijde.

2°. *Kantoren van lossing*, naar welke uit zee zal mogen worden ingeklaard, mede overeenkomstig art. 6 der voorsz. wet.

In de provintie West-Vlaanderen, Nieuwpoort, Ostende en Brugge.

In de provintie Oost-Vlaanderen, te Gend, met uitzondering voor het zout.

In de provintie Zuid-Braband, te Brussel en Leuven, met uitzondering voor het zout.

In de provintie Antwerpen, te Antwerpen.

In de provintie Zeeland, te Vlissingen, Middelburg en Zierikzee, gelijk ook te Veere en Brouwershave, doch deze twee laatste kantoren met uitzondering voor het zout.

In de provintie Zuid-Holland, te Hellevoetsluis, Brielle, Maassluis, Rotterdam, Delfshaven, Schiedam, Vlaardingen en Dordrecht.

In de provintie Noord-Holland, te Amsterdam, Muiden, Zaandam, Hoorn, Enkhuizen, Medenblik, Edam en Monnikendam.

In de provintie Overijssel, te Kampen en Zwoll, met uitzondering voor het zout.

In de provintie Vriesland, te Lemmer, Stavoren, Workum, Harlingen en Dokkum, voor het laatste kantoor, het zout uitgezonderd.

In de provintie Groningen, te Groningen, met uitzondering voor het zout, Delfzijl, Termunterzijl en Oude Pekela,

(377)
Bureaux de déchargement par mer.

2°. *Bureaux de déchargement* vers lesquels pourront être expédiés les navires venant de la mer, conformément à l'article 6 de la loi générale.

Dans la province de la Flandre occidentale, à Nieuport, Ostende et Bruges.

Dans la province de la Flandre orientale, à Gand, excepté pour le sel.

Dans la province du Brabant méridional, à Bruxelles et Louvain, excepté pour le sel.

Dans la province d'Anvers, à Anvers.

Dans la province de Zélande, à Flessingue, Middelbourg et Zierikzée, ainsi qu'à Veere et Brouwarshaven, excepté pour le sel, dans ces deux derniers.

Dans la province de Hollande méridionale, à Hellevoetsluis, Brielle, Maassluis, Rotterdam, Delfshaven, Schiedam, Vlaardingen et Dordrecht.

Dans la province de la Hollande septentrionale, à Amsterdam, Muiden, Zaandam, Hoorn, Enkhuizen, Medenblik, Edam et Monnikendam.

Dans la province d'Overyssel, à Kampen et Zwolt, excepté pour le sel.

Dans la province de Frise, à Lemmer, Stavoren, Workum, Harlingen et Dokkum, excepté pour le sel, dans ce dernier endroit.

Dans la province de Groningue, à Groningue, excepté pour le sel, Delfzyl, Termunterzyl et oude Pekela, à l'excep-

5. 48.

voor de twee laatsten met uitzondering dier goederen welke aan het regt van accijs onderworpen zijn.

3°. *Kantore van expeditie* dienende tot ontvang van regten in buitengewone gevallen.

In de provintie Zeeland, te Hoofdplaat.

In de provintie Zuid-Holland, te Goederede en Middel-harnis.

In de provintie Noord-Holland, aan den Helder, te Texel, Vlieland, Terschelling en Wieringen.

In de provintie Vriesland, te Ameland, Schiermonikoog, en Dokkumer Nieuw-Zijl.

In de provintie Groningen, te Zoltkamp.

4°. *Ligterplaatsen*, overeenkomstig art. 19 der gedachte wet.

In de directie West-Vlaanderen,

Ostende, voor Brugge en Gent,

Brugge, voor Gent.

In de directie Antwerpen,

Antwerpen, voor Brussel, Leuven en Gent.

In de directie Zuid-Holland,

's Gravendeel.

In de directie Noord-Holland,

tion des marchandises assujetties aux droits d'accises dans les deux derniers.

3°. *Bureaux d'expédition*, servant à la recette des droits dans des cas extraordinaires .

Dans la province de Zélande , à Hoofdplaat.

Dans la province de la Hollande méridionale, à Goedereede et Middelbarnis.

Dans la province de la Hollande septentrionale , au Helder, Texel , à Vlieland , Terschelling et Wieringen.

Dans la province de Frise, à Ameland, Schiermonikoog et Dokkummer Nieuwe-Zyl.

Dans la province de Groningue , au Zoltkamp.

4°. *Lieux d'allége* , conformément à l'art. 19 de la loi générale.

Dans la province de la Flandre occidentale ,

Ostende , pour Bruges et Gand ,

Bruges, pour Gand.

Dans la province d'Anvers ,

Anvers, pour Bruxelles, Louvain et Gand.

Dans la province de la Hollande méridionale.

's Gravendeel.

Dans la province de la Hollande septentrionale ,

Het nieuwe Diep, Medenblik, Enkhuizen, Hoorn en het Pampus.

§ II.

INVOER AAN DE LANDZIJDE AAN DE BOVEN RIVIEREN.

1°. *Kantore van expeditie* voor het inkomen in het rijk langs de rivieren, zijnde te gelijker tijd kantoren van laatste visitatie bij het uitgaan, overeenkomstig de artikelen 37 en 66 der gemelde wet, behoudens ten allen tijde de bijzondere bepalingen aangaande de accijsen, vastgesteld bij § III hiernader vermeld.

Voor de Vecht, te Holtheme.

Voor de Berkel, te Oldenkotten.

Voor den Ouden IJssel, te Genderingen.

Voor den IJssel, den Rhijn en Waal, te Lobith.

Voor de Moezel, te Wasserbillig en te Schenge.

Voor de Maas, te Hastier-Lavaux.

Voor de Sambre, te Pont-de-Sambre.

Voor de Schelde, te Epain.

Voor het Kanaal van Condé, te Hensies.

Voor de Leye, te Pont-Rouge en te Waerten (Warneton).

En voor de Vaart van Duinkerken, te Adinkerken.

2°. *Kantoren van betaling* voor den invoer langs de rivieren, overeenkomstig het artikel 42 der voorsz. wet.

Voor de Vecht, te Ommen en Zwoll.

Le Nieuwe Diep, Medenblik, Enkhuizen, Hoorn et le Pampus.

§ II.

ENTRÉES DU CÔTÉ DE LA TERRE AUX RIVIÈRES SUPÉRIEURES.

1°. *Bureaux d'expédition* pour l'entrée dans le royaume par les rivières, étant en même-temps bureaux de dernière visite, à la sortie, conformément aux art. 37 et 66 de la loi générale ; sauf toutefois les stipulations particulières en ce qui concerne les accises faites au § III, ci-après.

Pour le Vecht, à Holtheme.

Pour le Benkel, à Oldenkotten.

Pour le Vieux Yssel, à Genderingen.

Pour l'Yssel, le Rhin et le Waal, à Lobith.

Pour la Moselle, à Wasserbillig et à Schengen.

Pour la Meuse, à Hastier-Lavaux.

Pour la Sambre, à Pont-de-Sambre.

Pour l'Escaut, à Epain.

Pour le canal de Condé, à Hensies.

Pour la Lys, à Pont-Rouge et à Warneton.

Et pour le canal de Dunkerque, à Adinkerken.

2°. *Bureaux de payement* pour importation par les rivières, conformément à l'art. 42 de la loi générale.

Pour le Vecht, à Ommen et Zwoll.

Voor de Berkel, te Eibergen.

Voor den Ouden IJssel, te Terborg en Lobith.

Voor den IJssel, te Doesburg, Zutphen en Deventer.

Voor den Rhijn en Waal, te Lobith, Arnhem, Nijmegen, Dordrecht, Rotterdam, Schiedam, Amsterdam en Utrecht.

Voor de Moezel, te Wasserbillig en Remich.

Voor de Maas, te Hastier-Lavaux, Dinant, Namen, Luik, Maastricht, Ruremonde en Venlo.

Voor de Sambre, te Thuin, Charleroi en Namen.

Voor de Schelde, te Doornik en te Gent.

Voor het kanaal van Condé, te Bergen.

Voor de Leye, te Waerten (Warneton), Menen, Kortrijk en Gent.

En voor vaart van Duinkerken, te Veurne.

3°. *Kantoren van expeditie* voor het inkomen in het rijk aan de landzijde, zijnde te gelijker tijd kantoren van laatste visitatie bij het uitgaan, overeenkomstig de artikelen 37 en 66 der voormelde wet, behoudens ten allen tijde omtrent den accijs de bijzondere bepalingen bij § III hierna vermeld.

In de provintie Groningen, aan de Lang Akkerschans en te Bourtange.

In de provintie Drenthe, te Koeverden.

In de provintie Overijssel, te Veenbrugge, Latdorp, Dennekamp, Poppe, Losser, Glanebrugge en Braam.

Pour le Berkel, à Eibergen.

Pour le Vieux-Yssel, à Terborg et Lobith.

Pour l'Yssel, à Doesburg, Zutphen et Deventer.

Pour le Rhin et le Waal, à Lobith, Arnhem, Nimègue, Dordrecht, Rotterdam, Schiedam, Amsterdam et Utrecht.

Pour la Mozelle, à Wasserbillig et Remich.

Pour la Meuse, à Hastier-Lavaux, Dinant, Namur, Liége, Maestricht, Ruremonde et Venlo.

Pour la Sambre, à Thuin, Charleroi et Namur.

Pour l'Escaut, à Tournai et Gand.

Pour le canal de Condé, à Mons.

Pour la Lys, à Warneton, Menin, Courtrai et Gand.

Et pour le canal de Dunkerque, à Furnes.

3°. *Bureaux d'expédition* pour l'entrée dans le royaume par terre, étant en même-temps bureaux de dernière visite à la sortie, conformément aux art. 37 et 66 de la loi générale, sauf toutefois les stipulations particulières, en ce qui concerne les accises, faites au § III ci-après.

Dans la province de Groningue, au Lang Akkerschans et à Bourtange.

Dans la province de Drenthe, à Koevorden.

Dans la province d'Overyssel, à Veenbrugge, Latdorp, Denekamp, Poppe, Losser, Glanebrugge et Braam.

In de provintie Gelderland, te Oldenkotted, Rekken, Hotterhoek, Huppel, Cotten, Kiefhutte, Dinxperlo, Genderingen, Cotten 's Heerenberg, Babberik, Zevenaar, Lobith, Mellingen, Bergendaal en Groesbeek.

In de provintie Limburg, te Gennep, Well, Aertsen, Venlo, Tegelen, Reuver, Swalmen, Herkenbosch, Posterholt, Schilberg, Sittard, Nieuwenhage, Kerkerade, Locht, Nieswijler en Waels.

In de provintie Luik te Henri-Chapelle en Francorchamps.

In het groot hertogdom Luxemburg, te Petithier, Behault (la baraque), Weiswampach, Wasserbillig, Remich, Frisange, Esch aan de Alzette, Aubange, Saint-Mord et Bouillon.

In de provintie Namen, te Heer en Gué d'Hossus.

In de provintie Henegouwen, te Macon, Leugnies, Pont-de-Sambre, Bois-Bourdon, Quievrain, Bonsecours, Epain, Rumes en Hertain.

In de provintie West-Vlaanderen, te Risquonstout, Meenen, Pontrouge, Abeele, Roesbrugge, Adinkerke en Lapanne.

4°. *Kantoren van betaling*, bij het inkomen aan de landzijde overeenkomstig art. 42 der voorsz. wet.

In de provintie Groningen, te Lang Akkerschans, Winschoten, Oude Pekela en Zuidbroek.

In de provintie Drenthe, te Koeverden en Oosterhesselt.

In de provintie Overijssel, te Ommen, Nieuwebrug, Schuilenburg, Rijssenscheveer, Marculo, Almelo, Enschede en Oldenzaal.

In de provintie Gelderland, te Arnhem, Zevenaar, Zut-

Dans la province de Gueldre, à Oldencotten, Rekken, Hotterhoek, Huppel, Cotten, Kiefhutte, Dinxperlo, Genderingen, Babberik, 's Heerenberg, Zevenaar, Lobith, Mollingen, Bergendaal et Groesbeek.

Dans la province de Limbourg, à Gennep, Well, Aertsen, Veulo, Tegelen, Reuver, Swalmen, Herkenbosch, Posterholt, Schilberg, Sittard, Nieuwenhage, Kerkenrade, Locht, Nieswyler et Waels.

Dans la province de Liége, à Henri-Chapelle et Francorchamps.

Dans le grand-duché de Luxembourg, à Petithier, Behault (la Baraque), Weiswampach, Wasserbillig, Remich, Frisange, Esch-sur-l'Alzette, Aubange, Saint-Mard et Bouillon.

Dans la province de Namur, à Heer et au Gué d'Hossus.

Dans la province de Hainaut, à Macon, Leugnies, Pont-de-Sambre, Bois-Bourdon, Quievrain, Bonsecours, Epain, Rumes et Hertain.

Dans la province de la Flandre occidentale, à Risquonstout, Menin, Pont-Rouge, Abeele, Roesbrugge, Adinkerke et Lapanne.

4°. *Bureaux de payement* à l'entrée par terre, conformément à l'art. 42 de la loi générale;

Dans la province de Groningue, à Lang Akkerschans, Winschoten, Oude Pekela et Zuidbroek.

Dans la province de Drenthe, à Koevorden et Oosterhesselt.

Dans la province d'Overyssel, à Ommen, Nieuwebrug, Schuilenburg, Ryssenschever, Marculo, Almelo, Enschedé et Oldenzaal.

Dans la province de Gueldre, à Arnhem, Zevenaar, Zut-

5.   49.

phen, Doesburg, Lochem, Terborgh, Deudecom (Doetínchem), Groenlo, Eijbergen, Winterswijk, Aalten, Nijmegen, Dieren, Wageningen, Thiel en Batenburg.

In de provintie Noord-Braband, te Grave en Oploo.

In de provintie Limburg, te Mook, Gennep, Wall, Aertsen, Vinl, Tegelen, Reuver, Ruremonde, Schelberg, Sittard, Nieuwenhage, Kerkerade, Locht, Nieswijler, Waels, Venrooij, Meijel, Weert, Bree en Maastricht.

In de provintie Luik, te Henrij-Chapelle, Francorchamps, Aigneux, Louvegné, Luik, Stavelot, Verviers, Herve en Limburg.

In het groot hertogdom Luxemburg, te Petithier, Behault (la baraque), Weiswampach, Wasserbillig, Remich, Frisange, Esch aan de Alzette, Aubange, Saint Mor, Bouillon, Houffalize, Froijne, Ettelbruch, Luxemburg, Arlon, Habaij-la-Neuve, en Neufchâteau.

In de provintie Namen, te Dinant, Couvin, Anhée en Morialmé.

In de provintie Henegouwen, te Chimaij, Beaumont, Bois-Bourdon, Bergen, Quiévrain, Peruweltz, Doornik, Fontaine-l'Evêque, Morlanweltz, Faijt, Soignies, Ath en Auvaing.

In de provintie West-Vlaanderen, te Aalbeke, Kortrijk, Meenen, Waerten (Warneton), Poperinghe, Veurne, Desselghem, Ingelmunster, Rousselaere, Hooglede, Staden en Ditmude.

§ III.

Kantoren van in- en uitvoer aan de landzijde voor de accijs goederen, overeenkomstig de artikelen 37 en 66 der gemelde wet.

In de provintie Groningen, te Lang-Akkerschans en Bourtange, het laatste alleenlijk voor den uitvoer van suiker.

phen, Doesbourg, Lochem , Terborgh , Deudecom, Groenlo, Eybergen, Winterswyk, Aalten, Nimègue , Dieren , Wageningen , Thiel et Batenburg.

Dans la province du Brabant septentrional, à Grave et Oploo.

Dans la province de Limbourg, à Mook, Gennep, Well, Aertsen, Venlo, Tegelen , Reuver, Ruremonde, Schelberg, Sittard, Nieuwenhage , Kerkerade, Locht. Nieswyler, Waels, Venrooy, Meyel, Weert, Bree et Maestricht.

Dans la province de Liége, à Henry-Chapelle , Francorchamps , Aigneux , Louvegné , Liége , Stavelot, Verviers , Herve et Limbourg.

Dans le grand-duché de Luxembourg, à Petitbier, Behault (la baraque) Weiswampach , Wasserbillig, Remich , Frisange, Esch sur l'Alzette , Aubange, Saint-Mor , Bouillon, Houffalise, Froyne , Ettelbruch, Luxembourg, Arlon , Habay-la-Neuve et Neufchâteau.

Dans la province de Namur , à Dinant, Couvin , Anhée et Morialmé.

Dans la province de Hainaut, à Chimay , Beaumont, Bois-Bourdon, Mons, Quiévrain, Peruwelz, Tournai, Fontaine-l'Evêque, Morlanweltz, Fayt, Soignies, Ath et Auvaing.

Dans la province de la Flandre occidentale, à Albeke, Courtrai, Menin, Warneton, Poperingue, Furnes, Desselghem, Ingelmunster , Rousselaere, Hooglede, Staden et Dixmude.

§ III.

Bureaux d'importation et d'exportation du côté de la terre, pour objets soumis aux accises, conformément aux articles 37 et 66 de la loi générale.

Dans la province de Groningue, à Lang Akkerschans et Bourtange , mais ce dernier pour l'exportation de sucre seulement.

In de provintie Overijssel, te Holtheme, Veenebrugge, Poppe en Glanebrugge; de twee laatsten alleen voor den uit. voer van wijn en suiker.

In de provintie Gelderland, te Zevenaar, Lobith, en Bergendaal en voor den uitvoer van wijn en suiker alleen te Oldenkotte.

In de provintie Limburg, te Venlo, Raremonde (langs Zwalme), en Locht.

In de provintie Luik , te Henrij-Chapelle en Francorchamps.

In het groot hertogdom Luxemburg, te Behault (la baraque), Wasserbillig, Frisange, Aubange, Saint Mor en Bouillon.

In de provintie Namen , le Gué d'Hossus.

In de provintie Henegouwen , te Bois-Bourbon , Quievrain, Leugnies, Bonsecours, Hertain , Espain (ook voor de Schelde), en Hensies, voor de vaart van Condé, doch dit laatste alleen voor den invoer.

In de provintie West-Vlaanderen, te Meenen , Roesbrugge en Adinkerke.

Blijvende de uitvoer te lande en langs de rivieren van binnenlandsch gedisteleerd, op den bestaanden voet, alleenlijk gepermitteerd, langs het kantoor van Henrij Chapelle, in de provintie Luik, tenzij met speciale vergunning van de generale directie der ontvangsten.

2. Te rekenen van het gemeld tijdstip der invoering van voorschreven wet, zullen de kantoren waar langs en waar over met uitsluiting van alle anderen, de doorgevoerd wordende goederen aan de landzijde zullen moeten inkomen ,

Dans la province d'Overyssel, à Holtheme , Veenebrugge, Poppe et Glanebrugge ; les deux derniers pour l'exportation de vin et de sucre seulement.

Dans la province de Gueldre , à Zevenaar , Lobith et Bergendaal , et seulement pour l'exportation de vin et de sucre , et à Oldencotten.

Dans la province de Limbourg , à Venlo , Ruremonde , par Zwalme et Locht.

Dans la province de Liége , à Henri-Chapelle et Francorchamps.

Dans le grand-duché de Luxembourg, à Behault (la Barraque), Wasserbillig , Frisange , Aubange , Saint-Mor et Bouillon.

Dans la province de Namur , au Gué-d'Hossus.

Dans la province de Hainant , à Bois-Bourdon , Quiévrain, Leugnies , Bonsecours , Hertain , Espain (aussi pour l'Escaut) , et Hensies pour le canal de Condé , mais ce dernier pour l'importation seulement.

Dans la province de la Flandre occidentale , à Menin , Roesbrugge et Adinkerke.

L'exportation d'eau-de-vie distillée dans l'intérieur , par terre et par les rivières , ne restant permise , conformément aux dispositions existantes) que par le bureau de Henri-Chapelle , dans la province de Liége , si ce n'est en vertu d'une permission spéciale de la direction générale des recettes.

2. A compter de ladite époque de la mise en activité de la loi susmentionnée, l'importation et l'exportation des marchandises en transit ne pourra , à l'exclusion de tous autres bureaux , se faire du côté de la terre que par ou en passant de-

overeenkomstig art. 75 der voorschreve wet zijn de navolgende.

In de provintie Groningen, Lang Akkerschans en Bourtange, het laatste echter alleen voor den uitvoer van suiker.

In de provintie Overijssel, Holtheme, Veenebrugge, Poppe en Glanebrugge, de twee laatste enkel voor den uitvoer van wijn en suiker.

In de provintie Gelderland, Oldenkotte (doch alleenlijk voor den uitvoer van wijn en suiker, wat betreft de accijsgoederen), Zevenaar, Lobith en Bergendaal.

In de provintie Limburg, Venlo en Ruremonde, langs Zwalme.

In de provintie Luik, Henrij-Chapelle en Francorchamps.

In het groot-hertogdom Luxemburg, Behault (la Baraque), Wasserbillig, Frisauge, Aubange en Bouillon.

In de provintie Namen, Hastier-Lavaux, langs de Maas, en Heer, voor het laatste de accijs-goederen uitgezonderd.

In de provintie Henegouwen, Pont-de-Sambre (alleen voor zoo veel aangaat het uitgaan der leijen, die komende langs de Maas, uit Vrankrijk, te Hastier-Lavaux, transito zullen worden aangegeven om langs de Sambre wederom te worden uitgevoerd), Quievrain, Bonsecours, Hertain en Espain (doch dit laatste alleen voor zoo veel aangaat het inkomen der steenkolen die komende langs de Schelde, uit Vrankrijk, transito zullen worden aangegeven te Espain, om langs de vaart van Veurne naar Duinkerken, wederom naar Vrankrijk te worden uitgevoerd).

vant les bureaux ci-après nommés , conformément à l'art. 75 de la loi précitée.

Dans la province de Groningue, à Lang Akkerschans et Bourtange ; mais ce dernier pour l'exportation de sucre seulement.

Dans la province d'Overyssel , Holtheme , Veenebrugge , Poppe et Glanebrugge ; ces deux derniers pour l'exportation de vin et de sucre seulement.

Dans la province de Gueldre , Oldenkotten (mais seulement pour l'exportation de vin et de sucre , en ce qui concerne les marchandises soumises à l'accise) , Zevenaar , Lobith et Bergendaal.

Dans la province de Limbourg , Venlo et Ruremonde , par Zwalme.

Dans la province de Liége, Henri-Chapelle et Francorchamps.

Dans le grand-duché de Luxembourg , Behault (la Barraque) , Wasserbillig , Frisauge , Aubange et Bouillon.

Dans la province de Namur , Hastier-Lavaux , par la Meuse et Heer , à l'exception des objets soumis à l'accise pour ce dernier.

Dans la province de Hainaut , Pont-de-Sambre (seulement pour ce qui concerne l'exportation des ardoises, qui, venant de France , par la Meuse , seront déclarées en transit à Hastier-Lavaux , pour être exportées de nouveau par la France par la Sambre), Quiévrain , Bonsecours , Hertain et Espain (mais ce dernier seulement pour ce qui concerne l'importation des charbons de terre , qui , venant de France , par l'Escaut , seront déclarés en transit à Espain , pour être exportés de nouveau pour la France , par le canal de Furnes à Dunkerque).

In de provintie West-Vlaanderen , Meenen , Roesbrugge, en Adinkerke (doch dit laatste alleen voor zoo veel aangaat het uitgaan der steenkolen , die, komende langs de Schelde uit Vrankrijk te Espain , transito zullen worden aangegeven , om langs de vaart van Veurne naar Duinkerken wederom naar Vrankrijk te worden uitgevoerd.

3. De kantoren van aangifte voor den uitvoer van vleesch en meel , om te genieten het voorregt van restitutie van accijs , zijn : alle lossings , kantoren bij den invoer uit zee , vermeld bij het art. 1 , § 1 en 2 , en in het algemeen alle kantoren van accijs in de arrondissements hoofdplaatsen.

4. De kantoren van aangifte en betaling voor den invoer der goederen , bestemd voor de dagelijksche behoefte der grensbewoners , mitsgaders tot den uitvoer der voortbrengselen van den grond , gelegen binnen den afstand van 5500 ellen in art. 177 aangewezen (art. 38 en 64 der algemeene wet).

In de provintie Limburg , Scheenveld en Bockholtz.

In de provintie Luik , Gemmenich , Trois-Bourdons , Membach , Jalhay , Rivage de Cheneux.

In het groot-hertogdom Luxemburg , Geronville , Villers devant Orval , Florenville , Muno , Suguy , Vianden , Echternach , Schenge en Signeux.

In de provintie Namen , Javingue, Agimont, Hodrimont en Doiche.

In de provintie Henegouwen , Grandreng., Athis, Audrignies, Harchies, Wihiers , Templeuve , Peck, Gyvry , Rises-de-Chimay , Blarignies , Leermond , Ranse, Labuissière, Sivry en Hensies.

In de provintie West-Vlaanderen, Dottignies, Herseaux, Mouscron, Dronkaert , Werwick, Commines, Neuve-Église, Lockert, Waton en Houtem.

Dans la province de la Flandre occidentale, Menin, Roes-brugge et Adinkerke (mais ce dernier seulement pour ce qui concerne l'exportation des charbons de terre, qui, venant de France, par l'Escaut, seront déclarés en transit à Espain, pour être exportés de nouveau pour la France, par le canal de Furnes à Dunkerque).

3. Les bureaux auxquels doivent être faites les déclarations d'exportation de viande et de farine, pour jouir de la faveur de restitution de l'accise, sont : tous les bureaux de déchargement à l'entrée par mer, indiqués à l'art. 1er, §§ 1er et 2me et en général tous les bureaux d'accise des chefs-lieux d'arrondissement.

4. Les bureaux de déclaration et de payement, pour l'importation de marchandises destinées aux besoins journaliers des habitans de la frontière, ainsi que pour l'exportation des productions du sol, dans l'étendue du territoire de 5500 aunes, mentionné à l'art. 177 de la loi générale, sont, conformément aux art. 38 et 64 de la même loi.

Dans la province de Limbourg, Scheenveld et Bockholzt.

Dans la province de Liége, Gemmenich, Trois-Bourdons, Membach, Jalhay, Rivage de Cheneux.

Dans le grand-duché de Luxembourg, Geronville, Villers-devant-Orval, Florenville, Muno, Sugny, Vianden, Echternach, Schengen et Signeux.

Dans la province de Namur, Javingue, Agimont, Hodrimont et Doiche.

Dans la province de Hainaut, Grandreng, Athis, Audrignies, Harchies, Wihiers, Templeuve, Peck. Givry, Rises-de-Chimay, Blarignies, Leermond, Ranse, Labuissière, Sivry et Hensies.

Dans la province de la Flandre occidentale, Dottignies, Herseaux, Mouscron, Dronkaert, Werwick, Commines, Neuve-Église, Lockert, Waton et Houtem.

5.   50.

5. Als routes of heerebanen, bij den in- en uitvoer van goederen en koopmanschappen aan de landzijde, worden, ingevolge art. 38 van de hierboven vermelde algemeene wet, en met suppressie van alle anderen, bepaald de volgende wegen, rivieren en vaarten, te beginnen van het vreemd grondgebied en omgekeerd, te weten:

De groote weg over de Long Akkerschans, Beesterhamrik, of Nieuw Beerta, Beerta naar en op Winschoten, en verder, langs Scheemda naar en op Zuidbroek.

Het trekdiep of de trekvaart over de Lang Akkerschans naar en op Winschoten, en verder, langs Scheemda naar en op Zuidbroek.

Het trekdiep of de trekvaart van de Lang Akkerschans, langs Winschoterzijl en de rivier de Pekel A, tot naar en op de Oude Pekel A, voorts, langs dezelve en de Nieuwe Pekel A, tot aan het hoofd-kanaal, leidende naar Veendam, langs de Ommelander Compagnie, en verder, langs dat hoofd-kanaal tot Veendam.

De groote weg over de Bourtange, Vlagtwedde, Wedde en Blijham naar en op Winschoten, en verder, langs Scheemda naar en op Zuidbroek.

De zijtak van dien grooten weg, leidende over Hoorn, naar en op de Oude Pekel A, en wijders langs de Oude en Nieuwe Pekel A, over den tolweg van *H.-H. Nap*, en de zuidwendinge naar en op Veendam.

De groote weg over Coevorden, het Loo en Dalen, naar en op Oosterhesselt en verder op Wesup.

De rivier de Vecht, langs Holtheme, Gramsbergen en den Hardenberg naar en op Ommen.

De hessenweg over de Veenebrug, Hardenberg, de Wolf, door de buurschap Arrien naar en op Ommen.

5. Sont désignées comme routes ou grandes routes, pour le transport des denrées et marchandises, qui entrent ou qui sortent du côté de la terre, conformément à l'art. 38 de la loi générale, mentionnée ci-dessus, et avec suppression de toutes autres, les routes, rivières et canaux de navigation, ci-après nommés, en partant du territoire étranger et réciproquement, savoir :

La route qui passe par le Lang Akkerschans, Beesterhamrik, ou Nieuw-Beerta, Beerta, à et jusqu'à Winschoten, et plus loin par Scheemda, à et jusqu'à Zuidbroek.

Le canal de halage passant par le Lang Akkerschans, jusqu'à Winschoten, et plus loin par Scheemda, à et jusqu'à Zuidbroek.

Le canal de halage du Lang Akkerschans, passant par Winschoterzyl, et la rivière le Pekel A, jusqu'au vieux Pekel A, plus loin par la même rivière, et le nouveau Pekel A, jusqu'au chef-canal, conduisant à Veendam, par le Ommelander compagnie, et plus loin par le chef canal jusqu'à Veendam.

La route par Bourtange, Vlagtwedde, Wedde et Blyham, jusqu'à Winschoten, et plus loin par Scheemda, jusqu'à Zuidbroek.

L'embranchement de cette route, conduisant par Hoorn jusqu'à Vieux Pekel A, et plus loin par le Vieux et le Nouveau Pekel A, par le chemin de barrière de *H. H. Nap* et le Zuidwending, jusqu'à Veendam.

La route par Coeverden, le Loo et Dalen, jusqu'à Oosterhesselt, et plus loin jusqu'à Wesup.

La rivière le Vecht, le long de Holthème, Gramsbergen et le Hardenberg, jusqu'à Ommen.

La route dite *Hessenweg* par le Veenebrug, Hardenberg, de Wolf, par le hameau Arrien, jusqu'à Ommen.

De hessenweg over de Veenebrug , en den Hardenberg , om ter laatstgenoemde plaats te worden ingescheept of overgeladen , en vervolgens langs de rivier de Vecht , naar en op Ommen.

De groote wegen van Itterbeeke , Ulsen , Nijenhuisen , Noordhorn, over Latdorp, Ootmarssum, Rentum, Fleringen , Albergen en Almelo ; om ter laatstgenoemde plaats te worden ingescheept of overgeladen , en vervolgens langs de rivier de Regge, naar en op de Nieuwe Brug.

De groote wegen als boven over Latdorp, Ootmarssum , Rentum , Fleringen , Albergen , Almelo en Wierden , tot aan het Rijssenscheveer, het Boomkotte of den Schuilenburg , om op een dezer drie laatstgenoemde plaatsen te worden ingescheept of overgeladen , en vervolgens langs de rivier de Regge , naar en op de Nieuwe Brug.

De groote wegen als boven over Latdorp, Ootmarssum, Rentum, Fleringen , Albergen , Almelo , Wierden en den Schuilenburg, om ter laatstgenoemde plaats te worden ingescheept of overgeladen , en vervolgens langs de rivier de Regge, naar en op de Nieuwe Brug.

De groote wegen als boven over Latdorp, Ootmarssum , Rentum , Fleringen , Albergen , Almelo ou Wierden , naar en op den Schuilenburg , of naar en op het Rijssenscheveer.

De groote wegen als boven over Latdorp, Ootmarssum en Weerselo , tot aan de vaart bij het Loo, om aldaar te worden ingescheept of overgeladen , en vervolgens langs dat vaarwater in de Regge , naar en op de Nieuwe-Brug.

De groote wegen als boven over Latdorp, Ootmarssum , Weerselo en Borne, tot aan het Kotte , het Exoo, het Rijssenscheveer, het Boomkotte of den Schuilenburg, om op eene dezer vijf laatstgenoemde plaatsen te worden ingescheept of overgeladen , en vervolgens langs de rivier de Regge, naar en op de Nieuwe Brug.

La route dite *Hessenweg*, par le Veenebrug et le Hardenberg, pour être embarquées ou transbordées dans cette dernière place; et ensuite, par la rivière le Vecht, jusqu'à Ommen.

Les routes d'Itterbeeke, Ulsen, Nyenhuisen, Noordhoorn, par Latdorp, Ootmarsum, Rentum, Fleringen, Albergen et Almelo, pour être embarquées ou transbordées dans cette dernière place, et ensuite par la rivière le Regge, jusqu'au pont dit *Nieuwe-Brugge*.

Lesdites routes par Latdorp, Ootmarsum, Rentum, Fleringen, Albergen, Almelo et Wierden, jusqu'au Ryssensche Veer, le Boomkotte ou le Schuilenburg, pour être embarquées ou transbordées dans une de ces trois dernières places, et ensuite par la rivière le Regge, jusqu'au Nieuwe-Brugge.

Les susdites routes par Latdorp, Ootmarsum, Rentum, Fleringen, Albergen, Almelo, Wierden et le Schuilenburg, pour être embarquées ou transbordées de cette dernière place, et ensuite par la rivière le Regge, jusqu'au Nieuwe-Brugge.

Les mêmes routes par Latdorp, Ootmarsum, Rentum, Fleringen, Albergen, Almelo et Wierden, jusqu'au Schuilenburg, ou jusqu'au passage d'eau dit *le Ryssensche Veer*.

Les mêmes routes par Latdorp, Ootmarsum et Weerselo, jusqu'au canal près du Loo, pour y être embarquées ou transbordées, et ensuite par ce canal dans le Regge, jusqu'au Nieuwe-Brug.

Les mêmes routes par Latdorp, Ootmarsum, Weerselo et Borne, jusqu'au Kotte, le Exoo, le Ryssensche Veer, le Boomkotte ou le Schuilenburg, pour être embarquées ou transbordées dans une de ces cinq dernières places, et ensuite par la rivière le Regge, jusqu'au Nieuwe-Brug.

De groote wegen als boven over Latdorp, Ootmarssum, Weerselo, Borne, Delden en Goor, en voorts langs den nieuwen dijk of weg, of langs de herberg de Pot, naar en op Markulo.

Zullen nogtans met afwijking in zoo verre van de hierboven omschreven en over Latdorp gerigte routes, des dijnsdags en vrijdags van af zons- op- tot aan zons-ondergang, regelregt uit Itterbeeke en Gietelo, langs den weg loopende van daar door Groot Hesinge over den Berg op Ootmarssum, mogen worden aangevoerd, de turf voor de consumtie der stad Ootmarssum benoodigd, zonder dat daartoe, op die dagen het aandoen van het inklarings kantoor te Latdorp zal vereischt zijn, mits de invoerders dier brandspecien zich onderwerpen aan de bepalingen, welke ten aanzien der rigtige berekening en betaling van de verschuldigde rijks regten zijn of zullen worden gemaakt en daargesteld.

De groote weg over Denekamp, Vaalte en Weerselo tot aan de vaart bij het Loo (om aldaar te worden ingescheept of overgeladen, en vervolgens, langs dat vaarwater en de Regge, naar en op de Nieuwe Brug.

De groote weg over Denekamp, Oldenzaal en Almelo, om ter laatstgenoemde plaats te worden ingescheept of overgeladen, en vervolgens, langs de rivier de Regge naar en op de Nieuwe Brug.

De groote weg over Denekamp, Oldenzaal, Almelo en Wierden, tot aan het Rijssenscheveer, het Boomkotte of den Schuilenburg, om op een dezer drie laatstgenoemde plaatsen te worden ingescheept of overgeladen, en vervolgens, langs de rivier de Regge, naar en op de Nieuwe Brug.

De groote weg over Denekamp, Oldenzaal, Almelo, Wierden en den Schuilenburg, om ter laatstgenoemde plaats te worden ingescheept of overgeladen, en vervolgens, langs de rivier de Regge, naar en op de Nieuwe Brug.

Les mêmes routes par Latdorp, Ootmarsum, Weerselo, Borne, Delden en Goor, et ensuite par la nouvelle digue ou la nouvelle route passant devant le cabaret dit De Pot, jusqu'à Markulo.

En dérogeant cependant à la disposition ci-dessus, concernant l'emploi des routes, passant par Latdorp, il pourra être transporté le mardi et vendredi, entre le lever et le coucher du soleil, directement d'Itterbeke et Gietelo, le long du chemin, qui conduit delà par Groot-Hesinge et den Berg à Ootmarsum, la tourbe nécessaire à la consommation de la ville d'Ootmarsum, sans qu'il soit exigé d'atteindre lesdits jours, le bureau d'entrée de Latdorp, pourvu que les introducteurs de ces combustibles, se soumettent aux dispositions qui sont ou qui peuvent être établies relativement au calcul légal, et le payement des droits dus à l'État.

La route par Denekamp, Vaalte et Weerselo, jusqu'au canal, près du Loo, pour y être embarquées ou transbordées, et ensuite par ce canal et le Regge, jusqu'au Nieuwe-Brug.

La route par Denekamp, Oldenzaal et Almelo, pour être embarquées ou transbordées dans cette dernière place, et ensuite par la rivière le Regge, jusqu'au Nieuwe-Brug.

La route par Denekamp, Oldenzaal, Almelo et Wierden, jusqu'au Ryssensche-Veer, het Boomkotte, ou le Schuilenburg, pour être embarquées ou transbordées dans une de ces trois dernières places, et ensuite par la rivière le Regge, jusqu'au Nieuwe-Brug.

La route par Denekamp, Oldenzaal, Almelo, Wierden et le Schuilenburg, pour être embarquées ou transbordées dans la dernière place et ensuite par la rivière le Regge jusqu'au Nieuwe-Brug.

De groote weg over Denekamp, Oldenzaal, Almelo en Wierden, naar en op den Schuilenburg of naar en op het Rijssenscheveer.

De groote weg over Denekamp, Oldenzaal en Borne, tot aan het Kotte, het Exoo, het Rijssencheveer, het Boomkotte of den Schuilenburg, om op een dezer vijf laatstgenoemde plaatsen te worden ingescheept of overgeladen, en vervolgens, langs de rivier de Regge, naar en op de Nieuwe Brug.

De groote weg over Denekamp, Oldenzaal en Hengelo, tot aan Karelsvaart, het Kattelaer, het Kotte, het Exoo, het Rijssenscheveer, het Boomkotte of den Schuilenburg, om op een dezer zeven laatstgenoemde plaatsen te worden ingescheept of overgeladen, en vervolgens, langs de rivier de Regge, naar en op de Nieuwe-Brug.

De groote weg over Denekamp, Oldenzaal, Hengelo, Delden en Goor, en voorts, langs den nieuwen dijk of weg, of langs de herberg den Pot, naar en op Markulo.

De groote weg over de Poppe, Oldenzaal, en vervolgens, alle diezelfde routes, welke voor de transporten over Denekamp en Oldenzaal zijn voorgeschreven.

De groote weg over de Poppe en Oldenzaal, door de buurschap Saasveld, tot aan de vaart bij het Loo, om aldaar te worden ingescheept of overgeladen, en vervolgens, langs dat vaarwater en de Regge naar en op de Nieuwe-Brug.

De groote weg over de Poppe, Courantepaal, Hengelo, Delden en Goor, en voorts, langs den Nieuwen dijk of weg, of langs de herberg den Pot, naar en op Markulo.

De groote weg over Losser, Oldenzaal, en vervolgens, alle diezelfde routes, welke voor de transporten over Denekamp en Oldenzaal zijn voorgeschreven.

La route par Denekamp, Oldenzaal, Almelo et Wierden, jusqu'au Schuilenburg ou le Ryssensche-Veer.

La route par Denekamp, Oldenzaal et Borne, jusqu'au Kotte, l'Exoo, le Ryssensche-Veer, le Boomkotte, ou le Schuilenburg, pour être embarquées ou transbordées dans une de ces cinq dernières places, et ensuite par la rivière le Regge jusqu'au Nieuwe-Brug.

La route par Denekamp, Oldenzaal et Hengelo, jusqu'à Karelsvaart, le Kattelaar, le Kotte, l'Exoo, le Ryssensche-Veer, le Boomkotte, ou le Schuilenburg, pour être embarquées ou transbordées dans une de ces dernières places, et ensuite par la rivière le Regge, jusqu'au Nieuwe-Brug.

La route par Denekamp, Oldenzaal, Hengelo, Delden et Goor, et ensuite par la nouvelle digue ou route, en passant devant le cabaret le Pot, jusqu'à Markulo.

La route par le Poppe, Oldenzaal, et ensuite toutes les mêmes routes, qui sont désignées pour les transports par Denekamp et Oldenzaal.

La route par le Poppe et Oldenzaal, par le hameau de Saasveld, jusqu'au canal près du Loo, pour y être embarquées ou transbordées, et ensuite par ce canal et le Regge, jusqu'au Nieuwe-Brug.

La route par le Poppe, Courantepaal, Hengelo, Delden et Goor, et ensuite par la nouvelle digue ou route, ou par devant le cabaret le Pot, jusqu'à Markulo.

La route par Losser, Oldenzaal, et ensuite toutes les mêmes routes, qui sont désignées pour les transports par Denekamp et Oldenzaal.

5.   51.

De groote weg over Losser en Oldenzaal, door de buurschap Saasveld, tot aan de vaart bij het Lero, om aldaar te worden ingescheept of overgeladen, en vervolgens, langs dit vaarwater en de Regge, naar en op de Nieuwe-Brug.

De groote weg over Losser, Courantepaal en Hengelo, tot aan Karelsvaart, het Kattelaar, het Kotte, het Exoo, het Rijssenscheveer, het Boomkotte of den Schuilenburg, om op een dezer zeven laatstgenoemde plaatsen te worden ingescheept of overgeladen, en vervolgens, langs de rivier de Regge, naar en op de Nieuwe-Brug.

De groote weg over Losser, Courantepaal, Hengelo, Delden en Goor, en voorts, langs den Nieuwendijk, of weg of langs de herberg den Pot, naar en op Markulo.

De groote weg over Losser, Enschede, Hengelo, Borne en Almelo, om ter laatstgenoemde plaats te worden ingescheept of overgeladen, en vervolgens, langs de rivier de Regge, naar en op de Nieuwe-Brug.

De groote weg over Losser, Enschede; Hengelo, Borne, Almelo, Wierden en den Schuilenburg, om ter laatstgenoemde plaats te worden ingescheept of overgeladen, en vervolgens, de rivier de Regge, naar en op de Nieuwe-Brug.

De groote weg over Losser, Enschede, Hengelo, Borne, Almelo en Wierden, naar en op de Schuilenburg, of naar en op het Rijssenscheveer.

De groote weg over Losser, Enschede, Hengelo, Delden en Goor, en voorts langs den nieuwendijk of weg, of langs de herberg de Pot, naar en op Markulo.

De groote weg over de Glanebrugge en Enschede, en vervolgens alle diezelfde routes welke voor de transporten over Losser en Enschede zijn voorgeschreven.

La route par Losser et Oldenzaal , par le hameau de Saasveld , jusqu'au canal près le Lero , pour y être embarquées ou transbordées , et ensuite par ce canal et le Regge jusqu'au Nieuwe-brug.

La route par Losser , Courantepaal et Hengelo , jusqu'à Karels Vaart, le Kattelaar , le Kotté , l'Exoo , le Ryssensche-Veer , le Boomkotte ou le Schuilenburg , pour être embarquées ou transbordées dans une de ces sept dernières places , et ensuite par la rivière le Regge , jusqu'au Nieuwe-Brug.

La route par Losser, Courantepaal , Hengelo , Delden et Goor, et ensuite par la nouvelle digue ou route, ou par-devant le cabaret le Pot, jusqu'à Markulo.

La route par Losser , Enschedé, Hengelo , Borne et Almelo, pour être embarquées ou transbordées dans cette dernière place , et ensuite par la rivière le Regge , jusqu'au Nieuwe-Brug.

La route par Losser , Enschedé, Hengelo , Borne , Almelo , Wierden et Schuilenburg , pour être embarquées ou transbordées dans cette dernière place , et ensuite par la rivière le Regge , jusqu'au Nieuwe-Brug.

La route par Losser , Enschedé, Hengelo , Borne , Almelo et Wierden , jusqu'au Schuilenburg , ou jusqu'au Ryssensche-Veer.

La route par Losser , Enschedé, Hengelo , Delden et Goor, et ensuite par la nouvelle digue ou route , ou par-devant le cabaret le Pot , jusqu'à Markulo.

La route par le pont dit *Glanebrugge* et Enschedé , et ensuite toutes les mêmes routes qui sont désignées pour les transports par Losser et Enschedé.

De groote weg over den Braam , Haaksbergen , Delden , Almelo , Wierden en den Schuilenburg , om ter laatstgenoemde plaats te worden ingescheept , of overgeladen , en vervolgens langs de rivier de Regge , naar en op de Nieuwe-Brug.

De groote weg over den Braam , Haaksbergen, Delden en Almelo , om ter laatstgenoemde plaats te worden ingescheept of overgeladen , en vervolgens langs de rivier de Regge , naar en op de Nieuwe-Brug.

De groote weg over den Braam , Haaksbergen en Delden , tot aan Karelsvaart , het Kattelaer , het Kotte , het Exoo , het Rijssenscheveer , het Boomkotte , of den Schuilenburg , om op een dezer zeven laatstgenoemde plaatsen te worden ingescheept of overgeladen , en vervolgens langs de rivier de Regge , naar en op de Nieuwe-Brug.

De groote weg over den Braam , Haaksbergen , Delden , Almelo en Wierden , naar en op den Schuilenburg , of naar en op het Rijssensche veer.

De groote weg over den Braam , Haaksbergen en Goor , om ter laatstgenoemde plaats te worden ingescheept , of overgeladen , en vervolgens langs de rivier de Regge , naar en op de Nieuwe-Brug.

De groote weg over den Braam , Haaksbergen en Goor , en voorts langs den nieuwendijk of weg , of langs de herberg den Pot , naar en op Markulo.

De groote weg over den Braam , Haaksbergen en Diepenheim , naar en op Markulo.

De groote weg over Oldenkotten naar Haaksbergen , op Enschede , Delden , Diepenheim of Holten.

De groote weg over Oldenkotten , langs Rekken , over het Loo , Mallemsche haar , Neede , Diepen , Boreuls , Lebbinkbrug,

La route par le Braam, Haaksbergen, Delden, Almelo, Wierden et le Schuilenburg, pour être embarquées ou transbordées dans cette dernière place, et ensuite par la rivière le Regge, jusqu'à Nieuwe-Brug.

La route par le Braam, Haaksbergen, Delden et Almelo, pour être embarquées ou transbordées dans cette dernière place, et ensuite par la rivière le Regge, jusqu'au Nieuwe-Brug.

La route par le Braam, Haaksbergen et Delden, jusqu'à Karelsvaart, le Kattelaer, le Kotte, l'Exoo, le Ryssensche Veer, le Boomkotte, ou le Schuilenburg, pour être embarquées ou transbordées dans une de ces sept dernières places, et ensuite par la rivière le Regge, jusqu'au Nieuwe-Brug.

La route par le Braam, Haaksbergen, Delden, Almelo et Wierden, jusqu'au Schuilenburg, ou jusqu'au Ryssensche-Veer.

La route par le Braam, Haaksbergen et Goor, pour être embarquées ou transbordées dans cette dernière place, et ensuite par la rivière le Regge, jusqu'au Nieuwe-Brug.

La route par le Braam, Haaksbergen et Goor, et ensuite par la nouvelle digue ou route, ou par-devant le cabaret le Pot, jusqu'à Markulo.

La route par le Braam, Haaksbergen et Diepenheim, jusqu'à Markulo.

La route par Oldenkotten à Haaksbergen, sur Enschedé, Delden, Diepenheim ou Holten.

La route par Oldenkotten, Rekken, le Loo, Mallemsche Haar, Neede, Diepen, Bovenlo, Lebbinkbrug, Dollenhoed;

Dollenhoed óf door Nettelhorst, op Lochem, of ook van Nede, op Diepenheim en Marculo, de groote weg op Holten.

De rivier de Berkel.

De groote weg over Oldenkotten, door Rekken, langs den windmolen op Eijbergen, Batenhek, Borkulo, Lebbinkbrug, Dollenhoed, of van Eijbergen, de groote weg door Haarlo, Geesteren, Nettelhorst op Lochem, of ook van Eijbergen op Nede, en verder, langs een der heerebanen.

De groote weg over Rekken, ten zuiden, langs de rivier de Berkel op Eijbergen, en vervolgens van daar een der heere-banen.

De groote weg door den Holterhoek, naar en op Eijbergen, en verder, langs een der heerebanen.

De groote weg door den Holterhoek naar en op Groenlo, Batenhek, Borculo, en verder, langs een der heerebanen, of ook op Lichtenvoorde, binnenwaards en verder, langs een der heerebanen.

De weg over Huppel, Groothuizerbrug, ten noorden, langs den bataafschenmolen naar en op Winterswijk.

De weg over Kotten, Bikkelbrug, Rietbrug en Hooiting-brug, langs Wassing en Eling, naar en op Winterswijk.

Van Winterswijk over den dijk naar Groenlo, en van daar, over de heerebanen.

Van Winterswijk den grooten weg langs het Schaar op Lichtenvoorde, Ratstaak, Landeweerd, Zelhem, Hengelo, Drosterij, over de Voelegatsbrug, of over Vorden, naar Zutphen, of ook van Zelhem op den Wittenbrink, langs Hummelo door Drempt, Doesborgh en over den straatweg naar Arnhem.

ou par Nettelhorst, sur Lochem ; ou aussi de Neede sur Diepenheim et Markulo, la route sur Holten.

La rivière le Berkel.

La route par Oldenkotten, Rekken, le long du moulin-à-
vent sur Eybergen, Batenhek, Borkulo, Lebbinkbrug, Dollenhoed, ou de Eybergen, la route par Haarlo, Geesteren, Nettelhorst, sur Lochem ; ou aussi d'Eybergen sur Nede, et ensuite par l'une des grandes routes.

La route laissant Rekken au sud, le long de la rivière le
Berkel sur Eybergen, et delà, par une des grandes routes.

La route par le Holterhoek jusqu'à Eybergen, et ensuite
par une des grandes routes.

La route par le Holterhoek jusqu'à Groenlo, Batenhek,
Borculo, et ensuite par une des grandes routes, ou aussi sur
Lichtenvoorde, par l'intérieur, et puis, par une des grandes
routes.

La route par Huppel, Groot-Huizerbrug, au nord, le long
du moulin dit *Bataafsche molen*, jusqu'à Winterswyk.

La route par Kotten, Bikkelbrug, Rietbrug, Hooitingbrug,
Wassing et Eling, jusqu'à Winterswyk, de Winterswyk, par
la digue à Groenlo, et delà, par les grandes routes de Winterswyk, la route le long du Schaar sur Lichtenvoorde, Ratstaak, Landeweerd, Zelhem, Hengelo, Drostery, par le Voelegatsbrug, ou par Vorden sur Zutphen, ou aussi de Zelhem
au Wittenbrink, par Hummulo, passant Drempt, Doesborgh,
et par la chaussée sur Arnhem.

De groote weg van Doesborgh op Dieren , en verder , op Laagsoeren , ook over Dieren , langs den nieuwen straatweg op Brummen en Zútphen.

De groote weg loopende langs de Kruiskapel , tót aan de Kieftbutte en van daar westwaards , dwars over de heide , en voorts , den grooten weg door het Aaltenschebroek naar en op Aalten.

De groote weg over Dinxperlo , Veerbeekbrug , door IJzerlo , en het Aaltenschebroek naar en op Aalten.

Van Aalten , den grooten weg op de Ratstaak , en verder langs een der heerebanen.

De groote weg over Dinxperlo , door het Bredenbroek , langs Zilvolde op Terborgh , Doetinchem , Hummelo , Toldijk , naar en op de Baakschebrug , of , bij hoogwater van Doetinchem op Zelhem , Hengelo , Vorden , of ook van Doetinchem op Laag Keppel en Drempt , en verder , langs een der heerebanen.

De rivier den Ouden IJssel.

De groote weg van Gendringen , Ulft en Zilvolde , naar en op Terborgh , en verder , langs een der heerebanen.

De groote weg over 's Heerenberg , Zeddam , Doetinchem , en verder , langs een der heerebanen.

De groote weg over 's Heerenberg , den Bosch , door het Beekscheveld , Meikamer , de Heeg , op Doesburg , of over Wehl , op Laag Keppel , of ook op Hummelo , en verder , langs eene der heerebanen.

De groote weg over Babberik , langs den jager , door Dijk , Didam , Buurtschap Lool , Angerlo op Doesborgh.

La route de Doesborgh à Dieren, et delà à Laagsoeren, aussi en passant Dieren, par la nouvelle chaussée sur Brummen et Zutphen.

La route, passant devant le Kruiskapel, jusqu'au Kiefthutte, et delà, vers l'ouest, à travers la bruyère, et puis la grande route, traversant le Aaltensche-Broek jusqu'à Aalten.

La route par Dinxperlo et le pont dit *Veerbeekbrug-Yzerlo*, et le Aaltensche-Broek, jusqu'à Aalten.

D'Aalten, la route sur le Ratstaak, et puis par une des grandes routes.

La route par Dinxperlo, passant par le Bredenbroek, le long de Zilvolde sur Terborgh, Doetinchem, Hummelo, Toldyk, jusqu'au pont dit *Bauksche-Brug*; ou dans le cas de grandes eaux, de Doetinchen jusqu'à Zelhem, Hengelo, Vorden, comme aussi de Doetinchem, jusqu'à Laagkeppel et Drempt, et puis, par une des grandes routes.

La rivière le Vieux-Yssel.

La route de Gendoingen, Ulft et Zilvolde, jusqu'à Terborgh, et puis par une des grandes routes.

La route par 's Heerenberg, Zeddam, Doetinchem, et puis par une des grandes routes.

La route par 's Heerenberg, den Bosch, en passant par le Reeksche-Veld, Meikamer, de Heeg, jusqu'à Doesburg, ou par Wehl jusqu'à Laagkeppel, comme aussi jusqu'à Hummelo, et puis par une des grandes routes.

La route par Babberik, le long du Chasseur, en passant par Dyk, Didam, le hameau Lool et Angerlo, jusqu'à Doesborg.

5. 52.

De groote weg over Babberik op Zevenaar, Duiven, Westervoort, Arnhem, de straatweg op Wageningen.

De groote weg van Arnhem op Deventer, langs ter Let.

De groote weg van Arnhem door den Ligtenbeek, langs Reems op Otterloo.

De groote weg van Arnhem door den Ligtenbeek op de Ginkel.

De groote weg over den Spijkschen-dijk, de Tolkamers en Lobith, naar en op Pannerden, den Rijnbandijk over Angeren, Huissen, Elden, naar en op Arnhem, of van Huissen over het Malburgenscheveer, naar Arnhem, of ook van Pannerden den Waalbandijk op Nijmegen.

De rivier de Rijn.

De rivier de Waal.

De rivier den IJssel.

De groote weg van Bimmen over Millengen op Keekerdom, en wijders, langs den Waalbandijk, naar en op Nijmegen.

De groote weg uit Duitschland, over Bergendaal, naar en op Nijmegen, of wanneer de nieuwe straatweg zal zijn tot stand gekomen, alsdan over denzelven op beek en Ubbergen, naar Nijmegen.

Van Nijmegen, langs den regter Waalbandijk, tot aan den binnenweg op Hemmen, Lekskenveer, naar Wageningen of over Hien en Doodewaard, naar Thiel, langs den linkerwaal Bandijk op Druten, of langs den Teersdijk en Nederasselt, naar Grave, en voorts op den Schaijkschenhoek, over de bedding van den steenweg van Grave, 's Hertogenbosch.

La route par Babberik à Zevenhar, Duiven, Westervoort, Arnhem, la chaussée sur Wageningen.

La route de Arnhem, à Deventer par ter Let.

La route de Arnhem, par le Ligtenbeek et Reems à Otterloo.

La route de Arnhem par le Ligtenbeek, jusqu'au Ginkel.

La route par la digue dite *le Spykschendyk*, *les Tolkamers* et *Lobith*, jusqu'à Pannerden. La digue dite *Rynbandyk* par Angeren, Huissen, Helden jusqu'à Arnhem, et de Huissen, en traversant le passage d'eau dit *le Malburgensche-Veer* jusqu'à Arnhem; ou aussi de Pannerden et le Waalbandyk jusqu'à Nimègue.

La rivière le Rhin.

La rivière le Waal.

La rivière l'Yssel.

La route de Bimmen, par Millingen, sur Kekerdom, et puis le long de la digue dite *Waalbandyk*, jusqu'à Nimègue.

La route d'Allemagne par Bergendaal, jusqu'à Nimègue, ou par la nouvelle chaussée, lorsque celle-ci sera achevée, sur Beek et Ubbergen, jusqu'à Nimègue.

De Nimègue, le long de la digue de droite dite *Regter Waalbandyk*, jusqu'au chemin intérieur, sur Hemmen, Lekkenveer à Wageningen, ou par Hien et Doodewaard sur Thiel, le long de la digue de gauche dite *le Linker Waalbandyk* à Druten, ou le long de la digue dite *Teersdyk* et *Nederasselt* à Grave, et puis le Schaykschen hoek, par le lit de la chaussée de Grave, jusqu'à Bois-le-Duc.

Van Nijmegen over den Griftdijk, langs Lent, Elst en Elden op Arnhem.

Van Nijmegen langs den Bandijk op Bemmel, en verder over de Karbrug op Huissen.

De weg over Groesbeek, naar en op Mook, en van daar, de weg over Heumen, Overasselt, Nederasselt op Grave, en voorts langs eene der heerebanen.

Dezelfde weg van Grave, over de groote baan op Ravestein en Megen, langs Velp, en door Dennenburg. In den winter en bij hoog water zal in plaats van gezegde groote baan de Maasdijk op Ravestein en Megen, mogen gevolgd worden.

De weg over Groesbeek, over de Oude Mookschebaan, naar en op Nijmegen.

De hiervoren opgenoemde weg van Groesbeek op Mook, en van daar over het veer van Katwijk op Grave.

De weg van Cranenburg, op Kessel en Gennip, over het veer te Oeffelt, en voorts over Kuik op Grave.

De weg over de Hekkens, Ostersum, naar en op Gennip, op de zoogenaamde *Steenebrug*, en van daar, door het gehucht Milsbeek, langs den Plasmolen, naar en op Mook; of van Gennip op Heijen, over het groote veer van Boxmeer, op Oploo, en van daar, door de Peel den grooten weg op Gemert en Helmond.

De weg van Kevelaar op Well, over het veer aldaar, langs Geisteren, Maasbees en Vierlingsbeek, door de Peel op Oploo, en voorts de bovengenoemde route op Gemert en Helmond.

De evengemelde weg over het veer te Well, langs Geesteren, Maasbees, Vierlingsbeek, Lambeek, Boxmeer, Beugen, Oeffelt en Kuik, op Grave.

De Nimègue, par la digue dite *le Griftdyk*, par Lent, Elst et Elden, sur Arnhem.

De Nimègue, par la digue dite *Bandyk*, sur Bemmel, et puis par le pont dit *Karbrug*, sur Huissen.

La route par Groesbeek, jusqu'à Mook, et delà, la route par Heumen, Overasselt, sur Grave, et puis, par l'une des grandes routes.

La même route de Grave, par la grande route sur Ravestein et Megen, par Velp, et Dennenburg.

L'hiver et par les grandes eaux, au lieu de ladite grande route, on pourra suivre la digue dite *le Maasdyk*, conduisant à Ravestein et Megen.

La route par Groesbeek, par la vieille route de Mook, jusqu'à Nimègue.

La route de Groesbeek sur Mook, nommée ci-dessus, et delà, par le passage d'eau de Katwyk, à Grave.

La route de Cranenburg sur Kessel et Gennip, par le passage d'eau à Oeffelt, et ensuite par Kuik sur Grave.

La route par les Hekkens, Ostersum, jusqu'à Gennip, par le pont dit *Steenebrug*, et delà, par le hameau de Milsbeek, le long du moulin dit *Plasmolen*, jusqu'à Mook, ou de Gennip à Heyen, par le grand passage d'eau de Boxmeer sur Oploo, et delà, par le Peel, la grande route sur Gemert et Helmond.

La route de Kevelaar à Well, par le passage d'eau de ce dernier endroit, par Geesteren, Maashees et Vierlingsbeek, par le Peel à Oploo, et puis la route de Gemert à Helmont, nommée ci-dessus.

La route susmentionnée par le passage d'eau à Well, par Geesteren, Maashees, Vierlingsbeek, Lombeek, Boxmeer, Beugen, Oeffelt et Kuik à Grave.

De rivier de Maas van Mook, tot Maastricht.

De weg van Kevelaar, langs de leggraaf, en langs de windmolen tot Well, van daar, over de Maas, door de gemeenten
van Wansum en Oostrum, tot Venrooij, van daar, 1° op 's
Hertogenbosch, langs de baan van Milhezen en Bakel, en
2° op Helmond, langs de baan van Deurne.

De baan van Gelderland, langs Walbeek, en over de brug
van Stralen, tot Aarsen, van daar, over het veer van de Maas,
naar Broekhuijzen, Tenraaij, en Oirlo, tot Venrooij.

De groote weg op Gelderland, over Stralen op Venlo, en
die van Keulen, over Kaldepkirchen op Venlo, van daar, over
de Maas, Horst en Kastenraij, naar en op Venrooij.

De groote weg over het veer van de Maas op Venlo, naar
Blierik, Maasbree en Helden, tot Meijel, van daar, op Eindhoven 's Hertogenbosch, over de baan, van Asten en Deursen.

De groote weg op Steijl, over de Maas, en de gemeenten
van Baerlo, Kessel, Neer, Heijthuizen en Leveroij, naar en
op Weerdt, van daar, over Maashees, op Eindhoven en 's Hertogenbosch, en over Hamont en Achel, op Turnhout en Breda.

De weg van het veer van de Maas tot Steijl, naar de gemeente van Baarlo en Helden, naar en op Meijel.

De weg van het veer van Steijl, naar de gemeenten van
Baarlo, Kessel, Neer, Heijthuizen en Leveroij, naar en op
Weert.

De groote weg van Keulen over Bracht, langs de Kivit,
tot Reuver, door het gehucht Leeuwen, het veer over de
Maas, te Kessel, en de gemeente van Helden, naar en op
Meijel.

De weg alsvoren, tot aan het veer van Kessel, van naar
Heer, Heythuizen, en Leveroij, naar en op Weert.

La rivière la Meûse , de Mook à Maastricht.

La route de Kevelaar par le Leggraaf, le long du moulin-
à-vent, jusqu'à Well; delà , en passant la Meuse, par les communes de Wansum , Oostrum , jusqu'à Venroy ; delà , 1° à
Bois-le-Duc, sur la route de Milhezen et Bakel , et 2° à Helmond , par celle de Deurne.

La route de Gueldre par Walbeek , et par le pont de Stralen jusqu'à Aarsen ; delà , par le passage de la Meuse à Broek-
huizen , Tenraay et Oirlo jusqu'à Venrooy.

La grande route de Gueldre par Stralen à Venlo , et celle
de Cologne par Kaldenkirchen , aussi à Venlo ; delà , en passant la Meuse par Horst et Kastenray, jusqu'à Venroy.

La grande route , par le passage de la Meuse à Venlo , sur
Blierik , Maasbrée , Helden , jusqu'à Meyel ; delà , sur Eindhoven et Bois-le-Duc , par les routes d'Asten et Deursen.

La grande route sur Steyl , par le passage de la Meuse et
les communes de Baerlo , Kessel , Neer , Heythuysen et Leveroy , jusqu'à Weert; delà , par Maashees sur Eindhoven et
Bois-le-Duc , et par Hamont et Achel , sur Turnhout et Breda.

La route qui conduit du passage de la Meuse à Steyl , aux
communes de Baerlo et Helden , jusqu'à Meyel.

La route qui conduit du passage de Steyl , aux communes
de Baerlo, Kessel , Neer , Heythuisen et Leveroy , jusqu'à
Weert.

La grande route de Cologne par Bracht, et le Kivit , jusqu'au Reuver ; delà , par le hameau Leeuwen , le passage de
la Meuse à Kessel , et la commune de Helden jusqu'à Meyel.

Même route que la précédente, jusqu'au passage de Kessel; delà , à Neer, Heythuysen et Leveroy jusqu'à Weert.

De groote weg van Breijel, die van Kolderkirchen, die van Elempt over Swolmen, naar Roermonde.

De groote weg van Wassenberg, langs de Kivit, over Herkenbosch naar Roermonde.

De groote weg van Heinsberg over Posterholt, en de Odielienberg naar Roermonde.

Van Roermonde, de weg loopende over het veer van de Maas, te Halen en Roggel, naar en op Meijel.

De weg van [Roermonde, loopende over het veer van de Maas over Horn en Baxem, naar en op Weert.

De weg van Ool over de Maas, de gemeenten van Beegsen, Vanheel, Ittervorst, Nenker, en Kinraij, naar en op Bree, van daar op Eindhoven, over Boekholt.

De weg van Walfucht, over de brug van Pepin, Scheelberg, Stevenweert, Geijstingen, Neeritter, en Stamprooij, naar en op Weert.

Van Schelberg op Bree, de weg alsvoren tot aan Neeritter, en van daar, over Kinraaij, naar en op Bree.

De weg van Gangelt, over Sittard, Limbregt, Born, Vischerweerd, Mazijk, Ophoven, Neeritter en Stamproij, naar en op Weerd.

Van Sittard naar Bree, de weg alsvoren tot aan Mazijk, en van daar, over Neerouteren en Opitteren, naar en op Bree.

Dezelve weg over Sittard, Hamers, Berg, Stokkem, Dilsen, Neerouteren en Opitteren, naar en op Bree.

(417)

La grande route de Breyel, celle de Kaldenkirchen et celle de Elempt par Zwalmen à Ruremonde.

La grande route de Wassenberg par le Kivit et par Herkenbosch à Ruremonde.

La grande route de Heinsberg par Posterholt, et Odilienberg à Ruremonde.

De Ruremonde, la route qui conduit du passage de la Meuse à Halen, et Roggel jusqu'à Meyel.

La route qui conduit du passage de la Meuse à Horn et Baxem, jusqu'à Weert.

La route d'Ool, par le passage de la Meuse, les communes de Beegden, Panheel, Ittervorst, Neeritter et Kinray, jusqu'à Brée ; delà, à Eindhoven par Boekholt.

La route de Walfucht par le pont Pepin, Scheelberg, Stevensweert, Geystingen, Neeriter et Stamproy, à Weert.

Même route que dessus jusqu'à Neeriter ; et delà, par Kinray à Brée.

Route de Gangelt par Sittard, Limbregt, Born, Vischerweert, Mazyk, Ophoven, Neeriter et Stamproy à Weert.

Même route jusqu'à Mazyk, et delà, par Neer-Oeteren et Opitteren à Brée.

Même route par Sittard, Hamers, Berg, Stokkem, Dilsen, Neer-Oeteren et Opitteren à Brée.

5.   53.

De weg van Gangelt en Weer, over Sittard, loopende over de heide (groet heide), over Beek en Kruisberg, naar en op Wijk.

De weg loopende van Geijlenkirchen, over de heide op Nieuwenhage, Heerlen, Kundert, Klimmen, Fauquemont, Berg en Schaarn, naar en op Wijk.

De weg van Rolduc op Maastricht, over Kerkerade, Walkenhousen, Heerlen, Kundert, Klimmen, Fauquemont, Berg en Schaarn, naar en op Wijk.

De groote weg van Aken op Maastricht, over Locht, Walkenhouzen, Heerlen, Kundert, Klimmen, Fauquemont, Berg en Schaarn, naar en op Wijk.

De groote weg van Aken op Maastricht, over Neerweiller, Partij, Galloppe, Mergeraten, Keer en Schaarn, naar en op Wijk.

De weg van Aken op Maastricht, over Vaels, Villen, Partij, Galoppe, Mergeraeten, Keer en Schaarn, naar en op Wijk.

De weg van Hasselt op Buggenam, Neer, Nunhem en Halen.

De weg van Vloodorp, Montfort, Maasbrocht, de Lenne en Meerem, op Herlen, Ool, en het veer aan de Maas, naar en op Beegden.

De weg van Wassenberg op Roermonde, over Herkenbosch en Melick.

De weg van Gangelt, over Schienveld, op Amstenrade en Nuth.

La route de Gangelt, Weer, par Sittard, par la bruyère (Groetheide), par Beek et Kruisberg à Wyk.

La route conduisant de Geylenkirchen, par la bruyère à Nieuwenhagen, Heerlen, Kundert, Klimmen, Fauquemont, Berg et Schaarn jusqu'à Wyck.

La route de Rolduc à Maestricht, par Kerkerade, Valkenhousen, Heerlen, Kundert, Klimmen, Fauquemont, Berg et Schaarn, jusqu'à Wyck.

La grande route d'Aix-la-Chapelle à Maestricht, par Locht, Walkenhouzen, Heerlen, Kundert, Klimmen, Fauquemont, Berg et Schaarn, jusqu'à Wyck.

La grande route d'Aix-la-Chapelle à Maestricht, par Niesweiller, Partey, Galoppe, Mergeraeten, Keer et Schaarn, jusqu'à Wyck.

La route d'Aix-la-Chapelle à Maestricht, par Vaels, Villen, Partey, Galoppe, Mergeraeten, Keer et Schaarn, jusqu'à Wyck.

La route de Hasselt sur Buggenam, Neer, Nunhem et Halen.

Celle de Vloodorp, de Montfort, de Maasbrocht, de Lenne et Meerem sur Herlen, Ool et le passage de la Meuse, qui conduit à Beegden.

Celle de Wassenberg à Ruremonde, passant par Herkenbosch et Melick.

La route de Gangelt par Schienveld, conduisant à Amstenrade et Nuth.

De weg van Berg op Boeckholt, Sempelveld, Buschenhou- sen en Drintellen, naar en op Wilzé.

De groote weg van Aken op Luik, over Henrij-Chapelle en Aigneux.

De groote weg van Malmedy op Luik, over Françorchamps en Louvegné.

De weg van Aken op Verviers, over de plaats genaamd *les Trois-Bourdons*, naar en op Dolhain Balen.

De baan van Eupen (Neau) naar Verviers, over Membach, naar en op Dolhain Balen.

De weg van Malmedy naar Stavelot, langs de hofsteden Bainota en Mista, en over de brug van Chesneux.

De weg, welke van dien van Aken naar Vaels, langs het jagthuis van Beek en de paal n^r 192, tot aan Gemmenich loopt.

Wordt insgelijks voor het vervoer van goederen aan de regten onderhevig, anders, dan met voertuigen geschiedende, toegestaan de weg langs het gewone voetpad, 't welk op den afstand van 460 ellen westwaards de grenspaal n^r 192 van de voornoemde groote weg afleidt, en loopt langs de kapel van St.-Anna, en hofsteden van Frank en Flas, en op den gemel- den weg van Gemmenich weder uitkomt.

De weg van Sourbrood naar Jalhaij, langs de grenspaal n^r 154, het Groote Kruis, en de huizen genaamd *Dolhain- Pont*.

De groote weg van Recht (Pruissen), langs Petithier, la Neuville, Vielsalm, Rincheux en Regné, tot daar alwaar de weg van dat dorp op Samre de route kruist van Luik naar Houffalize.

La route de Berg à Boeckholt, Sempelveld, Buschenhousen et Drintellen à Wilzé.

La grande route d'Aix-la-Chapelle à Liége, par Henry-Chapelle et Aigneux.

La grande route de Malmedy à Liége, par Francorchamps et Louvegné.

La route d'Aix-la-Chapelle à Verviers, par la place nommée *les Trois-Bourdons*, jusqu'à Dolhain-Balen.

La route de Néau à Verviers par Membach, jusqu'à Dolhain-Balen.

La route de Malmedy à Stavelot, par les fermes de Bainota et Mista, et par le pont de Chesneux.

La route qui part de celle d'Aix-la-Chapelle à Vaels, par la maison de chasse de Beek, et le poteau indicatif, n° 192, jusqu'à Gemmenich.

Il est également permis pour le transport des denrées assujetties aux droits autrement que par voiture, de prendre le sentier ordinaire, qui à une distance de 460 aunes à l'ouest, du poteau indicatif n° 192, part de la susdite route, va par la chapelle de Ste.-Anne, les fermes de *Frank* et *Flas*, et qui aboutit à la même route de Gemmenich.

La route de Sourbrood à Jalhay, le long du poteau indicatif n° 154, la grande croix et les maisons nommées *Dolhain-Pont*.

La route de Recht (Prusse) par Petitthier, la Neuville, Vielsalm, Rincheux et Regné, jusqu'à l'endroit où le chemin de ce village à Samré, croise la route de Liége à Houffalize.

De weg van Keulen en van Aken (Pruissen), naar Bastogne, langs Behault (la Baraque), Degfeld, Haut-Bellin en Froijne.

De weg van Oaren (Pruissen), naar en op Weiswampach.

· De weg van Keulen op Weiswampach, als de bovengemelde, over Heijnenscheid, Hosingen, Honscheid, Erpeldinge, Ettelbruck en Niederschiren.

De weg van Trier naar Luxemburg, over Wasserbillig, Grevenmacher, Roodt en Niederauwen.

De weg van Sarreburg en Sarre-Louis naar Luxemburg, over Remich, Bons, Oetringe en Sandweijler.

De groote weg van Thionville (Vrankrijk) naar Luxemburg, over Frisange, Atzingen, Hesperinge en Hollerich.

De weg van Audun (Vrankrijk) naar Luxemburg, over Esch, Steinbrucken en Hollerich.

De groote weg van Longwij (Vrankrijk) naar Luxemburg, over Aubange, Athis, Pattinge, Bascharage, Schoaweijler, Dippach en Merl.

De groote weg van Longwij (Vrankrijk) naar Arlon, over Aubange, Bascharage en Differt.

De weg van Malmaison (Vrankrijk) naar Arlon, door het bosch van Goeville, en de gemeenten van St.-Maid, Oud-Virton, Virton, Ethé, St.-Leger et Chatillon.

De weg van Montmedy (Vrankrijk), loopende van Thonne-la-long op Arlon, langs het bosch, genaamd *du Bentier*, latende ter regter het dorp Dampecourt, en ter linkerzijde Virton, en Oud-Virton liggen, loopende over de beek, genaamd *le Ton*, langs de Fontein Martijn, en uitkomende op den grooten weg bij de brug, over de voorn. beek le Ton, en den molen te St.-Maid.

La route de Cologne et d'Aix-la-Chapelle (Prusse), à Bastogne, par la baraque de Behault, Degfeld, Haut Bellain et Froyne.

La route d'Ouren (Prusse), à Weiswampach.

Celle de Cologne, au même endroit et toutes deux delà par Heynenscheid, Hosingen, Honscheid, Erpeldinge, Ettelbruck et Niederschieren.

La route de Trèves (Prusse) à Luxembourg par Wasserbillig, Grevenmacher, Roodt et Niederauwen.

La route de Sarrebourg et Sarre-Louis (Prusse) à Luxembourg, par Remich, Bons, Oetringe et Sandweijler.

La grande route de Thionville (France) à Luxembourg, par Frisange, Atzingen, Hesperinge et Hollerich.

La route d'Audun (France) à Luxembourg, par Esch, Steinbrucken et Hollerich.

La grande route de Longwij (France) à Luxembourg, par Aubange, Athis, Pettinge, Bascharage, Schonweijler, Dippach et Merl.

La grande route de Longwij (France) à Arlon, par Aubange, Bascharage et Differt.

La route de Malmaison (France) à Arlon, par le bois de Gueville et les communes de St.-Maid, Vieux-Virton, Virton, Ethé, St.-Leger et Châtillon.

La route de Montmery (France) et venant de Thonne-la-Long, à Arlon, longeant le bois dit *du Rentier*, laissant à droite le village de Dampicourt, et à gauche Virton et Vieux Virton, traversant le ruisseau le Ton, passant près de la fontaine Martin et joignant la grande route près du pont sur le Ton et le moulin à St.-Maid.

De wegen van Malmaison en Thonnelalong , naar Habaij-la-Neuve, op Virton , zoo als hiervoren is gemeld , en van die gemeente de weg volgende van Etalle , door dezelve gemeente heen loopende , en aldaar over de Semois , tot aan Habaij-la-Neuve , alwaar dezelve zich vereenigt met den grooten weg der Nederlanden.

De groote weg van Sedan (Vrankrijk), naar de Nederlanden , langs de hofstede genaamd *de Windmolen* , over Bouillon en Paliseul , tot aan Recogne , alwaar deze weg zich vereenigt met dien van Dinant op Luxemburg.

De weg van Sedan (Vrankrijk), langs de hofstede, genaamd de *Windmolen* , tot aan Bouillon , en de weg van die stad, door het dorp de Bievre op Vonesch.

De weg van Dasbourg (Pruissen), naar Hosingen , van de brug op de Our , over Roderhausen.

De weg van Neurenburg (Pruissen), door Roth , naar en op Vianden.

De weg van Bitbourg naar Luxemburg , over Echternach , het gemeente bosch van die stad , de dorpen van Zittig en Roodt, op den weg van Trier naar Luxemburg.

Langs de rivier , de haven van Schenge , en langs de landzijde , de weg van Bascontz (Vrankrijk), over Redlingen, naar en op Schenge.

De weg van Ville (Vrankrijk), langs de grenspaal , naar en op het dorp Signeulx.

De weg van Breux (Vrankrijk), naar Geronville , over de beek la Planchette, langs de grenspaal , latende aan de regterzijde la Croix , en aan de linkerzijde bij het inkomen van het dorp la Forgette du Cloutier.

Ces deux routes de Malmaison et de Thoune-la-Long (France) à Habay-la-Neuve, en allant à Virton, comme il est indiqué ci-dessus, et de cette commune, en suivant la route d'Etalle, traversant cette commune et y passant la Semois, jusqu'à Habay-la-Neuve, où elle rejoint la grande route des Pays-Bas.

La grande route de Sedan (France) à l'intérieur, passant auprès de la baraque dite *le Moulin-à-vent*, par Bouillon et Palizeul jusqu'à Recogne, où elle rejoint la route de Dinant à Luxembourg.

La route de Sedan (France) à l'intérieur, passant auprès de la baraque, le moulin-à-vent, jusqu'à Bouillon ; de cette ville, la route allant par le village de Bièvre à Voneche.

La route de Dasbourg (Prusse) à Hosingen, du pont de l'Our, par Roderhausen.

Le chemin de Neurenbourg (Prusse) par Roth et Vianden.

La route de Bitbourg à Luxembourg, par Echternach, le bois communal de cette ville, le village de Zittig et celui de Roodt, sur la route de Trèves à Luxembourg.

Par rivière, le port de Schengen, et par terre, la route de Bascontz (France) par Redlingen à Schengen.

La route de Ville (France) passant près du poteau indicatif, au village de Signeux.

La route de Breux (France) à Geronville, par la Planchette (ruisseau), passant le poteau indicatif, laissant à droite la Croix, et sur la gauche, à l'entrée du village, la Forgette du cloutier.

5. 54.

De weg van Fagnij (Vrankrijk), latende aan de linkerzijde de grenspaal , het dorp , en den molen van Limes , en een weg , genaamd *la Chapelle* , vervolgende tot aan Geronville.

De weg van Margny (Vrankrijk) , naar en op Villers devant Orval , loopende over de brug van Rochet , ter plaatse van de grenspaal denzelfden weg volgende , latende aan de linkerzijde den molen en de kerk van Villers liggen.

De weg van Carignan (Vrankrijk) , op Villers devant Orval, over den weg van Moirij (Vrankrijk) , naar het bosch , genaamd *le Baron* , latende aan de linkerzijde de huizen van *Fiacre Gerard* , van *Nicolas Nicolas* , en de kerk liggen , tot aan het kantoor.

De weg van Carignan (Vrankrijk), langs de grenspaal, en het bosch , genaamd *Beaublanc* , tot aan de scheiding van den weg van Mocque, alwaar men den grooten weg inslaat, latende aan de linkerzijde de Kalvarienberg, tot aan het dorp Florenville.

De weg van Florenville , langs de zagerij , genaamd den molen van Willière, gaande door de bosschen, genaamd *le Haut-Chemin* , *les Glairs-Chênes* , *nos Cornets* , en *Laplaine* , latende aan de regter zijde den grooten weg van Orval , het dorp van Florenville inkomende , langs de straat, genaamd *Miroir*.

De weg van Sedan (Vrankrijk), loopende over de hoogten van Fontenville en Chassepierre, latende ter linkerzijde het bosch genaamd *la Consigne* , tot aan het dorp van Florenville.

De weg van Carignan (Vrankrijk), loopende langs de grenspaal de platinerie de Muno, en den weg van Messincourt, tot aan het dorp Muno.

De weg van Sedan (Vrankrijk), loopende langs de grenspaal, en de baan op het dorp Sugny.

La route de Fagny (France), laissant à gauche le poteau indicatif, le village et le moulin de Limes, en suivant le chemin dit *la Chapelle*, jusqu'à Geronville.

La route de Margny (France) à Villers devant Orval, passant au pont de Rocket, à l'endroit du poteau indicatif, suivant le même chemin, laissant à gauche le moulin et l'église de Villers.

La route de Carignan (France) à Villers devant Orval, par le chemin de Moiry (France), au bois le Baron, laissant la maison de *Fiacre Gerard*, celle de *Nicolas Nicolas*, et l'église à gauche, jusqu'au bureau.

La route de Carignan (France), par le poteau indicatif, longeant le bois dit *Beau-Blanc*, jusqu'à l'embranchement du chemin de Mocque, où l'on prend la grande route, laissant le Calvaire à gauche, jusqu'au village de Florenville.

La route de Williere à Florenville, par la scierie dite *le Moulin de Willière*, traversant le bois dit *le Haut-Chemin*, *les Clairs-Chênes*, dits *nos Cornets* et *Laplaine*, laissant à droite le grand chemin d'Orval, entrant au village de Florenville, par la rue du Miroir.

La route de Sedan (France), passant les hauteurs de Fontenville et de Chasse-Pierre, laissant sur la gauche le bois de la Consigne, jusqu'au village de Florenville.

La route de Carignan (France), passant le poteau indicatif, la Platinerie de Muno, et le chemin de Messincourt, jusqu'au village de Muno.

La route de Sedan (France), passant par le poteau indicatif, le chemin direct jusqu'au village de Sugny.

De weg van Charleville (Vrankrijk) op Sugny, loopende langs de grenspaal, en volgende den gewonen weg, tot aan het dorp Sugny.

De weg van Givet, over de brug van Massambre door Heer, over de brug van Wanée, door de bosschen van Ermesies en Naiven, langs de plaats genaamd *de Vier-Wegen*, op Falmignoul en Dinant, en van daar op Namen, tot Anhée.

De Maas.

De weg van Rocroy, over le gué d'Hossus, door het Princenbosch, en door dat van Purotte, langs den regteroever van de Beek genaamd *het Zwartewater*, op Couvin en Chimay, en van Couvin, verder naar binnen, langs Marienburg, Philippeville en Florennes, op Anhée en Morialmé.

De weg van Avesnes en Trelan, over Macon op Chimay.

De weg van Maubeuge, over Consolre en Leugnies op Beaumont.

De weg van Maubeuge, over de Pont-de-Sambre, op Beaumont.

De Sambre.

De groote weg van Baray op Bois-Bourbon, Givry en Binche, en van daar verder, binnenwaarts, tot Fontaine-l'Évêque en Morlanwelz.

De groote weg van Maubeuge, over Bois-Bourdon op Mons, en van daar, verder binnenwaarts, de route naar Nivelles, tot Faijt; de route naar Brussel, tot Soignies; en de route over Lens, naar Ath.

De groote weg van Valenciennes, over Quievrain op Mons, en van daar, binnenwaarts, de route naar Nivelles, tot Faijt,

La route de Charleville (France), à Sugny, passant par le poteau indicatif, en suivant le chemin jusqu'au village de Sugny.

La route de Givet (France), traversant le pont de Massambre par Heer, le pont de Wanée, par les bois d'Ermesies et Naiven, par l'endroit nommé *les Quatre-Chemins*, sur Falmignoul et Dinant, et delà, sur Namur, jusqu'à Anhée.

La Meuse.

La route de Rocroy (France), en passant le Gué d'Hossus, par le bois du Prince et par celui de Purotte, en longeant la rive droite du ruisseau nommé *l'Eau-Noire*, sur Couvin, et Chimay, et ensuite de Couvin, vers l'intérieur, par Marienbourg, Philippeville et Florennes, sur Anhée et Morialmé.

La route d'Avesnes et Trélan, par Macon à Chimay.

La route de Maubeuge par Consolre, et Leugnies à Beaumont.

Celle de Maubeuge, par le pont de Sambre, à Beaumont.

La Sambre.

La grande route de Baray à Bois-Bourdon, Givry et Binche, et delà, vers l'intérieur, jusqu'à Fontaine-l'Évêque, et Morlanwelz.

La grande route de Maubeuge, par Bois-Bourdon, à Mons; et delà, vers l'intérieur, la route sur Nivelles jusqu'à Fayt; la route sur Bruxelles jusqu'à Soignies, et la route par Lens jusqu'à Ath.

La grande route de Valenciennes, par Quiévrain, à Mons; et delà, vers l'intérieur, la route sur Nivelles jusqu'à Fayt,

de route naar Brussel tot Soignies, en de route over Lens naar Ath.

De groote weg van Condé, over Bonsecours op Peruweltz, en van daar, verder binnenwaarts, de groote wegen op Doornik, Kortrijk en Audenaarde, en over Lens op Ath en Auvaing.

Het kanaal van Condé op Mons.

De Schelde.

De weg van St.-Amand, over Espain op Doornik, en van daar, verder binnenwaarts langs de groote wegen op Kortrijk en Audenaarde, en over Lens op Ath, en Auvaing.

De weg van Douai, over Rumes op Doornik, en van daar, verder binnenwaarts langs de groote wegen op Kortrijk en Audenaarde, mitsgaders over Lens op Ath en Auvaing.

De groote weg van Rijssel, over Hertain op Doornik, en van daar, verder binnenwaarts langs de groote wegen op Kortrijk en Audenaarde, mitsgaders over Lens op Ath en Auvaing.

De weg van Tourcoin over Risquonstout, op Aelbeeke en Kortrijk, en van daar, verder binnenwaarts langs Harlebeke, tot Disselghem, en langs de route van Kortrijk op Brugge, tot Ingelmunster.

De weg van Rijssel over Meenen, naar Brugge en Ostende, tot Rousselaere.

De weg van Rijssel over Meenen en Kortrijk, naar Deinze en Brugge, tot Disselghem en Ingelmunster.

De weg van Rijssel over Meenen, en Ghelawe op IJperen, en van daar, verder binnenwaarts de wegen naar Thourout, Brugge en Dixmude, volgende tot Rousselaere, Hooglede, Staeden, en Dixmude.

celle sur Bruxelles jusqu'à Soignies, et la route par Lens jusqu'à Ath.

La grande route de Condé, par Bonsecours à Peruweltz, et delà, vers l'intérieur, les grandes routes sur Tournai, Courtrai et Audenaarde, et par Lens jusqu'à Ath et Auvaing.

Le canal de Condé sur Mons.

L'Escaut.

La route de Saint-Amand par Espain à Tournai, et delà, vers l'intérieur, par les grandes routes jusqu'à Courtrai et Audenaarde, et par Lens, jusqu'à Ath et Auvaing.

La route de Douai par Rumes à Tournai ; et delà, vers l'intérieur par les grandes routes jusqu'à Courtrai et Audenaarde, comme aussi par Lens, jusqu'à Ath et Auvaing.

La grande route de Lille par Hertain à Tournai ; et delà, vers l'intérieur, par les grandes routes jusqu'à Courtrai et Audenaarde, ainsi que par Lens, jusqu'à Ath et Auvaing.

La route de Tourcoin par Risquonstout à Aelbeke et Courtrai ; et delà, vers l'intérieur par Harlebeke, jusqu'à Disselghem, et par la route de Courtrai à Bruges, jusqu'à Ingelmunster.

La route de Lille, par Menin à Bruges et Ostende, jusqu'à Rousselaere.

La route de Lille, par Menin et Courtrai à Deinze et Bruges, jusqu'à Disselghem et Ingelmunster.

La route de Lille, par Menin et Ghéluwe à Ypres ; et delà, vers l'intérieur en suivant les routes sur Thourout, Bruges et Dixmude, jusqu'à Rousselaere, Hooglede, Staeden et Dixmude.

De naaste weg van Rijssel over Pontrouge en Waarten, op
IJperen, en van daar, verder binnenwaarts de wegen naar
Thourout, Brugge en Dixmude, volgende tot Rousselaere;
Hooglede, Staeden en Dixmude.

De Lije.

De weg van Steenvoorde op Abeele en Poperinghen, en
van, daar verder binnenwaarts over IJperen, de wegen naar
Thourout, Brugge en Dixmude, volgende tot Rousselaere,
Hooglede, Staeden en Dixmude.

De weg van Duinkerke op Rousbrugge, Poperinghen en
IJperen, en van daar, binnenwaarts de wegen naar Thourout,
Brugge en Dixmude, volgende, tot Rousselaere, Hooglede,
Staeden en Dixmude.

Het kanaal van Duinkerke op Veurne en Nieuwpoort.

De weg van Duinkerke, door Adinkerke op Veurne, en
van daar, binnenwaarts de wegen, langs Ave Capelle, op
Dixmude en Schoore.

6. Het transport van accijs-vrije goederen te lande van de
kantoren van in- en uitvoer, welke tusschen den afstand van
de landgrenzen in art. 162, der algemeene wet omschreven,
geene kantoren van in- en uitvoer binnenwaarts op de heerebanen, voor zich hebben, zal, mits langs de heerebaan
geschiedende, niet gerekend worden te behooren tot zoodanigen vervoer, tusschen gezegden afstand, waartoe anders
paspoorten worden vereischt.

Evenmin zullen paspoorten noodig zijn tot het transport
die goederen van het meer binnen gelegen gedeelte des rijks,
naar dezelfde kantoren, volgende de heerebanen, als wordende zoodanig transport niet beschouwd tusschen den afstand plaats te hebben.

La route la plus courte de Lille par Pont-Rouge, et Warneton à Ypres; et delà, vers l'intérieur en suivant les routes.
sur Thourout, Bruges et Dixmude, jusqu'à Rousselaere,
Hooglede, Staeden et Dixmude.

La Lys.

La route de Steenvoorde sur Abeele et Poperinghe, et delà
vers l'intérieur, par Ypres, en suivant les routes sur Thourout, Bruges et Dixmude, jusqu'à Rousselaere, Hooglede,
Staeden et Dixmude.

La route de Dunkerque à Pont-Rouge, Poperinghe et Ypres,
et delà vers l'intérieur, en suivant les routes sur Thourout,
Bruges et Dixmude, jusqu'à Rousselaere, Hooglede, Staeden
et Dixmude.

Le canal de Dunkerque à Furnes et Nieuport.

La route de Dunkerque par Adinkerque à Furnes, et delà
vers l'intérieur, les routes par Ave-Capelle sur Dixmude et
Schoore.

6. Le transport, par terre, d'objets non soumis aux accises, qui aura lieu de l'étranger vers l'intérieur, le long des
grandes routes, ne sera pas, lorsqu'il aura dépassé le dernier
bureau pour parcourir la distance entre ce dernier bureau et
le point où la ligne a 22,000 aunes de la frontière, traverse la
route, considéré comme mouvement dans la distance déterminée par l'art. 162 de la loi générale, ni assujetti aux expéditions, pourvu qu'il ne s'écarte pas de ladite route.

Le transport de ces marchandises de l'intérieur, vers l'étranger, ne sera également pas assujetti à expédition, lorsqu'en
suivant la grande route, il parcourera la partie précitée pour
arriver au premier bureau.

5.   55.

Onze minister van Staat voornoemd is belast met de uitvoering van het tegenwoordig besluit, hetwelk in het *Staats-
blad* zal worden geplaatst.

Gegeven te Brussel, den 10 december des jaars 1822, en van onze regering het tiende.

Geteekend, WILLEM.

Van wege den koning,

Geteekend, J. G. DE MEIJ VAN STREEFKERK.

Uitgegeven den 15 december 1822.

De Staatsraad, belast met de directie der Staats sekretarij,

Geteekend, J. G. DE MEIJ VAN STREEFKERK.

(Nr 51.) *Besluit.*

Wij, *Willem*, bij de gratie Gods, koning der Nederlanden, prins van Oranje-Nassau, groot-hertog
van Luxemburg, enz., enz., enz.

OVERWEGENDE dat, bij het tarief van de regten op den in-
uit- en doorvoer van alle goederen, waren en koopmanschappen, gearresteerd bij de wet van den 26 augustus laatstleden
(*Staats-blad*, nr 39), aan ons is voorbehouden om den uitvoer
van schors of run, ook aan de landzijde, langs zekere kantoren toetestaan, tegen betaling van zoodanige regten als plaatselijke en andere omstandigheden zullen vorderen;

Gezien de voordragt van onzen minister van Staat, belast
met de generale directie der ontvangsten, en van onzen minister voor het publieke onderwijs, de nationale nijverheid
en de kolonien;

Hebben besloten en besluiten:

ART. 1. Alle vroegere besluiten omtrent de openstelling

Notre ministre d'État susdit est chargé de l'exécution du présent arrêté, sera inséré au *Journal officiel.*

Donné à Bruxelles. le 10 décembre de l'an 1822, de notre règne le dixième.

Signé, GUILLAUME.

Par le roi,

Signé, J. G. DE MEY DE STREEFKERK.

Publié le 15 décembre 1822.

Le conseiller d'État chargé de la direction de la secrétairerie d'État ,

Signé, J. G. DE MEY DE STREEFKERK.

(N° 51.) *Arrêté.*

Nous, *Guillaume*, par la grâce de Dieu , roi des Pays-Bas , prince d'Orange–Nassau, grand-duc de Luxembourg, etc., etc., etc.

CONSIDÉRANT que dans le tarif des droits d'entrée , de sortie et de transit , de tous effets , denrées et marchandises, arrêté par la loi du 26 août dernier (*Journal officiel,* n° 39), il nous a été réservé de permettre également la sortie d'écorces et de tan , aux frontières de terre , par quelques bureaux, moyennant un droit à régler d'après les circonstances locales ou autres ;

Sur la proposition de notre ministre d'État chargé de la direction générale des recettes , et de notre ministre pour l'instruction publique, l'industrie nationale et les colonies ;

Avons arrêté et arrêtons :

ART. 1er. Tous nos arrêtés antérieurs, portant désignation

van kantoren voor den uitvoer van schors of run, aan de landzijde worden bij deze ingetrokken en vervallen verklaard.

2. Bij het inwerking brengen van het opgemelde tarief van regten, op den in- uit- en doorvoer, zullen voor den uitvoer van schors of run aan de landzijde opengesteld, zijn de navolgende kantoren :

Provintie Limburg,
Bocholtz.
Provintie Luik,
Julhay.
Provintie Luxemburg,
Petitbier, Weiswampach, Bouillon, Sugnij, Aubange, Behault gezegd *de Barak*.
Provintie Namen,
Couvin.
Provintie West-Vlaanderen,
Wervicq, Lokert, Roesbrugge, Pontrouge, Abeelen.

3. De uitvoer van schors of run, langs de voornoemde kantoren zal onderworpen zijn aan een uitgaand regt van twintig percent van de waarde.

Onze minister van Staat voorn. is belast met de uitvoering van dit besluit hetwelk in het *Staats-blad* zal worden geplaatst.

Gegeven te Brussel, den 15 december des jaars 1822, en van onze regering het tiende.

Geteekend, WILLEM.
Van wege den koning,
Geteekend, J. G. DE MEIJ VAN STREEFKERK.
Uitgegeven den 17 december 1822.
De Staatsraad, belast met de directie der Staats sekretarij,
Geteekend, J. G. DE MEIJ VAN STREEFKERK.

des bureaux, par lesquels l'exportation d'écorces ou de tan, aux frontières de terre, peut avoir lieu, sont rapportés et mis hors d'effet par le présent.

2. A l'époque de la mise à exécution du tarif des droits d'entrée, de sortie et de transit susmentionné, l'exportation d'écorces ou de tan pourra avoir lieu, aux frontières de terre, par les bureaux ci-après dénommés :

Province de Limbourg,
Bocholtz.
Province de Liége,
Jalhay.
Grand-duché de Luxembourg,
Petithier, Weiswampach, Bouillon, Sugny, Aubange, Behault dit *la Baraque.*
Province de Namur,
Couvin.
Province de la Flandre occidentale,
Wervicq, Lokert, Roesbrugge, Pontrouge, Abeelen.

3. L'exportation d'écorces ou de tan, par les bureaux susnommés, sera soumise à un droit de sortie de vingt pour cent de la valeur.

Notre ministre d'État susdit, est chargé de l'exécution du présent arrêté qui sera inséré au *Journal officiel.*

Donné à Bruxelles, le 15 décembre de l'an 1822, de notre règne le dixième.

Signé, GUILLAUME.

Par le roi,

Signé, J. G. DE MEY DE STREEFKERK.

Publié le 17 décembre 1822.

Le conseiller d'État chargé de la direction de la secrétairerie d'État,

Signé, J. G. DE MEY DE STREEFKERK.

(Nᵣ 52.) *Besluit.*

Wij, *Willem*, bij de gratie Gods, koning der Nederlanden, prins van Oranje-Nassau, groot-hertog
van Luxemburg, enz., enz., enz.

In ervaring zijnde gekomen dat de bepalingen, vervat in ons
besluit van den 18 december 1819 (*Staats-blad*, nᵣ 58), be-
treffende de invoering der lengtematen en der gewigten, niet
algemeen worden naargekomen, en dat sommige personen
zich het gebruik der afgeschafte maten en gewigten als nog
veroorlooven, ten merkelijke præjuditie der goede ingezetenen, aangezien voorz. maten en gewigten, als aan geen toezigt
of ijk meer onderworpen, en aan vermindering van lengte en
zwaarte onderhevig, geen juiste maat of gewigt meer aandui-
den; terwijl buitendien zoodanige handelwijze geheel strijdig
is met het bepaalde bij de wet van 21 augustus 1816 (*Staats-
blad*, nᵣ 34), en bij ons besluit van den 18 december 1819
voornoemd;

En in aanmerking nemende, dat zulks grootendeels toete-
schrijven is, aan het aanwezig blijven der afgeschafte maten
en gewigten in de winkels, opene magazijnen, verkoop en
werkplaatsen der neringdoende lieden, en daartegen willende voorzien;

Gelet op de wet van den 6 maart 1818 (*Staats-blad*, nᵣ 12),
omtrent de straffen, uitspreken tegen de overtreders van
algemeene verordeningen, of bij plaatselijke of provintiale reglementen vasttestellen;

Gezien ons meergenoemd besluit van den 18 december 1819;

Gezien de rapporten van onze ministers van binnenlandsche
zaken en waterstaat en van justitie;

(N° 52.) *Arrêté.*

Nous, *Guillaume*, par la grâce de Dieu, roi des Pays-Bas, prince d'Orange-Nassau, grand-duc de Luxembourg, etc., etc., etc.

Étant venu à notre connaissance que les dispositions de notre arrêté du 18 décembre 1819 (*Journal officiel*, n° 58), concernant l'introduction des poids et mesures de longueur ne sont pas généralement observées, et que quelques personnes se permettent encore l'usage des poids et mesures supprimés, au grand préjudice de nos sujets, attendu que ces poids et mesures n'étant plus soumis à aucune surveillance ou vérification, tandis qu'ils sont susceptibles de diminution dans leur longueur et pesanteur, ne peuvent désormais porter une indication exacte de poids ou de mesure ; cette manière d'agir étant en outre tout-à-fait contraire aux dispositions de la loi du 21 août 1816 (*Journal officiel*, n° 34) et de notre susdit arrêté du 18 décembre 1819 ;

Considérant que cet abus doit être attribué en grande partie à l'existence des poids et mesures supprimés, dans les boutiques, les magasins ouverts, les ateliers et chez les détaillans ; et désirant y pourvoir ;

Ayant égard à la loi du 6 mars 1818 (*Journal officiel*, n° 12), concernant les peines à infliger pour les contraventions aux mesures générales d'administration intérieure, ainsi que les peines qui pourront être statuées par les réglemens des autorités provinciales ou communales ;

Revu notre arrêté susmentionné du 18 décembre 1819 ;

Sur les rapports de nos ministres de l'intérieur et du water-staat, et de la justice ;

Den raad van State gehoord ;

Hebben besloten en besluiten :

ART. 1. Aan de kooplieden , winkeliers , fabrikeurs , hand-werk en neringdoende lieden , wordt bij dezen verboden om eenige afgeschafte maten en gewigten in derzelver winkels , opene magazijnen , verkoop en werkplaatsen of uitstallingen voorhanden te hebben , of dezelve ten toon te stellen , op pene dat dezelve maten en gewigten in beslag genomen , ver-beurt verklaard en onbruikbaar gemaakt zullen worden , en zulks onverminderd de straffen door de regtbanken tegen de overtreders uittespreken.

2. Na den laatsten februarij 1823 , zullen de ijkers der ma-ten en gewigten , op onbepaalde tijden , en in het bijzijn van daartoe bevoegde beambten van de politie , zich in de winkels, opene magazijnen , verkoop- en werkplaatsen begeven , ten einde zich te verzekeren dat aan de bepalingen , in het voor-gaande artikel vermeld , behoorlijk wordt voldaan.

3. Van de overtredingen zal proces-verbaal worden opge-maakt , en aan de regterlijke autoriteit worden toegezonden , ten einde daaraan gevolg te geven.

4. Van het bedrag der boeten zal een vierde aan den ijker en een vierde aan de beambten der politie die de overtreding zullen gekonstateerd hebben , worden toegewezen.

5. Aan de provintiale en plaatselijke autoriteiten wordt bij-zonderlijk aanbevolen , om met de noodige klem en nadruk de hand te houden aan de naarkoming van de hiervorengemelde bepalingen ; terwijl onze minister voor het publiek onderwijs, de nationale nijverheid en de kolonien zal zorgen voor de krachtdadige handhaving van art. 5 der wet van den 21 augus-tus 1816 (*Staats-blad* , n' 54), houdende gebod , om op alle scholen binnen het rijk zonder uitzondering , alwaar de reken-of wiskunst geleerd wordt , grondig onderwijs in het bij die wet vastgestelde maten en gewigten stelsel te doen geven.

Le conseil d'État entendu ;

Avons arrêté et arrêtons :

ART. 1er Il est défendu aux marchands , boutiquiers , fabricans , ouvriers et détaillans, d'avoir dans leurs boutiques, magasins ouverts, ateliers et dans les endroits où l'on étale des marchandises , ou d'y exposer des poids et mesures supprimés , sous peine de les voir saisir , confisquer et anéantir , sans préjudice des peines que les tribunaux prononceront contre ceux qui seront en contravention.

2. Après le dernier jour du mois de février 1823 , les vérificateurs des poids et mesures se rendront , à des jours et heures non déterminés , et en présence d'employés de police à ce compétens , dans les boutiques , magasins ouverts et ateliers, à l'effet de s'assurer que les dispositions mentionnées à l'article précédent, sont dûment observées.

3 Il sera dressé procès-verbal des contraventions pour être transmis à l'autorité judiciaire , pour qu'il y soit donné suite.

4. Il sera assigné sur le produit des amendes un quart au vérificateur , et un quart aux employés de police , qui auront constaté les contraventions.

5. Il est spécialement recommandé aux autorités provinciales et locales , de tenir la main , avec la force et l'énergie nécessaires, à l'observation des présentes dispositions. Notre ministre pour l'instruction publique , l'industrie nationale et les colonies , veillera avec soin au maintien efficace de l'art. 5 de la loi du 21 août 1816 (*Journal officiel*, n° 34) qui ordonne que le système des poids et mesures établi par cette loi, devra être compris dans l'enseignement de toutes les écoles du royaume , sans exception , où l'on donne des leçons d'arithmétique ou de géométrie.

5.   56.

(442)

Onze ministers van justitie, van binnenlandsche zaken en waterstaat en voor het publiek onderwijs, de nationale nijverheid en de kolonien, alsmede onze minister van Staat, belast met de generale directie der ontvangsten, zullen, ieder voor zoo veel hem aangaat, zorg dragen voor de uitvoering van dit besluit, hetwelk in het *Staats-blad* zal worden geinsereerd.

Gegeven te Brussel, den 18 december des jaars 1822, het tiende van onze regering.

Geteekend, WILLEM.

Van wege den koning.

Geteekend, J. G. DE MEIJ VAN STREEFKERK.

Uitgegeven den 22 december 1822.

De Staatsraad belast met directie der Staats sekretarij,

Geteekend, J. G. DE MEIJ VAN STREEFKERK.

(Nᵣ 53.) *Wet.*

Wij, *Willem*, bij de gratie Gods, koning der Nederlanden, prins van Oranje–Nassau, groot-hertog van Luxemburg, enz., enz., enz.

ALLEN die deze zullen zien of hooren lezen, salut! doen te weten :

Alzoo wij in overweging genomen hebben de noodzakelijkheid om voor het jaar 1823 te regelen de verdeeling over de verschillende provintien des rijks van eene hoofdsom van gl. 16,028,160.00, welke volgens art. 2, § 1 *a*, der wet van den 12 julij 1821 (*Staats-blad*, nᵣ 9) voor grondlasten op de gebouwde en ongebouwde eigendommen moet worden geheven;

Zoo is het dat wij den raad van State gehoord, en met gemeen overleg der Staten generaal;

Nos ministres de la justice, de l'intérieur et du waterstaat et pour l'instruction publique, l'industrie nationale et les colonies, ainsi que notre ministre d'État chargé de la direction générale des recettes, veilleront, chacun en ce qui le concerne, à l'exécution du présent arrêté qui sera inséré au *Journal Officiel*.

Donné à Bruxelles, le 18 décembre de l'an 1822, de notre règne le dixième.

Signé, GUILLAUME.

Par le roi,

Signé, J. G. DE MEY DE STREEFKERK.

Publié le 22 décembre 1822.

Le conseiller d'État chargé de la direction de la secrétairie d'État,

Signé, J. G. DE MEY DE STREEFKERK.

(N° 53.) *Loi.*

Nous, *Guillaume*, par la grâce de Dieu, roi des Pays-Bas, prince d'Orange-Nassau, grand-duc de Luxembourg, etc., etc., etc.

A tous ceux qui les présentes verront, salut! savoir faisons:

Ayant pris en considération la nécessité d'arrêter pour l'exercice de 1823, la répartition entre les différentes provinces du royaume d'une somme de fl. 16,028,160-00 qui doit en vertu de l'art. 2, § 1er, *a*, de la loi du 12 juillet 1821 (*Journal officiel*, n° 9), être perçue à titre de contribution foncière sur les propriétés bâties et non bâties;

A ces causes, le conseil d'État entendu, et de commun accord avec les États-Généraux;

Hebben goedgevonden en verstaan gelijk wij goedvinden en verstaan bij deze te bepalen :

De hoofdsom der grondlasten op de gebouwde en ongebouwde eigendommen, ten bedrage van gl. 16,028,160-00 welke volgens de wet van den 12 julij 1821 (*Staats-blad*, n^r 9), moet worden geheven, zal voor het jaar 1823 over de verschillende provintien worden omgeslagen tot het navolgende bedrag :

PROVINTIEN.	GROND BELASTING.		
	Gebouwde eigendommen	Ongebouwde eigendommen	TOTAAL.
Noord - Braband. . .	161,060	540,510	701,570
Zuid-Braband. . . .			1,110,335
Limburg.. . . :			481,370
Gelderland. . ; . . .	164,280	487,840	652,120
Luik..			541,830
Oost-Vlaanderen.. . .			1,684,640
West Vlaanderen.. . .			1,415,590
Henegouwen.			905,496
Zuid-Holland.. . . .	937,660	1,035,490	1,973,150
Noord-Holland. . . .	1,373,690	578,770	1,952,460
Zeeland.	104,370	434,500	538,870
Namen.			358,990
Antwerpen.			718,245
Utrecht. . . :	203,820	319,980	523,800
Vriesland..	194,340	984,660	1,179,000
Overijssel.	91,250	243,090	334,340
Groningen..	118,810	366,410	485,220
Drenthe.	18,530	74,980	93,510
Luxemburg.			377,624
		gl.	16,028,160

Avons statué comme nous statuons par les présentes :

La contribution foncière sur les propriétés bâties et non bâties, s'élevant en principal à une somme de fl. 16,028,160-00, qui en vertu de la loi du 12 juillet 1821 (*Journal officiel*, n° 9), doit être perçue, sera, pour ce qui concerne l'exercice de 1823, répartie entre les différentes provinces, sur le pied suivant, savoir :

PROVINCES.	CONTRIBUTION FONCIÈRE.		
	Propriétés bâties.	Propriétés non bâties.	TOTAL.
Brabant septentional.	161,060	540,510	701,570
Brabant méridional..	. .	. .	1,110,335
Limbourg.	. .	. .	481,370
Gueldre.	164,280	487,840	652,120
Liége.	. .	.. .	541,830
Flandre orientale.. .	. .	. .	1,684,640
Flandre occidentale.	. .	. .	1,415,590
Hainaut..	. .	. .	905,496
Hollande méridionale.	937,660	1,035,490	1,973,150
Holl. septentrionale..	1,373,690	578,770	1,952,460
Zélande..	104,370	434,500	538,870
Namur.			358,990
Anvers.	. .	. .	718,245
Utrecht.	203,820	319,980	523,800
Frise.	194,340	984,660	1,179,000
Overyssel.	91,250	243,090	334,340
Groningue..	118,810	366,410	485,220
Drenthe.	18,530	74,980	93,510
Luxembourg.	. .	. .	377,624
		fl.	16,028,160

(446)

Lasten en bevelen dat deze in het *Staats-blad* zal worden geinsereerd, en dat alle ministeriele departementen en autoriteiten, kollegien en ambtenaren aan de naauwkeurige uitvoering de hand zullen houden.

Gegeven te Brussel, den 21 december des jaars 1822, het tiende van onze regering.

Geteekend, WILLEM.

Van wege den koning,

Geteekend, J. G. DE MEIJ VAN STREEFKERK.

Uitgegeven den 22 december 1822.

De Staatsraad belast met de directie der Staats sekretarij,

Geteekend, J. G. DE MEIJ VAN STREEFKERK.

EINDE VAN DEN VIJFDEN BOEK.

(447)

Mandons et ordonnons que la présente loi soit insérée au Journal officiel, et que nos ministres et autres autorités qu'elle concerne, tiennent strictement la main à son exécution.

Donnée à Bruxelles, le 21 décembre de l'an 1822, et de notre règne le dixième.

Signé, GUILLAUME.

Par le roi,

Signé, J. G. DE MEY DE STREEFKERK.

Publiée le 22 décembre 1822,

Le conseiller d'État chargé de la direction de la secrétairerie d'État,

Signé, J. G. DE MEY DE STREEFKERK.

FIN DU TOME CINQUIÈME.

TABLE ALPHABÉTIQUE

Des matières contenues dans le Recueil des Lois et Arrêtés (troisième série).

TOME CINQUIÈME.

B.

C.

D.

E.

5.　　　　　　　　　　　57.

F.

FORÊTS , voyez *domaines.*

H.

HOUILLE , voyez *impositions.*
—Étrangères , *idem.*

I.

L.

FIN DE LA TABLE ALPHABÉTIQUE DU TOME CINQUIÈME.

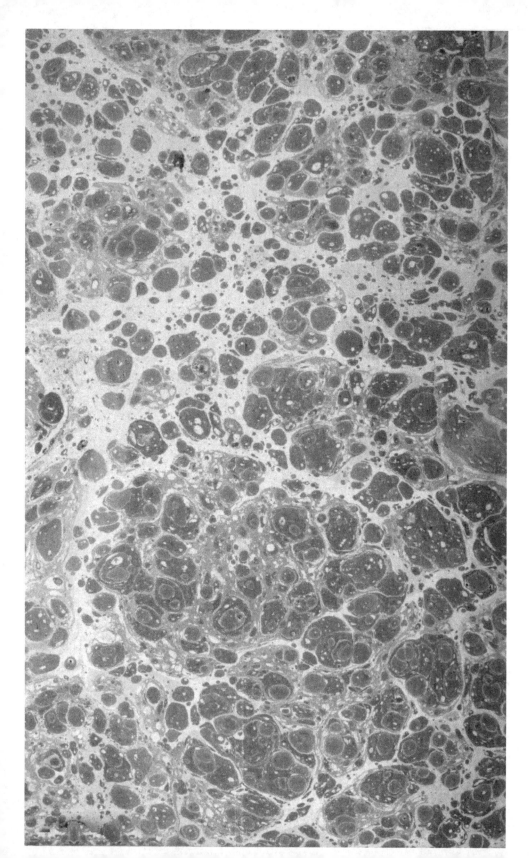

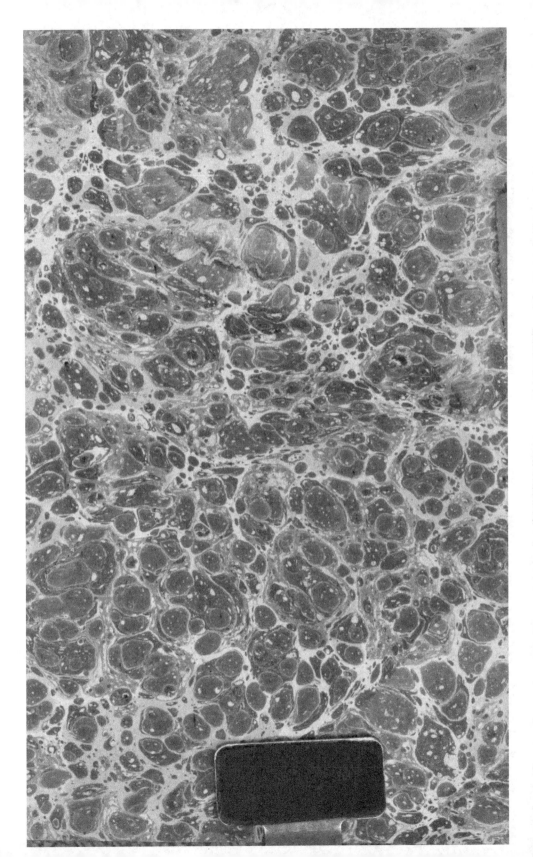

Check Out More Titles From HardPress Classics Series In this collection we are offering thousands of classic and hard to find books. This series spans a vast array of subjects – so you are bound to find something of interest to enjoy reading and learning about.

Subjects:
Architecture
Art
Biography & Autobiography
Body, Mind &Spirit
Children & Young Adult
Dramas
Education
Fiction
History
Language Arts & Disciplines
Law
Literary Collections
Music
Poetry
Psychology
Science
…and many more.

Visit us at www.hardpress.net